Soong Mayling

宋美齡

***MADAME CHIANG KAI-SHEK:** China's Eternal First Lady*

走在蔣介石前頭的女人

Laura Tyson Li

李台珊——著　**黃中憲**——譯

改變歷史的風雲人物

風雷一聲響，憾山千仞崗，氣蓋山河，風雲因而變色，寰宇為之改變！
旭日海中升，朝霞滿山林，雲淡風清，社會因而祥和，人類為之燦爛！
或叱吒風雲如希特勒，或教化人類如釋迦牟尼。**不同的抱負，各異的實踐**；各擅專長，成就了功業，改變了歷史。

難免的，滿懷熱情改革、堅持奉獻者有之；**夾雜權力和野心，亦不乏其人**。且留後人評斷。

經由風雲人物的真實故事，瞭解其人行為背後原因、動機，詮釋其人的經歷和遭遇，甚至生命的意義。讓我們快速穿透一位前賢的行誼；甚至於別人知道他有多麼偉大，而你卻知道他在別的一面沒那麼偉大！**看清一生的過程與真實**，讓他的生命在我們的時空多活一次，**助解我們自己的問題**。

閱讀吧！「**今人不見古時月，今夜曾經照古人**」，「傳記」給你！

誌謝

寫書是場冒險。起初它是個玩具和娛樂；然後它成為情婦，接著成為主子，再來成為暴君。最後，就在你準備認命於自己的苦役時，你殺了這隻怪物，將它拋向群眾。

——邱吉爾

就這本書來說，動筆前的研究和實際動筆過程，不只是場冒險，還是場漫長艱辛的旅程。若沒有許多人在物質上和精神上給予幫忙、厚愛、支持，那是絕不可能完成的任務。幫過我的人太多，無法在此一一列舉，但有些人必須特別指出。

我最要感謝的人是有著無比勇氣的喜馬拉雅基金會創辦人暨主席 Harold H. C. Han。他是世間少有集彬彬君子、學者、企業家於一身的人物。我要十二萬分感謝他對這項出書計畫的堅信不移，還有該基金會的慷慨支持，可以說沒有他的慷慨支持，這本書不可能寫成。我還要感謝 Sunny Gong, Snow Li, Jack Shen 和喜馬拉雅基金會的職員，在本書的事前研究階段，他們給了我無比重要的協助。

我要感謝在這過程中看過手稿局部或全部，而給我鼓勵、意見、修正和偶爾之反對的人。特別要謝謝研究中國現代史的學者王克文，以無比的直率和敏銳眼力，批讀了此書草稿，其對史實和時代背景的了解，對此書的寫成，貢獻無可估量。我非常感謝 Seth Faison 和 Murray Rubinstein 讀了整部手稿，給了我極寶貴的意見和建議。我還要感謝讀過手稿特定章節而給了我意見的人：Donald Jordan, Fredrick Chien, Sabrina

Birner, Priscilla Roberts, Judith Evans, John Millus, David Holmberg, Mavis Humes Baird, Douglas Estella。還要特別感謝 Robert Reilly 看過初稿和打樣。

我何其有幸，得以和以下學識不凡的研究人員共事：Cecilia Andersson, Catherine Bellanca, Marc Bernstein, Kathy Best, Lisa Marie Borowski, Kevin Bower, Paul Brown, Ronald Brownlow, Virginia Buechele, Lan Bui, Anupreeta Das, Diane Fu, Stefanie Koch, Snow Li, Janet Liao, Bernard Scott Lucius, Glenda Lynch, Sean Malloy, Brian Miller, Greg Murphy, Janet Murphy, Jane Park, Katherine Prior, Hayet Sellami, Mr. Shen, Jill Snider, Tseng Yun-ching, Karen Tsui, Wang Chieh-ju, Wu Shih-chang, and Xu Youwei。你們的孜孜不倦，讓我獲益良多。

我要感謝耐心而又樂於助人的檔案管理員，特別是（但非只限於）以下機構的檔案管理員：臺灣國史館；國民黨黨史館；衛斯理學院檔案室；胡佛研究所檔案館；衛理學院；哥倫比亞大學珍稀文獻室；美國國會圖書館手稿部；紐約市立圖書館。我還要感謝中華民國婦女聯合會的辜嚴倬雲、Jiao Wei-cheng、Nancy Chi，以及《*China News*》（今 Taiwan News）的資料室人員 Cynthia Yen、《*China Post*》的資料室職員 Isabella Chen。

還有許多人分別給了我構想、物質、洞見、靈感、鼓勵、和／或慰問，在此我要感謝其中某些人（排序無特定意義）：Pamela Howard, Shih Chih-yu, Fredrick Chien, Wang Fong, Bo Yang, Chang Ping-nan, Larry Zuckerman, Peter Montagnon, Robert Thomson, Clara Chou, Betty Lin, Sandra and Chi-yu Li, Roxanne and Chihsien Li, Ren Nienzhen, Antonio Chiang, Eva Chou, Jeff Yang, Jay Taylor, Mei-fei Elrick and Malcolm Rosholt, Sabrina Birner, Ping Lu, Chou Weipeng, Yang Shu-biao, Deborah Gage, Ulrick Gage, Nancy Zi Chiang,

Israel Epstein, Tom Grunfeld, Stephen Endicott, Diane Allen, Craig Keating, Sue Hacker, John Cline Bassett Jr., Leo Soong, Adele Argento, Edith Hay Wyckoff, Chow Lien-hwa, Chen Peng-jen, Wang Ziyin, Ann M. Jernigan, Mrs. Claude Flory, Hau Pei-tsun, Anna Chennault, John Chang (Chang Hsiao-yen), I-Cheng Loh, Feng Hu-hsiang, Chin Hsiao-yi, Lin Chien-yeh, Alice Chen, Wang Chi, Ann Maria Domingos, and Gen. Robert L. Scott.

我要特別感謝「作家室」（Writers Room）和 Aubergine Cafe 提供我撰寫此書的絕佳場所。我還要感謝 Elizabeth Dawson 和 Crystal Moh 欣然修改本書手稿。

許多友人在我赴遙遠異地做研究時，大方提供我住宿，在此我也要一一感謝：Lee and Kathy Merkle-Raymond, Vaughn and Abby Chang, Scott and Betsy Tyson, Emmanuelle Lin, Vivian Makhmaltchi, Nancy Li, Berta and Andrew Joncus, Erik D'Amato, Joanne Omang and David Burnham, and Mandy Holton.

我還要向在我忙著完成此書手稿時，幫忙照顧小女 Sienna，或爲小女提供玩伴、過夜之所、幫忙接送上下學的所有媽媽、友人、親戚，獻上特別的謝意：Kenneth and Regina Tyson, Roberta Tyson, Angela Bayer, Brenda Zlamany, Anita McDaniels, Mary Daalhuyzen, Jeffrey Li and Grace Sun, Janet Estella, Vivian Lee, Jeannie Conway, Vita Ose, and Betty Mei。

最後，我要感謝丈夫 Richard Li 的支持與耐心；感謝母親 Roberta Tyson 早早開啓了我對歷史的興趣；感謝 Grove/Atlantic 出版社社長 Morgan Entrekin 從頭至尾的支持；感謝 Margaret Stead 大開大闔、熟練俐落的編輯本事；感謝 Amy Hundley 圓融老練的指引；感謝 Tom Cherwin 細心的校稿；感謝我的經紀人 Elizabeth Sheinkman 一開始就對我的出書計畫有信心，且不斷予我支持。

推薦序 我們所不知道的宋美齡

宋美齡是二十世紀最重要的女性政治人物，她在中國政壇的影響力，只有江青差可比擬：在蔣介石、毛澤東長達半個世紀的鬥爭中，宋美齡以其出身背景、宗教信仰、人格特質、國際聲望，當然是江青的格局難以望其項背。江青在毛澤東過逝後迅即被捕、審判，最後在秦城監獄無望的上吊自殺；宋美齡則在蔣介石過世後逐漸退出政壇，在新的接班人蔣經國制肘下只能自我放逐，那怕臺灣本土政治人物李登輝入繼國民黨大統，宋美齡的「我將再起」也是時不我予；活過一百零五歲的宋美齡曾感慨「上帝爲何讓我活得這麼久！」如果以退場來判斷一個政治人物，宋美齡畢竟全身而退，爲人生下了一個完美的句點。

宋美齡是非常少數活過三個世紀的經典人物，但她一生除了西安事件的敘述以及演講紀錄、文章撰述以外，竟然沒有留下一本完整的自傳或口述歷史，比起當代女性政治領袖無不急於留下傳記來看，宋美齡不急於自我定位，也不願做任何辯駁，的確是一個異數。在國民黨威權統治時代，撰述宋美齡傳必然牽扯到蔣介石、蔣經國，誰願意冒「殺頭罪」？蔣經國接掌行政院長、總統，撰述宋美齡傳無異成爲「非主流」；李登輝、陳水扁二十年的「本土政權」，宋美齡已回到「第二故鄉」美國，本土論述當道，只有美國作家席格瑞夫的《宋氏王朝》才有可能列入「黨外雜誌暢銷書排行榜」。正如臺灣人民對《陳潔如回憶錄》的興趣超過中央日報出版的《蔣介石祕錄》；讀者寧願偷偷傳閱或影印江南的《蔣經國傳》，卻把《風雨中的寧靜》束諸高閣，可以想見宋美齡傳的付之闕如是有其時代因素。

美籍作家、記者李台珊受過完整的中國歷史、語言教育，長期在臺灣、香港、中國擔任特派員，以其在歐美一流文字媒體的歷練，早就培養專業的嗅覺與洞察力，加上她大量參考美國有關人物的傳記、資料、書信、檔案，予以爬梳、整合、敘述以後，宋美齡如同「出土人物」一般，活生生又躍上了當代政治舞臺，職業歷史家的最高境界：「不是我在說，是歷史在說。」李台珊這本「中國永遠的第一夫人——宋美齡傳」是兼具調查採訪與歷史論述的完美整合之作，不僅敘事流暢，而且極具批判力道，讓我們能夠補足歷史的空白，重新解讀宋美齡，並且對蔣介石、宋美齡的歷史功過提供一個價值判斷的平臺。

宋美齡的父親宋嘉澍本來是籍籍無名的窮小子，但在美國十九世紀海外宣教的大潮流下，因緣際會被送到美國讀書，希望培養成第一代的中國傳教士，但回到上海的宋嘉澍顯然「人性大於神性」，在乎的卻是待遇與地位，他後來不是全職的牧師，而是以印行《聖經》、宗教書籍致富，成爲孫中山的盟友兼財務主管，這種雙重性格無異在下一代的「孔宋家族」大放異彩。透過李台珊研究海外宣教士檔案，我們才恍然大悟何以宋氏三姊妹分別嫁給近代中國三個最有權勢的人物，連孔祥熙都是孔子的後代，這種孔孟以迄孫蔣的「正統」，不正來自宋嘉澍的家庭教育與身教？

蔣介石與宋美齡的婚姻，到底是愛情還是政治，或者兩者兼具，一直都是近代史學者探討的焦點。蔣介石有不堪回首的三段婚姻，宋美齡也戀愛無數，但兩人的結合，可以說是「正確的人，在正確的時間，做了正確的判斷」，是「政治精算師」的集體創作。太平天國的洪秀全打到了上海郊區，如果有蔣介石的靈巧與機敏，娶了一個「買辦的女兒」，洪秀全會引來列強的反撲嗎？如果沒有宋美齡的膽識，蔣介石恐怕在西安事變中就被槍決了。蔣宋之合是一加一大於二，正是宋美齡的美麗與口才，才使蔣介石在第二次世界大戰後期受到美國的正視；正是宋美齡在一九五〇年代組織「中國遊說團」，才使蔣介石在臺灣能拖了二十五年政權，而不是如同李承晚或巴勒維流亡異域悲憤而死。

宋美齡是典型美國精英文化所培養出來的天之嬌女，她能將美國民主價值、基督教文化說得頭頭是道，其口才足與葛理翰牧師相比，這是她受到反共為主流的美國社會歡迎的主因；但正如本書作者李台珊的再三質疑，在實際運作層面，宋美齡的權力運作方式與傳統的武則天、楊貴妃、慈禧太后（包括江青）又有何不同？如果宋美齡能發揮價值與信仰的精神感召，蔣介石就不會落到丟掉中國大陸的窘境；蔣介石在臺灣的最後人生二十五年，除了「假戲眞做」的地方選舉以外，何曾有民主政治推手的表現？正是宋美齡的「雙重標準」，思考是一套，作法是另一套，她在民主政治的貢獻幾近於零，而是以權力思考做為主軸，莫怪乎她逝世後並未引起美國政界的高度關注，最多是以「第一夫人中的第一夫人」加以恭維，當代的臺灣年輕人已不知誰是宋美齡，歷史正是最公正的審判者！

一九四九年國民黨撤出中國大陸以後，當權的孔宋家族（包括宋美齡本人）選擇逃往美國，杜魯門總統不屑地說出一句經典名言：「他們一家都是賊。」若不是韓戰爆發，連蔣經國都規劃蔣氏父子撤往菲律賓；金日成揮兵南下三十八度線救了蔣介石，有了生路的蔣介石，除了繼續做「反攻大陸」的李柏大夢以外，就是師心自用傳位予蔣經國，「夫人派」的吳國楨、孫立人乃至獨樹一幟的陳誠都不是蔣經國對手，乃是大勢所趨。在此情況下，宋美齡的影響力大不如昔，但關鍵時刻仍然發揮作用。一九七一年秋天，臺灣被迫退出聯合國，卻未採納美國提出的「雙重代表權案」（即中華民國與中華人民共和國都成為聯合國會員國），依據本書作者李台珊的調查採訪，正是來自宋美齡一句話：「人有人格，國有國格。」一句話就推翻了周書楷、黃少谷主張的「雙重代表權案」，由此可見宋美齡對蔣介石決策圈的重大影響力，宋美齡的頑固保守、昧於時勢，與她先進的美國民主、基督文明觀也是一種強烈的對比。

布爾雪維克黨人出身的蔣經國，為了洗刷他的特務形象，晚年開放黨禁、報禁，解除戒嚴令，拉攏臺籍政治人物，「民主化」、「本土化」使蔣經國自稱「我也是臺灣人」，迄今蔣經國仍是最受肯定的中華民國總統。深受美國民主薰陶，以虔誠清教徒自許的宋美齡，在「民主化」、「本土化」卻繳了白卷，最後是在紐約的孔宋家族墓園歸骨。中國曾是她的舞臺，臺灣卻是她的逆旅，宋美齡的退場，對我們說明了什麼？

歷史是「現在」與「過去」之間無休止的對話；歷史是永無休止的爭論；每一部歷史都是現代史，因為是以我們「現在」的觀點去詮釋「過去」。李台珊所撰述的宋美齡傳，讓我們有機會去重新思考中國近代史、臺灣現代史的重要環節，也因為再次回顧了這段歷史與人物，我們更能把握現在，瞻望未來也更加清晰與深刻。由於作者大量引用了英文的資料與未曾公開的檔案（如宋子文檔），我們可以用另類觀點來看待「我們所不知道的宋美齡」。請容我引用古希臘作家索弗克里斯的一句話做為結論：「要了解一個人的心思意念非常困難，除非等到他企圖成為最高權力者的時候，權力足以暴露人性。」我要加注一句：「權力可以使人性高貴，也可以扭曲人性。」

胡忠信

（本文作者為歷史學者，廣播主持人，政治評論家）

推薦序　功過留與後人說

自古以來，男主外、女主內，一直是世人對兩性分工的刻板印象，但卻也是個不爭的事實。要女性脫下沾滿油漬的圍裙，換上優雅迷人的套裝，在職場上與衆男士們一較長短，這種現象，到二十世紀末期，都還不能說是非常普遍，否則，我們不會直到今日，仍能聽到「巾幗不讓鬚眉」這句成語。

在傳統的中國社會中，相夫教子，向來是女性扮演的角色。大門不出、二門不邁，是女性的宿命。女子無才便是德，是社會氛圍對女性的型塑與限制。這樣的條條框框，層層窠臼，在五千年的醬缸文化下，重重限制了女性的發展及自我的實現。所以，當我們讀史時，偶而讀到武則天，不免大駭。讀到梁紅玉、穆桂英，亦不免動容。花木蘭代父從軍，衆皆難辨雌雄，我們把它當成稗官野史；賽金花魅惑八國聯軍統帥瓦德西，保護北京市民不遭屠殺，我們把它當成鄉野傳奇。對於這些女性的故事，我們半信半疑，不願全盤接受，但又傳誦不已。主因正是因爲在父系社會中，能占有一席之地的女性，直如鳳毛麟角，而一旦展露頭角之後，她們的表現，卻又令人刮目相看，在如此高反差的衝擊下，傑出女性的一言一行，一舉一動，自然就深受矚目。

中國社會如此，美國社會又何嘗不是？

或許很多讀者們並不了解，早年，美國女性的社會地位其實並不高，參與政治的權利也被嚴重剝奪。研究美國憲法的學者都知道，美國憲法增修條文第十四條，是非常重要的「平等權條款」，但其實，「平等權」的規定只臚列在增修條文第十四條的第一項，第二項卻是最不平等的條款。因爲，在增修條文第十四條第二項中明定，只有「年滿二十一歲且為美國公民的『男性』居民」才有投票權。占全國人數一半的女性，她們的投票權被完完全全的排除了。這種不平等的現象，直到一九二〇年才被打破。因為，到了這一年，美國憲法才通過增修條文第十九條，規定「美國或各州不得因性別關係而否定或剝奪美國國民之投票權。」算算看，美國女性從一九二〇年擁有投票權迄今，尚不足一百年呢！

由這樣的時空背景去解讀宋美齡女士，或許不難理解，為什麼她在國際間，特別是中、美兩國間，能贏得那麼多的鎂光燈。是的，當她風姿綽約地在美國會見政界領袖，以幽默風趣的言談，輕易化解新聞媒體尖銳的提問時，美國絕大多數的婦女仍然被關在廚房裡。美國人對她的著迷，除了訝異於一個黃皮膚的東方女子怎能擁有那麼純正的美語口音時，某種程度而言，其實也有一種英雄崇拜的心理投射。特別是當傳統的美國婦女們，想到自己仍然過著不見天日的日子時，看到宋美齡能如此大方地拋頭露面，那種心情一定是又羨又妒吧。

這該算是時勢造英雄吧？設想，若換在二十一世紀的今天，頭角崢嶸的傑出女性在職場多如過江之鯽，宋美齡是否還能如此的搶眼？她的女性優勢是否還存在？可能不無疑問吧？

當然，以宋美齡的性格分析，她也絕對不是一位甘心臣服於傳統文化的嬌柔女性。但她能成為一位叱吒風雲的時代女性，與她的父親、她的手足、她的成長環境，都有極大的關係。在這些背景及條件的成就下，註定她與同時代的女性們，有著大不相同的人生際遇。

十九世紀的華人，難得有機會放洋出國，對於西方的基督教，更是一知半解。而宋美齡的父親查理．宋，卻是個喝過洋墨水的傳教士。有這麼一位「與眾不同」的父親，自然會對子女產生鉅大的影響。宋美齡年紀輕輕，即出國求學，在美國旅居多年之後，不只談吐口音、飲食習慣，甚至連思想觀念，她根本就已經融入美國社會之中。所以，當她回國後，她的視野以及言談舉止，自然也跟時下的女性有著極大的差距。身為菁英，又居住在十里洋場的上海，處在中西文化夾雜的環境中，再加上家勢的雄厚，都讓宋美齡輕易的躋身到上流社會。她的能見度絕非傳統女性所能類比。

成長後的宋氏第二代，特別是宋家三姐妹，後來一一成親。其中，宋美齡的大姐宋靄齡，嫁給孔祥熙，成為全中國首富之一；宋美齡的二姐宋慶齡，嫁給孫中山，變成中國的國母；如果有心跟兩個姐姐互別苗頭，宋美齡該選哪位良人作為她的歸宿？她選了蔣介石，讓自己的一生與中華民國的歷史緊密連結。

要說賢妻良母，宋美齡最多只作到了一半。她未生育，與蔣介石的兒子蔣經國互動生硬，關係緊張，良母的角色，宋美齡是扮演不來的。但作為賢妻，宋美齡表現得淋漓盡致。對蔣介石而言，宋美齡不僅是人生的伴侶，更是革命的伴侶。她深入地參與了蔣介石的一切公事私事，協調所有對外對內的關係。對外，她不只是委員長的貼身翻譯，甚至還能參與談判。對內，她是「空軍之母」，一力主導中國地區的空軍發展，她組織婦聯會，動員婦女的力量支持國府。而西安事變時，她力排眾議，堅持進入險境救夫，更轟動全國。可以說，沒有宋美齡，蔣介石的一生，絕對不同。

饒是如此，宋美齡在賢內助這個角色上，其實還有些過了頭的演出。「開羅宣言」那張傳誦多年且具有歷史意義的相片，想必國人皆印象深刻。但有多人少曾細究，為何中、美、英三大元首合照的相片中，宋美齡卻突兀的硬擠進去，而成為照片中唯一的女性？當後人都稱讚宋美齡在美國國會發表演說時所使用的艱澀典雅語言時，有多少人知道，當對日抗戰打到最慘烈的時刻，當國共內戰打到國民黨敗走臺灣時，宋美齡人在何方？她都待在美國。算一算，那段時期，她每次出國，短則數月，長則數年。不管蔣介石發出多少通電報促她返國，她總是以各種理由滯美不歸。在國家危急存亡之秋，她是不是曾經一度或多次萌生避走海外，自此不歸的念頭？無人可知。但每次當她以「還要繼續在美國各地演講，以喚起友邦支援」爲由而拒絕返國時，可能包括蔣介石自己都會疑惑，中國眞的那麼需要她在國際上發聲嗎？當外交部長宋子文感覺大權旁落，外交政策呈現雙頭馬車的紊亂現象時，宋美齡可曾覺得她的舉止已經逾越了分際？她算是「後宮干政」嗎？她這部分的評價，只能留待歷史公斷了。

宋美齡能成爲一位風雲人物，和媒體的大力鼓吹也很有關係。她與美國時代雜誌的創辦人亨利．魯斯一生交好，這也使得她和蔣介石多次成爲時代雜誌的封面人物。沒有時代雜誌的積極宣傳與造勢，宋美齡在國際間的聲望及影響力，是否還能一直維持不墜？特別是當後人發現，原來她和美國的麥卡錫主義運動有著難以切割的關係時，她的完美形象顯然已經打了折扣。

近年來，從陸陸續續解密的檔案、從身邊近臣一波一波出版的回憶錄，我們開始逐漸還原那個曾經被供在神壇上，看似高不可攀又神祕隱晦的蔣夫人。坊間出版的宋美齡傳，雖然還未達到汗牛充棟的地步，但絕對稱得上是五花八門。不同的作者，不同的史家，透過不同的素材，解析出不同角度的宋美齡。至於哪一個版本的宋美齡傳，才最接近眞實的她？無人可知。沒留下自傳的宋美齡，她的生平，也只能如此任人憑說。

儘管不同的作者對她一生的評價毀譽參半，但誰也不能否認，這位橫跨三個世紀的奇女子，她的人生，其實就是一個傳奇。

范立達

（本文作者爲新聞評論人）

前言

宋美齡父親宋嘉澍（英文名查理·宋）資助孫中山革命，母親出身中國望族。她的大姊宋靄齡，據中國人的說法，愛錢；二姊宋慶齡愛國；年紀最小的宋美齡愛權。她哥哥宋子文成爲中國最富有者之一，當過中國財政部長和外長。她的兩個弟弟則經商有成。

後來成爲蔣介石夫人的宋美齡，其一生中的公共形象和私下的眞實生活往往互相矛盾。她於十九世紀末葉生於優渥但不起眼的家庭，二十一世紀才去世，光是橫跨三世紀這點，就是世間少有。在歷史浪潮的推動下，她的一生與現代中國的崛起緊密交織，密不可分，但人生大半歲月裡，她扮演旁觀者的角色。一如此前、此後許多聞名於政界的女人，她在世界舞臺上所扮演的角色，乃是透過家庭關係和婚姻取得，而非純然靠個人努力與才幹獲致。她抱持傳統的女性觀，把自己界定爲輔助丈夫創功立業的角色，但她超越了爲人妻子的身分，闖出自己的一片天。她有時成功擺脫了她那時代、那地位、那社會階級的女人，在言行舉止上所受的狹促傳統框架，但她根深柢固的保守心態，使她無法眞正擺脫迫使她生活在傳統規範之內的束縛。

宋美齡的特異氣質，乃是在美國培育，在上海鍛鑄成。美國舊南方上流社會少婦、新英格蘭女才子、中國「太太」三種角色，在她身上熔爲一爐，毫無窒礙。嬌細纖弱的她，集種種矛盾於一身：實際又天眞，聰慧又衝動，堅強又軟弱，浪漫又悲哀。她既是理想主義者，又對人性感到悲觀，既獨立又依賴，既驕傲又現實。有時她寬容大度，有時正直嚴苛。有時她讓人覺得如沐春風，有時冰冷不屑，有時她天眞率直，有時陰晴不定，有時她眞誠，有時帶有心機。她是出了名的膽子大，但又易怒。她容不下一點過錯，卻對自己所愛之人的缺點完全視而不見。她幹勁十足，活潑開朗，散發出連批評者都爲之心儀的魅力。她洋溢著充沛活力和熠熠自信，但有時轉而陷入焦慮、絕望，整個人垮了下來。

綜觀現代歷史，像她那樣受到言過其實的推崇或惡意譴責者並不多，而像她那樣同時受到這兩種對待的，又更少。在人生晚年，她的同胞開始從較正面的角度看待她，但在曾大力推崇她的西方，對她的死去幾乎是無人聞問，把她對歷史的貢獻貶爲只是個註腳。她的一生充滿悲苦，在破滅夢想、璀璨人生、悲劇之間幾度閃現她的才華。她最大的悲劇，誠如她晚年所私下透露的，乃是活得太久？她雖有種種缺點，但有著大無畏的精神、勇氣、決心，以及強烈的愛國赤忱。她協助打造了中國與西方的關係，從而左右了現代中國的歷史進程。

目錄

第四部　321

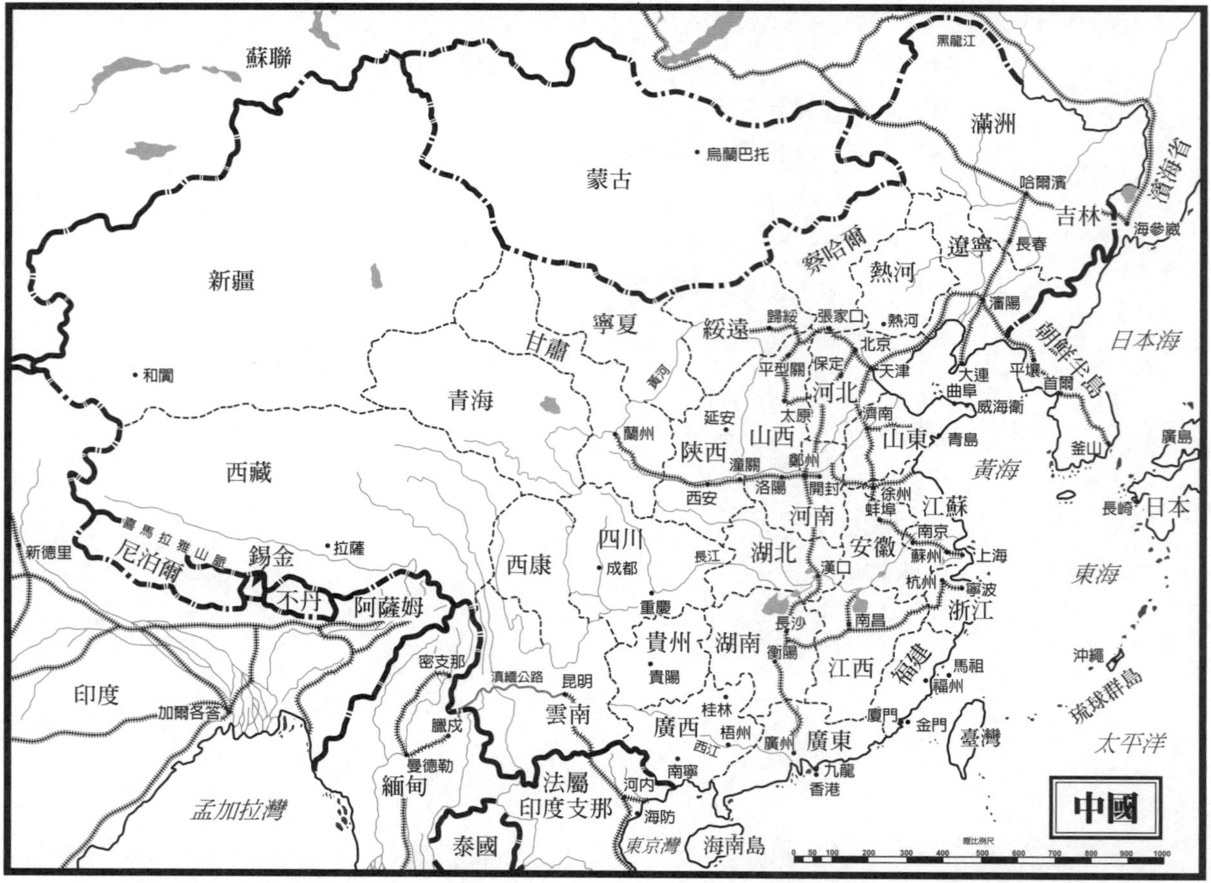
中國
蘇聯
蒙古
烏蘭巴托
新疆
和闐
西藏
拉薩
青海
甘肅
寧夏
綏遠
察哈爾
熱河
遼寧
吉林
滿洲
黑龍江
濱海省
海參崴
哈爾濱
長春
瀋陽
歸綏
張家口
熱河
北京
天津
平型關
保定
河北
太原
延安
山西
陝西
蘭州
潼關
鄭州
洛陽
開封
西安
濟南
山東
青島
大連
曲阜
威海衛
平壤
首爾
朝鮮半島
釜山
日本海
廣島
長崎
日本
黃海
徐州
蚌埠
江蘇
南京
上海
蘇州
杭州
寧波
浙江
安徽
河南
湖北
漢口
長江
四川
成都
重慶
西康
貴州
貴陽
湖南
長沙
衡陽
南昌
江西
福建
馬祖
福州
廈門
金門
臺灣
東海
沖繩
琉球群島
太平洋
廣東
廣州
九龍
香港
廣西
桂林
梧州
西江
南寧
雲南
昆明
滇緬公路
法屬
印度支那
河內
海防
東京灣
海南島
泰國
緬甸
密支那
臘戍
曼德勒
孟加拉灣
印度
加爾各答
新德里
尼泊爾
喜馬拉雅山脈
錫金
不丹
阿薩姆
理比例尺
0 50 100 200 300 400 500 600 700 800 900 1000

第一部

第一章 小燈籠

米勒曾寫道，在女人得到夠久的解放，而得以表現其真正本能和性格之前，沒有人能貼切道出女人的本性……這道理用在中國人身上，或許也八九不離十。

——詹姆斯・哈里遜・威爾遜，一九〇一

宋美齡於十九世紀快結束的一八九八年左右，出生於一個注定要以黑馬之姿崛起、在中國現代史上呼風喚雨的家庭。她在六個手足中排行老四，三姊妹中排行老么。大姊宋靄齡是老大，二姊宋慶齡是老二，哥哥宋子文是老三，小宋美齡一歲左右的大弟宋子良是老五，小她幾歲的么弟宋子安是老六。

宋美齡的出生地是著名的「東方罪惡淵藪」上海。外國人仿照自己所來自的城市，在上海打造、經營殖民地，而上海的「本地人」則居住在那殖民地裡的中世紀聚居區裡。位在黃浦江與東海交會處附近的上海，這時作爲外國殖民地已將近半世紀。法國控制上海法租界，而上海公共租界則由包括英、德、美在內的數國國民所組成的工部局治理。上海的外國租界熱鬧、繁榮、多民族雜處，與幾乎和外界隔絕的中國其他地方截然不同。上海菁英階層的富裕、優渥，與中國各地、乃至上海境內，數千年來過著一成不變之生活的數億中國老百姓的赤貧、苦難，形成強烈對比。各階層、多不勝數的中國人吸鴉片成癮。英國商人與唯利是圖的清朝官員勾結，主掌鴉片買賣，虛弱、腐敗的清廷無力阻止。上海的外國租界，套句當時某西方觀察家所說，享有「較高級、較優秀文明」的種種奢侈生活，而城牆環繞的古上海城和城中「悲慘的老百姓」，則是「無法想像的骯髒……令外國人感到無比的厭惡」。

宋家未住在華界（華人聚居區）。他們一如有錢的上海外國僑民，覺得華界的景觀和氣味都太陌生，太糟糕。宋家也未像許多低層、高層華人那樣，住在公共租界或法租界（高層華人因有錢、有人脈，地位被視為類似尊貴的外國人）。一八九六年，宋嘉澍已在原名為美租界的上海郊區虹口蓋了棟房子，供人丁日旺的一家人居住。宋宅位在蘇州河北岸，與公共租界（上海商業中心）隔河相望。

當時虹口還是很偏僻的鄉下，宋家友人覺得宋嘉澍選擇住在那裡實在古怪。那片地區最後被漫無節制擴張的城區取代，但宋美齡小時，宋宅周遭是往外綿延數哩的青青田野。菜園裡種了幾棵棗椰樹，一條小溪流過前院圍牆外。宋家小孩很快就懂得翻到院牆外，不是爬樹玩，就是去擾亂附近農民。寵愛小孩的宋嘉澍得知後，未限制他愛玩的小孩從此只能在菜園裡玩，反倒是拿錢安撫那些農民。

宋嘉澍年輕時在美國待過許多年，在美國凡德比大學讀過神學後，以衛理公會傳教士的身分回到中國。建造自家宅院時，他兼採了中國傳統建築風格和南北戰爭前的美國建築風格。在中式裝飾之間，安置了他僑居美國期間已習於使用的西方舒適設施，包括自來水、暖氣、煤油燈。屋後有片大菜園，宋嘉澍親自下菜園幹活，使他的美式怪誕言行更添一筆，也教那些自恃身分高於農民的熟識之人大為驚愕。

宋嘉澍的為人極為坦率、直接、急躁。他極注重準時，碰到那些抱有「東方式」時間觀念者，毫不客氣立即教訓一番。直腸子的個性常使他得罪人。一做了決定，就不更改。他稱妻子倪桂珍為「媽咪」，倪桂珍有著差不多一樣堅定的決心和信念，但有耐心，懂得深思之後才開口。宋氏夫婦希望小孩成為有教養、獨立、有用之人。他們不是隨性流露感情的父母，宋家小孩自小就被訓練成勿表露情感。在如此家教下長大的宋美齡，恥於承認恐懼，鮮少哭泣。

宋嘉澍有副好歌喉，教小孩唱讚美詩和他在美國南方學會的其他歌曲，包括美國南部黑人的聖歌、美國作曲家史蒂芬・福斯特的民歌，當然還有美國南北戰爭時被暱稱為南部邦聯非正式國歌的「迪克西」。他妻子也喜愛音樂，是最早會彈鋼琴的中國女子之一。最得宋嘉澍寵愛的宋靄齡，最有音樂天分，但其他手足也愛唱歌。

宋嘉澍偏愛美國事物，卻也希望家中小孩受點中式傳統教育。他替他們請了一位家教，也就是先前教宋嘉澍學陌生深奧的上海話，幫童年時浪跡美國而未能受中式教育的宋嘉澍，惡補了部分中式教育的曹子實。曹子實和宋嘉澍一樣是美國回來的傳道士，以 C. K. “Charlie” Marshall（外號查理的 C. K. 馬歇爾）這個英文名字最爲人知。曹子實在美國待了十四年，講起英語有濃濃的美國南方內地口音。

宋嘉澍跟曹子實學習時，兩人用英語溝通，因爲英語是他們的共同語言。宋來自南方的海南島，上海人曹子實聽不懂海南話。曹子實濃濃美國南方腔的英語，則與宋有教養的上流英語大相逕庭，常惹得宋大爲惱火，致使本該是教中文的課，往往變成在辯論用什麼英語來解釋中文較爲貼切。曾有一次，曹子實大發脾氣吼道：「你，你這個自大狂……我還要你來教我美國佬怎麼說話。你還沒出生，我就在講英語。你現在給我滾開，別煩我。」在曹子實教導下，宋家小孩學會基本中文，讀了寥寥幾本中國典籍，但躲過了傳統中國教育裡一般免不了的數年嚴格隨堂測驗和死記硬背。

小孩的精神教育，宋家當然也未忽略。在這方面，宋母的言傳身教影響最大，而且她信教的虔誠與日俱增。宋美齡最早的記憶之一，乃是她母親在家裡三樓某間特別的房間內禱告。宋母一禱告總是幾小時，往往天還沒亮就開始。每次宋美齡或她手足請教宋母意見，宋母都會說，「讓我去叩問上帝。」當場要她回覆，絕不可能。對宋母來說，這不是可以馬虎的事，也就是說，得「耐心等待上帝的啓示」。宋美齡小時候覺得媽媽信教信得太過火。

宋家遵循最道地的南衛理公會傳統來維持基督教家庭，亦即在禮儀和教義上偏向清教徒式。除了每個主日上教堂和主日學校，他們還每天做家庭禮拜。宋美齡很不情願在朋友開心玩耍時，自己得坐著聽冗長而無聊的講道，於是在讀經時耍小手段反抗。日後宋美齡寫道，「那時的家庭祈禱，往往使我厭倦，我就藉著口渴爲推託，偷偷地溜到外面去，這常常使母親煩惱。」宋家的生活習慣也體現了基督教的清規。宋家沒有酒，不准小孩玩牌、跳舞。禮拜天，什麼遊戲都不准玩。

宋美齡小時候討厭禱告和講道，但家中的宗教環境，卻深深影響了她的生活和價値觀。同樣的，她所受的教育使她在同輩中與衆不同。當時的中國父母要女兒纏足，足不出戶，如果家裡窮，還將女兒賣掉當奴隸，乃至一出生就遭拋棄，在這樣的時代裡，宋家的作風無異爲異類。甚至在上海的華人菁英階層裡，他們都顯得特別，因爲他們平等對待兒子、女兒，務使女兒受到當時女人所能得到的最好教育。在這點上，即使從西方人的標準來看，宋家的觀念都是很先進，因爲在當時西方，除了學女紅，或許還學些粗淺的法語、素描、鋼琴，「女性教育」仍是個有爭議的觀念。

無論如何，傳統中國學校，亦即私塾（當時沒有公立學校制度），不收女生。直到一九○七年，中國才有公立的女子小學。爲中國的女孩教育開風氣之先者，乃是十九世紀的外國傳教士。中國人普遍認爲，女孩子只要受基本教育即可，超過此一限度乃無必要，甚至不明智。但外國傳教士深信，要傳播福音，改造中國家庭，進而改造這國家，就必得教育本地傳教士，包括男傳教士和女傳教士。他們認爲，拯救中國的關鍵，在於提升婦女的地位。十九世紀時，美國傳教士林樂知有「衛理公會信徒的清朝大官」之稱，他就主張：

「東方的貶抑制度主要建立在婦女的地位上。」

教會女子學校的存在本身，一如傳教士本身，都是具有顛覆性，乃至危險性的，因爲它們威脅到中國社會和政府賴以維持穩定的家父長制。它們直接挑戰了儒家學說、中國社會上無所不涵蓋的道德規範、政治準則、家庭倫理，以及士大夫統治階層和帝制王朝本身存在的合理性。儒家五倫觀的存續，有賴於女人的順服，要讓女人順服，就得讓女人保持無知。吊詭的是，教會學校雖只影響到極少部分的中國人，且皈依基督教的中國人又更少，它們對中國現代史的影響卻不容低估。它們成立的目的在引導中國人投入基督的懷抱，但成果很不理想，儘管如此，它們卻是促成十九世紀末期、二十世紀初期中國許多改變的主要推手。傳教士和他們開辦的學校，在中國孕育了好幾代的愛國志士和改革者，助長民族主義的興起，最終間接促成「大革命」。

宋美齡母親是最早受教育的中國女孩之一，曾就讀教會學校，直到十八歲出嫁才停。在教會學校，她不只養成禱告習慣，還有濃烈的求知欲。她的數學，特別是三角函數，成績優異。她一生求知孜孜不倦，研習宗教、數學、語言至死方休。她喜歡解謎，且研讀英語、中國語、日語。六十歲時，她還花錢請了一位學者，與之討論，切磋琢磨。

二十世紀初期時，中國改革派已開始主張，教育中國女性是建立強大、獨立之中國所不可或缺。宋家三姊妹進入衛理公會所辦的中西女塾就讀。這是當時全上海最時髦的女子學校，由林樂知於一八九二年創辦，以將所謂的「上流社會福音」傳授給願意花錢給子女就學的中國高級人家的女兒。透過校中未婚、受過良好教育而強勢的傳教士老師，提供了與傳統大相逕庭的女性角色典範，但那些教師卻決意將學生培養成「中國賢妻、良好、得力助手的理想化體現」和中國婦女的榜樣。宋美齡五歲就進入中西女塾，就讀幼稚園，與二姊宋慶齡同住一間寢室。她把全部注意力放在二姊身上，常替二姊和二姊朋友泡茶。宋美齡似乎不怕離家，但一段時間後，有位老師發現她在夜裡醒來，陣陣發抖。她做惡夢，睡不好，於是被送回家，由家長教導。

宋母常要宋美齡穿哥哥宋子文穿不下的衣服。小小的宋美齡，長得圓滾滾，因而有了「小燈籠」的綽號。宋美齡童年時極愛大姊宋靄齡，大姊常保護她，使不受欺負。宋美齡對宋靄齡的感覺幾近於英雄崇拜，且這種心態終其一生未消。宋家六個手足中，這兩姊妹一直是最親密的。宋美齡求年紀較大的鄰居小孩讓她跟他們一起玩，但他們喜歡嘲笑、捉弄她。有一天，玩捉迷藏時，他們要她當「鬼」。她遮住眼睛，數到一百，睜開眼睛時，發現同伴全不見了。意識到自己一個人被丟下時，她開始哭。宋靄齡跑過來救人，安慰她，擦乾她眼淚。日後，宋美齡受欺負時，出面搭救者也總是宋靄齡。

第二章　從啟示到革命

他們已把西方文明之光帶進帝國的每個角落……中國的甦醒，在很大程度上，可歸功於傳教士的努力。

——端方，一九〇六年奉慈禧太后之命前往美國考察憲政的大臣

宋嘉澍的一生，一開始時就和此前幾百年裡離開中國、散居各地闖天下的其他數百萬中國人差不多。若非一個極其偶然的機緣，他大概也只是在海外辛苦工作一輩子而沒沒無聞的無數華僑之一。中國著名「宋家王朝」創辦人的事蹟，既有灰姑娘般的傳奇色彩，又體現了只要奮鬥就有成就的美國夢，激勵了好幾代上教堂做禮拜的美國人，也激勵了拿到全美各地禮拜者每個禮拜日在教堂裡奉獻幾分幾毛錢支持那些獻身於中國傳教的傳教士。宋嘉澍的事蹟使他們激動且篤定的相信，中國能成爲基督教國家，而帶頭拯救中國人的靈魂乃是他們的宗教責任和道德義務。

宋嘉澍於一八六一年生於華南的海南島，是家裡三個兒子中的老二，他另有一個姊妹。老家位在文昌縣名叫古路園村的小村子。他本姓韓，而非宋，宋姓是後來跟著英文名查理一起取的。韓家是客家人。在極講究地域出身的中國，客家人是唯一沒有自己地盤的族群。「客家」一詞，顧名思義，「做客之人家」，在整個中國歷史裡，客家人在中國各地遷徙或移居海外，被趕到社會邊緣，趕到更貧瘠的地方。客家人有自成一格的方言，出了名的團結、固執、精明，因而被拿來和吉普賽人、歐洲猶太人相提並論。

客家出身的華人，有不少人成爲領袖，現代新加坡的締造者李光耀、中國已故領導人鄧小平、臺灣前總

統李登輝，就是犖犖大者。在歷史上，客家人一直遭到中國官方的猜忌，因爲許多民變由不滿現狀的客家人挑起。最惡名昭彰的民變，乃是造成萬千生靈塗炭的太平天國之亂。這場民變由洪秀全於一八五一年發起，皈依基督教的洪秀全，受美南浸信會傳教士教導一段時間後，開始以耶穌基督之弟自居。洪秀全糾集到百餘萬之衆，攻下華中、華南大片江山，宣告成立新的神權統治王朝太平天國，自任專制君主，建都南京。清軍最終於一八六四年平定這場民亂，但那是在歐洲人出兵援助下達成，且付出了兩千多萬人喪命的代價。

宋嘉澍本名韓教準，但一如當時中國人的習慣，他還取了別名嘉澍、耀如。他父親韓鴻翼生於一八二九年，擁有一．二畝地（只約八百平方公尺）。沒下田時，他到附近清瀾港碼頭工作，或用椰子殼的粗纖維編繩。韓鴻翼死於一八九三年，享年六十三。宋嘉澍的母親，文昌縣志只以王氏稱之，生年不詳。她教孩子了解世事時，以生動有趣的故事寓教於樂。

韓家家貧，但顯然在海南島外的遙遠異地有人脈，因爲宋嘉澍小時候就被送到今印尼的爪哇，展開最後讓他踏上美國、讓他成爲基督徒的不凡旅程。傳說他是被一位膝下無子的堂舅收爲養子。文昌縣志記載，他叔父的妻子姓宋，宋嘉澍即過繼給他宋姓嬸嬸家族中的某人承繼宋家香火。這位「堂舅亦或叔叔」，乃是最早定居新英格蘭地區的華人之一，在波士頓開小店賣中國貨，把年幼的宋嘉澍帶到美國。當時巴拿馬運河尙未闢建，宋嘉澍坐船繞過南美洲最南端來美，在最南端見到企鵝。

宋嘉澍開始在那店裡工作，但不久他就滿腦袋別的想法。一八七九年，他遇到一些中國留學生，那些人是容閎博士所率領之留美學生團的部分成員。容閎是廣東人，信基督教，一八五四年自耶魯學院畢業，成爲第一位自美國大學畢業的中國人。兩次鴉片戰爭慘敗於英、法之手，加上清廷倚賴洋人軍援平定太平天國之亂，促使清朝官員認爲，中國必須精通西方軍事科技。一八七二年開始，約一百二十名中國男童寄宿新英格蘭地區的當地家庭，學英語和科學。支持容閎與其幼童留學計畫的諸人中，包括哈特佛市牧師約瑟夫・推切爾、與容閎交情匪淺的名作家馬克・吐溫。由於對留學生越來越美國化大爲不滿，清廷於一八八一年取消幼童留學計畫。許多留學生改信基督教，打起棒球，甚至和美國女人約會。

但取消留美計畫還有其他因素。中美關係已轉壞。反華心態正助長西方境內的暴行，而幾名學生未獲准入學西點軍校和安納波利斯海軍學校，令清廷忿忿不平。以馬克・吐溫爲首的一群美國人，請前總統尤利西斯・格蘭特幫忙阻止這些學生被遣送回國。去過中國的格蘭特欣然同意幫忙，但他的出面只是讓留學生的離美晚了約六個月。無論如何，這些中國留學生已在他們生活周遭的新英格蘭人心中，留下不可抹滅的正面印象。他們輕易就融入美國社會，反駁了當時盛行於美國、特別是西方的反華心態。有幾名留學生深深愛上他們的新家鄉，剪掉辮子反抗滿清，不願返華。對那些返回中國的人來說，精靈已跑出神燈，中國的改變無法逆轉。誠如《紐約時報》在一八八一年七月二十三日頗有先見之明的評論，「中國不可能既要吸收我們的學問、我們的科學、我們的工業，卻不跟著引進政治造反的病毒。」

宋嘉澍遇到的那兩名留學生爲來自上海的表兄弟，名叫溫秉忠和牛尙周。在美國，他們自稱 B. C. Wan 和 S. C. New。溫秉忠住在麻州的阿默斯特，就讀沃斯特技術學院。牛尙周住在麻州春田，後來就讀新罕布夏州的腓力普・艾克塞特學院。他們兩人是拿獎學金來美的天之驕子，似乎整個世界都在他們手中。在這之前，宋嘉澍沒見過像他們這樣的人。他們在這腦筋機靈但出身卑微的年輕人心裡，激發了雄心壯志。他開始不滿於無聊的看店生活，渴望上學。

一八七九年一月某天，他溜出店，直奔波士頓港，偷偷搭上美國財政部國稅局（海岸防衛隊前身）的緝私船亞伯特・加勒廷號，結果被發現，帶到船長艾瑞克・加布里爾森面前。來自麻州捕鯨港南塔基特的加布里爾森收留了他，讓他在船上當服務生。一八七九年一月八日，他以「宋」之名，首次出現在加勒廷號的船員名冊上。名冊上寫他十六歲，約五呎高。他與船長的小外甥哈利玩在一塊，後來送了哈利一張他自己的照片，照片背面寫了「查理 J. 宋將此送給小小朋友哈利 L. 溫朋尼。在外面院子玩時，別忘了我。」

他雖與麻州結緣，命運卻要他受北卡羅來納人收養，成爲該州的公民。隔年春天，加布里爾森轉調到斯凱勒・科爾法克斯號當船長。這也是國稅局的緝私船，以北卡羅來納州的威爾明頓爲基地。後來，一八八〇年六月，宋也離開加勒廷號，八月一日改到科爾法克斯號當客艙服務員，船員名冊上登記爲「C. A. Soon」。海岸防衛隊的檔案，寫他十八歲，五呎一吋高。敬畏上帝且認爲人應嚴予管教、有過即罰的加布里爾森，賞識宋，想幫他弄到教育機會，於是引薦這男孩給威爾明頓第五街衛理公會的牧師湯瑪斯・里科。一八八〇年十月三十一日，宋嘉澍參加了由里科帶領的奮興佈道會，大爲感動，決定受洗。

里科本人自小被一膝下無子的叔伯輩收養，出生於巴爾的摩，但在墨西哥市長大，這時則在威爾明頓港工作，擔任該港的通譯。一八八〇年十一月七日的《威爾明頓星報》宣告，當天早上會有一名中國人受洗，大概是北卡羅來納境內第一位受洗禮的中國人。施洗時，里科替宋取名查理・瓊斯・宋，後來，宋在 Soon 的末尾加上 g。皈依後，宋表示希望受教育，回故鄉傳教。一八八一年四月，他光榮離開科爾法克斯號。他沒錢上學，因此里科親自教他。查理喜歡叫他「里科叔叔」。在這期間，他在威爾明頓某印刷廠找到工作。里科向衛里公會所創辦的三一學院校長布拉克斯頓・克雷芬博士，提到讓宋就讀預備科的事。三一學院當時有兩百名學生，六名教師，後來遷到達勒姆，改名杜克大學。

里科找北卡羅來納有錢實業家朱利安・卡爾幫忙，以樂善好施著稱的卡爾得悉這位聰明中國男孩的事後，即要里科「把他送來，他的教育，包在我們身上」。外號「將軍」的卡爾是查珀希爾鎮商人之子，打過南北戰爭，是美國的怪才，帶有傳奇色彩，南北戰爭後靠著生產著名的達勒姆公牛菸草發了財，然後把事業擴及到銀行、紡織、鐵路、旅館、電力和電話公司、報紙、民主黨政治。除了經商，卡爾一生的兩大使命，乃是傳播符合美南衛理公會理念的福音，進一步重建他所摯愛的美國南方。他是北卡羅來納最有錢的人，且是美國南方最成功的企業家之一。

一八八一年冬，里科帶宋嘉澍從威爾明頓搭火車到達勒姆見卡爾，是宋嘉澍這輩子第一次搭火車。始於十九世紀下半葉的基督新教傳教運動，一八八〇年代時，在美國境內，已幾乎到了最蓬勃的時刻。卡爾迅即為遠赴中國的傳教事業，找到一位看來很有潛力的傳教士人選。他曾告訴衛理公會同道，「聽著，教友們，傳教問題，就教會來說，乃是當前最迫切的問題。」還說，「中國是解決這一傳教狀況的關鍵。將中國帶到基督跟前，世界就都在我們手中。」宋嘉澍很討性格奔放的卡爾將軍喜歡。後來卡爾說道，「他來我家，當我家的一份子住下來，」還說，「他就是宋，我把他當兒子一樣。」宋嘉澍吉星高照，得到卡爾這樣的貴人相助。卡爾不只是這位中國青年的資助人、導師，還是鼓舞他上進者。一八八一年宋嘉澍寫信給父親，說他「急著完成教育，以便回中國，跟你說達勒姆當地友人的和善以及主的恩寵」。

在十九世紀晚期的美國公眾生活中，新教教堂扮演了極搶眼且有力的角色。海外傳教運動，得到主流媒體的廣泛討論，且影響了許多美國人的生活。

中國人口眾多，自然成為替基督教世界掙得最大一批生力軍的希望所在。為傳播福音而奔走全球各地的雪伍德·艾迪，是十九世紀末期、二十世紀初期眾多赫赫有名的「差傳政治家」之一，他曾說：「中國是指引方向的明星，吸引我們所有人的大磁石。」在清廷受迫與英、法、美、俄、德諸列強簽訂一連串不平等條約，讓傳教士得以在中國各地，包括此前禁止進入的內陸，自由傳道之後，中國境內的美國新教運動，在十九世紀中葉日益壯大。這時，美國對其大西部的征服已差不多完成，但拓荒精神仍很強烈，渴望有新天地一展身手。隨著基督教與美國民族主義的關係變得緊密，海外傳教運動變成是天定命運論[1]自然而然的延伸。一八三〇年代，麻州傳道士約翰·卡德曼牧師說道，「要表明我們對（美國）自由體制的賞識，除了努力將那體制栽植在外國土地上，還有更好的辦法嗎？」

於是，原只是欲拯救靈魂的傳教運動，不久就轉型爲更複雜而雄心勃勃的大業，且此一大業，除了拯救靈魂的神聖動機，還有時頗爲突兀的，夾雜了外交、商業、社會、軍事、人道、意識形態上的動機。傳教的主旨，由拯救靈魂轉變爲拯救中國。將中國帶進基督教世界這一理想，懷著最早十字軍那種熱情，成爲形同文化侵略、宗教侵略的美國神聖運動。但傳播福音並非美國狂熱傳教士的唯一目標，他們深信只有按照美國的形象將中國改頭換面，愚昧無知的中國才得以享受到顯然較優越之西方文明的澤被。有人主張盎格魯撒克遜族得到「特別的委派」，負有將基督教和進步帶給落後民族的使命。達爾文適者生存的理論遭濫用，以支持「白種人的負擔」這一觀念，以使美國自認在宗教和政治上都是「上帝選民」的主張得到合理依據。

中國改頭換面的基礎，在於讓中國人民皈依基督教，並揚棄數千年的迷信、儒、道、佛觀念，亦即揚棄在美國人和美國人所支持的傳教士眼中，使中國受困於殘敗落後之境的「異教」傳統和習俗。美國國勢蒸蒸日上，美國人順理成章認定，他們有能力，甚至有義務，在獨善其身之餘，同時兼善天下。國外傳教運動變成複雜而獨特的「大事業」，參與者爲擁有多達數百萬美元經費的大型跨國公司，而這些公司的主要出口品是基督教和美國文化。

傳教士懷著美國生活與體制在道德和文化上都較高一籌的堅定信念。他們深信中國一旦堅信基督教，採納自由、平等、自決這些崇高的美國理想（宣揚這一主張者全對蓄養黑奴、將美國印第安人屠殺殆盡、女人遭剝奪公民權之事視而不見），然後，社會進步、科學昌明、經濟繁榮必隨之到來。一九〇一年，中國傳教熱的顚峰時期，馬克・吐溫發出帶有挖苦意味的告誡：「別煩他們（中國人）吧，他們現在已經夠好了。」他還寫道，「此外，幾乎每個皈依基督教者，都有可能染上我們的文明。我們得小心……因爲一旦文明化，中國就再也不可能不文明。」

過了段時間後，美國人漸漸將中國視爲夾雜家父長式觀念和利他思想而難以看穿的國度。當那難以捉摸的夢想走到它不可避免的痛苦破滅結局時，在美國各州激起反省、憤懣、深深遭受背叛之感者，不只是美國人在透過基督教提升中國這場大業上，龐大的時間、精力、金錢投入，還有奇特的情感投入（既天眞又強烈的情感投入）。

宋嘉澍於一八八一年四月以預備生身分進入三一學院就讀。他是第一位就讀該校的亞洲人，但不是第一位有色人種學生：同年有十二名徹羅基族印第安人就讀該校預備科。三一學院校長克雷芬向該校理事會報告，宋嘉澍「各方面都表現良好，讀書用心，會有成就」。卡爾透過達勒姆主日學校表達他的支持，而宋嘉澍則以迅速精通英語和回故鄉傳播福音的理想，令該主日學校激賞。他最大的願望乃是說服父母揚棄「異教偶像」，擁抱基督教。他還以人際關係良好和愛開玩笑的特質，令同學印象深刻。

一年後，美南衛理公會宣道會決定，宋嘉澍應到凡德比大學的神學系深造。在那裡，他可得著回故鄉中國傳教時所需的專門訓練。卡爾同意支付他的學費，宋嘉澍隨之於一八八二年秋前往納什維爾。在凡德比，宋嘉澍學英語、數學、現代語言、神學、道德哲學、教會史，雖其學業成績不是頂尖，但同學欣賞他的風趣和寫得一手好字。他在卡爾家過暑假，在那裡編吊床賣。堅信天助自助者的卡爾，鼓勵他投入這項事業。

宋嘉澍運氣好，落腳美國東岸，因爲在那地區，中國人仍頗爲新奇，西方甚囂塵上的反華狂熱沒那麼明顯。在西方，有些人擔心工資便宜的中國人搶占勞力市場，擔心中國人會帶來所謂敗壞道德的不利影響，於是鼓吹反華，中國人常遭肉體虐待或更慘的對待。在對華人的負面刻板印象大行其道時，John Chinaman[2]是詆毀中國人的用語裡最無傷大雅者。由於反華情緒高漲，一八八二年，宋嘉澍入學凡德比大學那年，美國國會通過排華法案，中止華人移入美國。該法案還禁止華人成爲美國公民，強迫已在美國境內的華人登記。

一八八五年，宋嘉澍從凡德比的神學系畢業。這時他有了新的遠大抱負，即學醫，然後以醫學傳教士的身分返華。卡爾同意出錢讓他學醫，但監理會[3]當局另有所圖。凡德比大學校長暨該教會中國傳教團的團長荷蘭德・馬克諦耶主教，不同意讓宋嘉澍學醫。馬克諦耶希望他盡快投入宣教。他寫信告訴人在上海的林樂知（宋嘉澍日後的上司）：「我們認爲該趁他身上的中國佬特質還沒給完全磨掉，就讓他投入中國人群工作。他現在已經『樂不思蜀』，而且不討厭較高級文明的舒適生活。」馬克諦耶盤算著，如果宋嘉澍做得成功，其他中國人見了便會跟進。這位主教在信中告訴林樂知，「許多人的命運全看他的表現。」一八八五年十一月下旬，宋嘉澍被授以聖職，奉派赴中國傳教，免去了等待兩年的慣例。一八八六年一月十三日抵達上海。

在美國總是受到寬厚對待的宋嘉澍，返華後注定要面臨難以承受的震撼。他滿腦子的興奮、思鄉、返回故土傳播福音的浪漫情懷，對於抵華後本國同胞和外國人給予的冷遇，完全沒有心理準備。返「鄉」後所面對的文化震撼和傳教士生活的清苦，同樣令他措手不及。在美國，他遭遇的種族歧視相對較輕，到了中國，他反而陷入無以復加的困境。長期僑居美國，已使他在自己同胞眼中形同外國人，因而受到鄙視。外國人則視他爲已失去中國人特質的二等「中國佬」，心懷不屑。

林樂知尤其是如此。宋嘉澍返華之前，林樂知已從他人口中得知宋很受肯定，是「你所見過最聰明、教育程度最高的中國佬」，但擔任美南衛理公會上海傳道事業總監的林樂知，卻覺得宋能力平庸，還沒見過宋本人，就向馬克諦耶主教抱怨宋的不是。林樂知列舉了宋嘉澍的諸多缺點，其中一項是不會講上海話。「宋絕不可能成爲中國學者，頂多只會成爲失去本國國籍的中國佬，如不讓他享有超乎他應得的地位、薪水，他會不滿，不高興。」後來宋嘉澍在寫給北卡羅來納的某位朋友信中，語帶哀怨表露他心中的矛盾：「沒錯，我再度走在生我的土地上，但那地方完全沒給我回家的感覺。我覺得在美國比在中國還更爲舒適自在。」

林樂知是喬治亞州有錢棉花田主的兒子，畢業自亞特蘭大的埃默里大學，一八六〇年來華，從此一直待在中國，直到一九〇七年去世。大部分傳教士以占中國人口九成的窮人爲工作對象，但林樂知避開髒兮兮且目不識丁的人民大衆，鎖定文人。他堅信傳教工作應從教育著手，不大苟同一般的傳播福音做法。他深信若要拯救中國，靠老式的佈道，不可能辦到，只有透過他所謂的「知性路徑」，也就是結合科學與《聖經》意旨，攻擊中國人思想的做法，才能成功。林樂知發現，在「根除、摧毀他們本有的世界觀、自然觀上」，科學特別管用。他有創新冒險精神，借學者之助，撰寫、翻譯、出版了大量以文言文書寫的東西。他辦的報紙《萬國公報》，是以一般大衆爲對象的基督教刊物。清朝皇帝也受該報的影響，並授予他五品頂戴官銜，對外國人來說，這可是極難得的殊榮。林樂知甚至採納中國官場的上流派頭，只邀知識分子（宋嘉澍不在其中），不邀一般中國人到家做客。

宋嘉澍早期的傳教經歷，只讓他心寒。一開始，教會給他的盤纏，不夠他完成橫越大西洋的旅程。然後，一抵達中國，他就不符慣例的被從「傳教士」身分貶爲「本地傳道士」身分，套用今天的用語來說，他被視爲地位和薪水都大大縮水的「本地」職員，而非他原來滿心認定與白人傳教士平起平坐的「外派」職員。更糟的是，他被迫受滿清律法的約束，得和所有清朝子民一樣穿鬆垂的中式長袍，薙髮蓄辮。他痛恨得脫下西裝，換上瓜皮帽和傳統袍服。特別令他無法忍受的，乃是得留辮子——滿人統治中國的有力象徵。「他非常痛恨得在吃、穿等方面回復中國佬的模樣，但只能無奈接受。」林樂知如此寫道，「他非常失落，無疑會有段時間煩惱不安，然後才平靜下來。事實上他若滿心不安，我不會覺得意外，因爲他天生就是永遠靜不下心的人。」林樂知寫信告知宋嘉澍，「有份重要工作等你去做，把它做好，你會有大成就。」一如後來的發展所顯示的，的確有份「重要工作」等著宋去做，但那可能不是林樂知所預想的那種工作。

林樂知要宋嘉澍到上海附近的蘇州學本地方言，然後再派他去佈道。他的起薪是一個月十五美元。宋嘉澍滿腹牢騷，越過直屬上司林樂知，直接寫信給宣道會要求調薪，抱怨錢不夠交通、生活開銷，結果調薪要求遭拒。宋嘉澍痛恨林樂知無視「我應享有的特權和平等待遇」，考慮申請轉調日本。

宋嘉澍最終認命留了下來，將近一年後，被派到上海附近有城牆環繞的城市昆山。他在那裡巡迴佈道，在爲華人基督徒和他們子弟所辦的教會學校教書。或許因爲在昆山的工作太寂寞，宋嘉澍的心思轉向尋找異性伴侶，那是他自從在美國求學起就無緣體驗的。中國的道德規範特別嚴苛，女人不得和男人往來。然後，不可思議的，他遇見牛尙周，也就是將近十年前他在波士頓短暫結識的清朝官派留學生。牛尙周把他十八歲的小姨子倪桂珍介紹給宋嘉澍。倪小姐不只出身名門，還是基督徒。倪桂珍出生於一八六九年六月三日，是家中二女兒，父母的掌上明珠。她受過教育，就當時的中國女人來說，很不尋常。那時她剛從某女子教會學校畢業，會說英語，但不流利。她未纏足，這在當時的名門小姐之間，同樣罕見。她那雙大腳，在當時盛行的審美眼光中，其醜無比，但宋嘉澍不以爲意。他在美國和有獨立見解的女人相處過那麼久，不可能喜歡有缺陷的腳。

名門出身的倪小姐，其母親是明朝著名學者徐光啓（一五六二～一六三三）之後。徐光啓官至明朝禮部尙書，一六〇一年因義大利耶穌會士利瑪竇的關係，皈依天主教。在利瑪竇指導下，徐光啓首開先河，將西學引入中國。徐光啓翻譯了歐幾里德的幾何學和有關三角學、水力學、火器、天文學、地理學的其他歐洲人著作。倪桂珍的母親（宋美齡的外婆）在上海西郊徐家匯（「徐家匯聚之地」）的徐家長大，嫁給家庭老師倪蘊山，跟著丈夫皈依美國新教聖公會。

宋嘉澍的友人牛尙周，居間撮合這樁婚事。媒介成婚雖是老傳統，對宋嘉澍卻是好事。他出身寒微，走直截了當的美式作風，雪上加霜的是，他的上海話仍然很破，未能融入上海人的生活。牛尙周徵得倪桂珍父母的同意，宋嘉澍與她在一八八七年夏成婚。上海的權貴、名流參加了他們的婚禮，倪家還備辦了豐厚的嫁妝，宋嘉澍因此躋身中國上流社會。

宋嘉澍初回中國時心中的憤懣，這時早已煙消雲散，但造成他不滿的根本原因仍未消失。最主要原因是薪水。林樂知有權替宋嘉澍調薪，卻顯然從未這麼做，甚至在宋嘉澍結婚成家之後亦然。本地佈道士和美籍傳教士間的薪水差距，仍令他耿耿於懷。一八九〇年，宋嘉澍請求「定點工作」，也就是不再當巡迴佈道師。長女宋靄齡在那一年出世，很可能是促使他有此請求的原因。他被指派爲上海的兼職牧師。到一八九二年，他已完全離開傳教會，同時從事數項工作，且似乎對每樣工作都同樣的幹勁十足，同樣的投入，同樣的卓然有成。

爲添補家計，宋嘉澍教英語，更因有口皆碑，上海各地學校爭相聘請他開課。他在沐恩堂很活躍，協助創建了中國的基督教青年會[4]。他還成爲美國《聖經》出版協會的代理人，透過販賣宗教書刊的本地小販出售中文版《聖經》。他在北卡羅來納州接觸印刷工作的經驗，似乎仍深印在他腦海，因爲一八九六年他開了出版社「華美書館」。開始印製《聖經》和宗教宣傳小冊，並拓展業務，印製當時很有銷路的西方學術教科書。他從中國的工業化需求裡看到創業機會，成爲最早從海外進口製造設備和其他機器的代理商之一。他懂得如何安裝、操作機器。透過這層生意關係，他結識了上海實業界的大亨，進入某麵粉磨製公司當高階經理。

但在他投入的種種事業中，影響他未來最大者，乃是支持革命家孫中山。這時宋嘉澍已放棄年輕時透過福音拯救中國的夢想，轉而投入以革命拯救他動蕩祖國的新理想。一八九二年，他結識這位一心想發動革命、想讓祖國現代化，但滿懷挫折的廣東籍醫生。一如宋嘉澍，孫中山「喝過洋墨水」——讀過夏威夷的教會學校。兩人都是基督徒，都有客家血統。兩人都是廣東人（當時海南劃歸廣東省），講的方言大同小異，而且兩人都有改造中國的雄心壯志。孫中山深信華南的祕密會社三合會影響力很大，但三合會沒有知識分子領導。這些行會和兄弟會有許多人反對滿清，他想統合這些組織，利用他們的力量革命。

孫中山說服宋嘉澍加入他於一八九四年左右創立的祕密會社興中會。興中會的宗旨是推翻滿清，建立共和，以「復興」中華。興中會於一八九五年在廣東第一次起事失敗，此後，孫中山大部分時間流亡在外，爲其革命活動向華僑募款。傳道士出身的企業家宋嘉澍，成爲孫中山最親信的密友和支持者之一。一九〇五年，孫中山已開始從蓋茲堡演說汲取靈感，構思其政治哲學「三民主義」。孫中山的民族、民權、民生，正與林肯的「民有、民治、民享」緊緊扣合。再過一段時間，他將這些理念整合成一套脈絡分明的指導原則，堅信那是拯救中國，使之擺脫列強宰制和落後處境的良方。孫中山認爲要復興中華，得有強有力的中央政府，由那政府引領國家，逐步邁向現代和民主。一開始會有名叫「訓政」（開明專制）的過渡期，在那期間，將教導人民熟悉民主制度。過了這時期，中國才準備好進入下一個發展階段（憲政），成爲健全的民主國家。

宋嘉澍爲革命大業日夜奮鬥了數年，暗地裡充當孫中山的最得力助手——財務大臣、祕書、東道主、友人、金主。宋嘉澍的印刷廠不只大量印製《聖經》和傳教宣傳小冊，還印革命宣傳小冊。孫中山和其同志常在宋嘉澍家過夜，革命分子在他家祕密開會。就連倪桂珍都不知道丈夫和孫中山所做的事有多危險。

第三章　美國月亮比較圓

眼前，西方應開始將其理想移植到東方，以將這兩個截然不同而相互敵視的文明日後起可怕衝突的可能降到最低。

——美國總統老羅斯福，一九〇八

美、中兩國關係，從一開始就染上情緒色彩，且爲矛盾的情感所撕裂。十九、二十世紀之交，宋美齡還未成年時，美、中兩國人民各以看來相矛盾的形象、情緒、動機來看待對方。有些美國人猛烈抨擊「黃禍」，但也有許多美國人不顧艱辛、疾病、危險，奉獻一生於救治「異教中國人」的身、心、靈，且往往爲此喪命。在中國方面，則有許多中國人蔑稱美國人爲「洋鬼子」，痛恨他們自以爲是的傳教活動，害怕他們的強大軍力。但有許多中國人敬佩美國的科學、醫學成就，欣賞美國賴以做爲建國根基的民主理想，推崇美國的公民義務、公共服務精神。於是，彼此對於對方的看法，都帶有嚴重矛盾，且如此的矛盾沒有調和的餘地（或許一如今日）。

「美國」這個中文譯名，就是個典型例子。中國之名，代表中央之國；美國之名，則表示美麗之國。從十九世紀起，美國這名字就反映了所有西方事物，特別是美國事物令人無法抗拒的吸引力。清廷的庸弱無能和中國一再慘敗於西方列強之手，使中國人失望於自身文化，從而更強化歐美的吸引力。中國知識分子追求祖國的現代化時向西方取經，他們共同的理想和抱負，也有助於催生這股吸引力。中國一心欲師法西方，且認定美國幾乎在各方面都較先進，因而中國人常說：「美國的月亮比較圓。」

宋嘉澍是愛國之人，但認為他的小孩該受美式教育。宋家三姊妹進入以馬克諦耶主教之姓取名的馬克諦耶女子學校（即中西女塾）就讀，該校的師資和教科書都來自美國。宋美齡哥哥宋子文和大弟宋子良，則讀過上海聖約翰大學的附設高中；那是監理會創辦的大學，曾是中國境內最受推崇的大學。一九〇三年五月的某天早上，宋嘉澍前去拜訪傳教士威廉·勃克。勃克和他是凡德比大學的同班同學，這時住在由教會提供的上海牧師寓所。宋嘉澍想把宋靄齡送到喬治亞州梅肯的衛理女子學院就讀，該校是美南衛理公會所創辦，一八三六年獲准設立，是世上第一所為女子而設的學院。宋靄齡當時十三歲，但英語流利，且當時的大學入學條件沒那麼嚴格。勃克寫信給該學院校長狄龐·蓋里，蓋里同意了，甚至表示願讓宋靄齡先住他家，待覺得可住進宿舍時再搬走。

當時大部分中國人認為，該存錢備辦嫁妝，而不是送女兒上大學，更別提送女兒出國念書。但宋家夫婦希望女兒受教育，以便有足夠學識改善中國，然而中國沒有女子學院。一九〇四年前往美國途中，宋靄齡遭舊金山移民局官員拘留了三星期，多虧衛理公會宣道會在華府奔走，她才獲釋。在衛理女子學院的第一年，她就讀大學先修班，住在蓋里夫婦家。她在校人緣好，順利融入大學生活；不久她就剪掉辮子，換成較時髦的髮型。一九〇五年九月十日的《亞特蘭大憲政報》上有張她的照片，照片中她已是十足的美國女學生模樣，一身邋遢的吉布森少女式打扮，頭髮高高盤起在寬帽後面。

身為首位出國留學的宋家子女，宋靄齡磨練出她日後聞名的堅韌、善於操縱他人的性格。一九〇六年一月，與奉清廷之命赴美國考察教育的姨父溫秉忠一同晉見美國總統老羅斯福時，她的個性和膽識就展露無遺。宋靄齡未忘記她在舊金山所受的對待，憤怒質問羅斯福，「如果這是個很自由的國家，為何不讓一名中國女孩入境？」還說，「我們絕不會如此對待來中國的人。美國應該是個自由國度吧！」羅斯福表示歉意，但私底下認爲中國人是「沒有道德觀念、低級、沒用的種族」。

一九〇七年，換成宋慶齡去衛理讀書。年紀尙小的宋美齡堅持跟著去，令她父母大爲驚愕。她離上大學的年紀還遠，但她拿出生病時父母曾許下的承諾——如果她乖乖吃藥，想做什麼都可以——堵住父母的嘴。一九〇七年中期，宋慶齡和宋美齡在率學生團赴美的溫秉忠陪同下，從上海啓程。宋嘉澍希望小孩裡有一人學醫，而宋美齡顯然受了父親這個心願的影響。橫渡太平洋途中，有位從上海返國的年輕英國女子，在甲板上與雀躍不已的宋美齡聊天。她問：「你長大後想做什麼？」九歲的宋美齡答：「我想當醫生。」英國女子被這位中國女孩小小年紀就有如此遠大的抱負嚇了一跳，說道：「醫生！喔，小姑娘，我沒想到你會喜歡那個。你知道嗎，那得割人的腿？」宋美齡一臉驚訝，想了一會兒，然後答道，「那我不想當醫生了，太髒。」

宋美齡和宋慶齡就讀紐澤西州桑米特一地的某間小型私立膳宿學校，該校由待人和善而精力充沛的克萊拉·巴爾頓·帕特溫主持，她父親教過一部分第一批來美的中國學生，她本人則去過遠東，並在遠東住過。兩姊妹於一九〇七年秋註冊，待了一年。有張老照片爲帕特溫與該校部分學生合影，照片中他們坐在學生上課與住宿所在那棟房子的前臺階上，其中有四人是華人。宋美齡高坐在門階的欄杆上，身穿有白色滾邊的深色水手服，頭頂上繫著一個大蝴蝶結，舉止散發自信。以英文名 Rosamonde（樂士文）在美國生活的宋慶齡，則坐在更後面的臺階上，一半爲陰影遮住，朝鏡頭害羞微笑。

宋美齡常去同學桃樂西·耶格斯位於桑米特的家玩，喜歡乘坐耶格斯家用矮種馬拉的車。耶格斯後來憶道，宋家兩姊妹「美國化非常快，我們幾乎忘記她們是中國人」。她們很快就丟掉中國服，換上美國連身裙，「幾乎一夜之間」就會說英語。宋美齡活潑好動，似乎總是很開心，宋慶齡則是矜持寡言。小孩一般玩捉人遊戲和捉迷藏，宋美齡最愛玩的卻是矇眼捉人。這遊戲使她特別興奮，她會「像個小龍捲風般四處飛奔」。

桑米特公立圖書館館長露易茲·莫里斯憶道，宋慶齡害羞、漂亮，很喜歡讀書，所讀的書「遠超過她那年紀一般女孩的嗜好」。宋美齡閱讀興趣廣泛，從彼得兔到狄更斯著作都讀，但大部分時候她喜歡順道到圖書館看莫里斯在做什麼。她希望莫里斯把注意力都放在她身上，因此確認圖書館裡沒有其他人後才會進去。

課業結束後，宋美齡去新罕布夏州過一九〇八年暑假。她住在梅勒迪斯鎮，就讀該地溫尼珀索基湖畔某間私立暑期學校。「昨天我差點溺死，」她寫信如此告訴朋友。「有個來自費城的女孩抓住我手臂；但請不要把這事告訴別人，因爲我覺得很丟臉。」宋美齡喜歡與新交的朋友，十一歲的法蘭西絲·穆爾頓，一起撿石頭和湖邊貝殼。她與法蘭西絲一起摘漿果和櫻桃，兩人寢室隔著一堵牆，喜歡互敲隔間牆玩。

暑期結束後，宋美齡與宋慶齡前往南方的梅肯，與宋靄齡一起讀衛理女子學院。她們於一九〇八年九月五日註冊。在入學登記簿簽上充滿自信的簽名後，宋美齡在年齡欄裡塡上「十」，宋慶齡塡上「十五」，開始讀高中四年級的宋靄齡則塡上「十八」。宋美齡只是名義上註冊入學；宋慶齡讀所謂的大學先修班。兩姊妹一如大姊靄齡，住在蓋里夫婦家。

中國女孩不能讀公立學校，因此蓋里夫婦請了家教瑪姬·勃克斯來教宋美齡。瑪姬的母親勃克斯太太在衛里女子學院教英文，是個有貴婦氣質的老太太，協助塑造了數代衛理學生年輕可塑的心靈，宋美齡當然也在其中。她親自照管宋美齡，代行母職之責。她關心宋美齡的課業以及穿著，帶她去買衣服、鞋子、帽子。勃克斯太太深信高貴氣質、心無旁騖、幫助不幸者這些老式美德，只要有機會，幾乎都會向學生灌輸這些道理。認識勃克斯太太的人都會發現，宋美齡日後的理想主義正體現了她的教誨。

梅肯是富裕的城鎮，是南北戰爭前的南方中心地區，鎮上迷人的戰前建築，躲過了南北戰爭的戰火。南北戰爭前的心態同樣歷久未消，宋美齡耳濡目染，也以南部邦聯人自居。有次暑期走訪北部期間，有老師要她說明北部聯邦軍將軍威廉・謝爾曼那場燒光亞特蘭大城的惡名昭彰遠征。她寫道：「對不起，我是南方人，這題目很傷我的心，我可以略過不做嗎？」

宋美齡是個熱切、頑皮、早慧的小孩，偶爾還是個很得寵愛的小孩。她很活潑，往往活潑到惹出亂子。她兩個姊姊費了好一番工夫才學會美國人的習性和修辭手法，宋美齡卻是輕鬆就學會。她日後聞名於世的那種伶牙俐齒，這時就已讓周遭的人見識到。她往往能以寥寥數語讓自己擺脫尷尬處境，且說起英語之流利，讓人忘了她是外國人。在古板的衛理女子學院，化妝被視為有點不入流的事。有次宋美齡在臉頰和嘴唇抹了淡淡的妝，被人看到，有個年紀較長的女孩以指責口吻說道，「嘿，美齡，我覺得你臉上化了妝！」宋美齡迅即回應，「對，中國妝。」她兩個姊姊擔心她的口沒遮攔惹來麻煩，因為常聽到她肆無忌憚評論美國人的奇怪。宋慶齡說，「她永遠學不會管好嘴巴。」

宋靄齡於一九〇九年畢業後，三姊妹前往喬治亞州東北部藍嶺山脈山麓丘陵的小鎮德摩雷斯特，做客宋靄齡同班同學布蘭琦・莫斯家。德摩雷斯特是為實現基督教理想生活而建立的實驗性聚落，鎮上禁止喝酒、抽菸、跳舞。宋靄齡待了三星期後返回上海，宋美齡、宋慶齡則待了整個夏天，因為那裡地勢較高，氣候比溼熱的梅肯涼爽許多。三姊妹出現在鎮上，蔚為奇觀。有個禮拜六，她們穿著鮮豔的中國絲質衣服，悠閒走過鎮上主街，引來一陣騷動。街上留鬍子的山區居民和農民，湊過來兜售栗子、雞等貨物。

宋美齡很喜歡德摩雷斯特，因而宋慶齡回衛理時，她決定繼續住下去。那個學年（一九〇九～一九一

○），她入讀德摩雷斯特鎮上的皮德蒙特學院。那是由基督教公理會支持的小學校，她的英語在該校得到特別指導。該校檔案顯示，她以百分之九十三．七的平均成績畢業，修業科目包括閱讀、拼字、文法、《聖經》、生理學、算術、侍候進餐。侍候進餐是家政課，旨在「讓高貴年輕的未婚女子，先預習現代社會裡有教養的女主人該會的事」。

宋美齡在皮德蒙特的同班同學吉納維芙．費雪憶道，她「總是面帶微笑」，且在班上總是名列前茅。有人嘲笑宋美齡的中國人身分時，她「一點都不在意」。教人意外的，她是在美國首度接觸到比她較不幸的人。許多八年級男女同學是來自遙遠山區的成年人，令她很是吃驚。許多人在小學當了幾年老師，才存夠錢就讀皮德蒙特。她後來寫道：「這些人全對我很好奇，而我則開始對那些辛苦求得溫飽、乃至辛苦掙得初等教育受教機會的人的生活，有了深刻認識……小時候與這些人的接觸，影響了我對那些並非含著金湯匙出生者之遭遇的關注。」

三姊妹於一九一○年秋回到衛理女子學院，赫然發現校長換了人。新校長威廉．恩斯沃思是牧師，禁酒運動的健將之一，卸下校長職務後，接任美南衛理公會會長。這位嚴謹自持的喬治亞衛理公會信徒的寓所，成為宋美齡的第二個家。她住學校宿舍，但有許多時間泡在恩斯沃思家，很快就與小她兩歲的恩斯沃思女兒埃勒維茲成為形影不離的好朋友。她們在學校走廊奔跑，爬上後面草坪的無花果樹。

若非靠機智幽默化解，宋美齡大概會常因為自己那愛惡作劇的性子惹上麻煩。她也不討厭肥皀劇那種誇大突然的情感表現。有天，宋美齡因與埃勒維茲吵了一架，一臉不高興。照理她們兩人應已言歸於好，但宋美齡還是裝出一副生氣的樣子。恩斯沃思太太憶道，「埃勒維茲很擔心她的朋友受傷，我因此決定跟美齡談談寬恕的好處……我問她，露出如此壞脾氣，會不會覺得丟臉；她立即回我，『怎麼會，才不，恩斯沃思太太，我還樂得如此呢』，眼睛跟著輕輕眨了一下。」

有人說宋美齡是個聰明學生，但她那股強烈的好奇心，有時還眞是無休無止。數學老師費了好大的勁，才使她接受基本代數原理。她什麼事都要追根究柢。她不必特別努力就拿到好成績，但她覺得偶爾禱告也無妨。她開始新鮮人生涯後不久，有天偷偷溜進埃勒維茲的房間，探望生病躺在床上的她。恩斯沃思太太走進來，發現埃勒維茲正蒙著被子爬回床上，於是要她說清楚怎麼回事。「美齡剛剛進來，她今天考了入學後的第一場考試，很擔心，我們於是跪下來，祈求主讓她及格。」有位同學憶道，宋美齡是個「狂暴」的音樂學生。她不滿鋼琴老師已久，只是隱忍不發，常向那老師說「我不想彈這首」，然後把譜子丟到鋼琴上頭，抽出她比較喜歡的曲子。有位朋友憶道，宋美齡有志當記者，非常聰明，但有點高傲，曾向一位華人女孩說她與她不同類，藉此避開那女孩。

身爲校園裡的小丫頭，宋美齡與埃勒維茲對大姊姊在做的事很感興趣，兩人常抬頭看她們，爲自己被排除在她們的活動之外而深深氣憤。宋美齡後來憶道，「大姊姊有祕密。我們好想知道她們在談什麼！」「但她們總不肯告訴我們；總會說，『走開，小鬼。』」會客室是大學女生與男朋友約會的地方，她們兩個喜歡隔著會客室的百葉窗偷窺大學女生招待情郎，偷聽裡面的動靜。然後，兩人咯咯笑著跑回去恩斯沃思太太那兒，說出她們看到的。後來恩斯沃思太太憶道，「再也找不到比這兩個小傢伙更浪漫的了，有女孩訂婚時，她們比誰都興奮。」

爲了不讓大姊姊們專美於前，宋美齡想出一個計畫。開始學拉丁語後不久，她就組成一個社團，成員有她、埃勒維茲，還有瑪喬麗・古格爾；古格爾的阿姨是學校裡的行政人員。她們受校園裡女學生聯誼會的刺激，把自己的社團仿拉丁語 triumvirate（三雄執政）一詞，取名爲三小鬼社，但會員很快就超過創始的三人。這個社團有數項嚴格規定，包括開社內會議時會員都得嚼口香糖。這社團的主要活動是吃，爲此，校裡的飲食學家獲准成爲榮譽會員，以便從她那兒得到免費的好吃東西。

三小鬼社出版了時事通訊，內含校園裡大姊姊的八卦消息。宋美齡是文編，埃勒維茲和瑪喬麗分擔美編、記者的職務。以社會欄來說，報導的開頭通常是：「這校園裡的女孩，就屬貝蒂．布朗最漂亮」，或「桃樂西．戴爾是全校最聰明的女孩」。時事通訊寫在普通的學生練習紙上，每天販售五份，每份五美分。最難搞定的事，乃是營業所得該如何花掉——用來買冰淇淋、鹹酥花生、或 Hershey 巧克力棒？後來宋美齡寫道，「那想必極爲有趣，因爲每天都會出現一個名叫『說故事夫人』的人物，給害相思病者美容協助和建議、評論校園裡的八卦消息，且那人物有我所天眞以爲明確無疑的《閒談者》、《旁觀者》（著名雜誌）那種風範。」可惜這份刊物全已佚失。後來瑪喬麗憶道，宋美齡「精力充沛、活潑、總是有一大群人跟在她身邊」。

從不知羞怯爲何物的宋美齡，對於別人因她的華人身分而對她好奇，並不以爲意。一九一二年秋天她成爲衛理女子學院的新鮮人時，獲推選爲糾儀長，負責拿旗子，帶領啦啦隊。該校一九一三年的畢業班年刊，稱宋美齡是網球社員、比利烏鴉社員。比利烏鴉因選在「烏鴉巢」旁聚會而得名，「烏鴉巢」是圍著一棵老橡樹而建的平臺，社員吃甘草糖，社花是黑鬱金香。衛理女學生常去大學丘藥房買冰淇淋蘇打水。

在衛理女子學院，宋美齡漸漸培養出日後她那著稱於世的昂然自信和驕傲。她深信前幾年受個別教導期間自己進步很多，那是她若去上一般學校課程絕對比不上的。她學東西很快，對自己的聰明很自豪，聲稱十歲時就已讀過狄更斯的所有作品。她喜歡上多字母的長字，且把這類字試用在姊姊身上。「我剛遇見最atter*act*ive 女孩，」有天她如此告訴大姊宋靄齡。「哇，她眞是 ***fanisating***。」

宋慶齡於一九一三年畢業後，宋美齡轉學到北方，以便當時在哈佛大學就讀的哥哥宋子文就近照顧她。她於該年秋天入讀附近的衛斯理學院。火車離站時她說，「別了，喬治亞州梅肯！」「再見到你時——如果有那一天——我們會是衰老、顫抖，已過了人生的精華歲月。」

在這期間，宋嘉澍正在中國的動蕩政局中扮演舉足輕重的角色。經過一連串失敗的起事後，一九一一年的辛亥革命終於推翻已經垂死的滿清政府。孫中山因帶頭發動革命，被譽爲中國的喬治・華盛頓，但辛亥革命發動時，他人在國外。他迅即返國，不久，中華民國建立，孫中山出任臨時總統。但事實證明他無力掌握實權，不得不在一九一二年將總統之位讓給前清內閣總理大臣袁世凱。袁世凱建立軍事獨裁政權，中國自此陷入漫長的軍閥割據和政治混亂，在這期間，孫中山手無權力，實現理想變得黯淡。

第四章 學院生涯

讓女人接受高等教育，乃是全球爭取自由、讓公理戰勝強權的主要呼聲之一。那是受壓迫奴隸的呼聲，是絕對平等的堅持……衛斯理學院欲在這場浩大的抗爭中站在最前線。我們的所有計畫，全在於公開反對大眾的習俗和偏見。因此，我們希望你們每個人都成為最崇高的改革者。

——亨利·杜蘭，衛斯理學院創辦人

一九一三年夏末踏上衛斯理學院翠綠的校園時，宋美齡十五歲，比衛斯理一般入學新生年紀來得小。她已在衛理女子學院讀過大一，但新學校要她再從大一開始讀起。她矮小而結實，一身美式打扮，完全沒有派頭。同學憶道，她很美國化，因而最初還不承認自己是中國人。宋美齡總是以輕柔、慵懶的喬治亞腔，正經八百的說：「我是（美國）南方人。」以「南部邦聯狂熱支持者」自稱的宋美齡，初次走進校園時，覺得這學校乏善可陳。她大步走進學校教務處，輕蔑的說道：「哎，我猜在這學校不會待太久。」

這裡不只氣候寒冷刺骨，還有新英格蘭人典型的冷淡拘謹。當時，南方人對較富裕、技術較先進的北方征服者懷有自卑感，宋美齡亦不例外，懷有某種程度的自卑，至少初到這學校時是如此。身爲華人女孩，不可避免會被視爲自己所屬種族的代表，爲此，她在衛斯理學院覺得壓力很大，深怕丟了中國人的臉。但她無可壓抑的自信，加上她早年所受勿表露內心情緒的家教，帶她通過難關。

宋美齡抵達衛斯理時，這所位在瓦邦湖畔的學院已失去一部分其創辦人的改革精神。當年，該校女校長懷著欲將「讀、寫、算術」三項基本能力和基督教教義帶到美西邊遠地區的崇高、浪漫理想，但這時候，那邊遠地區已然消失，而那理想也已被中產階級的志向所沖淡。該校校訓是 ***Non Ministrari sed Ministrare***（Not to be ministered unto, but to minister to.），即「不受人助，但要當助人者」。有個老笑話說，校訓的意思是 **not to be ministers, but ministers’ wives.**（不要當大臣，要當大臣妻子。）幾十年後，有位校友語帶諷刺說道，衛斯理不是把學生培育成「主宰自己一生的女豪傑」，而是「偉大男人一生中的第一夫人」。這話或許不公平，但放在宋美齡身上倒是十分貼切。衛斯理的教育，要她當個獨立且聰穎的女人，另一方面，社會對女性的角色定位卻很狹隘，日後她將發覺自己困於這種矛盾之間。

當時衛斯理未提供宿舍給大一新生，因此宋美齡和同學寄宿於衛斯理村裡的人家，搭主人的伙。放學後，她總是回十字街六號的波特家，站上客廳裡的板凳，向波特太太演說。她在搖搖晃晃的臨時肥皂箱上努力保持直立，常失去平衡，掉下一隻拖鞋。大二時宋美齡搬進學校，住在名叫「木屋」的宿舍。

在衛斯理，爲尋找歸屬，宋美齡偶爾參加「南方社」聚會，以慢呑呑拉長調子的方式和南方來的同鄉同學聊天（但學校老師拿南方人這種說話方式當例子，說明如何把話說得不清不楚）。經過在新英格蘭四年大學生活，輕柔的「y’all」和「I reckon」仍可見於她的用語，但她的口音變得較簡潔俐落。她有許多漂亮的中國服，但她很少穿出去露面，反倒穿當時衛斯理流行而不花稍的水手領罩衫、裙、結實笨重的鞋子，但也常在短上衣或夾克外面別上絲質徽章。

大學生的習俗和喜好不斷在變動。一九一三年，大四生舉辦了第一場班級舞會，邀來有教養的男士參加。短髮和立體主義藝術開始風行，但衛斯理的學生仍提鉤編的包包，在課堂上用梭子織衣物，令教授大爲惱火。風暴雲低低籠罩追求男女同校的天眞大學生。歐洲動盪不安，一九一四年八月，戰火席捲歐陸。宋美齡開始讀大二時，有關女子投票權運動的激烈爭辯，已讓位給有關戰爭、和平、備戰的冷靜討論。反戰運動聲勢強大。衛斯理學生透過演說接觸到歐陸大戰的交戰雙方，學生既爲援救德國，也爲援助比利時募款。

宋美齡是個意志堅定而求知欲強烈的學生，她的教授安妮．圖爾說，「她事事都有想法，教人難以招架」，「她一直發問，問觀念的根本意涵，今天急匆匆跑來問文學的定義，隔天問宗教的定義。」她思考道德問題，不弄清楚眞相不肯罷休。當時學生沒有明確的主修科目，但校方要學生專攻兩個主科，加修其他多種領域的課程。宋美齡選擇主修英國文學和哲學。圖爾是宋美齡在衛斯理互動最密切的知己暨恩師之一，她說，宋美齡「很輕鬆就有出色表現，說、寫英語比一般學生還要好，她的英語就和我們每個人的英語一樣道地」，還說，「（但）美齡絕不是只知埋頭苦讀的人」。她大學四年修法語和音樂，沒有間斷，而音樂部分，除了小提琴課、鋼琴課，還有樂理課。她還修天文學、歷史、植物學、英文寫作、《聖經》史、演說術。

這位來自中國的女孩，認爲《聖經》是美國文化根基的一部分，而舊約《聖經》史這門必修課，對她有特別深遠的影響。她後來憶道，「或許，身爲外國人的我，比我的同學更能清楚看出這國家的組成是如何緊密依循基督教原則。」還說，「不管美國有什麼缺點、罪行，我認爲美國能得到上帝如此豐美的賜福，與其謹遵主的教義有關。」

在衛斯理學院，宋美齡最親的朋友是埃瑪．米爾斯。此後一直到米爾斯於一九八七年去世，宋美齡都與她有密切聯繫。圖爾寫道，宋美齡「大受欽佩，不是因爲她那時長得漂亮，而是因爲她渾身散發熱情，流露眞誠」，她身上有某種「強烈而率眞、充滿企圖心和個性」的東西吸引人。有位曾與宋美齡同住「木屋」宿舍的校友憶道，她有「某種自豪，文化的魅力」。她似乎總是以「沉靜的驚嘆之情」看待美國人。她後來大受讚譽的機鋒妙語與魅力，那時沒那麼明顯，或許因爲宋美齡覺得與朋友相處沒必要展現這些特色。圖爾寫道，「我們整個學院都喜歡她，把她當成自己人，渾然忘了她身上有外國特質。」圖爾暱稱宋美齡爲「我的異教中國佬」，而宋美齡爽朗接受。

但她不全然總是甜美可人而開朗的，在少女時期，就漸漸顯露出性情中陰暗的一面，那是她終其一生會頻頻顯露的一面。圖爾寫道，「她常常顯得嚴肅而憂鬱」，偶爾會「喜怒無常，感覺無聊時不掩飾當下的感受」。她忽而幹勁十足，充滿熱情，忽而又變得無精打采、什麼事都提不起勁，令朋友大爲擔心。她朋友海倫·哈爾憶道，「她總是充滿幹勁一陣子，然後突然什麼事，不管是工作還是玩，都不肯做」，「沒有人勸得動她。我們覺得她懶，或生悶氣，但她只是要我們走開，然後突然間她又生龍活虎四處跑。」後來宋美齡說，這些是她「心情捉摸不定」的時期，在這樣的時候，她會把自己關在房裡一個禮拜或十天，看書看到凌晨。她後來寫道，心情陷入如此陰晴不定時，她對朋友「動不動就發火」，甚至「很粗暴」。

大三時，宋美齡獲選加入 **Tau Zeta Epsilon** 社。那是衛斯理學院裡六個開放高年級學生參加的社團之一，致力於「培養、散播有助於更縝密觀察大自然的藝術精神」，該校學生簡稱該社爲 **Tizzie**（現今仍是如此）。宋美齡不是特別愛運動，但她打網球，也加入班上籃球隊，隊服是當時有教養女子的運動裝扮——水手領罩衫和長及膝部的短燈籠褲。放暑假後，她曾寄宿某朋友家。那時，爲每天取信，得騎腳踏車去拿。有天傍晚，宋美齡又髒又累、衣衫凌亂地進到屋裡。屋主看到，大驚問道，「你是去了哪裡？」宋美齡答，「我以爲該我去拿信，信在這裡。」屋主指出，「但你不會騎腳踏車嗎？」宋美齡答：「我確實不會。」

大學生涯初期，宋美齡似乎對自己民族很沒自信，教她的朋友大爲困擾，因爲她曾告訴她們，「她的同胞寄望她從美國文明挑出最好的部分帶回去」。她們覺得她在穿著、言行、思想上已如此徹底美國化，很難想像她回故鄉後會是什麼情景。但大二前期，她有了微妙的轉變。她的朋友無一人能清楚點出那轉變何時發生、為何發生，但她開始較少談到美國和她結識的美國人，而較常談到中國和她的家庭人脈。她開始表現出「欲返回故土、應用她所受之西式教育和訓練的強烈念頭」。她為中國對世界文明的貢獻遭西方漠視而表示難過，遺憾自己對祖國所知太少。日後將她推上世界舞臺的那股雄心、領導精神、強烈的使命感，漸漸開始浮現。

祖國和老家的動盪不安，加深了宋美齡對中國的懸念。袁世凱獨攬大權後，孫中山領導了一場武裝起義，欲推翻這位獨裁者，但未能成功。然後，一九一三年夏，孫中山逃往日本，宋美齡父母跟著過去。當宋美齡在衛斯理林木蓊鬱的丘陵過著安穩舒服的日子時，她父母在流亡地日本和故鄉上海之間來回奔波。宋慶齡於一九一三年從衛斯理畢業後，前去東京與父母會合，協助他們和孫中山策畫另一場革命。宋嘉澍掌理孫中山的財務，宋靄齡當孫的祕書。孫已婚，且有三個已成年的子女，但仍追求宋靄齡，且據說用革命支持者的捐款買了件貂皮大衣送她。她父母得知孫中山要娶他們的大女兒，大為震驚，最後，宋靄齡嫁給當時在東京擔任中華留日基督教青年會總幹事的華北富家子弟孔祥熙。

宋靄齡於一九一三年九月辭去孫中山祕書職務後，由其妹宋慶齡接手。不久，這位青春年華、害羞而漂亮的女孩，就和這位年紀大她一倍多的失敗革命分子爆出戀情。一九一三年十一月，這位充滿理想的年輕女子顯然已深愛上孫中山。宋家諸人中，她只向宋美齡透露這件戀情。她寫信告訴妹妹：「我能幫助中國，也能幫孫博士。他需要我。」不久，她和父母回上海居住，但偷偷與留在東京的孫中山保持聯繫。

一九一五年初，宋嘉澍的健康已開始惡化，原欲前往美國探望宋美齡和宋子文的計畫隨之打消。他請教東京帝大的著名專家，診斷出得了布賴特氏病。這種病又名腎小球腎炎，得了後身體日益衰弱，他因此常頭痛，左眼幾乎瞎掉。

不久後的一九一五年三月，孫中山與其鄉下妻子離婚，以便迎娶宋慶齡。六月，她父母得知兩人要成婚，大爲驚恐，極力反對。宋慶齡拒不從命，堅稱這輩子只嫁孫博士，其他人誰也不嫁。心痛的父母把她鎖在房裡，以阻止這場他們眼中萬萬不可的婚姻。宋慶齡不爲所動，十月分偷偷逃到日本，一九一五年十月二十五日與孫中山在東京結婚。

軒然大波隨之爆發。她父母跟著搭下一班汽輪到東京，哭著懇求宋慶齡放棄這樁婚姻。宋嘉澍甚至訴請日本政府宣布這樁婚事無效，主張宋慶齡還未成年，乃是被迫答應這樁離譜婚事，但未能如願。宋慶齡私奔引發爭議期間，宋美齡從頭至尾不顧父母的憤怒，堅定支持姊姊。宋家兩老最後無奈接受這樁婚姻，送了傳統結婚禮物給這對新人，但宋嘉澍後來向其傳教士友人威廉・勃克透露：「比爾，我這輩子從沒這麼心痛過。我的親生女兒和我最好的朋友。」

在哈佛和附近其他大學的中國學生圈子裡，很多人追求宋美齡。她哥哥宋子文常帶年輕帥氣的男子去找她，那些男子極爲心儀宋美齡，但得不到對等的回應。有位朋友寫道：「似乎隨時都有長得帥的中國男孩或其他人在『木屋』的門階上。」姊姊宋慶齡的私奔引來父母那番驚恐反應後，宋美齡開始擔心自己回國後，父母會逼她接受媒妁之言的婚姻。或許正是這樣的憂心，她與江蘇籍的哈佛學生彼得・李訂了婚。這場婚約很快就廢除，後人對該婚約的了解，也僅止於此。這想必是難得的年少叛逆，一時衝動而締下的婚約，因爲宋美齡雖然好奇心強、獨立、烈性，卻不願挑戰權威，特別是她所引以爲傲的父母的權威。讀大學時，她與哥哥宋子文特別親；宋子文於一九一五年哈佛畢業後，前往紐約市的哥倫比亞大學攻讀金融。她叫宋子文「Brother」，若想做不尋常的事，總會徵詢他的意見和同意。

隨著返國之日日近，宋美齡開始擔心自己已不像中國人。隱隱逼近的返鄉之行，她既期待又恐懼。在美國生活多年，她已偏離中國的文化規範，她擔心回到中國將面對的困難，並曾向一友人透露，「我身上只剩臉還是東方的。」

宋美齡畢業前幾個月，美國終於加入歐洲戰場。一九一七年四月六日的宣戰，促成衛斯理學生舉行了幾場戰爭婚禮。八十名大四生報名參加急救課。學生爲軍人縫製卡其衣服和襪子，製作「軍人棺材」，「認養」法國戰爭孤兒。該校畢業班年刊《一九一七傳奇》，題獻給「引領阿爾戈英雄完成多場迂迴曲折之流浪」的古希臘神祇赫拉，「因爲我們每個人都有金羊毛要尋取，在找到金羊毛之前有洶湧大海要橫越，在將金羊毛拿到手裡之前有龍要予以擊敗。」這個神話典故，對於宋美齡，或許比對她同學更來得眞切。

一九一七年六月十九日星期二，第三十九屆畢業典禮舉行，典禮中頒予三十三名成績最優異的畢業生「杜蘭學者」獎，宋美齡是其中之一。在畢業生餐會上，剛畢業的學生舉杯祝賀「一九一七年班」，準備走出校門「啓迪世界」，而宋美齡顯然謹記了這一使命。畢業生辯論「雖是女人也可如何理智」和「身爲傳教士」之類主題。他們唱校歌，然後一九一七年班畢業生，包括年約十九歲、堅定、圓臉的宋美齡，走出無風無雨的衛斯理，走進烽火連天的世界。

第五章 上海美女

婚姻是身為女人最重要的職業，比其他任何職業或靈感都還要重要。

——宋美齡

從衛斯理畢業後，宋美齡搭火車到溫哥華，再改搭汽輪前往中國。離開朋友（特別是埃瑪・米爾斯），離開她已生活這麼久的世界，教她非常感傷，火車駛出紐約的大中央車站時，她再也壓抑不住，哭了出來。她深知自己正要前往她幾乎一無所知、而她已認定自己將在其中扮演重要角色的新世界。看到火車上滿載正欲前往法國的華工後，她寫信告訴米爾斯，「如果我有影響力，我要中國人不再被運出國當苦力，因爲中國需要所有壯丁來開發礦產。」對十九歲女孩來說，這是出奇大膽，甚至自大的陳述，也預示了有朝一日她將扮演的權威角色。

一九一七年七月二十日再度踏上故土後，她得克服困難，適應在美生活十年後已令她感到格格不入的中國文化和價值觀。離開衛斯理時，她滿懷憧憬和崇高理想，但除了宏大但空洞的救中國抱負和自己將結婚的認定，並沒有實用技能和具體計畫。她強烈認知到自己的權利和居高位者理應助人的義務，雄心遠大但只粗具雛形。返回中國，開啓了她長達十年的轉型和人生使命的發現，還有在東西交會處找到自己身分定位的終身奮鬥。

一如走過同樣路子的父親，宋美齡帶回中國的，不只是她僑居美國時周遭人的語言、禮儀、習俗，還有她對人能夠塑造自己的未來、人有道德義務改善他人未來生活這些美國觀念堅定不移的信持。一九一七年夏天她回中國時，上述觀念在中國是驚世駭俗，從美國移植到遙遠的太平洋此岸，並不易爲人接受。在美國時她就已構思出中國未來應該的面貌，而那是與當時的中國無法並存的。當她堅定不移的信念與中國千百年來的變動無常不可避免的相衝突時，她更牢牢抓住那些信念。

上海是當時遠東最繁華、最富異國情調、最自由放縱的城市，且透過一九一七年阿爾・喬森所錄製、厄文・柏林所寫的「從此地到上海」之類歌曲，在美國大衆腦海裡烙下此一永恆的形象。有位傳教士說，「如果上帝讓上海長存，那祂就欠索多瑪和蛾摩拉一個道歉。」在上海可買到法國衣服和美國鞋子、書，可欣賞到義大利歌劇，可用最新技術燙出久久不變的髮型，白天可到南京路採購最新潮時裝，晚上可聽美國的頹廢新音樂爵士樂。纏頭巾的印度錫克族警察，在寬闊、鋪砌平整而熙來攘往的街上指揮交通。行道樹成排的住宅區林蔭大道邊，坐落著有高大鐵圍籬、寬闊草坪的高級住宅。氣派宏偉的外灘，燈光明亮，西式建築林立，旁邊的碼頭區則有穿草鞋的苦力在碼頭上搬運大旅行箱。但上海外僑與富貴華人的豪奢生活，與這港口城市中大部分華人生活的赤貧、悲慘，差距懸殊。

上海社會是龍蛇混雜之地，有商人、外交官、傳教士、革命家、上流社會人士、詩人、難民、浪人、黑幫、尋找發財機會者；有布爾什維克革命後流亡至此的白俄；有嘉道利、沙遜、哈同之類猶太富商世家的子弟（已在遠東建立廣闊貿易網的巴格達猶太人的後代）；有矢志拯救中國人靈魂的各門派傳教士；還有在華、洋商行之間扮演中間人角色的華人買辦。comprador 爲葡萄牙語，意爲買家。買辦是通商口岸的一大特色，是不會講華語的外國人不可或缺的貿易夥伴。中國士人瞧不起買辦，斥之爲目不識丁的「奴才頭子」，說在買辦眼中，連外國人放的屁都是香的，但他們欣羨買辦的影響力大和賺錢。一代代的買辦促進了中國與西方間的貿易，同時採納了與他們有生意往來的外國人的生活方式和習俗。買辦自成一個群體，一個中國半殖民通商口岸特有的華、洋文化混雜群體。中國人一提到宋家，腦海裡最常浮現的形象就是買辦階級。

宋家將虹口的鄉間宅邸脫手後，宋美齡搬進父母在上海法租界霞飛路四九一號的家。這棟歐式大宅，不計廚房、浴室，有十六個大房間。房子位在美麗庭園中，有寬闊草坪可打網球和槌球。宋美齡向埃瑪・米爾斯誇耀道，光是僕人住所都比衛斯理的宿舍還要好。她和哥哥宋子文共用第三層整層。

宋美齡肩負起管理兩個弟弟的責任，兩個弟弟的行爲和功課不佳，令他們父母很頭痛。十八歲的宋子良比宋美齡小一歲，宋子安是十歲。她寫信告訴米爾斯，「我把他們管得服服貼貼的」，還說「我曾抽打弟弟好幾次，他們兩個都很怕我」。她開始在主日學校教一班男孩，讓她媽媽很高興，且班上有個叫她 Sir 的胖乎乎十四歲學生，特別討她喜歡。初回中國的另一個挑戰是掌理家務。「我們有五個女僕，七個男僕。眞的，不是開玩笑！」僕人惹她生氣時，她突然什麼中國話都不會講，不得不搖鈴叫男管家來翻譯，爲此，她很沮喪。

看到她用母語溝通不順，她父母堅持要她去學中國話，因爲只有懂中國話，才能爲國貢獻心力。她會說上海話，但讀、寫中文卻不佳。許多上海學校邀她去教書，都被她拒絕，她反倒請了一位老式學究，專門教她讀中國典籍、練字，一天數小時。她以中國教育孩童的傳統方式背書，一邊大聲朗誦，一邊很有節奏的搖頭晃腦。她在信中告訴米爾斯，這個學究「很嚴，希望我完成『幾乎不可能完成的事』」。她鍥而不舍學習了許多年，將中國民間故事和歷史演義譯成英文，有幾篇故事刊登在美國的《自由人》雜誌上。她讀法國作家莫泊桑的短篇小說，以有助於她翻譯「粗俗」的中國小說。這些小說以文言文寫成，她讀來吃力，但經旁人說明它們的故事內容後，她覺得拿去請教男老師太「難爲情」。

離家十年後重住家裡，有許多事要調適。她在信中告訴米爾斯，「有個家似乎很奇怪」。有時不免會忘記自己已無法隨心所欲去「做和想我喜歡的事」。最初她沒什麼時間思考，因爲除了上中文課和每週兩次的鋼琴課，她立即投入家中活躍的社交活動。她參加許多晚宴、茶會、其他活動，且她父母常在家宴請賓客。她在信中告訴米爾斯，在這類場合，必有人向她問起「過去十年與我朝夕相處的『洋鬼子』的生活方式和禮俗」，句中用到中國人對西方人的俗稱。「我想那是不是就是返鄉後我覺得自己那麼『邪惡』的原因！」

每天下午，她練鋼琴、教弟弟子安、參加爲飢民或紅十字會募款的委員會議。每天晚上，宋家人搭自家別克車出去，或去看電影、看戲。宋美齡把中國戲劇舞臺上的音樂，比擬爲她在衛斯理參加過的某場禁酒演講上宴會餐爐的蓋子撞擊聲響。她家人教訓她不懂欣賞中國音樂，她坦承，「我還沒吸收……東方的東西」。她抱怨市面上流通的貨幣太多種，購物很麻煩，因爲有許多店家只收一種貨幣。她在信中告訴米爾斯，「東方人的思維，你知道的，很複雜」，「初回到家時，我四處受騙，我很清楚直到現在我還是處於劣勢。」

對宋美齡和其哥哥宋子文來說，適應母國的生活，即使是在較現代化的上海，都特別困難，因爲在宋家六個小孩中，他們兩人西化最深。急躁且苛求的個性，使他們看不慣在中國所遇見的不完美，不管那不完美是出於經驗不足，或是因爲無可救藥的懶散。有位曾到宋家做客者憶道，曾看到宋美齡搖鈴叫來女僕，要她擦乾淨布滿灰塵的桌子，同時大喊：「這些下人根本不知道怎麼清理房間。」然後她看著那女僕努力想做好，最後自己看不下去，火大的一把搶來抹布，兩三下自己擦好桌子。她說，「我想大部分人會說我這麼做有失顏面……但我不想費神去想那些事。」她說她斥退女僕，乃是因爲她自己做，比花時間向她們說明怎麼做更省事。「在民主美國待的那些年，影響了我。」她在給米爾斯的信中，令人難以置信的如此表示。

一九一七年十月十日的中華民國國慶日那天，美國人的習慣作風在宋家占了上風，儘管那其實不是很道地的美國人作風。那天是中國國定假日，因此宋美齡和宋子文求媽媽放家裡僕人一天假。宋母順他們的意思，然後一家人穿上最老舊的衣服，殺到上海最大的市場，自行採買雜貨。「我們眞的是從攤位上買進蔬菜之類東西。」覺得與平凡百姓打交道很新奇、很刺激的宋美齡，充滿感動的如此說。「我那貴族媽媽怎麼看待這整件事，你應該想得出來！」回到家，一家人下廚房——平常只有傭人進出的地方。每個人做一道菜；宋美齡做的是法奇軟糖。用餐後，小孩原本想去看賽馬，最後卻自行打消念頭，因爲他們那對身爲教會中堅分子的父母若聽到這提議，大概會驚駭莫名。

傳統的階級觀念未受到質疑，種族觀則是另一回事。與宋子文和宋美齡兄妹皆相識，且從事報業的美籍友人喬治・索科爾斯基打破社會禁忌，娶了加勒比海、中國混血的女子爲妻。納不同種族的女人爲妾，尙可接受，娶不同種族的女人爲妻，則是教華人和洋人都驚駭萬分。洋人認爲那傷害了白人在遠東的優越地位，娶華人爲妻的洋人則被認爲已經「被本地人同化」，大大冒犯了社會禁忌。宋子文是由海外留學歸國的男學生所組成的「帕嗒帕嗒社」的成員，而該社與索科爾斯基一起舉辦了上海第一場舞會，與會者有華人和洋人，在上海蔚爲轟動。

宋美齡睽違多年後返回的中國，是社會、政治都極動盪的國度，而上海又是那動盪的核心。古老的習俗和行爲正迅速式微，至少在學生和知識分子的圈子是如此。中國城市的年輕菁英分子，對西方提供的新觀念、新知識有無可饜足的渴求。許多西方文學、思想著作，從達爾文到莎士比亞的作品，從托爾斯泰到馬克思的著作，均譯成中文，使許多中國人得以首度接觸到。俄國革命之後，立即有些年輕人迷上共產主義思想。

女人有權在傳統上由男人主宰的中國社會裡得到平等對待，乃是漸漸流行起來的諸多激進觀念之一。

挪威劇作家易卜生的劇作《玩偶之家》，特別觸動了易感的中國年輕知識分子心靈。女主角娜拉揚棄沒有愛的婚姻，拒斥中產階級傳統作風，追求獨立且有眞愛的生活，深深打動了年輕男女。有些人開始嘗試「自由戀愛」；還有些人拒絕接受父母安排的婚姻，或拋棄這類婚姻，以得到眞正兩情相悅的婚姻。有好幾十年，「娜拉」都是女人解放的代名詞。早在一九〇二年，中國政府就已下令禁止纏足，但纏足仍普見於廣大受壓迫、不識字的中國鄉下婦女身上。在鄉下，女人地位的改變雖極爲緩慢，但已撒下種子。

返回中國後，婚姻是宋美齡心心念念關注但又教她心懷不安與矛盾的事情之一。她在寫給米爾斯的信中，傾訴了她的想法。宋美齡身爲有名望又有錢的宋家么女，又是孫中山的小姨子，追求者衆。心儀者湧向宋家，有華人，也有洋人。有位常登門者，名叫 H. K.，是她在美國就認識的，那人的父親是江南製造局（中國重要的兵工廠）負責人。還有位「楊先生」。另有法國人和瑞士人各一位。那位法國人是她在美國返國途中於船上認識的，且如她在寫給米爾斯的信中所得意表示的，她和那位法國人完全用法語交談。她在信中告訴米爾斯，「我喜歡他們，但也只有如此」，還透露她已爲一名荷蘭建築師「神魂顚倒」，那人叫凡艾維先生，也是她返回中國途中在船上認識的。她寫道，「他向我求婚，我家人爲此很火大！」還寫說，「我家人因他是洋人而嘲笑他，你若看到他們嘲笑的樣子，會以爲那個人是個野蠻人！」宋家雖然作風現代，觀念其實仍極傳統。

一九一七年秋，宋美齡的兩個姊姊很熱心，想替她辦個盛大派對，介紹她進入社交界，但她沒興趣，因她認爲她已「碰到我的眞命天子」（那位荷蘭人），只是她父母反對。她在寫給米爾斯的信中，裝出飽經世事的老成口吻說道：「既然無法嫁給自己眞正中意的人，除了爲名或爲利，我不會嫁人。」還說：「我知道你會認爲我太功利，但……現在天下的男人對我來說都一樣。」

不久後，料理家務、求婚者、社交活動都不再那麼新鮮，她開始不滿身為上海名門待字閨中女兒所受的束縛。沒有姊姊或母親陪伴，不得出門，得有年長女伴同行才能出門，這對她還是頭一遭。她懷念起衛斯理的朋友和過去常和米爾斯一起「半知識性的閒聊」。她哀嘆道，「我眞的覺得自己腦袋每天越來越鈍……我得努力讓自己腦袋保持靈光，努力不讓自己消沉，努力不因在壁爐架上看到一粒灰塵就憂心不安！」她熱切期盼米爾斯的來信，還訂了數份美國雜誌，包括《大西洋》和《星期六晚郵報》。

宋美齡開始渴望做「眞正」的工作，開創自己的職業生涯，但除了教書和在工廠工作，在當時的上海，女人幾乎沒有「體面」的工作可做。事實上，許多年輕女子懷著自力更生、放蕩不羈的浪漫生活憧憬，湧進中國這個最大、最國際化的城市，卻迫於生計，投入城裡千奇百怪、無所不在的性服務業。像宋美齡這種身家背景的年輕女子，若要與家庭決裂，與所屬階級脫離，以成為中國的喬治・艾略特[5]或居里夫人之類人物，前景堪憂，從經濟方面來看特別明顯。那是宋美齡所不願去想的一條路。但她不時哀嘆自己的可憐。她以絕望語氣向米爾斯訴苦道，「我正在過的生活，最終只會以結婚做結。」她擔心若不結婚，會成為兄弟的負擔，又擔心若結婚，會「腦袋退化」。已婚的兩個姊姊正一起想辦法使她成為婚姻上的「偉大盟友」，認為她若不趁年輕時結婚，以後要幹什麼？宋美齡一度氣得在房裡大吼，揚言若再提起這事，她就回美國。她寫信告訴米爾斯，她想「以人，而非以女孩的身分」與男人講話，「唸大學時，我們無疑只是嬰兒！我現在還不是女人；但我已步入名叫『長牙』的初步成長階段。」

宋美齡火大於兩個姊姊為她撮合婚事，但這怒氣維持不久。一九一七年十一月宋慶齡來上海，介紹她認識千里達出生的華人陳友仁。陳友仁創辦了《京報》，兼該報主編，是孫中山的親密戰友。不久後，《京報》遭查封，他避難上海，在上海創辦《上海時報》，並不顧自己已有妻小，追求宋美齡。宋美齡寫信告訴米爾斯，「他很聰明，很傑出，但自私、自大得可怕。」還說：「他這禮拜會來找我，希望到時候我不會很失禮。」

一九一七年秋，宋美齡應邀參加中國全國電影審查委員會。她告訴米爾斯，每週放映的電影中，最好的是帕泰與維多利亞兩家電影公司的影片；其他影片「有太多肉麻的談情說愛，還有骨碌骨碌轉的眼睛」。她遇到一名正經八百的女傳教士，大罵電影不好，因爲那女士看了一部之後就覺得自己心靈受到侵犯，發誓絕不再看電影。宋美齡說電影「沒什麼不好」，那位傳教士反駁道，「如果耶穌基督降世，你會希望自己在那裡被人發現？」宋美齡聽了很想回道，「當然……只要那是部好笑到令人尖叫的電影！」但終究按捺住，然後那傳教士一轉身，她即做出鬼臉。

電影審查工作促成的一樁遭遇，讓她充分體會到自己在祖國是如何的格格不入，且那種感覺將一直跟著她。晚秋的某個晚上，她想辦法避開年長女伴的陪同，隻身前往參加審查委員會議，結果在上海貧民窟迷了路。她拚命找開會地點，但天色暗了下來，她陷入迷宮般「又暗又窄又髒的巷弄」迷宮中。後來她寫信告訴米爾斯，那時，她覺得很冷，「嚇得要死」。就在她要絕望時，有個洋人男子搭馬車經過。她叫住那人。那人很驚訝在那個時辰會有華人上流社會女孩一個人在那個城區遊蕩，隨之讓她搭上馬車，讓她大大鬆了口氣。找了一小時後，他找到開會地點，讓她下車，答應會再回來接她。宋美齡暗自思忖：「在中國，竟然是英語最讓我覺得自在，說來實在可笑。」對她來說，在危急時刻找洋人男子求救，這不會是最後一次。

那年秋天，易神經緊張的個性開始危害宋美齡的健康。十月，她爲兩個月都治不好的「青春痘」，接受了「皮下治療」。在這之前，她吃中藥，接受痛苦的蒸氣、推拿療法，都無效。因爲受不了這病的折磨，她開始「純粹因爲緊張而哭」。她寫信告訴米爾斯，她媽媽要她「抹厚厚的粉」才能出去，「後來只准夜裡」

出去。她還寫道，「我不由自主就會這麼不可理喻、沒理由的發脾氣，教我有時覺得自己快瘋了。」十二月中旬，她悶在家裡，無聊得受不了，決定不管難看的痘子，無論如何都要出門。

不久後，一位親戚之死，頓時使她陷入極度沮喪。她在一九一八年一月寫信給米爾斯，說道：「老爸，我不知道自己怎麼了，就是覺得心情很差，很孤單，彷彿我是這世上唯一活著的人！」信中用了米爾斯的綽號「老爸」。「我多希望有你在這裡陪我，讓我好好大哭一場就可以！」她覺得人生終歸徒然且空虛。結婚總比讓她如此憂心的「可怕孤單」之感來得好，但她寫道，「平凡夫妻的平凡交談會教我發狂。」她還憂心養兒育女的責任，特別是如果丈夫一窮二白的話。但如果只爲錢而結婚，她擔心一旦錢財沒了，連「一絲讓人保住勇氣的感情」都會消失。她把某「百萬富翁」的求婚當兒戲；親戚覺得她是「傻子」才沒答應。但自回中國後，她把錢和自尊看得一樣重，斷言：「我絕不結沒錢的婚，但同樣篤定的，我絕不會爲錢而結婚。」

那年冬天（一九一八年初），已纏擾宋嘉澍多年的布賴特氏病變嚴重了。他的大恩人，北卡羅來納人朱利安．卡爾赴遠東旅遊，於二月來到上海，宋嘉澍竭盡所能款待，但不久後，他就一病不起。他的視力漸漸衰退，宋美齡花許多時間讀書報給他聽，照料他。他動不動就發火，宋美齡花了好大工夫，才讓他聽醫生指示，不吃不該吃的東西。她每晚用橄欖油替父親按摩，因爲他的皮膚已乾得像羊皮紙。三月，他住進醫院。

父親生病期間，宋美齡的心情再度亂成一團。她寫信告訴米爾斯，「我火氣很大，得花很大工夫才能控制住自己。」一九一八年四月，她的體重從在衛斯理時的五十九公斤掉到四十八．六公斤，她家人談到「要送她到外地去休養」。父親生病不是她不高興的唯一原因；她在與自己心中的惡魔搏鬥。她在信中告訴米爾斯，錢永遠無法讓她快樂。她哀嘆：「我夜裡清醒躺著，想自己會一事無成。」嫁給那位荷蘭建築師的希望完全破滅，同樣令她沮喪。他想去看她，而因爲家人不准他來，她與家人有番「激烈爭吵」。她寫信告訴米爾斯，「他們擔心他如果來，我會嫁給他，誰曉得會不會像他們以爲的那樣……我眞想把頭埋在你沙發的枕頭上，大哭一場。」

宋美齡覺得挫折，覺得被社會與家庭的規範綁住，但她的因應之道是乖乖照辦，而非反叛，不顧他人的譴責。誠如她自己認知到的，在中國，她只有兩條路可走，不是遵照傳統規範過活，就是完全不甩傳統規範，被扣上「新女人」的標籤，而她很不喜歡這樣的標籤。她在信中告訴米爾斯，「我很怕別人把『歸國學生』和『新女人』混爲一談，後者其實很糟糕，無法分辨……放縱與自由的不同，因此，我決意遵守、尊重那些古老的規範。那些規範雖然令人惱火，但至少讓女人不至於做出不只本身會招來懷疑、還會引來麻煩的事……，總而言之，那些勞什子事！」

宋母把宋嘉澍從醫院帶回家，認爲只有主能醫好他。她不願照醫生指示，讓他「流汗排毒」。她屬於不相信藥物的使徒信心會一派，傳教士待在屋裡，不斷替宋嘉澍禱告。宋美齡於信中忿忿告訴米爾斯，「我相信禱告，但也相信藥……家裡氣氛的緊張和母親不願遵照醫師指示，教我快瘋了。」她數夜沒睡照顧父親，爲此疲累不堪。她母親不肯請護士，因爲認爲那有違主的意旨。

一九一八年五月三日，宋嘉澍去世，家人陪侍在側。葬禮很簡單，而且如他生前所希望的，未登報發訃聞。宋家將他葬在上海的萬國公墓。他們很喜歡這公墓，因而在那兒買了一大塊地，做爲家族墓地。宋美齡和宋母服喪，一身黑衣。不久，全家搬到上海公共租界西摩路邊較小的房子。新居以柚木裝潢，有燒木頭的大壁爐和屋頂花園，還有間溫室。宋美齡希望園丁在溫室裡種玫瑰，以參加花展。宋母讓宋美齡照自己意思翻修房子，只要求留一間小靜室做爲她的禱告室。

宋家明確反對那位荷蘭人求婚後，宋美齡又戀愛，這次是跟一位結過婚的男人。那人在數年前從美國回來後，奉父母之命，和自己不喜歡的女人成婚。但宋美齡一如當時許多女人，不敢違抗傳統。她在信中告訴米爾斯，「你也知道我家對離婚的看法，而且，他老婆除了不得他喜歡，本身沒什麼問題。」她還寫道，「我們兩人當然都不會做越軌的事，只是我們兩人的愛意到了非言語能表達的地步，哎，愛得太深還眞可怕……他說爲了得到自由，赴湯蹈火都要闖。但還是死心吧。」她信誓旦旦說道：「我如果結婚，不會是爲愛而結。」

雖然如此斬釘截鐵，宋美齡並未完全放棄在婚姻裡覓得浪漫愛情的希望，不過，在溫暖的家庭懷抱中待了一年之後，她對婚姻的看法的確有了大幅改變。這時的她不只把婚姻視爲獲致未來保障的憑藉，更爲重要的，還把婚姻視爲實現其雄心壯志的手段。有位大她十五歲的實業家向她求婚，從她對這件事的看法，可清楚看出上述的婚姻觀。她於一九一八年六月寫信告訴米爾斯，「他知道我不愛他，永遠也不可能愛他。我喜歡他，尊敬他；他很有治理長才，不多話，不做作……他也很有錢，且告訴過我，如果我嫁他，可以幫他處理他工廠數百工人的社會福利工作。我們可以一起在教育和改善社會上做番大事……不妨想想，爲工廠工人蓋一所學校，一間體育館，一處娛樂休閒中心，培訓社會工作者，以將規矩、民主、人道的觀念灌輸給這些男男女女。而我要幫忙做這件大事！」她在信中告訴米爾斯，她無法給他愛，但她可以盡力成爲一位「有思想的同志」。她顯然拒絕了他的求婚，因爲此事後來即無下文。

一九一八年夏，埃瑪任戰時「農場女工」時，宋美齡打草地網球、辦聚餐和紙牌遊戲聚會，使喚下人。她還在社會工作上越來越活躍，在上海的基督教女青年會當志工，在某社會事務委員會工作，創辦英語會話社。她寫信告訴米爾斯，「我很喜歡這份工作……因爲那使我對形形色色的人更感興趣。」她在社區學校工作，那是她母親幾年前為窮人家女孩開辦的學校。她加入歸國留學生協會，寫了一篇有關美國女子大學的文章，刊登在《上海時報》上。

受到好評的鼓舞，她繼而想到寫文章談如何改革上海某些「弊病」。她寫信告訴米爾斯，「到處有太多苦難！」還說：「有時看著我們貧民窟裡一身骯髒、破爛、擠在一塊的人，就覺得要建立偉大的新中國是全然無望，覺得自己很渺小。」她想過替某個慈善組織效力，寫道，「我的確討厭臭味和骯髒……但我認為如果要清除髒汙，就不能怕髒。」她決心把回國後的第二年投注於了解上海的社會需求。她寫道，「或許有朝一日上海工部局終會理解到，這裡的居民九成是中國人，但在改善最貧困居民的生活環境上，工部局卻沒什麼作為。」

但就在宋美齡似乎開始打造可有所作為的個人角色時，她感到不滿。她在信中告訴米爾斯，她渴望「用腦」，覺得四周淨是「壓抑人的東西」。她抱怨她所效力的那些委員會「毫無意義」，「它們很膚淺，而會員聚會時，品評彼此的穿著，多過討論改善社會的方法。」她渴求「具體的、實在的、充滿活力的、有意義的、值得一做的工作……會讓我身體很不舒服、累得不去在意躺的是哪種床的工作。」陷入焦躁不安的同時，她得了「漆毒」。那或許是此後困擾她數十年的蕁麻疹的初次迸發。有幾個禮拜，她全身長出教人癢得受不了的小水疱。她認為那是她哥哥房間所刷的某種清漆造成，但她母親堅持認為那是不肯跟她一起參加教堂奮興會的「報應」。宋美齡希望母親買下她們在時裝店「巴黎館」看到的那套美麗猞猁皮大衣送她，以補償她所受的苦。

她才剛從「漆毒」中恢復過來，就在出門途中，車子撞到一名小孩。當時她和母親坐在私家司機開著的別克轎車裡，車禍一發生，立即有一群可怕的「下等人」圍了過來。宋母大聲吼叫，宋美齡想把流血的小孩送醫，但別克車油已用光，私家司機又跑掉。她請一名開福特車的男子幫忙送醫，把孩子留在醫院，最後回到家，「精神嚴重受損」。宋母擔心丟人現眼，似乎比較煩惱自己家會被「下等偵查員」團團圍住，而較不擔心那小孩的死活。診斷後那小孩只是皮肉小傷，但宋美齡發燒到四十度，而且神志失常，說起不要讓車子輾過她的胡話。宋家請來大夫，診斷判定她「嚇到」。有個警察想問她事，但聽不懂她胡言亂語的回答。

復原後，宋美齡立即前往北方通商口岸天津找大姊宋靄齡。她逗外甥、外甥女笑，每天晚上去看戲、看電影或歌劇。她去了北京，見到住在「宮」裡的家族友人，去了長城和明十三陵。一九一八年十一月十一日，第一次大戰結束，加速全球經濟勃興，上海跟著受惠，大爲繁榮。宋美齡從北方返家，不久後開始爲基督教女青年會的募款活動「尋求」外國銀行業者支持。她在信中興奮告訴米爾斯，「我親自登門找銀行經理，盯著他們的眼睛，然後錢就滾滾而來！」還說：「我對不同對象，說詞都不一樣；先是打量他們，看說什麼最能打動他們，然後打鐵趁熱！」對有些人，她不斷祭出社會責任的主張；對另外一些人，她則誘之以「商業」利益，表示幫助中國年輕女人對他們有利。她向他們強調她是義工，除了「滿足我要爲改善中國而奮鬥的認知」，沒得到任何好處。

這挑戰顯然令宋美齡很興奮。她向米爾斯雀躍說道：「我喜歡這份工作！」六十名募款人員中，只有少數人敢「冒險」找企業家募款。她請基督教女青年會一位上了年紀的未婚女祕書陪她出去募款，但到了現場，全由她出面講話，因爲華人女孩比洋女人更能說動洋企業家捐款。她堅持穿最好的衣服募款。她寫道，「戴上漂亮帽子，抹上厚厚的粉遮住鼻子油光，穿上昂貴皮大衣，那帶給人的自信是什麼都比不上的。」她還寫道，「盛裝出現，保證可得到較大筆的捐款，因爲男人如果捐的錢少到連我腳下的鞋都買不到，會很丟臉！我要錢從不說那要用來做善事：我總是說要給那些人有特別難得的機會，爲日後將讓他們受惠的事盡點心力，因爲中國社會一旦得到改善，在中國經商獲利的機會會更大。」募款運動最終極爲成功，而宋美齡的努力居功厥偉。

接下來，她籌組了留洋歸國學生《聖經》研習會，研習主題是海外受教育的中國女人協助中國進步、改革的責任，和她們對教會的職責。在宋美齡看來，中國並非唯一需要改革的實體。她在信中告訴米爾斯，她牧師講的道「奇差無比」，人「懶得不像話」，「但我們家是那教堂會衆裡最早的成員，我媽被視爲那教堂的骨幹，因此我打算送他幾本書讀，看能不能爲他的講道內容提供新觀念，改造他一下。」

宋美齡很少在寫給米爾斯的信中談政治，最初是因爲戰時信件檢查制度的緣故，但透過家人的關係，她越來越清楚中國的政治情勢。她最初的觀點雖然天眞且不成熟，卻大大透露了她後來的立場。她在信中告訴米爾斯，她心痛於中國政局的混亂，很遺憾自己對歷史了解不夠，無法寫下自己的深刻感受，刊登於具影響力的報紙上。「中國政治難以捉摸……誰也不曉得下一個被砍頭的是誰。」在這同時，她擔心報紙主編會純粹因爲認爲「就中國女孩來說，她寫得還不錯」而刊登她寫的文章，如果眞是如此，那太傷她的自尊。

當時中國南北各有一個政府，北京政府受國際承認；與其敵對的廣州政府，則是宋美齡姊夫孫中山與宋慶齡從日本流亡歸國後，於一九一七年九月一日創立。不久後孫被迫去職，和宋慶齡前往上海。南北兩政府各以中央政府自居，彼此爭權，也與割據各地的軍閥鬥爭。宋美齡苦惱於中國政治混亂，在協助協約國或在世界舞臺取得一席之地上，毫無作爲。一九一九年三月，她寫信告訴米爾斯，「（個人淺見認爲）我們政府眞正該做的，乃是全心全意追求民主，因爲我們已決心和那些誓言反獨裁的國家並肩作戰。」她深信中國要有前途，強大軍力不可或缺，且知道中國薄弱的軍力缺乏優秀的軍事專家。美國先前已同意給予中國軍事貸款，因此她篤定推斷，如果中國請美國派「一些將領過來開辦訓練營」，美國會同意。她擔心中國在一九一九年的凡爾賽和會上沒有發言權，因爲中國沒有強大武力來執行她身爲獨立國家的要求。在寫給米爾斯的信中，她說她不相信「強權即公理」，但認知到武力足以讓那些「野心強過良心」的國家心生畏懼。

一九一九年六月初，宋美齡寫了一封慷慨激昂的長信給米爾斯，談凡爾賽和約在中國激起的學生愛國運動。北京政府派去的中國代表，簽署了該和約，而該和約的第一百五十六款，將德國在山東青島的租界轉交給日本，而非將主權歸還中國。這一不公不義的安排，被中國人視爲喪權辱國，激發了後來所謂的五四運動。五四運動是場「知識革命」，以愛國意識的覺醒、反對外人宰制、堅信需要文化改革爲特色，深深影響了一代中國人，在中國境內催生出共產主義。五四運動中，年輕知識分子疾呼要改變中國的政治制度、教育體制、語言、社會，從而推翻已存在數百年，甚至數千年的僵化、惰性。不久，五四運動即擴大爲欲透過知識、社會方面的改革，特別是西方科學、民主觀念，使中國現代化的盛大運動。

示威始於北京，擴及到上海，演變成全面拒買日貨。宋美齡希望這運動繼續下去，但最初懷疑那些學生的毅力。她寫信告訴米爾斯，「這一拒買運動得促成具建設性的計畫，才會有效。」她擔心日本會因拒買運動而懷恨在心，最終會要中國付出代價。她寫道，「如果我們還沒有準備好對抗他們，對決那一刻到來時，我們會失敗。」當時普遍認定，北京官員受了日本人賄賂而同意凡爾賽的青島條款，而今同樣那批官員反對拒買日貨，正逮捕學生。她在寫給米爾斯的信裡痛罵道，「我的心爲那些可憐學生滴血，希望那些腐敗、貪婪、沒人性到出賣自己國家的人會下地獄。……痛恨別國之人是件不幸的事，但對那些照道理、憑良心應該愛國的人感到憤慨而全然無力改變，則是令人難以忍受的痛。」

在下一封信裡，宋美齡大加讚揚五四運動學生領袖，字裡行間對中國的未來充滿自豪與希望。她和一群留洋歸國的女同胞相當晚才加入這場運動。北京政府迫於民意壓力，同意讓「賣國賊」（即簽署凡爾賽條約的官員）下臺，釋放被押學生。她興奮寫道，「就連對中國必將獲救充滿信心的我，都驚訝於人民全心全意的投入……日本人個個認爲我們是冷血民族，無法獲得一致的想法或行動。我們無疑已讓他們刮目相看。在這場運動之前，日本人事事都顯得無比高傲自大。你該看看他們現在在角落偷偷摸摸的模樣。」

一九一九年春，宋美齡還未有結婚的意願，但似乎已拋掉對婚姻的矛盾心態。收到米爾斯異乎尋常的「歇斯底里」來信時，她覺得自己看出朋友不滿的根源。她寫信告訴米爾斯，「我覺得女人……如果沒結婚，會覺得大大失落，好似已被騙走了人生。……人如果沒有小孩，還有什麼好期待的？」宋美齡覺得自己過去思慮不夠周全，因爲她在信中很肯定的表示，「我就是太傻，才會去愛上一個如果與之結婚會讓許多人難過的男人」，話中似乎提到那個已婚的男人。「有時……我很想不顧一切嫁給他。」她勸告米爾斯：「婚姻是身爲女人最重要的職業，那比其他任何職業或靈感都來得重要。」至於結婚對象，宋美齡以先知的口吻說道，最成功的男人不是「天才」，而是有「無比自信，因而總是讓自己和別人都不知不覺如此認爲」的人。

看完米爾斯描述她與某個男人之間「極不愉快」的事情後，宋美齡安慰她的好友。她勸好友與男人打交道時「完全不要在意性的問題」。她自信滿滿寫道，「愛的成分裡有一部分是性，如果把性同構成愛的其他成分一起思考，就完全不會覺得性噁心」，但她對這主題的了解大概只是理論上。「肉體之愛就像巴哈或貝多芬作品的某些部分，如果光看它們本身，會覺得不和諧，但如果把它們和作者原構想來組成整體的其他部分結合，它們就變得和諧、優美。」宋美齡向她斷言，那個非常「噁心的」看著米爾斯的男人「是畜生、禽獸」，但並非每個男人都像這樣。

一九一九年七月，上海盛傳宋美齡與多名男子訂過婚。宋母大覺丟臉，一個月不准她見男人，宋美齡生起訂婚「以示報復」的念頭。事實上，她在信中告訴米爾斯，「我無聊透了，無聊到極點。我甚至在沒有年長女伴陪同下出去喝了兩次茶，只因爲……我覺得被管得死死的。有意思的是我一點也不在乎那些男人……我覺得如果沒人可以愛，退而求其次，有人愛你，也不錯，不是嗎？」

當時住在上海的她大姊宋靄齡，一九一九年八月生下第三個小孩孔令俊（後改名孔令偉），英文名珍娜・梅，其中的 May 來自小孩阿姨的英文名 Mayling。那年秋天，宋美齡獲選爲上海留美女大學生會副會長，宋靄齡則是中西女塾婦女聯誼會（上海最大的中國婦女協會）會長。宋美齡幫忙照顧外甥、外甥女，空檔則忙於參加茶會、餐會、看戲。她在信中告訴米爾斯，「在上海，我交遊之廣闊幾乎教我應接不暇……有意思的是，現在我有一點自己的時間時，卻焦躁得坐不住。」一九二〇年五月十二日《上海時報》刊出一張宋美齡身著衛斯理學院帽子與制服的照片，從中可看出她受歡迎的程度。圖說寫著「迷人型的歸國留學生」。

一九一九年初秋，宋美齡懇求母親讓她離家，以便去做合她意的實質工作。同年更早時，家人不肯讓她去上護理課，讓她很失望。志工是臨時性的工作，她覺得沒有成就感。有家報社請她去幫忙，但她擔心接下那工作會惹火家人。她在信中以氣惱口吻告訴米爾斯，「中國人的蠢腦袋，無法理解女孩子與男人共事並不會傷風敗俗。……說來眞是可恨，我覺得我如果放手去做，會有成就，但受阻於這個家喻戶曉而有名望的家庭，若沒有年長女伴陪同，我根本不可能和十足正派的男人一起坐車出門。」她惱火於求婚者，渴望擺脫那種「蠢事」。

一九二〇年，宋美齡想過回美國讀醫，但不久後即打消念頭。宋母極力反對，特別是因爲她不願讓最小的女兒因此離家六年。宋母認爲，宋美齡的身體禁不起緊張的醫生生活，且從事其他行業照樣能貢獻中國。

宋美齡在信中告訴米爾斯，宋母對她極好，極倚賴她，教她「不願」離開她。返國後她終於享受到少女時期失落的家庭生活。「我想我要把自己看得輕一點……去體會超乎過去所體會的『親情』。」但她之所以想當醫生，乃是因爲「我覺得事業更重於婚姻……行醫能多方面造福人，因而有趣，且能讓我與人密切接觸。除了結婚和教書，在中國，女人沒別的出路，而對我來說，除了違反家族傳統，別無出路。」她不能從商，因爲那會招來許多流言蜚語，引來「麻煩」。社會服務工作太「理論性」，太「不專業」，「書空咄咄」，但沒什麼實際成效。宋母說宋美齡在「追逐幸福的青鳥」。

宋美齡把自己回國後體會到的一個心得告訴米爾斯，與之共勉：「朋友雖然很好，但切記……碰上大麻煩時，會幫你的是家人。」她不久前才拿掉受感染的扁桃體，而她說，由於她「特別容易緊張的個性」，這次手術使她「幾乎神經瓦解」。雖然神經緊張，這時她卻是留美大學生會的代理會長和基督教女青年會的理事，且已受邀加入上海婦孺醫院董事會。她還是另兩個組織的祕書和幾個委員會的主委。種種外務令她疲累不堪，但她寫道：「我喜歡動，喜歡看到忙碌的景象……我無法忍受那種軟弱無力的生活。因此，我還沒結婚！」

一九二一年二月，宋美齡去廣州看姊姊宋慶齡。自一九一五年晚期結婚之後，宋慶齡與丈夫孫中山一直努力欲讓孫重新執掌國政，均未成功。深感挫折的孫中山於一九一二年失去實權後，大部分時間被迫流亡海外，直到一九一七年他們夫婦才返國，住在上海、廣州。後來孫中山被逼離開廣州政府，夫婦倆落腳於友人提供的上海法租界莫里哀路二十九號的房子。在這裡，孫中山重振其停擺已久的革命黨，一九一九年將其改名爲國民黨。一九二〇年，孫中山與宋慶齡返回廣州，獲選爲「臨時大總統」，但此政府的有效管轄權最初只限於廣東一省，後來也只擴及到鄰省廣西。

宋美齡住在姊姊宋慶齡位於觀音山的家，觀音山因山中有著名的觀音閣而得名。宋慶齡的住所周邊有武裝衛兵駐守，下方是兵營，駐有孫中山的軍隊五千人。宋美齡整天聽到軍號集合聲，能看到部隊在步操場操練。宋慶齡帶她參觀廣州名勝，很少登山健行的她，在烈日下，穿著高跟鞋，走過有坡度而多石頭的小路。最初，換個地方生活，她覺得愜意，但不久她就開始反思。她覺得畢業四年來一事無成；當初若留在美國，這時可能已是醫生。她在信中沮喪的告訴米爾斯，「我這個人如果真有出息，應該已克服萬難……離開舒服的家，進到內陸，『獨力』做出一番事。」

實際上，那股「雀躍之情」正從她生活中漸漸消失。她不清楚自己出了什麼問題，有了出家當修女或嫁人，「隨波逐流，讓腦筋一片空白」的念頭。但她宣稱，返鄉後，已徹底了解男人。她在信中告訴米爾斯，「如果他們現在沒有外遇，以後還是會」，「這種事我看太多了；都是些我以為絕對可靠的男人……一般已婚女人時時提心吊膽、深怕發生的那件事，光是想，就教我無法忍受。特別是在此時，在道德標準與美國大異其趣的中國。」她寫道，她原希望換個地方生活，精神會變好，但「我似乎無法超脫」。宋母發了幾通「發狂似」的電報催她回家，但她還是在廣州待了三個月。一九二一年五月，哥哥宋子文終於把她「拖」回家。途中取道香港，而在香港搭船回上海的前一晚，她在友人家遇見「伯尼先生」。三天航程期間，她和這位男子結為「很好的朋友」，抵達上海後，她未立刻回家見已數月未見的母親和弟弟，而是和那男子一起度過抵滬的第一天。她寫信告訴米爾斯，「我們一起度過美好時光，我非常開心，因而這輩子難得一次這麼衝動。」她家人覺得很丟臉，罵她在船上「勾搭他」。她寫道，他可能是她當時所遇過最令她心動的男子，但與他的關係也只能到朋友。「我們家很保守，自豪於保住家族血統的『純正』，因而寧可看到我死，也不願我嫁給洋人。」

宋美齡雖是朋友與家人羨慕的對象，她自己卻苦於無法擺脫人生在世的憂懼。她曾想從社會服務、自我進修，或「花蝴蝶般漫無目的遊蕩」的「空洞」與「無聊」中，排解生活的苦悶，結果苦悶依舊。這時她開始嘗試新的路子，信仰上帝。她堅稱自己不是宗教人：「我太獨立，太直來直往，無法逆來順受、無法謙遜、無法乖乖聽命於人。」但宋美齡眼中「家中最聰明之人」宋靄齡，雖曾將宗教話題斥爲「老女人的胡言亂語」，但經過一番曲折，這時已皈依上帝。早先宋美齡認定大姊宋靄齡「刻意要麻痺她的心」，因而每次一提到這事，宋美齡就會暴跳如雷。但這時她理解到大姊的想法沒錯：克服「無精打采」的唯一法門，乃是「與主融爲一體」。她向米爾斯保證，自己絕未精神失常，或更糟糕的成爲「假正經之人」；事實上，寫這封信時，她正在陽臺上愉快抽著菸。宋美齡再次邀這位朋友來華。一九二二年初，米爾斯終於來到中國，待了幾年。

除了替陳友仁的《上海時報》寫了許多文章，宋美齡還關注起勞工改革，走訪了上海公共租界裡外國人與華人經營的製絲廠。在這些工廠裡，她看到許多童工站在溢出滾燙熱水、冒著熱氣的盆子旁，拿著煮過的蠶繭拔絲纖維，其中許多童工才過了嬰兒期。他們一天工作十二至十四小時。充當工廠的建築物以易燃物建成，往往兼做工人的住所。那些地方普遍骯髒且帶有危險，教宋美齡看了心驚。母親操作機器，她們的小嬰兒躺在走道上。宋美齡抨擊血汗工廠制度，發起讓童工絕跡於上海的運動。有感於她的努力，上海工部局任命她爲童工委員會的委員。她成爲第一位擔任該職務的華人和女人，這是她在政治界頭一次露臉。

一九二三年，她半開玩笑的論道，她得活在「別人的澤被」中，才能證明自己存在的價值，但與大部分同輩不同的，她自美返國整整十年仍是單身。衆多追求她的男子中，有一人眞正讓她心動，即一表人才的廣東人劉紀文。劉紀文於一九一五至一九一七年讀過日本法政大學，然後返國爲孫中山效力。一九二四年劉紀文赴英就讀倫敦政經學院和劍橋大學，一九二六年返國。他們兩人的戀情，如今所知甚少，但有人認爲兩人曾訂婚。數年後有人問劉紀文此事是否屬實，劉紀文顯得尷尬，不願正面答覆，只說宋美齡介紹他認識了後來的妻子。

爲掌控更多省分，孫中山率兵北伐，但不久就因缺錢、缺軍火而收兵。一九二二年六月十六日，對孫中山心懷不滿的前下屬陳炯明叛變，把孫中山和宋慶齡逼離廣州。宋慶齡前往上海，孫中山則在廣州附近的武裝炮艇永豐艦上苦撐將近兩個月，等外人援助或占領廣州市的部隊內部叛亂，但希望落空。最後他死了心，前往上海與妻子會合。在這場危難期間，一直守在孫中山旁不離不棄者，是個名叫蔣介石的年輕門生。

第六章　軍人蔣介石

我的機會來了。我要和丈夫為中國的強大不斷奮鬥。

——宋美齡

一九二二年末，蔣介石初次遇見宋美齡時，他只是孫中山麾下的低階軍事助手，絕非孫中山子弟兵中最堅定不移或前途最被看好者。但他特別積極、機敏，特別有野心。一九二六年蔣介石開始追宋美齡時，他已甩掉不盡然光彩的過往，征服內在的惡魔，取得已故孫中山的接班人之位，成爲國民黨與廣州政府的強人。

日後將成爲國民政府領袖的蔣介石，一八八七年出生於浙江省奉化縣的溪口鎮。他父親是鹽商，年輕早逝，蔣介石自小目睹寡母爲了生計而辛苦打拚。一九〇二年，十五歲的蔣介石奉母親之命與年長四歲的毛福梅成親，日後生下兒子蔣經國。受過中國傳統教育，上過軍事學院後，蔣介石剪掉辮子以示反清，並前往日本就讀軍校，在日本加入孫中山的同盟會。

蔣介石的性格自幼即顯露於外。他幼時的家庭教師稱他「狂野，無法管教……會讓人以爲他有兩種不同的性格」。成年後他深懷受迫害、疏離之感，使他情緒很不穩定。他衝動、急躁、脾氣壞，顯露出身心失調症狀。他很容易就突然非常激動、亂罵人、擔心遭遺棄。成年初期，爲馴服不穩定的性情，他有許多時間陷入激烈的內心交戰中。

一九一一年武昌起義爆發後不久，蔣介石返回上海，統率一個旅三千兵力，但不久，據某位革命同志所述，他就不知爲什麼「沉迷於極放蕩的生活」。「他會一連幾個月從司令部消失，窩在歌女（妓女的委婉稱呼）的房子裡，且出於某種原因養成暴躁、不讓步的脾氣，使他朋友大呼吃不消。」一九一一年晚期，他暗殺了恩公陳其美的政敵陶成章，然後逃往日本，以躲避上海警方追捕。一年後返回中國。已冷落其媒妁之妻許久的蔣介石，這時討了妾（第二個妻子）姚治誠。外人開始以姚夫人之名稱呼姚治誠，說明她地位不低。

一九一一年辛亥革命後中國政局的混亂，令蔣介石大爲醒悟。一九一二年孫中山被迫將總統之位讓給袁世凱後，蔣介石參與了幾次推翻這位獨裁者的行動，均未成功。陳其美於一九一五年遭暗殺後，蔣介石花了數年時間尋找另一位主子投靠，以利其展開軍人生涯。在這期間，他混跡於上海黑社會，爲青幫效力。青幫是祕密會社和敲詐勒索組織，勢力遍及全上海，在一九一一年辛亥革命時出過力，許多與蔣介石同時代的人，包括孫中山，都與青幫有關係。蔣介石找到新投靠對象張靜江。張靜江曾資助孫中山革命，旅居巴黎多年期間靠販賣中國古玩、絲織品、茶葉致富。這位被視爲孫中山革命運動「智囊」的跛腳商人，將蔣介石引薦給孫中山。一九一八年，蔣介石成爲孫中山的軍事顧問，中間一度奉孫中山之命赴上海當大宗商品代理人，以替孫中山募款。

一九一九年，蔣介石在那位古玩商的上海家裡，遇見苗條美麗的年輕姑娘陳潔如。當時十三歲的她是張靜江的乾女兒，出身自經營紙業的保守、富裕人家，且父親去世不久。她受過良好教育，學過英語。陳潔如一再拒絕蔣介石的追求，但蔣不死心。

蔣的個性和行徑，令孫中山氣惱。在一九二〇年十月的信中，孫中山告誡蔣介石，「兄性剛而嫉俗過甚」，[6]「應勉強犧牲所見而降格以求，所以爲黨非爲個人也。」[7]蔣介石深知自己個性上的問題，曾稱自己「不適合於世」，[8]說自己應獨自一人在山中過活。他曾致函革命同志：「人人言弟（蔣）好色，殊不知此爲無聊之甚者至不得已之事。」[9]他曾向朋友暨革命同志戴季陶哀嘆自己修養不好，缺乏自制，但把那歸咎於別人讓他「吃虧受氣」，讓他受苦。他感嘆自己透過革命與黑社會的關係擁有生死不渝的結拜兄弟，卻只有寥寥可數的朋友或社會友人。戴季陶告訴蔣介石，說他本性難移，還說：「杯酒失意，輒任性使氣，不稍自忍。」[10]

一九二一年，蔣介石試圖透過每日固定的讀書和冥想，修補自己的性格缺陷，希望藉此讓「根性自然純淨」。就在這關鍵的一年，他開始深信自己是中國的天命所繫。他寫道，要「以豁達光明之襟度，強毅勇敢之精神，養成我偉大人格，庶能顯揚於世界」。[11]

遇見陳潔如兩年後，蔣介石仍不死心，還在追她。據陳潔如所述，他一度將她騙進飯店房間，試圖引誘她。後來他揚言割掉一隻手指，以示他對她「此情不渝」。蔣母於一九二一年六月去世後，蔣介石向陳潔如保證她會是他唯一的合法妻子，並和第一、第二任妻子（姚夫人）正式簽字離婚。蔣介石請陳潔如乾爹當媒人，在乾爹催逼下，陳潔如與陳母同意這門婚事。一九二一年十月五日，在上海的大東旅館，蔣介石與陳潔如舉行了中國傳統婚禮，古玩商乾爹張靜江證婚。

在蔣介石老家溪口度蜜月時，新婚的他們去了一間佛寺，且在寺裡抽了籤。蔣介石的籤寫著「松樹昂首向天伸」，陳潔如的籤則較不吉利：「幼樹身陷颱風中」。[12]籤文預示的不祥之兆，不久即應驗。陳潔如想要小孩，但如她後來所寫道，婚後不久，她得了性病，導致她從此不孕。她揚言要離婚，但羞愧的蔣介石向他心煩意亂的年輕妻子保證，此後只會喝開水，不會再碰其他飲料。他說到做到，從此不再碰酒、咖啡，乃至茶。無論如何，照陳潔如的說法，蔣介石已因爲同樣的病失去生育能力。此說是否屬實，無法確認，但的確，他儘管有幾樁爲外界所知的婚外情和數起有關他偷腥的傳言，但自有了蔣經國（一九〇九年生）後，未再有小孩。

一九二三年，蔣介石寫道，檢視過「自省過去之愆尤」後，他決心在「唯以拘謹自持，謙和接物」[13]。他開始嚴厲自我批判、艱苦自省、嚴格自我修持，以克服缺點，把自己塑造成自己希望成為的偉大人物。一九二三年八月，孫中山派這時已是孫中山首席軍師的蔣介石率領代表團赴莫斯科考察軍事，他的努力開始有了回報。軍閥割據的中國如一盤散沙，孫中山希望結束此一局面，統合出一體適用而可使中國強大、獨立的政治制度，而欲實現這一目標，關鍵在於擁有自己的強大軍隊。孫中山找美國、英國、日本幫忙，均遭拒絕，絕望之餘，只好求助於新成立的蘇聯。這一舉動引來許多關於孫中山是否要轉而擁抱社會主義，乃至共產主義的爭議。事實上，孫中山雖在某些方面敬佩列寧和蘇聯政府，卻反對共產主義，且他與莫斯科的新友好關係，主要是基於利益的一時結合，而非出於意識形態上的契合。誠如蔣介石後來所說，人快溺死而有人伸出援手時，會立即抓住那隻手，而不會管那是誰的手。蘇聯領導人列寧則抓住這機會，以國民黨的「民族資產階級革命」做為將中國布爾什維克化的難得工具，做為在未成氣候的中國共產黨壯大之前的過渡性策略。

一九二三年秋天，蔣介石人在莫斯科時，鮑羅廷來到中國。孫中山欣賞鮑羅廷的才幹，將他比喻為中國的「拉斐德」。[14]鮑羅廷出生於俄羅斯沙皇在西俄羅斯指定的猶太人居住區裡的某個猶太人小村，會說多種語言。鮑羅廷是他的化名，本名米哈伊爾·馬爾科維奇·格魯申貝格。一九二三年十月，蘇聯政治局派他來華，以將中國拉進共產主義陣營。三十九歲的鮑羅廷，來華之前當過土耳其國父凱末爾和墨西哥幾位煽動家的顧問，來華之後成為孫中山的最高政治顧問，迅即擁有大權。曾在沙皇軍中任職的軍官，在廣州政府的軍事部門占據要職，監督海、陸軍務的委員會，還有特務機關，都受了俄羅斯人影響。

曾信持新約《聖經》的鮑羅廷，這時強烈相信階級鬥爭的不可避免，相信馬克思主義必將主宰世界。他主張，「基督教認為人性可予以改變的看法乃是幻想」，「要使資本家變成無私之人，唯一辦法是將其消滅。要建造上帝之國，只有透過武力。」他還認為，將耶穌送上十字架，而讓受害於富人的盜賊巴拉巴活命的群衆，乃是不折不扣的革命群衆。鮑羅廷不會講華語，只能透過通譯向集會群衆講話，但不管是對部隊、對小農、對知識分子，他都是個高明而大膽創新的宣傳家。他的任務乃是將共產主義帶給中國人，因為如果將中國拉進馬克思主義陣營，全世界的人必會跟進。孫中山帶鮑羅廷參加廣州富裕華人聚會的沙龍，在那裡，他向受美國教育的學生宣揚孫中山對中國的理想和抱負。在如此輕鬆融洽的場合，這位具有領袖魅力且圓滑老練的馬克思主義者，大大說動了聽者。孫中山稱鮑羅廷是「組織天才」。

蔣介石在莫斯科時見到共黨高階官員，包括蘇聯軍隊的主要打造者托洛斯基。這趟訪俄之行成為蔣介石一生事業的轉捩點，因為十二月返國後不久，他就獲派出任預定成立的黃埔軍校校長。這項人事案於一九二四年一月在國民黨的第一次全國代表大會中宣布，宋美齡是與會者。蔣介石也出席，但不是代表。會中，鮑羅廷遵照莫斯科指示，居間促成國民黨與初成立之中國共產黨聯合，組成後來所謂的「統一戰線」。黃埔軍校做為現代軍隊的核心，乃是廣州政府欲將中國統一在強有力的中央集權政府之下所不可或缺的憑藉。鮑羅廷和他找來的俄籍顧問設計了課程，共產黨員周恩來主持政治部。大會舉行期間傳來列寧去世的消息，孫中山以「你已為我們指明了共同奮鬥的道路」之語，向列寧致敬。

黃埔軍校於一九二四年五月在廣州附近的長洲島正式成立，蔣介石和妻子陳潔如住在一樓。憑著精通英語的本事，陳潔如成為蔣介石的私人祕書，一如宋慶齡為孫中山扮演的角色。蔣介石把他越來越多的「祕密」信件交給陳潔如處理，而幕僚，乃至軍官，都不知有那些信件。最初蔣介石是個專情丈夫，深愛陳潔如，有時甚至會跟陳潔如玩鬧，顯露浪漫的一面。但時間一久，他那陰晴不定的性情就使生活出現陰影。他是個「性情多變而火爆的人」，有著明顯的抑鬱傾向。每隔幾個月，他就會突然跑到山裡的佛寺隱居。他幾乎無意控制自己的壞脾氣，看到士兵未繫鞋帶，或夾克的最上方一個鈕釦沒扣，他立即予以公開羞辱，或將他們抓去關禁閉。在家裡，他常陰沉著臉，愛抱怨，一丁點不如意就大發脾氣。陳潔如寫道，婚姻生活成為「一連串發火和吼叫」。

一九二四年十一月，孫中山已病重，他欲建立統一、強大、獨立之中國的夢想仍遙不可及。有位觀察家寫道，中國像是「在布滿兀鷲與豺狼的土地上的馬屍」。一九二五年三月十二日，孫中山在北京死於癌症，享年五十八。他生前即要求死後如列寧那般把屍體做防腐處理，安放在上為玻璃的棺木裡。棺木從莫斯科訂來，但防腐處理做得不好，他的屍體不久就嚴重腐化。保存其遺體的困難如今仍未克服，但事實證明他死後比生前更為激勵人心。他一生屢遭挫折，死後卻成為各黨派中國人所抱持、無私愛國精神的永恆象徵。

孫中山才剛安息，蔣介石即不顧自己有妻的身分，派人向孫中山遺孀提親。這一突兀至極的舉動，使宋慶齡從此對蔣介石心生厭惡，久久未消。

對於蔣介石的兩個兒子，比她只小四歲的蔣經國和蔣介石養子蔣緯國，陳潔如扮起母親角色。蔣緯國是蔣介石朋友戴季陶與日本女子偷情所生，由蔣介石的第二任妻子姚治誠撫養。一九二四年，陳潔如認養了一名女嬰，將她取名為蔣瑤光，但蔣介石從未將她視如己出。蔣經國很怕粗暴而大部分時候不在家的父親，陳潔如很可憐這男孩。蔣經國想到俄國讀書時，陳潔如代他向蔣介石請示。一九二五年十月，才十五歲的蔣經國前往莫斯科就讀孫逸仙勞動大學。那是克里姆林宮新近設立的大學，旨在培育會說俄語、受蘇聯洗腦的菁英班子，做為中國革命的骨幹隊伍，學費由俄國支付。蔣經國和包括剛從法國留學五年回來的鄧小平等同學，在那裡學俄語，研究滲透政府、挑動農工運動之類科目。他成爲狂熱的托洛斯基派。日後的中國共產黨領袖，有許多人讀過這所有千餘名學生的大學。

孫中山哀嘆中國看來無可救藥的分裂局面，曾心痛將中國人比喻爲一盤散沙。中國固有的分裂傾向，在國民黨內部就顯現。孫中山生前未指定政治接班人，無助於化解這一傾向。少了創黨人「催化團結的領袖魅力」，國民黨陷入分裂危機，廣州政府一片混亂。然後，一九二六年三月，已從孫中山手中接掌軍權的蔣介石突然宣布戒嚴，在後來所謂的中山艦事件中拘捕了多名蘇聯顧問和中國共產黨員。蔣介石此舉意在將孫中山的親密戰友暨競逐孫中山死後接班大位的汪精衛趕出領導階層。俄國人和共產黨員後來獲釋，但汪被迫逃離廣州。

因此，到一九二六年春，蔣介石已拿下國民黨最高領導之位，權力之大遠超過孫中山生前所曾擁有。貶抑他者迅即替他取了「寧波拿破崙」的封號，鄙視浙江省出身的他集廣東省的黨政軍大權於一身。教人意外的，外籍媒體卻稱他「紅色將領」。他開始自稱「大元帥」——孫中山也曾用過的頭銜。一九二六年五月蘇聯的某份報告，生動說明了蔣介石的性格。他「自負、自戀、拘謹、雄心勃勃」，對西方的進步有「些許了解」，但仍保有其中國偏見。該報告寫道，「透過對他不留痕跡的讚許……可從他那兒得到許多好處，但絕不可把自己表現得比他好或比他差……（或者）讓他覺得你想篡奪他的權力，連表現出篡奪一絲絲權力的樣子都不行。」蔣介石「執行起」計畫「幹勁十足」，但儘管有心在「中國歷史舞臺」上揚名立萬，他在軍事統御上卻能力平庸。他「很容易就充滿熱忱，但接著同樣容易的變成垂頭喪氣……缺乏必要的冷靜、堅定性格。作戰時他怯於做出明確決定，有可能是因爲擔心犯下致命錯誤，致使他垮臺，並覺得手中權力夠大時才禁得起犯下那樣的錯。」蔣介石的下屬彼此勾心鬥角，卻都對他抱有某種「奇怪的厭惡」，且因爲敬畏他，才減少了那股厭惡。該報告最後寫道，「蔣介石會成（爲）一般的督軍（軍閥），不再玩弄左派理念，或者朝同一方向繼續前進，很難說得準。」

不管個人有何缺點，不管意識形態立場爲何，蔣介石已崛起爲實力強大又靈活的中間派人物，成爲最有能力維繫共產黨與孫中山之四分五裂革命運動間不穩定夥伴關係的權力掮客。一九二六年七月上旬，蔣介石從廣州出發，正式揮師北伐，以將全中國統一在國民黨旗幟之下，完成孫中山數年前未完成的遺志。蔣介石率領其身著褐色制服的國民革命軍出征，以俄羅斯將軍加倫爲顧問，戰事非常順利。遇到少有的反抗時，蔣介石以「銀彈」（錢或承諾事成給錢）輕鬆搞定，如果「銀彈」無效，即動武掃平。沿途的地方軍隊編入國民革命軍，他的軍隊越來越壯大。北伐路線差不多沿襲十九世紀太平軍的進攻路線，太平軍同樣初起事時勢力薄弱，但一路征討，日益壯大。

蔣介石何時開始追求宋美齡，不得而知，由於是有婦之夫，他追求宋美齡不得不暗中進行。兩人第一次相見，據認是一九二二年十二月上旬於莫里哀路的孫中山家中舉行基督教奮興會時。當時，蔣介石驚豔於這位說話直率的「新女子」，請孫中山正式介紹他與她認識。但似乎至少要到一九二六年，經過北伐期間一連打了多場勝仗，這位突然嶄露頭角的年輕廣東將領開始受到各界讚譽，而孔宋靄齡看中他是可讓宋家更上層樓的可能人選時，雙方才爆出愛的火花。美國記者喬治．索科爾斯基寫道，「他是中國境內唯一能使革命繼續不輟的革命家……宋美齡比任何人都還早看出這點，但一直押蔣介石會是贏家的孔夫人可能又比她更早。」

蔣介石早早就開始禿頭，且有長長的狼牙，但自信而不落俗套的打扮，顯出帥氣。他一般若非穿軍裝，就是著鬆垂的深色學者長袍，冬天時喜歡穿黑色羊毛無袖長披風，頭戴黑幫教父艾爾．卡彭式的闊邊帽。他飽滿的雙唇上方留著修剪過的髭，有著近乎方形的結實下巴。在日益後退的髮線上方，仍長著經他定期修剪的稀疏黑髮。他大大的眼睛散發出懾人的尖銳目光。他常笑，但不風趣。

一九二六年夏季某個晚上，據陳潔如的回憶錄，蔣介石狂躁不安回家，「像隻孔雀在地板上昂首闊步」。孔夫人邀他們去她家做客，陳潔如不想去，蔣介石懇求道：「你得明理，得知道拉近與宋家的關係對我有多重要。」蔣介石雖控制國民黨和廣州政府，卻有不少敵人，權位隨時可能不保。宋家與已故的領導人有姻親關係，若與宋家結盟，將使蔣介石在政治上的正統地位更爲穩固。

陳潔如先行抵達孔府，孔夫人介紹她給宋美齡和其他賓客認識。宋家姊妹把陳潔如仔細打量一番。陳潔如記述，參觀過花園，返回屋裡途中，她無意中聽到大笑聲。宋靄齡說，「她只是個中等人家的家庭主婦！」還說：「她怎麼夠格當個開始展露光芒之領導人的老婆？」宋美齡則語帶挖苦回道，「她當寧波農民的家庭主婦倒很夠格。」兩姊妹仔細追問陳潔如與蔣介石的生活和她與蔣前兩任老婆的關係，還論及蔣介石惡名遠播的壞脾氣。「但壞脾氣的男人總比沒有脾氣的男人好。」宋美齡如此說道。蔣介石到來後，眾人坐下用餐。主人把他安排在宋美齡與宋靄齡之間，宋靄齡則在席間不斷稱讚她聰明的小妹。

蔣介石如願拉近與宋家的關係。宋靄齡的九歲兒子孔令侃跟著這位國民黨將領北伐，扮演能帶來好運的福星角色，並稱蔣介石「叔叔」。這個男孩有自己的制服，且爲顯示凶狠，他仿中國戲劇，在兩眼上方畫上濃黑的粗眉。蔣介石的部隊往北挺進，一九二六年十月上旬已拿下長江畔統稱武漢的三個城市。武漢位於上海上游約一千一百公里處，是當時中國第三大城、繁榮的工業中心和通商口岸。宋美齡打電報給蔣介石，恭賀他攻下武漢，稱他是英雄。蔣介石邀她和她家人一塊到漢口「看看我們國民黨的新成就」。宋美齡回覆有空會前去，信中稱蔣爲「大哥」。

這時候，「統一戰線」出現嚴重緊張。尚未成氣候的中國共產黨（一九二五年一月自承只有一千名黨員），自一九二四年起，奉莫斯科指示，一直與國民政府合作，但合作關係並不穩定。孫中山欣然接受蘇聯援助和鮑羅廷的組織長才，但未接受蘇聯的意識形態。他毅然拒絕鮑羅廷要求土地改革的主張，堅稱中國的環境不適合發展共產主義或建立蘇維埃。

一九二六年晚期，以蘇聯爲後盾的國民政府，將中央機關由廣州遷到武漢。國民政府領導班子包括宋美齡的姊姊宋慶齡、財政部長宋子文、外交部長陳友仁；鮑羅廷也是領導班子成員。在蔣介石率兵順長江而下攻向上海時，擁有支配地位與日益有力之發言權的鮑羅廷，實際上負責主持武漢政府。宋美齡和其家人與這位有著精采冒險經歷的共產國際煽動家和其美籍妻子法妮婭很熟。瀟灑帥氣的鮑羅廷雖有老婆，卻不知不覺迷上宋美齡。曾有位眼尖的僕人，從鮑羅廷房裡偷出一張吸墨紙，紙上有他重複寫上的「親愛的美齡，親愛的美齡」。她兩個姊姊看到這表露心思的塗鴉時，揶揄宋美齡。如果蔣介石聽到此事，大概不會覺得有趣，因爲他自己也對宋家么女有意思。

一九二六至一九二七年那個冬天，宋美齡與母親、大姊宋靄齡前往武漢，探望在漢口政府擔任要職的宋慶齡和宋子文，在那裡待了三個月。宋美齡在武漢與這位有著多采多姿經歷而又富領袖魅力的馬克思主義革命家有過幾番長談，辯論共產主義與資本主義的優劣。鮑羅廷曾說服克萊兒・謝里丹（著名英國藝術家、記者暨邱吉爾的表姊妹）之類人物和國際知名舞蹈家伊莎多拉・鄧肯改信共產主義，但宋美齡於他是另一種挑戰。兩人是在宋子文位於中國中央銀行大樓的住所長談，該大樓位在漢口前俄羅斯租界裡的沿江馬路邊，曾是沙俄俄亞銀行的所在。那時候，「共產主義」還不是後來那種令人心生憂慮的字眼，反倒是時髦的新思想，宋美齡以好奇求知，甚至賣弄知識的心態與他討論。交談期間她記筆記，偶爾宋靄齡、宋子文也參加討論。這位菸抽得很凶的布爾什維克，顯然讓宋美齡印象深刻，因為半個世紀後宋美齡對他的記憶仍很鮮明。她形容他高大粗壯，「有著獅子般的頭，濃密的深褐色頭髮，梳理整齊、長而微鬈，下垂到頸背，唇上髭不算太大但豐厚。」她寫道，他說話低沉洪亮，帶美國腔，讓人覺得「很內斂，很有個人魅力」。

甚至在將基督教「危險」的寬恕觀斥責為共產主義世界觀裡「該死的掠奪者」時，鮑羅廷都運用其令人難擋的魅力，欲使這位佈道者的女兒改變信仰。他深知宋美齡正大力奔走呼籲，改善上海公共租界工廠工人（特別是女工、童工）的工作環境。但他堅稱光是勞動改革「沒有用」，因為在民主體制裡，保護工人的法律輕易就可予以推翻或廢除。他主張最妥當且唯一可長可久的良方是共產主義。鮑羅廷就世上如何缺乏「正確的革命精神和才幹」向宋美齡「上了一課」，努力欲讓她相信，將心血投入於讓世人理解「人人平等社會主義的福惠」，遠更能發揮她的長才。宋美齡覺得這位馬克思主義革命家奇特而有魅力，但卻無法接受他的政治、宗教理念。然而由於她的兄姊在武漢政府擔任要職，且中國需要蘇聯援助，她不可能直言質疑他。

不過，或許因為與鮑羅廷的幾番交談和其他因素，把宋家推上權力頂峰的孔宋靄齡，決定拋棄蘇聯支持的武漢政府，轉而支持較有利於孔宋家族發展的政府。這時候，宋靄齡的影響力已受到廣泛注意。一九二七年二月，法國駐廣州領事在呈給巴黎政府的報告中稱她「很會耍陰謀」，並說：「她渴望於政治上有所作為，和她丈夫一樣涉入公共事務；她是財政部副部長，在某個程度上也是外交部副部長。」宋子文是武漢政府的財政部長暨該政府中央銀行行長；孔祥熙是商工部長。在這關鍵時刻，宋靄齡向蔣介石提出一樁交易。她願協助拉攏上海金融家支持他，願打垮共產黨支持的漢口政府，以助他奪回無人能奪走的權力，但得接受三條件：南京政府一旦成立，即任命宋子文為新政府的財政部長；任孔祥熙為總理；最重要的，蔣介石要娶她的小妹美齡為妻。

這是教這位雄心勃勃的將軍無法回絕的提議。他把這消息告訴陳潔如，稱那只會是樁「政治婚姻」，請她「避開」五年，以便他完成統一中國的大業。她會為了拯救中國做此犧牲嗎？他向她保證，她可以去美國進修，回來時就可以重新和他一塊生活。一九二七年三月十九日，他分別寫了信給宋靄齡和宋美齡，進一步申明他先前對宋靄齡所提協議的同意之意。他請宋美齡寄來一張最近的玉照，以便能「經常見到妳的芳影」。眼見無法挽回，痛苦的陳潔如立即打包，回上海娘家。三月二十一日，宋美齡首次出現在蔣介石日記裡。他寫道，「今日思念美妹不已」，[15]語氣顯得雙方談戀愛已有一段時間。

隔天，三月二十二日，蔣介石的部隊占領上海。這時他已承諾保護上海外國人的生命財產安全，藉此得到外國人的支持。他不想引來外國人的干預，因此堅稱他的目的只是使軍閥絕跡於中國。他深信內部的敵人威脅更大。三月二十四日，他攻下南京。接下來幾星期，成為中國現代史上最富爭議、最含糊不清的時期之一。

隨著上海、廣州、其他城市發生工會暴動，國民黨與共產黨之間的緊張升高為你死我活的衝突。在莫斯科，已接替列寧執掌大權的史達林在四月上旬宣布，蔣介石一旦不管用，就要像擠過的檸檬那樣丟掉。這番話若聽進蔣介石耳裡，或許有助於說明接下來所發生的事。四月十二日，在上海商界巨賈、黑社會大頭和相當多國民黨黨員支持下，蔣介石發動血洗。在這場委婉稱之為「清黨」的行動中，數千名示威工運人士和其他被疑為共黨分子者遭圍捕處決，屍體隨意棄置在上海、廣州、南京街頭。還有數千人於接下來的「白色恐怖」期間被捕入獄。在某場慷慨激昂的演說中，蔣介石痛斥「赤色分子」和俄羅斯人。這場清洗，如今普遍被視為是對毫不知情之共黨人士的背叛，但或許也可說成是蔣介石先共黨分子一步下手。

這個大屠殺的消息傳到莫斯科時，蔣經國譴責其父為他的「敵人」、「反革命分子」。他在蘇聯報紙刊出聲明：「蔣介石下臺！叛徒下臺！」他寫了一封公開信給蔣介石，信中部分內容刊登於俄羅斯日報《消息報》。他在信中寫道：「我唯一知道的事就是革命，我不再當你是我的父親。」蔣經國的反應違反中國人子女應絕對順從、尊敬父母的傳統思維，想必觸怒了他的父親。但蔣介石未對兒子的聲明有公開回應，或許認爲他兒子是受脅迫而爲。不管這是否屬實，蔣經國返國的大門已砰然關上，他形同人質，被迫流亡國外。那年他進入紅軍，在列寧格勒軍事學院繼續攻讀。

與共產黨領導的武漢國民黨總部決裂後，蔣介石宣布依孫中山的遺願，在南京建立「永久」國民政府。史達林要求共黨武裝接管國民革命。藏身漢口的宋慶齡嚴厲譴責蔣介石背叛了她亡夫的革命，傷害了人民利益。在她拒絕蔣介石提親的兩年後，蔣介石再度爭取她的支持，這一次是在政治上。把寡婦喪服當耶穌受難棘冠般穿著的孫夫人，這時已是世上最知名的女革命家。對她敬佩不已的美國記者，稱譽她是「中國的聖女貞德」。她是孫中山畢生理想的活化身，擁有崇高的道德地位，因而蔣介石迫切需要她站到南京這一邊，以賦予他的新政權正統地位。務實的宋子文經過短暫躊躇後，琵琶別抱，去南京當財政部長，宋慶齡則不顧家人日益升高的施壓，不爲所動。宋美齡甚至被派去上海說服宋慶齡離開漢口，結果還是未能帶她姊姊一同回來。蔣介石以一貫作風命令宋慶齡來南京，但他低估了外表看來怯懦、不管世事的孫夫人的堅決意志。鮑羅廷曾稱她是「國民黨所有左派裡唯一的男人」。

鮑羅廷也留在漢口，正與蔣介石權力鬥爭，堅決不退。五月時他告訴一位美國年輕記者，「天啊，小姐！你以爲我是這場革命的奶媽？」他很沮喪，身染瘧疾，擔心已遭東北軍閥張作霖擄走的妻子法妮婭之安危。這位經過大風大浪的煽動家憔悴而落寞說道，「我們在俄國的革命很成功，但在這裡完全不是這麼回事。我們在這裡瞎忙，然後我們揭開簾幕，驚嚇於景象的壯闊。」說蘇聯想把中國赤化是很可笑的事。他以堅定語氣說道，「你無法把無知赤化。」六月，蔣介石懸賞獵殺鮑羅廷的人頭，鮑羅廷於七月逃到俄國，宣稱：「國民黨和所有資產階級政黨一樣是個馬桶，再怎麼勤於沖洗仍是臭的！」

威逼不成，蔣介石改爲勸誘，想以南京政府要職誘使孫夫人改投南京陣營，但宋慶齡「叛徒、騎牆派」都不當，在本可以於上海法租界過平靜生活時，反倒選擇志願流亡。爲杜絕外界猜疑她的立場，她於八月前往莫斯科。但出國前，她無視家人勿公開批評蔣介石的懇求，抨擊「日益滋長的中國軍國主義勢力」。她指控國民黨領導人「粗暴傷害了孫醫生的理念與理想」。凡是未立基於社會根本改革的革命，都「只是更換政權而已」。國民黨已不再爲中國人民的福祉而奮鬥，反倒漸漸成爲「利用現在的奴隸制度以自肥的寄生蟲」。她斷言，中國革命勢不可免，「唯一令我灰心的，就是有些領導過革命的人走上了歧途。」

七月，蔣介石的軍隊在長江以北慘敗，不得不退回長江南岸。八月，國民黨內反蔣聲浪喧騰，他不得不於八月十二日「下野」，辭去國民革命軍總司令之職，歸隱他位於奉化的「夏日白宮」。「下野」似乎是爲促成黨內團結而爲，卻在幾個方面讓蔣介石得利。這一行動不只「提升了他在人民與軍隊心目中的地位」，還清楚暴露了南京政府之不可沒有他，因爲沒有蔣介石坐鎮的南京政府，內部紛爭頻生。

使出這項政治手段前不久，蔣介石去找陳潔如，送上前往美國的船票。陳潔如不想流亡，但蔣介石堅持要她這麼做，稱她出國是宋靄齡提的條件之一。陳潔如稱，她母親要他在她家的佛堂前發誓，絕對會信守他對陳潔如的承諾。蔣介石手握三炷香，對著佛像說道：「我保證……從今算起五年內，會恢復與潔如的婚姻關係。若違諾言，未帶她回去，請佛祖懲罰我……推翻我的政府，把我永遠逐出中國。」

陳潔如於九月八日抵達舊金山。《三藩市紀事報》報導，「蔣夫人」一身時髦打扮，留新式短髮，「英語幾乎無懈可擊」。她告訴記者，這是她第一次到美國，她和同行者在環球旅行，還說她丈夫雖已下野，仍繼續在爲國家奮鬥，把中國的追求統一與美國於獨立革命和該革命後的奮鬥相提並論。「需要朋友時，我們一向會把目光朝向我們的姊妹共和國。」

但當陳潔如在舊金山以「蔣介石夫人」身分（她在中國國內外衆所周知的身分）受到款待時，蔣介石正忙著改造過去。他從奉化宣布，那個女人不是他妻子，他不認識她；那篇報導是「政敵所爲」。他告訴外國記者，他已於一九二一年和元配離婚，且他認爲納妾是不好的行爲，已於不久前「放掉」兩個「妾」，眼下他是不折不扣的單身漢。

陳潔如一前往美國，上海就開始盛傳蔣介石打算娶宋美齡。最後，九月二十一日，宋美齡辦了一場晚宴，招待最親近的本國、外國朋友，在晚宴上證實她即將結婚。她說，由於她家人反對這樁婚事，此事尚未正式宣布。她希望得到他們的認同，但打定主意不管他人如何反對，都要結這個婚。她告訴衆位賓客，「我由衷愛這位大將軍」。

九月二十三日，蔣介石從故鄉奉化來到上海，那天晚上與宋美齡見面，長談甚久。那晚他在日記上寫道，「情緒綿綿，相憐相愛，唯此稍得人生之樂也。」[16]九月二十六日，他們正式訂婚。

九月二十八日，蔣介石與曾追求過宋美齡而這時當他首席祕書的劉紀文前往日本，尋求宋母的同意。他跟著宋母從神戶到東京郊外的濱海城鎮鎌倉。宋母對於么女要嫁給蔣介石一事極爲苦惱。先前二女兒慶齡與年紀大她一倍多、結過婚、一貧如洗的孫中山私奔成婚一事，已使宋母欲替慶齡覓個好姻緣的理想破滅。只有長女靄齡嫁得好，女婿符合宋家的選婿標準——不折不扣的資產階級，有助於讓宋家更上層樓。宋母知道蔣介石追宋美齡後，不願見他——中國人表示拒絕的傳統方式。

對於像宋母這樣家世良好、敬畏上帝、觀念保守的中國婦女來說，蔣介石可能是最不理想的女婿人選。

首先，他是軍人，而在中國傳統觀念裡，軍人的社會地位不高。俗話說：「好鐵不打釘，好男不當兵。」更糟的是，蔣介石雖然把第二、第三任老婆說成是「妾」，想藉此打發掉已娶了三個老婆的棘手問題，但娶了三個老婆終究是不爭的事實。除此之外，他還有一個不光彩的過去，即他仍是上海公共租界工部局警務處正在緝捕的要犯。警務處以殺人、武裝搶劫和某不詳的罪名，對他發出三項拘捕令。相較於宋母的名門望族出身，蔣介石出身寒微。他的經濟不穩固，也沒受過良好教育。站在見過世面的宋家人旁邊，他是沒有教養的鄉巴佬。但最令宋母無法接受的，乃是他信佛。

十月二日，上海最大日報《申報》刊出一篇報導，裡面提及廣為流傳的傳言，指宋家堅持要蔣介石符合幾個條件，才肯讓他成為宋家人。這些條件包括他提出已與元配離婚的證明；他出國增廣視野；家中財政大權歸宋美齡掌管。同一天，彷佛在回應該報導一般，該報另一個地方刊出蔣介石聲稱已於一九二一年與元配毛福梅正式離婚乙事。該報還重新刊出據稱是蔣介石寫給毛福梅兄弟（日期註明為一九二一年四月三日），且曾在該日刊登於《申報》上的一封信，信中說明他與元配離婚的理由。對中國男人來說，只要公開聲明，就可以離婚。

宋母最後不再那麼堅持，終於同意見這位糾纏不休的追求者。在處理他與其他女人一事上，他似乎讓宋母滿意。在宗教上，蔣介石答應勤讀《聖經》，但原則上，若未了解基督教，他無法皈依該教。他的答覆想必改變了宋母的態度，因為《申報》於十月六日報導，她已同意這門婚事。宋子文討厭蔣介石，試圖阻止這門親事，但母親默許之後，他只得跟著接受。他與宋慶齡頗親，覺得她與家裡其他人在意識形態上的裂痕，令他極為難過。宋子文討厭蔣介石，蔣因此也不喜歡他，但表面上兩人還是合作。兩人互看不順眼，不是因為政治立場，而是因為「不投緣」。身為家中在世的最年長男性暨名義上的家長，宋子文善盡本分籌畫這場婚禮。宋美齡的未來丈夫於十一月十日從日本返回上海，發現未婚妻生病無法下床。

宋慶齡得知宋美齡決意嫁給蔣介石時，說她寧可見到妹妹死掉，也不願妹妹嫁給這種人，懇求妹妹三思。她不願回國參加婚禮，痛斥那是「雙方投機主義的聯姻，完全沒有愛」。她顯露於外的厭惡，掩蓋掉這對姊妹婚姻上強烈的相似之處。生性浪漫的宋慶齡，求學時深深感動於聖女貞德的事蹟，她之反對這樁婚事，可能不只是因爲她討厭蔣介石。她的作家友人埃德嘉・斯諾曾問道，「十足保守的美齡深信自己是要嫁給中國的救星，會不會就像十足激進的慶齡嫁給孫醫生時同樣的心態？」「這兩位中國『第一夫人』間的手足對立態勢，一直非常強烈。」宋美齡很可能既受到姊姊宋慶齡的啓發，起而效法，又受到宋慶齡的刺激，想與姊姊互別苗頭。宋美齡無疑一如平常的習慣，想更勝姊姊一籌，最後奪走姊姊身爲「中國聖女貞德」的角色。

但有個麻煩待解決：宋家堅持辦由衛理公會牧師主持的基督教婚禮。但美南衛理公會規定，離婚後不得再婚。宋家主張蔣介石先前的婚姻不是基督教婚姻，既未結合，也就談不上分開，但蔣宋聯姻太遭非議，因而沒有正式獲授聖職的衛理公會牧師肯主持他們的婚禮。新上任的美南衛理公會遠東宣教團團長威廉・恩斯沃思主教，當時人在中國。宋美齡在衛理學院求學時，恩斯沃思代理她的父職，有恩於她。她想找他主持婚禮，但遭到婉拒。接著她找上中國最有名望的衛理公會牧師，即與宋母交情甚好的友人江長川，同樣遭拒。最後，擔任中國基督教青年會全國協會總幹事的平信徒傳道師余日章同意主持婚禮。婚禮前幾天才宣布將於一九二七年十二月一日舉行。共發出一千五百份請帖，每張請帖上都有宋子文的個人用印。

蔣介石發布一道不尋常的聲明，刊登於婚禮當天的《申報》上。他稱蔣宋聯姻不是出於兒女私情，而是出於共同的理想。他宣告這樁婚姻將爲死氣沉沉的中國革命注入新生命，開啓社會改革與穩定的時期。就當時中國民風來說，最令人驚訝的，乃是他說宋美齡拚命追求他，而非他追求宋美齡。蔣介石寫道，「余第一次遇見宋女士時，即發生此爲余理想中之佳偶之感想，而宋女士亦嘗矢言，非得蔣某爲夫，寧終身不嫁。」他暗示，丈夫與妻子在現代社會裡地位平等；她是讓他重燃革命熱情的動力，他們兩人將一起改造中國。他寫道，「余與宋女士討論中國革命問題，對此點實有同一之信念。……余二人此次結婚，倘能於舊社會有若何之影響、新社會有若何之貢獻，實所大願。余二人今日，不僅自慶個人婚姻之美滿，且願促進中國社會之改造……故余二人今日之結婚，實爲建築余二人革命事業之基礎。」

蔣中正的聲明引來各界的議論，包括上海另一份報紙《大公報》在一九二七年十二月二日的社論中，嘲笑他把自己的婚姻與「革命」扯上關係。一如孫中山與宋慶齡當年的結合，蔣宋婚姻揮不去外界對其重婚罪的指控。蔣介石幾次欲證明事前已得到前幾任老婆同意離婚，但那些離婚的法律效力有問題，即使在中國寬鬆的家庭法背景下亦是如此。蔣介石以合法儀式和陳潔如結婚，乃是衆所周知的事。在那段社會變遷時期，再婚稀鬆平常，但他在宋美齡默許下，無恥公開聲明已與陳潔如離婚，卻普被認爲不應該。反基督教的中國人忿忿嘲笑這對夫婦，稱他們是利用宗教以達自己目的的僞君子。這件事可想而知絲毫無助於提升基督教在中國人心目中的形象。

國民政府大元帥與宋家么女的婚禮，雖然道德上受非議，卻是那一年上海社交界最轟動的大事。先是在西摩路一百三十九號的宋家自宅，私下辦了小型的基督教婚禮，然後移師上海最豪華飯店大華飯店，舉辦隆重氣派的中式婚禮。南京政府教育部長暨前北大校長蔡元培主持婚禮。來賓至少有一千三百人，其中數百人是外國人，包括上海外交使節團所有成員和一批外國武官。會場外，數千中國人群聚於街頭，想一睹下野大元帥和其新婚妻子的風采。現場有數十名便衣探員，包括中國和外國探員。

講臺中央立著栩栩如生的孫中山巨幅肖像，肖像上方交叉掛著國民黨黨旗與南京政府旗。攝影機嗄嗄猛轉。蔣介石穿著燕尾服、條紋長褲、翼領襯衫，但平日不常如此打扮的他顯得不自在。宋美齡手持一束白、粉紅康乃馨，身穿銀、白喬其紗綴珠禮服，長長的網眼面紗從頭頂垂下，頭戴由橘色花蕾編成的花冠。飾有銀繡圖案的白色縐緞拖裙，與銀色鞋子相得益彰。宋美齡的外甥與外甥女孔令傑、孔令偉當小儐相，身穿黑色絲絨套裝。新娘、新郎向孫中山肖像行三鞠躬禮。在耀眼的攝影機強光照射下，以中文誦讀結婚證書，然後簽名、用印。新娘、新郎相對而立，隆重對拜，然後向證婚人與賓客鞠躬。這對新人遵照中國習俗，未親吻，未擁抱。婚禮每個細節都從宣傳的角度精心規劃過；婚禮過程製成影片，發送戲院播放。

這對新人收到來自中國各地數千份賀禮，包括數百尊佛像、觀音像。異教偶像觸犯宋母的基督教信仰，她堅持要將它們毀掉。於是新娘、新郎、宋母開始拿起槌子，將它們全數打破，只留下一尊特別精緻的青玉佛像。蔣介石費心將它藏起，打算改天安置在他信仰佛教的祖先墳墓裡。

宋美齡爲何決定嫁給蔣介石，如今仍未能完全釐清。她姊姊宋靄齡或許主動撮合這段婚姻，但可以確定的是沒有人能說服宋美齡做她不想做的事，就連宋靄齡都辦不到。蔣介石令她心動，乃是因爲他雖然前途未定，卻是個「英雄人物」。她後來寫道，她心中充滿「極大的熱忱和愛國心，想爲國家做點事的強烈意念」，「我的機會來了。我要和丈夫爲中國的強大不斷奮鬥。」但我們必須說，當時與她同樣愛國的女人，並非個個都會選擇嫁給蔣介石。

在這期間，二十歲的陳潔如人在紐約市，自覺受辱、遭拋棄。她傷痛發狂，欲跳入哈德遜河了結一生，但遭一位好心的老年男子制止。她說蔣介石未給她任何贍養費。

第二部

第七章 大元帥的妻子

我擁有全天下女人所能擁有的最大幸福：有機會全心全意投入偉大目標，有個與自己同信念的丈夫。

——蔣宋美齡

蜜月幾乎不到一星期。焦頭爛額的南京政府懇請蔣介石復出，重新接掌國民革命軍總司令之職，繼續北伐以統一中國。這樣的發展，沒人覺得意外，蔣介石本人尤其如此。蔣介石離開後，南京政府陷入內鬥，一團混亂。這將不是蔣介石最後一次的「引退」，以後還會見到蔣介石下野後，國民黨內派系互鬥，最後體認到他雖然令人討厭，卻是中國政治圈唯一能團結所有人的人物，又請他復出。蔣介石復出時，擺出精心策畫過的勉為其難模樣，稱希望北伐大業一完成就辭職，國民黨領導階層則授以更大於以往的權力做為回應。

與宋家聯姻，強化了蔣介石與孫中山革命正統的關係，而復出後，他更迅即著手將該正統牢牢握在手裡。他的部隊於一九二八年六月擊敗東北軍閥張作霖，完成北伐大業後，他與宋美齡前往北京參加紀念孫中山的儀式。這對夫婦在北方古都期間急於與外界打好關係，於是在一九二八年七月二十一日出席了北京外僑重要人物一星期一次的聚會。有個殘酷軍閥將在北京參加高雅茶會的消息傳開後大受矚目，北京人對屆時的情景充滿興奮期待和揣測。但這位大元帥的臨場表現令人非常失望。他顯得「虛弱而嚴肅」，舉止「過度禮貌而怯懦」，不如他才智出眾、活潑迷人的留美妻子來得出風頭。有位賓客寫道，他顯然很愛宋美齡，「不時瞧她一眼，神情流露明顯的自豪和愛意，偶爾還偷偷牽起她的手」——令中國人大為驚駭的親暱表現。

新成立的國民政府宣稱代表中國，但其實蔣介石的南京政府控制的土地不到中國全境十分之一，轄下人口只超過全人口五分之一。蔣介石努力擴大南京政府的實質控制區，在這同時，展開一項雄心勃勃的計畫，以建立統一、穩定、現代，甚至民主的國家打下基礎。但他的雄圖大業困難重重。從一開始，蔣介石的軍隊就面對地方軍閥的一再挑戰而不得不出兵平定，而一九二七年被趕入地下的共黨勢力，已開始在農村重整旗鼓。北伐之後，蔣介石展開一連串代價龐大的「剿匪」，以消滅共產黨。但危及南京政府存亡的最險峻敵人，或許來自內部。一開始，南京政府看來大有可為，但不久後就清楚顯示，一九二七年的清黨和隨後的恐怖統治，已使理想主義者、改革者、有遠見者幾乎絕跡於國民黨內，政府裡只留下自私且腐敗的庸碌之輩。

新婚不久的蔣介石夫婦初抵首都南京時，南京是個「兼具頹敗古老榮光與粗俗新醜陋的可悲混合體」。宋美齡寫道，著名的紫金山底下，「只有一座有著一條所謂大街的小村……那條街窄到如果兩部汽車迎面駛來，其中一部得退進路旁的小街讓路，才能再往前駛。」傳教士宅院以外的房子，都「簡陋、寒冷、不舒服」。蔣介石和其新婚妻子不久即著手改造南京，以使其符合他們所欲建造之國家之首都的身分。街道拓寬，有位美籍建築師受聘協助中國最優秀的建築師，以融合中國、現代元素的風格，設計新部會大樓。外交部大樓興建期間，常可見到他們夫婦倆臂挽著臂在工地四處逛。他們除了有位於南京的官邸，擔任財政部長的宋美齡哥哥宋子文，還替這對新婚夫婦在上海法租界買了棟房子當嫁妝。蔣介石把那棟歐式別墅取名為「愛廬」。

在首都，生活困苦，特別是因為政府官員的老婆全跑去上海住，而不願住在樣樣都缺的首都。蔣介石要宋美齡一定得參加官方活動；最初，只單她一個女人在場的活動，讓她覺得很彆扭。她寫道，「官員也當我是個女人而很不自在，但後來，我只想著要協助丈夫做事，他們也漸漸不把我當女人，而當成他們的一分子。」

蔣介石是出了名的不善言詞，漸漸倚賴宋美齡來活絡社交場合的氣氛，特別是與外國人社交時。在他眼中，勉力撐完一場交談的過程中得說「aunk, aunk」，那聽來像是鴨叫聲，意爲「對，對」。政府官員和外國外交官都注意到，蔣夫人不在場時，與蔣介石的正式宴會就變得很彆扭、不自在，「痛苦的沉默」籠罩餐席。

結婚後有段時間，宋美齡大部分時候避免公開露臉；若公開露臉，身旁必有丈夫。但不久後她悶得難受，開始做事，她帶頭爲某個有一千張病床的軍醫院募款。然後她把注意力轉向許多未有家室的年輕軍官，她稱那些人下班後缺乏「有益身心的交際或娛樂」。蔣介石在黃埔軍校帶過的學生，常到他們家拜訪。她仿照基督教青年會，發起一個陸軍軍官社交聯誼會，並取了很正經八百的名字「黃埔同學會勵志社」。她找來上海基督教青年會的友人黃仁霖主持該社，該社的宗旨是爲中國軍隊「灌輸新而具創造力的精神」，以及顧名思義，崇高的道德標準。最初許多軍官不願參加，覺得那個會社如黃仁霖所說的，是「外國的新宣傳手段，迫使他們成爲基督徒的祕密辦法。」許多軍官最後參加，但該社對蔣介石子弟兵的道德有多少影響，則不得而知。

宋美齡的下一個大計畫，是爲「革命先烈」的遺孤設立學校。她寫道，「我覺得這些小孩如果塑造得當，會是最有價値的東西，因爲他們全流有革命血液。」中國一般孤兒院的環境令她震驚，她稱那些機構是「又暗又髒、傳播疾病的洞」。在社會上向來瞧不起軍人且普及教育還遙不可及的中國，辦學校教育軍人的小孩，乃是前所未見的構想。部隊裡的軍官來自縉紳階層，但募來的兵來自最貧窮人家，且往往是因爲沒飯吃才投軍或被強徵來。宋美齡和其丈夫想使軍人成爲像在西方那樣崇高、受尊敬的行業。她覺得爲維持軍隊士氣，政府最起碼可以做到的，乃是爲戰死軍人養育其後代。但她的義舉並非雨露均霑，爲蔣介石的對手（包括共產黨）戰死的軍人之遺孤，不在歡迎之列。

宋美齡借鑑其在美國求學初期的經驗，致力於打造供烈士遺孤就讀的理想中國學校。這些學校不只教學生讀、寫、算，還透過代行父母親職責的老師，灌輸他們道德倫理和公民觀念。她似乎覺得既然自己無法拯救中國所有不計其數的貧困小孩，她要在無知、貧窮的汪洋中建造一座完美的小島做爲補償。遺族學校有男校、女校各一所，她找到風景優美的土地做爲校址，面積共約四百公頃。現代化的新校舍位在紫金山腳，孫中山陵墓和明皇陵附近，室內寬敞，設備完善。在建築和教育上，遺族學校絲毫不遜於美國某些較好的私立學校。遺族學校得天獨厚，享有中國其他學校所沒有的先進設施，學校裡有遊戲場、游泳池、體育館、模範教室、宿舍。宋美齡打算把遺族學校打造爲中國日後菁英分子的搖籃，並親自挑選師資。

學童上體育課，那是傳教士到來之前中國境內未曾聽過的科目。男學生種蔬菜、花卉，供校內使用，未用完的則賣掉。宋美齡從美國進口十頭乳牛，開闢乳牛場。女學生學縫紉、手工藝，賣親手做的東西。學校灌輸學生未來要當「中國社會棟梁與改革者」的觀念。他們叫宋美齡爲「媽媽」，她到校時跟著她四處走。

遺族學校除有不可否認的正面特性，還有準軍事的一面。學生生活起居都限於校園，甚至長假也不准回家，以免性格因與外界接觸而受汙染。男女學生見到老師要行軍禮。生活重紀律，採兵營式管理。遺族學校是希特勒青年團和墨索里尼法西斯青年團的溫和型翻版，學校精神令人費解的雜糅了中國、美國、基督教、法西斯的思想，簡而言之，可以說是宋美齡自身奇特經歷的產物。

宋美齡關注的事物，不只社會工作。從一九二九到一九三二年，她擔任南京政府立法院的委派委員，是立法院三位女性委員之一。中國老式司法體系需要翻新，她發揮一貫精神，讀起法哲學，以勝任這任務。她特別著迷於古羅馬法學家烏爾比安的法學定義：「人與神之事物的知識，正義與不義之學」。

孫中山認爲女人應享有和男人一樣的權利，一九二四年國民黨第一次全國代表大會揭櫫了這一理念。宋美齡不顧丈夫的反對，克服羞怯，公開爲女權發聲。她在立法院推動通過旨在保護已婚婦女的民法。在這新法下，納妾的男子可被控以重婚罪。女兒享有與兒子一樣的遺產繼承權，妾的後代不得繼承。訂婚、結婚年齡訂了下限，且只能在男女雙方同意下爲之，但這條法令實際上形同具文。宋美齡利用自己的地位，推薦有才幹的女人出任立法院、國民黨、其他機構的要職。她致力於廢除中國人所痛恨的治外法權；在治外法權的體制下，上海等通商口岸的中國居民犯了罪，要依照租界所屬國的法律審理。

宋美齡漸漸成爲她丈夫的首席軍師和通譯，因爲他只會講一種外語，日語，而且講得不好。她開始教他英語，欲使他較不必倚賴她的協助。有一天他試他新學會的英語，向英國駐華公使藍浦生打招呼說「Kiss me, Lampson.」（吻我，藍浦生）。他原想說「Good morning」，但搞錯了，爲此雙方都很尷尬。從此他未再跟外國人說英語，但外國訪客深信他們所說的，他大部分聽得懂，只是假裝不懂。

宋美齡不斷招待訪客，且列席丈夫的會議，久而久之，她變得自信、有影響力，衆人皆知要搞定事情就找她。不久，「找夫人商量」成爲首都的流行語，因爲她擔下越來越多替大元帥過濾問題、請求、與外界接觸的責任。她充當蔣介石與外賓會晤時的通譯，處理許多他的外國來信。她讀她最喜歡的美國雜誌上的文章給他聽，使他能掌握外國現勢。她成爲他的靈感泉源、他的眼、他的耳，常成爲他的發言人，最重要的，成爲他最忠實的擁護者。

她常陪蔣介石出征，當他的副官。她說：「我的地方在前線。」婚前她只有寥寥幾次離開上海，到中國其他地方，且都限於通商口岸。對於她四萬萬同胞中的絕大部分人所住的中國廣大內陸，她一無所悉。她寫道，在這之前她從未在「純中國」的環境住過，也未體驗過在那環境下要忍受的苦。她帶去簾子和花盆，以使她和蔣介石所落腳的茅草屋、火車站或帳篷煥發生氣，減輕那居住環境之苦。她曾向一位友人寫道：「任何物質上的舒適，我們都得放棄……我們不在意，因爲我們心裡各有對方，我們都有事要做。」

前線生活雖然艱苦，她仍然帶著六十餘名隨員四處跑，隨員裡包括她的一名美籍護士、一名祕書、一名女僕、數名男僕、數名侍衛。她的交通工具包括飛機、汽車、火車、徒步、轎子、黃包車、舢舨。除了充當丈夫祕書，她還主持軍人救濟工作，組織地方婦女慰助傷兵。她與婦女交談，詢問她們的日常生活和困擾。她從前線後方發新聞和隨筆供上海與美國的報紙刊登。她深知宣傳的功效，寫長信給美國友人，然後美國友人常將信轉給報紙刊登。

在某封信中，她描述了在「匪」區（共黨勢力盤踞區）的危險遭遇。萬籟俱寂的夜裡，她聽到槍聲大作，迅即穿上衣服，抓起左輪手槍。她寫道，「我心裡只想著兩件事……首先，說明我們部隊移動與部署位置的文件絕不能落入敵人之手；其次，萬一無路可逃，即將被俘，我得飲彈自殺，因爲死可以保住清白，死是崇高且較好的選擇，因爲女人一旦落入共匪手中，會遭到萬般殘酷的虐待和侮辱。」最後發現，這起意外源自國軍守軍誤將不同單位的友軍當成敵人，開槍攻擊所造成。不管是出於天眞，還是勇氣，宋美齡似乎把生死置之度外，因爲她丈夫曾告訴她，「我們是爲國而戰，上天會保護我們。我們萬一遇害，還有什麼比戰死更光榮的？」

婚後頭幾年，宋美齡似乎幸福快樂，志得意滿。一九三四年除夕，蔣介石正在福建山區征戰時，她和蔣介石在山區散步，看到一棵盛開的白梅，認爲那是吉兆。蔣介石摘下幾枝白梅，返回營地後送給她。她向某友人寫道，「我想，從這件事情上，你或許就能理解爲何我那麼願意和他一起生活……他有軍人的勇氣和詩人的敏感！」她還寫道，雖然危險四伏，憂心忡忡，她和丈夫卻覺得「心裡無法言喻的安穩和篤定」，「我從沒有這麼快樂過……因為我不是渾渾噩噩在過日子，而是正在追求非我一人所能企及的東西。我多次感謝上帝讓我擁有全天下女人所能擁有的最大幸福：有機會全心全意投入偉大目標，有個與自己同信念的丈夫。」但她有個難以向外人道的遺憾。自一九二九年八月下旬流產之後，生小孩一直是令她心痛的問題。蔣介石避談這問題，且鮮少在日記裡提及。

一九二九年完成北伐後，蔣介石宣布國家進入「訓政」時期，即孫中山建國大綱擬定的國家建設三階段的第二個階段。但事實上，隨著時日的推移，蔣介石手中的權力有增無減。國民政府雖然大力宣傳，將中國描寫為正邁向民主的國家，但蔣介石日益獨裁的事實，仍受到國內外的注意。宋美齡透過隨筆、文章、寫給美國友人的信，勇敢的——或者說厚顏無恥的——替國民政府打造仁慈、前瞻、西方導向，且正致力於將中國帶進現代世界的政府形象。

事實上，中國的問題重重，國民政府幾乎是全然束手無策。一九二七年南京國民政府成立時，中國是個有名無實的國家，沒有有效且施行全國的行政、法律、司法、財政、貨幣、課稅體制，換句話說，現代國家的架構，中國一應俱無。而在有這類體制存在的地方，那些體制也是東拼西湊而成。課稅權掌握在省政府手中，南京政府因而財源有限。中國廣土眾民，約四億居民中大部分赤貧而不識字，公共基礎設施又奇缺，要治理這樣的國家，難如登天。地方山頭軍事反抗不斷，還有一九二〇年代晚期到一九三〇年代期間，日本軍事擴張的威脅，使治理問題更為惡化。飢荒和天災帶來浩劫。一九三一年夏的大水災，在長江流域淹沒相當於英國面積的廣大地區，造成一千四百萬人無家可歸，當下淹死和隨後病死、餓死者達三百七十萬人。

國民政府於一九三〇年處死了共黨領袖毛澤東的第一任妻子，但蔣介石的「剿匪」未能肅清共黨勢力。

蔣介石的確於一九三四年將共黨勢力趕出華中、華南，使他們往西北展開著名的「長征」，最後落腳延安。華東的城市生活有了明顯的改善，但南京政府未能使廣大農民也受惠於現代化，致使鄉村成爲火藥桶。在資源有限且官僚腐敗無能下，可想而知，南京政府雖有心提升全體中國人的生活品質，成效必然甚微。較令人吃驚的，或許是南京政府所獲致的成果，因爲雖然困難重重，南京政府在建構現代國家的基礎架構上頗有成績。宋美齡和蔣介石深切了解中國所面臨的難題。她向某位美國友人寫道，「若非我丈夫和我都理解到這是中國脫離獨立自足封建國家，邁向現代民主體制的過程中，必有的過渡階段，我們眞的會覺得悲觀。」

當時有些批評時局的中國人，將南京政府的不幸歸咎於該政府的「歐亞」本質，亦即該政府裡有許多外籍顧問和西式教育出身的中國官員之現象。愛國情緒日益升高的同時，仇外心緒也高漲。受了一九一九年五四運動薰陶的那一代知識分子，向西方取經，吸收西方觀念和價值觀，同時拒斥西方對中國的影響。許多知識分子的觀念傾向自由主義，甚至傾向左派，對現狀滿懷悲憤，渴望建立強大、現代的中國。一九三〇年代初期南京政府走向中央集權，加強出版審查，限制學術自由。內戰期間，任何異議，特別是帶有共產觀點的異議，均遭嚴厲打壓，某些大學校園出現某種「恐怖統治」，偶爾有突入校園查抄、逮人、捕人的情事發生。宣揚共產主義是殺頭重罪，而且往往不需證據即可辦人。曾有六名年輕作家被迫自挖墓穴活埋（古老刑罰）。有朋友遇害其中的宋慶齡說道，「正是信奉基督教的委員長把我們最優秀的年輕人活埋。」

一九三〇年，蔣介石靠少帥張學良之助，擊敗馮玉祥、閻錫山這兩位北方軍閥的挑釁。一九三一年五月，國民黨內的反蔣勢力，在汪精衛和孫中山兒子孫科領軍下，在廣州另立中央，與南京政府相抗衡，但爲時不久。國民政府受困於國內共黨、軍閥、黨內派系的圍攻時，日本則準備從外部予以猛擊。經過數年試探性的侵擾之後，日本於一九三一年入侵中國東北，爲其大東亞共榮圈（十九世紀美國天定命運論的日本翻版）的實現踏出第一步。在這個擴張計畫下，中國將被視爲取之不盡的原料、人力來源來開發，以供應加速運轉的日本軍事、工業機器所需。一九二〇年代晚期的中國，雖在國民黨治下取得名義上的統一，日本仍將中國視爲只是個「地理名詞」，而非國家。

東京擴張大計的第一步是併吞統稱爲滿洲的東北三省。中國東北富含農、礦資源，面積約爲法、德兩國的總和。東北還盛產大豆、小麥、高粱、稻米，是中國大部分重工業的所在地。

宋美齡與東三省領袖少帥張學良是老朋友。張學良在各方面都不同於蔣介石。蔣介石拘謹、不善社交、外語能力差，少帥則討人喜歡、幽默，英語說得相當好。蔣介石是公開宣布的基督徒，個人習性講究斂抑自持；張學良則除了喜歡賭博、喝酒、女人，還喜歡打網球、高爾夫球，且嗜吸鴉片。三十歲接掌東北時，外界普遍認爲他是個敗家的花花公子，絕大部分人認爲他只會辱沒軍閥父親張作霖的一世英名，日本人尤其這麼認爲。老帥張作霖是土匪出身，一九二八年七月四日遭日本人暗殺，個性驃悍，以喝虎血、養了包括華人、白人女子在內的許多妻妾而著稱。

但少帥展露了大出外界意料的幹勁，且不顧日本人警告，不久後宣誓效忠南京國民政府。他轄下的東北兵力龐大，使他成爲中國軍隊的實質副統帥。一九三〇年他更擴張領土，與蔣介石聯手鎭住敵對軍閥，從而更加惹惱日本。但一九三一年九月十八日，駐守中國東北的狂熱日本軍官挑起與瀋陽（少帥根據地）中國軍隊的衝突。在這緊要關頭，張學良正因嚴重「傷寒」——其實是因爲鴉片癮——住在北京某醫院。他從病床上下令東北軍隊不抵抗。東北迅即落入日本人之手，日本人隨之在該地名成立叫滿洲國的傀儡國，扶植清朝「末代皇帝」二十五歲的溥儀爲名義元首。南京政府冀望國際干預，將此事提交國際聯盟，但國聯未有任何作爲。這件事令中國和因失去故土而受抨擊的少帥覺得受辱。

驚駭的宋美齡透過外交管道極力申明中國的主張，結果西方代表告以他們國家不是「國際警察」。東北落入日本之手，引發公憤和抵制日貨。要求趕走日寇的壓力排山倒海撲向南京政府，但蔣介石深信一旦全面抗戰，他的草鞋部隊完全不是日本先進軍隊的對手。

他推斷，這時中國與日本開戰，結果會是慘敗。他認爲唯一圖存之道乃是把必將來臨的那一天盡可能往後拖延。後來宋美齡論道，共產黨披著愛國外衣，鼓動並利用我們年輕學子的天眞熱情，憤慨要求立即對日本軍閥開戰。蔣介石面對日本侵逼所採取的彎而不折「竹子」策略很不得民心，中國知識分子對南京政府無比失望。

結婚幾年後，宋美齡從害羞的新娘崛起爲不折不扣的蔣介石政治夥伴。南京的美國外交官克拉倫斯・高思寫道，「她坐在大元帥旁，告訴他該做什麼，然後他照做」，「她下達指示，下面的人遵行……她已建立起龐大的影響力。」許多心懷敬畏的記者訪問她之後，驚訝於她的活力與效率。衛斯理校友雜誌驕傲報導道：「中國女人的纏足已被衛斯理的大步走永遠取代。」

但政治顧問和副官不是宋美齡面對蔣介石時扮演的唯一角色：她還成爲他的精神導師。結婚前蔣介石就已答應宋美齡會讀《聖經》，且眞的認眞去讀。宋美齡用她在衛斯理學院上《聖經》歷史課時的筆記教他。三年後，他才願意皈依。做這決定之時，他的部隊正與軍閥馮玉祥的部隊交戰。蔣介石發覺受圍，無路可逃而絕望之際，走進一間鄉下小教堂，祈求上帝援救，發誓只要獲救，會承認耶穌基督爲他的主。結果祈求應驗，上天降下大雪暴，拖慢敵人前進速度，使來自南京的援軍得以來得及解圍。雖然損失慘重，脫困後的蔣介石仍以勝利心態面對那場失利。他要求受洗，說「我覺得需要耶穌基督之類的上帝」。受洗儀式於一九三〇年十月二十三日在宋母家舉行，由林樂知紀念堂的牧師江長川主持。

當美國的虔誠信徒爲蔣介石的皈依而歡欣鼓舞，認爲那表示中國即將投入基督懷抱時，許多觀察家卻心存懷疑。認爲蔣並非眞心皈依者挖苦道：「他發狂時就顯出衛理公會的信仰。」當時美國最大報《紐約信使論壇報》認爲，蔣介石可能是個「米飯基督徒」，即是爲了糧食而非爲了精神動機皈依的基督徒，是寄望美國支持他對付共黨和其他敵人而皈依的基督徒。諷刺的是，蔣介石的北伐得益於他將所有基督教事物（教堂、醫院、學校）譴責爲帝國主義之物。

由於出版審查，中國報界未刊登他受洗之事，但外國報紙和英語報紙並未漏掉這條新聞。這消息很快即傳遍中國，得悉此事的中國人感到震驚，隨之在中國人、外國人的圈子裡引來有關他信教動機的熱烈猜測。基督徒大爲雀躍，把他的皈依與羅馬皇帝君士坦丁的皈依相提並論，但其他人斥之爲政治花招。南京政府官員在公開場合一直對此事謹愼保持沉默，但私底下則大表憤慨。反基督教、反宗教的宣傳如火如荼，反對傳教活動的聲浪，則升高到已使所有教會學校不得不將此前列爲必修的宗教課改爲選修，或將那些必修課從課程裡完全剔除。基督教在中國極不受歡迎，因此儘管傳入已數百年，中國約四億人口中，基督徒不到五十萬。在這背景下，蔣介石決定皈依基督教若非魯莽，就是勇氣過人，但無論如何，那不大可能如批評者所說摻雜了些許打造公共形象的動機，或純然爲打造公共形象。相反的，蔣介石擁有未皈依者少見的熱情。他並未改變宗教信仰，但此後的人生裡，他在執行他所認定的人生使命——中國的拯救與重生——時，會從《聖經》與耶穌生平尋求啓示、正當理由、持續不輟的動力。

蔣介石宗教情懷的濃厚，幾乎是無可置疑，但他對基督教信仰的看法則有待商榷。宋慶齡道出許多人心中的懷疑：「如果他也算是個基督教徒，我就不做基督教徒。」他已顯露出他招牌的救世主熱情——甚至狂妄自大熱情——的跡象。皈依基督教爲他的狂妄野心加上神聖目標：他要成爲中國的基督。他要帶領中國擺脫外國壓迫、擺脫虛弱，爲達此目的將不擇手段。蔣介石宣布，「只要救國任務未成，助人民擺脫苦難就是我的責任。」宋美齡支持他所視爲神聖使命的狂妄野心，把自己定位爲他指定的助手。

宋美齡稱丈夫爲比她偉大的基督徒，但她本人信教也越來越虔誠。蔣介石受洗後不久，宋母病重之時，這一趨勢更爲明顯。即將失去母親使她驚恐，因爲她一直覺得不管發生什麼事，她都能靠母親「爲我祈禱化解」。宋母好早以前就要宋美齡自己學著禱告，而宋母一旦離世，她就得這麼做。有天，宋母臥病在床時，她們談到日本人對中國隱隱逼來的威脅。宋美齡突然說道，「母親，你的祈禱很有力量，爲什麼不祈求上帝，用地震或類此的災禍懲罰日本呢？」」宋母沉默了一陣子，然後回道：「當你祈禱，或求我替你祈禱的時候，切不要拿這種要求侮辱上帝，我們凡人尚且不應當有此存心，何況祈求上帝呢？」她的話深深烙印在宋美齡腦海。

這期間，宋美齡有了第一次她口中的靈異經驗。有天夜裡，她陪病重的母親睡在上海療養院某間房間裡，蔣介石睡在隔壁房間。宋美齡夢到有個面貌兇殘的奇怪男子出現在她房門外，雙手各拿一隻手槍。她在夢中大聲尖叫，驚醒丈夫。隔天夜裡，他們睡在他們位於法租界的自宅裡，她夢到自己與母親站在屋後，在草坪上撒了一圈麵粉。麵粉圈中出現一個一身白衣、貌似觀音，但面目猙獰的幻影。那幻影說，「我無所不知，什麼都願告訴你們。你們想知道什麼，問我就對。」但宋母投來富警告意味的一瞥，宋美齡回道：「我提問之前，請告訴我你是上帝，還是魔鬼？」那幽靈短促一聲尖叫，身形漸漸消失，宋美齡大叫驚醒。同樣做了惡夢的蔣介石，拍手要侍衛救駕。怪的是出現了兩名侍衛，而非平常執勤的一位，但他不以爲意。宋美齡想起婚禮時所收到而未遭宋母搗毀的那尊玉佛。兩夫婦不安於夢中情景，於是從閣樓裡拿出那尊佛像，打破丟棄。

第三個晚上，宋美齡夢到兩名男子鬼鬼祟祟爬向她臥室的門。她再次尖叫驚醒，卻發覺丈夫的床上空無一人，然後發現丈夫正在外面與上海警官談話，那些警官及時趕到，破壞了共黨欲暗殺他們兩人的陰謀。原來前兩夜裡有兩名侍衛試圖暗殺他們，因宋美齡尖叫而收手。她深信是「天意」救了他們兩人性命。

宋母於一九三一年七月去世。《華北日報》稱她是「國之岳母」，因爲她的兩女婿先後擔任國家元首。自我放逐於歐洲的宋慶齡返國奔喪。宋美齡陷入絕望的「深淵」，首度覺得必須求助於母親的神。飢荒、水災、外患、內戰紛至沓來，國事如麻，已使她心灰意冷，母親去世後，她更陷入「可怕的沮喪，精神絕望，鬱鬱寡歡，孤獨淒涼」，無能、絕望的感覺盤據心頭。她寫道，「我們爲國家做事，宛如杯水車薪，無濟大事。」就連活著本身都似乎是徒然。她心裡想著：「國家果眞強盛、果眞統一了，我們又怎樣呢？」但她從未把這想法告訴丈夫。「天下事眞沒有一個止境的嗎？」在人生在世的焦慮不安背後，存在著困擾她大半輩子的憂鬱。

第八章　新生活

外在美是內在美、性靈美的顯現與先驅。在西方人眼中，這觀念或許奇怪，但在我們看來，那似乎是天經地義。我們之中誰會衣衫不整出現在祠堂？……如果骯髒與粗心……有辱死者，那它們不同樣冒犯了生者？

——蔣宋美齡

國民黨掌權不過幾年，民意支持就開始下滑。越來越多的不滿，指向中國的領導階層個人。一九三一年七月二十三日，宋子文差點遭共產黨員暗殺，凶手行刺時大喊：「宋家王朝下臺！」不管南京政權曾被寄予多大的厚望，這時那厚望正迅速消失。

國民黨當政，中國在名義上歸於一統，但蔣介石和宋美齡知道若未有比愛國精神更強有力的東西來支撐，「革命」終會失敗。失去了孫中山本人領袖魅力的加持，他的三民主義已難以做為最高指導原則。孫的著作內容含糊、矛盾，未替具體的組織、行動提供切實可行的藍圖，更別提打動老百姓；而共產黨正迅速崛起，塡補這缺口。

宋美齡的野心、直率、招搖，使她成爲現成的代罪羔羊和明顯的批評目標，而且有些批評並非無的放矢。在中國，女人掌權向來引來猜疑與恐懼，她亦未能倖免。有人將她比擬爲當代的楊貴妃（西元七一九～七五六）。楊貴妃是中國史上最著名的美女，其悲慘的愛情故事是詩人墨客極愛的創作題材。傳說楊貴妃把唐玄宗迷得神魂顚倒，以致荒廢了政事。她收信仰伊斯蘭教的突厥將領安祿山爲義子，但安祿山與楊貴妃堂兄楊國忠爲掌控朝政而互鬥，導致安祿山於七五五年發兵叛亂。唐玄宗帶著楊貴妃、楊國忠出逃途中，憤怒的隨駕禁軍逼迫皇帝處死他們兩人。不久後唐玄宗遜位。

更爲惡毒者則將宋美齡比喻爲自私昏庸的慈禧太后再世。一九二八年，蔣介石的部隊洗劫了清朝乾隆皇與慈禧太后的皇陵，後來民間普遍流傳，陪葬的許多珍貴珠寶最後落入蔣家手中，蔣夫人用慈禧的珍珠裝飾她的鞋子。此說是否屬實不得而知，但從中可反映了她所招來的反感有多強烈。有篇報紙社論寫道，在北京市集裡，普遍可聽到「如果宋美齡沉入長江底，中國會少受點苦」的說法。拜訪過蔣介石者失望抱怨道，絕不可能與蔣介石單獨見面，因爲始終有「那個女人」與會，致使她成爲蔣介石許多不得民心之決策歸咎的對象。其他不得民心的決策，則被歸咎於宋家，且這時已有人以貶損口吻將宋家稱爲「皇族」或「宋家王朝」。

一如以往，批評蔣介石最力者是他的大姨子宋慶齡。一九二九年初，宋家派宋美齡弟弟宋子良到柏林，以說服宋慶齡回國參加孫中山遺體從北京移厝南京紫金山新建宏偉中山陵的奉安大典。然後，三月時國民黨再度選出人不在國內的宋慶齡爲國民黨的中央政治委員。蔣介石一再試圖利用她的威望來遂行個人目的，令她怒不可遏，但她勉強同意返國參加奉安大典。五月啓程返國前，她發出一貫直言不諱的聲明，表示她不願與現行南京政權有任何瓜葛。宋子良表示反對時，她語帶譏刺回道，「宋家是爲中國而生，而非中國爲宋家而生。」

日本拿下中國東北，國民政府束手無策，人民更感悲憤。一九三二年初，日本占領中國人轄下的上海城區，南京政府英勇抵抗，經過漫長而慘烈的防守，終歸慘敗，人民對國民政府徹底絕望。宋慶齡再發表公開聲明，抨擊蔣介石，稱「如今無可否認的，國民黨……已失去其做為我國革命黨的地位」，「中央政府的那些人讓他們朋友享福，卻讓人民受苦」。她指責中國國民黨這時腐敗不堪，注定滅亡。蔣介石本人則在一九三二年宣布：「中國革命已經失敗。」黨、政內部的墮落、腐敗，這時已到明目張膽的地步。官員週末時飛到上海，在南京建造豪宅。由於薪水不高，可想而知，靠「不當手法」才過得起這種生活。王朝統治早成歷史，但「升官發財」的古老作風正猖獗，南京政府官員成爲新的資本家。蔣介石批評腐敗成風，且以專斷方式打擊官場的腐敗，但這類作爲流於零星，且目的主要在控制下屬，而非眞心欲掃除貪腐。

一九三三年，蔣介石和宋美齡已清楚體認到，必須有所作爲以重振革命精神。自一九一一年打倒儒家政體後，中國一直在尋覓足以統貫一切的意識形態以取代儒家。蔣介石主張，中國社會最需要的，乃是類似英、美教堂與民間組織所提供的，以及德、日執政黨所提供的那種「整合力量」，和他所謂的「基督教服務精神」。他和妻子向海外取經，向德國的納粹、墨索里尼的「新生」、羅斯福的新政，甚至主要敵人蘇聯和蘇聯的五年計畫取經。這些意識形態似乎正賦予那些正努力克服第一次世界大戰影響與大蕭條衝擊的國家，新的活力、幹勁、希望。

但中國問題的深重，需要更爲深刻的東西才能克服。蔣介石夫婦斷定，中國需要的東西，乃是一個精神啓蒙計畫。他們認定，要掃除中國不健康、不衛生的身心習慣，才有可能重建人民的道德。他們天眞但由衷的認爲，從國家層面和個人層面雙管齊下，這一計畫將重振中國的民心和道德，使民衆更敏於回應國家的需求。宋美齡在一九三五年的美國雜誌《論壇》上寫道，「情勢清楚顯示，光是積累財富不足以使中國恢復其大國地位，……還必須重振精神，因爲精神價值超越物質財富。」

宋美齡與蔣介石擬定的計畫，一九三四年二月以「新生活運動」之名展開。這場運動雜糅了東西方多種意識形態，包括新儒家的原則、薄薄偽裝的新約《聖經》基督教教義、基督教青年會形式的社會行動主義、日本武士道、歐洲法西斯主義，以及大量的美國新英格蘭清教主義。這一運動本身充斥諷刺與矛盾，最深層的矛盾乃是其理論基礎既革命又保守。在啓動新生活運動的演講中，蔣介石將中國未能與其他國家平起平坐，歸因於中國人「知識與道德」的低劣。他痛斥中國人民「令人無法忍受的骯髒」、「享樂」、「懶惰」，稱中國人過著「野蠻」、「不理性」的生活，幾無異於禽獸。實際推動時，這一運動搖擺不定，最好的情況下形同推行男童軍守則，最糟的情況下則無異在推動警察國家的法西斯主義。新生活運動表面上仇外（店招一律禁止出現外語），本質上又陳義過高，欲將已明顯促成二十世紀西方和日本如此強大的道德、公民、衛生情操，灌輸到迷信、大部分不識字、過中世紀生活的人民身上。

欲挽回共產黨在江西省成功奪走的民心，也是新生活運動的目的之一，只是未明文宣說而已。後來，宋美齡以含糊口吻表示，「我們正把共產黨所承諾但未能做到的東西給予人民」，即默認了此點。一九二〇年代晚期共產黨遭南京政府圍剿，趕出城市後，在江西鄉間重新集結，並於一九三一年建立了由毛澤東領導的中華蘇維埃工農共和國。蔣介石發動五次血腥的圍剿，才將九萬名剩下的共產黨員趕出江西，迫使他們踏上萬里長征。一年後抵達陝西西北時，他們的人數減少為飽經戰爭淬煉的七千人，但經過苦難折磨，他們更為頑強，最終令蔣介石悔恨不已。

蔣介石夫婦請傳教士針對江西農村復建擬定全盤計畫。美國國外宣教會出借牧波恩牧師，做為新生活運動的首席顧問。牧波恩是紐西蘭人，讀過哈佛大學，為基督教公理會傳教士，在中國鄉村待過很長時間。蔣介石夫婦於一九三六年三月請他接下此職時，他「覺得怪」，但與中國領導人一起參加過宗教儀式，看到他們「愉悅唱著基督教會的古老莊嚴讚美詩」，流露出「精神上的渴慕」時，他疑慮盡消。牧波恩自問，

「鮑羅廷若有這樣的機會，會怎麼做？」足跡踏遍全球的基督教青年會行動主義分子和著名的福音傳道者舍伍德・艾迪，稱新生活運動是「世上最難得的福音傳播機會」。此前南京政府已僱用許多外籍顧問，但舍伍德・艾迪是第一位在政府裡獲得行政實權的外籍顧問。艾迪離職後，由另一位在中國長期傳教的加拿大人文幼章接任。

新生活運動的誕生，有一部分源於名叫「牛津團契」的福音傳播運動組織。這是由具爭議性但富領袖魅力的基督教青年會行動主義人士暨傳道士法蘭克・布赫曼在英國創立，因早期的成員來自牛津大學的菁英人士，因此得名。一九二〇年代和一九三〇年代初期，這一運動在全球各地吸收到許多人追隨，也引來質疑，後來改名道德重新武裝運動。一九三六年布赫曼公開稱讚希特勒後，這一運動在交相指責中式微，但不久它就催生出一場不屬於任何宗教派系的大規模精神運動。因為在中國正擬定新生活運動的同時，在美國的阿克倫有一些牛津團契的成員，突然想到將牛津團契的信條用於改造據認已無可救藥的酗酒者，結果大為成功，不久後協助創立了嗜酒者互戒學會。

牛津團契在中國有追隨者。布赫曼於一九一六年來過中國，見過包括孫中山在內的多位中國要人。外界普遍稱宋美齡是牛津團契的追隨者，宋美齡否認，但無法令人信服。一九三七年接受《自由》雜誌訪問時，她坦承仔細研究過該運動，且說它有「數個優點」，但不願照它的規矩公開懺悔。不過她漏提她曾將牛津團契的著作翻成中文，而那意味著她與該運動的關係還更為緊密。無論如何，她和蔣介石常向牧師吳德施徵詢意見。吳德施是一九〇四至一九三八年漢口的聖公會主教，與他的幾個兒子深入參與了牛津團契。這位頭髮日禿的主教自稱「基督教革命分子」，其在漢口的住所因有許多左派外籍人士落腳，而被封為「莫斯科—天堂軸心」。吳德施家雖常有激進人士前來做客，宋美齡和蔣介石仍與他友好多年，向他尋求精神指引。蔣介石夫婦受吳德施的鼓勵，開始執行晨間「安靜時間」和冥想（牛津團契的習慣之一），而蔣介石在這晨間修行期間，把自己對耶穌基督的看法草草寫在書上。

一九三三年夏，國軍圍剿江西共黨期間，住在省會南昌的蔣介石與宋美齡請吳德施主教前來他們位於南昌的臨時住所一敘。吳德施與他們坦誠交談，並與他們一起禱告。會晤後不久，蔣介石將在江西南部收復的大片地區交予傳教士重建，並發起新生活運動。蔣介石打算將江西打造成模範省，然後推行全國。

新生活運動除汲取基督教教義，還有意復興儒家價值觀。該運動重新祭出儒家「五德」中的禮、義，加上廉、恥，構成該運動的「四德」。有趣的是，做為儒家與基督教傳統思想核心的仁愛，未獲列入。

一如牛津團契，新生活運動的對象鎖定官員、受過教育者、富人，深信中國的弊病可「靠由上而下的示範和勸誡」掃除。這一上行下效式的社會改造觀，與儒家學說正相呼應：「君子之德風，小人之德草，草上之風必偃。」

宋美齡只擔任新生活運動促進會婦女指導委員會的指導長，但實際上她是整個運動的推動者，且她雖然始終將這運動歸功於丈夫，但這運動很有可能出自她的構想。新生活運動的理念，出自她構想的部分，似乎至少和出自蔣介石構想的部分一樣多，且她全心投入該運動的推行。她和蔣介石搭機前往國內各地，向華、洋傳教士宣揚該運動。該運動的文宣，有許多出自她之手，她還常常親自撰寫英文版文宣。她寫文章供美國出版品刊登，接受外國記者訪問，頌揚該運動的目標和成就。

不到兩年，她就幾乎掌控整個運動，而且該運動的業務也擴大，將中國各地的教育工作、戰爭工作涵蓋在內。光是受宋美齡統轄的人員，就有四千名領薪婦女和二十萬「志工」。她常前去實地督導部屬，親自視察地方情況。有次走訪某鄉間後，她坦承，「看到我國農村裡生活水準普遍低落，我有時感到絕望」，

「但……我們絕不能絕望，我們必須對此付出更多心力。」她告訴某傳教團體：「無論如何，中國的重生就要到來。」她這番話的確很有先見之明，只是重生的方式非她所想像的。

宋美齡在電臺廣播節目中告訴美國人，新生活運動的箴言乃是「從內部救起」，從國家的層面來看，那意味的不是走孤立主義，反倒是倚賴本土人士領導，同時利用現代科技。「只要借鑑我們先人的經驗，並運用科學所已提供的方法，我們不需外來的政治援助。」宋美齡向外國人表示，新生活運動如「水之受到飢民渴望」般受到人民的歡迎，且如「野火燎原」般在全國散開。新生活運動的宣傳品，小心避免公開提及基督教，但宋美齡坦承十字架始終位在這運動的「背景處」；它的名字本身帶有基督教意涵，明顯借用基督復活的概念，「從內部救起」這觀念，則清楚仿效自基督教藉由改變個人來改變世界的主張。

新生活運動理想崇高，但實際執行時往往幾近於可笑。爲革除多得令人眼花撩亂的社會弊病，一開始就頒行了數十條規則，其中許多規定類似新英格蘭受殖民時期清教徒社群頒行的藍色法規。賭博（包括中國人愛打的麻將）、吐痰、街上抽菸、抽鴉片、上夜總會、跳舞、喝酒、包養歌女，都在禁止之列。公開的親暱行爲也禁。粗魯、淫誨、打哈欠和拖著腳走路、行賄、勒索、貪汙，同樣在革除之列。出殯時不得吹奏風行的美國爵士歌曲，例如「A Hot Time in the Old Town Tonight」。沒戴正帽子或沒扣鈕釦的男子，遭男童軍在街上攔住，改正後才放行。女人不得化妝，不得燙髮或留現代「短髮」型，不得穿短於膝蓋的裙子。北京市長不准女人不穿長襪、露腿上街。西式衣著遭禁了一段時間，西式打扮的女人，會遭專爲維護新生活運動規定而設的執法隊，蓋上「奇裝異服」的字樣。宋美齡不得不戒掉她的薄荷香菸，但只在公開場合戒。

新生活運動的革新，有些是突梯可笑，有些則顯然合理。爲革除鋪張浪費的婚禮傳統，宋美齡引進集團結婚——諷刺的是她自己的婚禮極盡奢華之能事——雖引來批評，但頗爲成功。在現代衛生觀念大體上仍不存在之際，新生活運動指導大衆基本衛生習慣。推行運動者還下令，蔬菜應洗過再吃，人人每天應洗手、洗臉三次，每週沐浴一次。某些城市設置了現代下水道、供水系統、管道系統。各大城舉行「乾淨週」，衛生隊巡邏大城街頭。市民配發掃把，清掃街頭和街溝。傳教士和新生活運動工作者進入鄉間，教導節育和嬰兒照護。在宋美齡指示下，「家庭主婦聯盟」成立。女孩子被組織起來，學習衛生、公民義務。學校張貼海報，呈現穿著整齊的小孩在做體操、沐浴、刷牙的情景。

有時執行手段流於極端，未遵守新生活規定者遭道德巡邏員粗暴對待。一九三二年，蔣介石創立名叫「藍衣社」的準軍事組織。藍衣社仿希特勒的褐衫黨、墨索里尼的黑衫黨創立，由陸軍中挑出死忠於蔣介石的軍官組成。這一法西斯團體，加上警察、男童軍，充當確保新生活規則奉行的執法者。宋美齡承認，新生活的執法者，有一些人「愚蠢、矯枉過正、得意忘形」，但堅稱政府未寬容他們的行爲。

有位新生活運動的擁護者興奮說道，中國人「幸福、前途光明」，因爲他們得到「新政」。其他人，特別是蔣介石本人，則沒這麼篤定。他說，「要以狂風掃除社會的落後，要以和風賦予社會活力和正確精神……工程浩大」，話中顯然借用了儒家風行草偃、上行下效的觀念。事實上，新生活運動一開始看來大有可爲，隨之就漸漸令民衆「感到厭煩，而非鼓舞」。該運動鄭重其事著墨於顯然枝微末節的事物上，但顯得虛僞，甚至擾民，因而漸漸成爲笑柄。有位在中國大學任教的美國教授，以認眞口吻提到新生活運動，卻引來學生哄堂大笑，令他大爲驚訝。官方明令禁吸鴉片，新生活運動誓言剷除鴉片禍害，但大家心裡都知道，到處有人在吸鴉片。事實上，國庫空虛的蔣介石國民政府，以「務實觀點」看待這事，認爲與其讓敵人靠鴉片買賣致富，不如自己從鴉片買賣徵稅，增加收入。

把中國人精神與道德的改善看得比生活水準的改善還重要，這一觀念遭到包括孫中山遺孀在內的許多人批評。對於新生活運動，宋慶齡的看法就只有嘲諷。她斥該運動「迂腐」，「對人民毫無益處」；對於該運動的新儒家教條，她完全無法容忍，稱儒家學說封建、威權，儒家代表「獨裁、壓迫、苦難」，與革命觀念站在對立面。她寫道：「我們得淨化中國人的心智，使其擺脫阻礙我們文化發展的儒家陳腐意識形態。」她利用自己身爲孫中山遺孀的崇高地位批評蔣介石，指控他忽略了她已故丈夫三民主義中最重要的主義：改善人民生活。她主張，「革命的目的在人的物質福祉……如果那辦不到，就稱不上革命。」

新生活運動遭知識分子和自由派人士嘲笑爲「膚淺、濫情」。批評者說它未能解決中國基本的社會、經濟問題，認爲與該運動有關的人士「思想單調乏味」。宋美齡則以如下陳述回應這一指控：「有人以不是人人有飯吃，因而談論或追求精神重生毫無意義這論點，批評新生活運動。我們則指出一個昭昭在目的事實來駁斥這主張，那事實即是：如果從最高層官員到最低層推手推車的苦力，人人都願在日常生活中老老實實的實行這些原則，人人都會有飯吃。」對於那些將新生活運動貶抑爲「童子軍玩意兒」的人，她引用了中國古諺回敬：「一年之計，莫如樹穀；十年之計，莫如樹木；終身之計，莫如樹人。」有些批評者還認爲該運動居心不良，把它與義大利墨索里尼的社會控制實驗「新生」相提並論。

宋美齡堅信新生活運動是「國民黨所做過最浩大的事」。她得意預言，二十五年後，中國將因這運動成爲「世上最偉大的國家」。牛津團契成員暨具有影響力之《自由》雜誌的主編富爾頓・烏爾斯勒是她的友人，她告訴他：「靠上帝之助，我們將掃除疾病、飢荒、鴉片、無知——阻礙（中國）前進的所有怪物……我們將解放四萬萬人民，使他們擁有新而更好的生活……整個中國正在前進。」好大的口氣，好大膽的一番話，但似乎說得太早。事實上，新生活運動對中國社會真正且持之久遠的影響有限。掃除中國種種陳習舊弊（賭博、吸鴉片、淫逸、貧窮、乞討、搶劫、骯髒、貪腐、不關心公益），理想崇高，卻無異蚍蜉撼大樹。

它未能打動民心，事實證明靠強制去推動無法成功。但追根究柢，它的失敗，源於內在的矛盾。新生活運動是拒斥人民創制權的群衆運動，試圖灌輸民衆政治意識，卻不准民衆置喙政治。它是旨在壓制要求根本社會經濟變革之新興勢力的社會革命。它試圖動員人民爲國效力，卻未給他們回報，甚至未針對他們的苦難找個替罪羔羊來歸罪，反倒把人民的苦難怪在人民自己頭上，形同藉由羞辱他們來使他們步入現代。可悲的是，這項運動使知識分子和自由派人士更疏離南京政權。許多「滿心悲憤的愛國人士」轉向共產黨，拒斥做爲新生活運動基礎的儒家學說和他們眼中該運動陳腐、無關緊要的關注事項。

但這運動給了宋美齡權力基礎和全國性舞臺。她本人擔任指導長，而輔佐她推動此運動的得力助手，乃是她的親信黃仁霖，即勵志社（新生活運動前身）的負責人。此外，新生活運動使她在中國官場有了正式職務，透過這職務，她磨練公開演說技巧，並得以憑自身的能力成爲有影響力的公衆人物，而不再只是靠丈夫的庇蔭。一九三七年七月，新生活運動推動剛過三年，中日戰爭爆發，該運動的重心大幅轉向爲戰爭服務。若非這場戰爭，該運動或許成就更大。但新生活運動的根本問題在於，它是政府主導由上而下的運動，旨在爲國服務，而非地方自發的草根運動，在這方面，它與牛津團契或基督教青年會不同。不管是公民精神、道德倫理或衛生習慣，都難以靠官方命令來推動。

國民黨努力欲贏得基層民心，但在這方面終究不是共產黨對手，最終成爲國民黨的罩門。婚後十年裡，蔣介石、宋美齡和國民政府克服重重困難，在建構現代國家的基礎架構上，獲致長足進展。他們在海外大受讚譽，但在本國國內，卻不是很得民心，甚至連國民黨黨員都不甚喜歡他們。不信任統治者的心態，也傷害了新生活運動。美國駐華公使尼爾森·詹森冷冷論道，「關心這運動的那些人，本身是否夠純潔，而能賦予這運動大大的影響力，令人懷疑。」

身爲非民選的領袖，蔣介石夫婦可能覺得毋需像民選政治人物那樣討好公衆，也或者他們太忙，無暇顧及此事。無論如何，他們大概都不知道怎麼博取民衆好感。一如推行新生活運動時所展現的，他們始終強調公民的義務，但疏於宣說公民權利。知識分子不信任他們，甚至討厭他們，看不慣他們信仰基督教的虔誠，惱火於他們限制思想自由，憤慨於他們拘捕、處決反政府者。但知識分子是少數。占中國四億人口約八成而不識字、沒有政治意識的那些人，可能不知道國民黨做了什麼好事，卻深刻體會到自己的生活和一九一一年時一樣悲慘。蔣介石夫婦主掌國政，不是因爲那些人愛戴他們，而是因爲沒有——還沒有——更理想的統治者人選。

批評南京政府者不只是政府外的人士；宋慶齡做爲南京政權最有力的批評者已多年。一九三〇年初，宋子文加入她的行列。宋美齡的哥哥自一九二七年就擔任蔣介石政府的財政部長，卓有建樹。這位讀過哈佛、哥倫比亞兩所大學的金融家，放下他對蔣介石的強烈厭惡與不信任，爲中國健全的金融、貨幣、稅務制度打下基礎。宋子文精於金融與經濟實務，且「心思敏捷」，「由衷熱切」想改善中國金融。南京國民政府成立初期，他成功將中國的貨幣、銀行體系現代化，因此被商人和金融家譽爲中國的亞歷山大・漢彌爾頓。

但宋子文對祖國的無能、貪腐和其他根深柢固的文化習慣，絲毫不掩其輕蔑，使他在許多地方很不受歡迎。他喜歡和一群志趣相投、在海外受教育的中外專家爲伍，加上他粗魯而不耐煩的個性和美式作風——喜歡西餐更甚於中菜——使他難以博得許多同胞的好感。他的文章、演講稿都不是自己寫；他的資料由幕僚用英文替他寫好，因爲他雖讀過中國經典古籍，用起英語卻較自在。對於批評，他反駁道，只有走西方的路子才能夠將中國救出兩千年老路所造成的嚴重破壞。

宋家內部的裂痕，在一九二七年蔣介石於血腥政變中清除共黨和娶宋美齡時首度顯露。對於共產黨，宋子文沒有不可更易的意識形態立場，但家人的分裂令他不快。接下來幾年裡，他一再與妹婿蔣介石衝突，私底下嚴厲抨擊他眼中蔣介石不健全的財政觀念和犧牲經濟發展的過度軍事開支。一九三一年，宋執掌新成立的國家經濟委員會，該委員會與國際聯盟合作，開始規畫如何改善農業、基礎設施、水資源保存。但由於全國預算有四成五投入國防，能用來執行他計畫的資源不多。一九三一年九月，日本吞併中國東北後，宋子文支持少帥張學良，致使宋與蔣介石的關係惡化。當時，這位遭逐出地盤的東北軍閥，呼籲先打日本，再打共黨，觸怒蔣介石。

一九三三年，這位聰明、有抱負、苦幹實幹的技術官僚與其軍人妹婿之間不穩定的合夥關係越來越薄弱。一部分原因出在宋子文瞧不起、眼紅蔣介石，認爲蔣介石的學識不如他。蔣介石這邊則始終不放心宋子文的忠誠。宋子文對航空興趣濃厚，協助促成美國退役空軍軍官代表團訪華，一九三〇年代初期已將負責確保鹽這項重要大宗商品之國家專賣利益的稅警總團，打造成歸他統轄而訓練有素、裝備精良的戰鬥部隊。蔣介石心懷驚恐，視他爲對手，擔心他政變。

一九三三年十月一場氣氛火爆的會議上，雙方關係終於決裂，蔣介石免去宋子文職務，代以孔祥熙。在這之前不久，宋子文透過同情中國的美國財政部長小亨利・摩根索的推動，取得美國重建金融公司五千萬美元的貸款。宋子文希望按照貸款的原意，將這筆錢用於發展經濟，但蔣介石希望用來裝備軍隊以清剿共黨。宋子文認爲打擊共產主義的最有力手段是經濟成長。蔣介石不願因爲財務短缺，致使他所認爲軍事上當務之急停擺。會議氣氛變火爆，宋子文開始「嘲諷」蔣介石的剿共。事後，宋美齡飛到上海，取得宋子文的辭呈，帶回去給蔣介石。宋氏家族裡公認即使不是最有道德原則、但最聰明的孔夫人，主導這場宋下孔上的人事案。一向唯大姊馬首是瞻的宋美齡乖乖照辦。

受中國統治家族信任的英籍政治顧問懷德，認爲這樣的發展令人遺憾，且認爲宋美齡失職，未能阻止這一決裂。一九三四年九月十二日，懷德在日記裡寫道，「在丈夫與哥哥之間扮演堅不可斷的橋梁角色，應是她最重要的任務，但她未能完成這任務。」

蔣介石擔心宋子文有狼子野心，並非憑空幻想。一九三四年九月，遭撤除財政部長職務不到一年，宋美齡的哥哥告訴懷德，他認爲「情勢正轉爲」不利於蔣介石，有許多事將成爲「蔣的催命符」。懷德論道，宋子文深信，與他交好的蔣介石麾下軍官會跟著他另立門戶，「自信他的機會就要到來」，說「南京無法同時容下他和蔣介石，並提到整個（政府）會改擁立他爲領袖的時機。他深信自己地位已更爲強固。看到他那麼篤定，教我有些驚愕」。懷特還指出，他曾規勸宋子文，眼前不宜動手對付蔣介石。

懷德認爲，蔣介石「看不出（中國問題）經濟、農業、老百姓的一面」，宋美齡「該負很大責任」。懷德提醒蔣介石應軍、民政策雙管齊下時，她「傲慢的哼了一聲」，然後微笑，但蔣介石沒有這樣的反應。一九三四年九月，蔣介石滿懷信心告訴懷德：「共產威脅今年就可以了結。」

孔祥熙和藹可親，有著一顆「羽毛枕頭頭」（懷德語），事事配合蔣介石。蔣介石需要錢打仗，孔祥熙就想辦法替他弄到錢。一九三四年四月下旬，宋美齡向美駐華公使詹森說出如下「令人愕然」的話：蔣介石認爲孔祥熙是「中國歷來最優秀的財政部長，因爲……他能弄出盈餘。」那若屬實，大概也應歸功於宋子文在任數年的努力，而非孔祥熙在任半年的功勞。宋美齡引用孔祥熙的說法，稱平衡預算沒必要；中國只需要平衡其貿易。她是在說假話，還是純粹好騙，不得而知，但數學從不是她的強項。

除了不盡可靠的財政政策，執掌財政部的孔祥熙也在其他方面有令人非議的作爲。詹森報告道，一九三四年五月，南京、上海已出現不利於孔博士的「耳語戰」，指稱他透過妻子在政府所有採購案上收

「回扣」。不管這則四處流傳的「齷齪傳聞」是否屬實，美國公使詹森論道，「孔祥熙在任期間，宋子文所努力建立的那種官箴，無疑已有所鬆懈。」這一趨勢最終搞壞了蔣介石政府與國民黨的名聲。外界覺得，說到執行新生活運動的禮義廉恥四德，有些人比另一些人更有資格。

第九章　解救蔣委員長

耶和華今要做一件新事，即以女子護衛男子。

——《聖經》〈耶利米書〉第三十一章第二十二節

宋美齡於一九二〇年代初期在上海某場宴會上第一次見到「少帥」張學良，當時張學良尚未執掌東北。張學良比宋美齡小約兩歲，以富家公子哥的形象聞名於外，有可能短暫追求過她，但未成功。無論如何，他們兩人結為朋友，關係如同姊弟，宋美齡對這位討人喜歡但放蕩不羈的年輕人，扮演起懂事大姊的角色。一九二九年，她嫁給蔣介石後不久，她和新婚夫婿在北京一場茶會上遇見少帥。宋美齡直呼他的字「漢卿」，與他熱情打招呼。只有家人和知交才會以漢卿之名叫張學良，蔣介石聽了大吃一驚，問：「你怎麼認識他？」宋美齡答得很乾脆，「我認識他比認識你還早。」可想而知，宋美齡和蔣介石都喜歡張學良。在英華正盛時，他英俊、迷人、談吐不俗，一身藍色中國長袍，像極了京劇裡的「小生」角色。宋美齡是他此生無緣擁有的大姊，而比他大約十三歲的蔣介石，則如同他的父親。蔣介石也保護少帥，替他扛下一九三一年九月丟掉東北的部分責任。他對門下這位年輕子弟寄望很高，正培養他做更大的事。

但一段時間之後，張學良日益嚴重的毒癮成為蔣介石政府的困擾，因為國民政府嚴令禁吸鴉片，至少官場上如此宣示。後來張學良說，「我氣得抽鴉片菸，你知道帶軍隊這個氣啊。」有位中國軍醫以注射嗎啡的方式治他的鴉片癮，結果可想而知，反倒讓他染上嗎啡癮。一九三三年時，張學良已是個廢人，吸毒吸到腦袋不清楚，手臂與肩膀上的針孔多到如他後來所說，很難找到沒打過針的地方扎針。對張學良忠心耿耿的澳洲籍顧問端納，多年來努力勸桀驁不馴的張學良——他口中的「小伙子」——戒掉他所沉迷的惡習（賭博、玩女人、注射毒品），勸他運動、接受治療，終歸枉然。一九二九年某軍閥叛亂期間，張學良的確支持南京政府，但一九三一年時，他那位對他越來越惱火的顧問已稱他是「毫無雄心壯志的年輕人，很痛恨自己有職責在身，痛恨那些煩人的人竟認爲他該振奮起來，投入有關全中國的事」。

一九三三年初，少帥頹廢到讓蔣介石不得不拿掉他的帶兵職務。端納與宋美齡、蔣介石合作，將張學良送進上海一家德國人醫院，請來以「治療鴉片癮」著稱的米勒醫生醫治。米勒醫生是基督復臨安息日會教友，做事、說話果斷明快，以致常給人粗魯無禮的印象。他堅持若要找他治療，病人得全權聽他的，他可以不甩張學良或其助手所下的命令。在長達一星期痛苦戒毒期間，少帥一度下令行刑隊殺掉醫生。米勒醫生則回應道，「這表示我們有進展。」張學良成功戒毒，立即被派往歐洲長期遊歷，以強化治療效果。一九三三年四月他啓程，同行者有他的妻子、小孩、端納、他的蘇格蘭籍財經顧問和童年友人愛爾竇、由護士和僕人組成的一隊隨員、他的祕書趙一荻。在納粹德國和法西斯義大利所見到的，令他印象特別深刻，在右翼強人領袖掌政下，這兩地的民族主義正風起雲湧。但法西斯主義——與義大利飛機——帶給他的感動維持不久。張學良畢竟不是易執著於意識形態的人。

少帥於一九三四年一月返國，整個人改頭換面，身體健壯，頭腦警醒，滿腔愛國熱忱。宋美齡與剛擺脫鴉片癮的張學良晤談，告以他「活動能力之強盛，若不能納之軌範，危險實大」。她提醒他每踏出下一步前都要「深思」。一九三四年蔣介石恢復張學良中華民國陸海空軍副總司令之職，且任命他爲豫鄂皖三省剿匪總司令。不久，少帥就受到考驗。不久前被撤去財政部長職務的宋子文，促請張學良協助他拉下蔣介石，但張學良不願與這陰謀有任何瓜葛，重申其對南京政府的效忠。

返國後不久，張學良與端納針對中國積弱不振的原因，不假辭色向蔣介石上了一課。端納說道，「你無知於眞相，因爲沒人敢糾正你」，「要命啊，長官，你已經愚蠢到令人無法忍受！」宋美齡轉譯給蔣介石聽，蔣介石不當一回事。端納發火，罵道國內貪汙橫行，鴉片猖獗；數百萬人死於疾病、水災、飢荒、內戰；中國幾乎沒有現代基礎設施，沒有幹練的官員。他質問道，「最重要的，老百姓的體面和尊嚴在哪裡？」「中國應該感到丟臉……到處一成不變，有錢人白白胖胖，窮人則像在泥地裡打滾的豬。人力車夫和碼頭苦力的處境，比其他許多地方的馬、駱駝還不如。」張學良發出同樣憤慨的叱責。事後，宋美齡告訴端納，「你說得很好」，「何不過來爲我們做事？我們需要像你這樣的人才。」他答道，「我不爲女人做事。我幹嘛去向上天心血來潮隨興創造出的東西提供意見。她們聽不懂。」她反駁道她聽得懂，否則她不會把他所說的全翻譯出來。張學良還說，「她甚至把你說的不雅言語都翻出來。」

端納是來自澳洲新南威爾斯的謎樣人物，徹頭徹尾的報人。一如蔣介石，他滴酒不沾，在新聞界是個異數（他於一九〇三年化身爲新聞從業人員來到中國）。他拒絕慈禧太后的外交部長伍廷芳邀他當私人祕書，反倒跑去和孫中山共事。宋家的小孩赴美讀書之前，端納就認識他們，他們都叫他「Gran」。一九一二年孫中山當選臨時大總統後幾天，孫發布了「共和宣言」，而這份宣言的草擬，便有端納的協助。端納很了解中國，對中國有種種看法，且樂於將他的認識和看法告訴來華的許多外國人。這位特立獨行的澳洲人在中國待了四十多年，但完全不碰中國菜（參加官方宴會時常自帶一條麵包），也不願學中國話。

最初端納在宋美齡和少帥之間兩頭跑。除了幫忙整理宋美齡辦公桌上堆積如山的信件，草擬演講稿和文章，他還不斷以不留情面的口氣向她指陳中國多如牛毛的弊病。他曾在某封信中建議，應以「嚴刑峻罰」

執行鹽稅徵收，應把貪汙列爲死罪。他寫道，「趕快槍斃一些人，情況就會改觀」，「但應先挑上層人士開刀，而非那些薪水微薄的可憐人。」他提議展開新精神運動，以在心理層面補強新生活運動。他疾呼推動人民經濟重建運動。他敦促，責罵，勸誘，激怒。透過這種種努力，還有替中文報紙寫的匿名社論，這位幹勁十足的澳洲人很快成爲讓中國頭痛的人物。

與宋美齡共事數月之後，他生起離職以撰寫在華多年回憶錄的念頭，並稱那回憶錄是「亂七八糟的可憐東西」。但有天她抱著一堆信出現，說「這我處理不來」時，他終於同意全職工作。不久，他便開始就內政、外交事務，向她和蔣大元帥提供意見。他開始叫蔣介石「Gissimo」（大元帥的簡稱），叫宋美齡「Missimo」（大元帥夫人的簡稱）。他們三人變成幾乎形影不離，端納甚至住在蔣家，與他們共同用餐。他過濾幾乎所有訪客。他不要任何官場頭銜，但他對宋美齡的影響，還有在替南京政府宣傳和美化宋美齡在世人眼中之形象上的貢獻，無可估量。不久，她的作爲和她的公開發言，很少不事先徵詢他的意見。他是少數與她無親緣關係、卻又得到她絕對信任的人士之一，且她利用與他的相處「來磨練她的西式風趣話語」，來「躲避（蔣介石的）壞脾氣」。除了宋美齡，只有他敢當著蔣介石的面直言陳述事實，因而他也深受蔣介石的信任。但他沒有像蔣介石信教那麼虔誠，且對世間幾乎所有事都以不盡然相信人性的健康心態來看待，唯獨對宋美齡例外，因爲在他眼中她不會做出有違義理之事。端納除了是顧問、宣傳家、報憂不報喜的討厭烏鴉，還扮演逗樂中國統治者之宮廷小丑的角色。他爲宋美齡匆匆寫就的打油詩，例如〈愛國者的獨白〉或〈那個偉大的上帝臉孔〉，就是明證：

……有人說中國身陷苦難，

說債權人緊逼我們，
說我們得立刻重組，
追隨外國企業。
呸！呸！我說，那是恥辱，
因此我反駁，以保住我的顏面。

我有飯碗，我的朋友有權，
我一再贈予他們厚禮，
改革對他們來說是煩人的工作，
而工作是我向來避之唯恐不及的東西，
我們民族不需要改革，
因此我要留指甲，保住我的顏面。

……

上帝秉持祂的智慧，以耐心對待蠢人，
做出愚蠢的動作，充當工具，
為惡貫滿盈的壞人
和活在爛泥中的一些人。

令我不解的是，他以溫柔仁厚之心

對待為面子而活的蠢蛋。

宋美齡或許欣賞端納直率的舉止和觀點，但蔣介石身邊的親信，卻有許多人不是如此。他實際上的影響有限，但他的接近權力核心，令他們受威脅、眼紅。在那些有意批評宋美齡的人眼中，端納與她的過從甚密，正進一步證明她的西式作風和她與本國人民的格格不入。

如果蔣介石仍不死心，仍希望外國出手搭救備受日本欺凌的中國，那他的想法就大大悖離了主流。由於國聯的姑息，日本行事越來越肆無忌憚，而且許多中國人早就清楚看出中國得自謀生路，否則會被這個貪婪的鄰國一口口吃掉。華爾街金融家湯瑪斯・拉蒙特一九三六年寫信給駐華大使詹森，信中概括說明了美國的立場：「看到中國受日本或其他任何強權的宰制，令人難過，但如果中國沒有保護自己免受侵略、剝削的實力，別指望其他國家爲她代勞」，「美國當然不會自找麻煩，不切實際的去亞洲制止日本的擴張。」許多西方人無情的認爲，有個強人控制中國有利於西方，而亞洲國家日本正是這角色的唯一適合人選。

端納敦促蔣介石揚棄其和解政策，採取更強硬的立場對付日本，宋美齡私底下同意此見解，但在公開場合不得不捍衛丈夫的政策。日本的侵逼肆無忌憚且得寸進尺，但蔣介石仍堅持安內重於攘外，把國軍兵力集中於肅清共黨，而非驅逐日本人。他並發出那著名的宣示，說日本是癬疥之疾，共匪才是心腹之患。但到了一九三〇年代中期，民心一面倒主張抗日。共產黨、學生、大部分知識分子、軍中各界主張，「寧爲玉碎，不爲瓦全。」仍痛心於一九三二年淞滬戰役慘敗的蔣介石堅拒討論此事，無視或壓下起而抗日的呼聲。他面對了棘手的兩難。如果與日本人正面交鋒，中國會一敗塗地。他的策略乃是「以空間換取時間」，延後對決時刻，在這同時抓住機會將軍隊現代化，統一國家，以便戰爭到來那一天，中國能有效反抗。

一九三五年，蔣介石調少帥執掌西北戰略要地的「剿匪」任務。張學良前往中國古都西安接任時，「意興風發」，因爲他認爲輕易就能剷除共黨，進而爲丟掉東北的恥辱挽回一部分顏面。但事情未如他所想。過了一段時間後，張學良漸漸認爲蔣介石的政策判斷錯誤。他的東北部隊傷心於家園淪喪，不想在日本人踐踏自己家園時殺害中國同胞。更糟的是共黨軍人嘲笑張學良的部隊：「都是中國人，你們爲什麼要打我們，好讓一些沒有用的軍官可以去賺錢，開車四處逛，納妾，賭博，過奢侈生活？」

一九三六年四月，張學良與共黨領袖毛澤東的得力助手周恩來，在共黨據點延安一間廢棄的天主教堂晤談了五小時。英俊、迷人、講理、能言善道、全心投入共黨大業的周恩來是幹練的外交官，年輕時待過法國，能說流利法語。周恩來幾句話就讓張學良相信，「中國人不該打中國人」，至少在日本人正欲併吞中國時不該如此。周恩來寫信給張學良，說「殺親兄弟餵狼，天理難容」，張學良邊讀邊掉淚。他們兩人迅即達成祕密協議，張學良停止圍剿「赤匪」。他和麾下軍官在南京最高軍事委員會上提出決議案，要求抗日。張學良還與當地軍頭楊虎城祕密結盟，西安市實質上由楊虎城的部隊掌控。

西北的緊張情勢顯然日益升高。張學良剿「匪」不力，南京並非毫無察覺，一九三六年秋，蔣介石親赴西北，督促這位桀敖難馴的將領加強剿共。蔣介石住在西安附近的洛陽時，張學良於一連串會議上含淚懇求他停止剿共，轉而國共聯手抗日。在蔣介石的辦公室外，蔣的助手聽到他痛斥張學良，教訓他得先完成中國統一。有次張學良步出蔣介石辦公室時以玩笑口吻說道，「今天又挨了一頓罵。」

在這同時，宋美齡身體極不舒服，再度「瀕臨神經瓦解」，表面上看來是勞累過度和壓力大。宋靄齡告訴美國駐華大使詹森，宋美齡困擾於「表面神經」問題，「因此激動時會突然冒出疹子，很不舒服。」但十月下旬，正在上海接受治療的她飛往洛陽，參加丈夫的五十歲生日祝壽活動。孔祥熙覺得「有事要發生」，要宋美齡勸蔣介石與她一起回南京。愛國華僑響應「祝壽獻機」活動，捐了一百架飛機給政府，還有可添購飛機的捐款。在祝壽大會上，少帥再勸蔣介石，無效。宋美齡回南京，蔣介石未同行。

少帥請蔣介石親自到西安，安撫怨言四起的東北軍。蔣同意，十二月上旬在西安市外約十五里處的華清池設立行轅。蔣介石泡在中國古代皇帝的溫泉池裡，擬定一舉肅清「紅軍」的作戰計畫，深信可在幾星期內完成此大計。張學良心知希望不大，仍力勸統帥停止剿共，指出他部隊殺掉的無辜農民比殺掉的共匪還多，而且他的部隊已無心打共黨，就要靠向共黨。蔣介石震怒，要張學良請辭或給槍斃。少帥不肯在日本軍人踐踏他父親墳墓時交出自己部隊。兩人的緊張關係到了無可轉寰的地步。

不到幾日，最後攤牌的時刻到來。十二月九日，大概是蔣介石下的令，藍衣社成員對要求抗日的西安示威學生開火。張學良怒不可遏。學生示威得到他的允許，但他的確曾力勸學生勿走到蔣介石行轅。在接下來即將發生的戲劇性事件中，他借用了中國歷史上的一段插曲自況：明英宗在位時，有位忠臣先以言語力諫，再聲淚俱下勸諫，都無效之後，只得訴諸武力。誠如張學良後來所說明，他斷定拿下頑固不化的蔣委員長，乃是「促使他覺醒」和「拯救」中國的唯一辦法。

十二月十二日快天亮時，與楊虎城合作兵諫的張學良派了一隊人到華清宮的蔣介石行轅。蔣介石一如以往，天亮前已起身，正穿著睡衣在敞開的窗戶前做早操。突然間傳來一陣槍響。他的侍衛與叛軍短暫交火，使蔣介石有時間穿上浴袍逃走，但來不及穿上鞋子或戴上假牙。他爬上三公尺高的院牆，摸著牆翻到另一邊，放低身子，然後放手，以爲另一邊距地差不多高，結果掉到九公尺底下的護城河。這一落地嚴重傷到背部，但他奮力爬上蓋滿雪的多岩山坡，藏身洞中。幾小時後他被人發現，渾身發抖、沒牙、光著的雙腳在流血，然後被護送到西安。少帥前去見他，按照下屬對指揮官之禮，畢恭畢敬向他行禮。

蔣介石未回禮。他忍受受傷的劇痛，無疑還驚恐於命在旦夕，痛罵張學良。他質問道，「爾今究自認爲部下乎？抑敵人乎？如爲部下，則應服從命令送余回洛；如爲敵人，則立斃余可耳！」少帥回道，他的動機是革命，不是叛變，還說只要委員長接受他的「建議」，他就會遵命。他向蔣介石提出八項「救國主張」。據蔣介石表示，當時張學良告訴他，中國的未來和這場劫持應「交人民公斷」。如果人民支持張學良，蔣介石應該「退休，由我來幹」。如果不支持張學良，蔣委員長就可以恢復原職。但蔣介石深信劫持他完全是老式的政變行徑，而非少帥所宣稱孤注一擲但正直無私的愛國行爲。蔣介石用他沒牙的嘴細聲說道，「爾眞生無立足之處，死無葬身之地矣！」他鮮有不知的是，他這番咒罵，不只在詛咒抓住他的張學良，也在詛咒他自己。

南京政府得知委員長連同數十名侍衛、官員被劫持，其中有數人受傷或喪命，頓時慌張失措。孔祥熙在當天晚上收到劫持消息，當時正在他的上海寓所招待一群日本軍官和政治人物。他立即通知宋美齡，一臉忐忑不安的宋美齡從位於法租界的住所匆匆趕到孔祥熙府邸，見到宋子文和端納已在那裡。他們全於當晚趕到南京，在委員長的司令部召開國民黨核心幹部緊急會議。不久，宋家就看出，整個政府裡只有他們主張和平解決這場危機。宋美齡驚愕發現，衆人只是把她當成一個慌亂的妻子，一個在如此情況下「別指望會保持理智之人」。她體認到，要爭取和平解決，她得強勢申明自己的看法，堅持「明智的行動路線」。端納斷言，在這場危機期間，她體現了「中國整個奮發向上的精神」，「掌控全局」。

蔣介石的心腹重臣激烈辯論因應之道。宋美齡想以特使身分前去西安，宋子文也請纓前往。但軍政部長何應欽強烈反對談判，堅持應立即轟炸西安，出兵討伐。有人指出蔣介石可能因此喪命。何應欽回道，如果他遇害，那就太糟糕，但他是個軍人，他得冒軍人的險。宋美齡大爲驚恐，深信何應欽「非常執迷」於動武，乃是存有除掉蔣介石、奪權當老大的動機。

宋美齡主張與對方談判，卻遭嘲笑「彼一婦人耳，僅知營救丈夫而已」。她反駁道：「倘委員長之死，果足爲國家造福，則余必首先勸其犧牲。」她深深感到愧疚不安；大概覺得當初她若如以往丈夫出征通常隨行那樣跟丈夫同去，這場危機說不定就可以避掉。她跟這場危機的主謀很熟，深信只要她親赴西安，就能化解此危機。但這一提議遭到四面八方的「嚴厲反對」。反對者稱她可能遭擄爲人質，遭折磨，以迫使蔣介石同意劫持者的要求。此外，委員長如果這時還沒死，也可能活不久。

最後決定派端納到西安一探虛實。他與少帥是朋友，而且身爲外國人，不大可能受傷害。端納抵達張學良在西安重兵防守的司令部時，發現蔣介石正連珠炮般辱罵張學良，而張學良則立正站著靜靜聽訓。然後蔣介石轉爲慍怒，不出聲，不肯說話，也不肯吃。他決意爲革命捐軀，下令中央政府轟炸西安，且寫好遺囑，寫了封信給宋美齡，請她照顧他的兩個兒子。端納告訴他，劫持者的要求道出人民大衆的心聲；中國正陷入危機，蔣介石只要保持理智，中國就會得救。蔣介石露出不爲所動的神情，但讀妻子的來信時，哭了出來。他一連數天「倔如騾子」，後來，照端納自己的說法，才說服他「活驢好過死獅」。蔣介石若得知端納如此描述這其中的曲折，會不會同意，我們不得而知，但他的確開始進食。他要求拿回他的《聖經》，而看守的衛兵一相信那是合適的閱讀材料，立即將《聖經》送進去。

十二月十六日，端納返回南京途中，從洛陽打電話給宋美齡，告知委員長身體無恙，精神很好，但仍不願談劫持者的要求。她回道，蔣介石性命的最大威脅，不在西安，而在南京。她雖然極力反對，政府仍決意轟炸西安，派兵討伐。西安之所以還未受到轟炸，完全是因爲蔣介石被劫持後那個星期，暴風雪肆虐多時，使轟炸機無法飛臨西安。

莫斯科公開聲明其與這場政變無關。孔祥熙請宋慶齡出面譴責劫持之事，並請她呼籲釋放蔣介石。這位頑強不屈的寡婦嚴峻拒絕，反駁道「張學良做得對，要是我處在他的地位，我也會這麼做，甚至還會走得更遠！」但她承認此事危及中國的存亡，當宋美齡請她帶一位共黨高層到南京時，共黨果然派了一人過來。據說宋美齡曾懇求保證她丈夫的人身安全。

劫持事件一傳開，蔣介石的聲望隨之攀升。在國內外許多中國人心目中，他是中國奮鬥許多年、犧牲許多人所取得之國家統一的象徵。張學良則在一夜之間成爲讓中國人在世人面前抬不起頭之混亂、分裂的象徵。民意力挺蔣介石，外國人亦然。英國駐華大使在發給張學良的電報中，稱劫持事件是背信棄義的「背叛行徑」。南京政府發動口誅筆伐，把張學良說成是「千秋萬世的最大叛徒」。他試圖發電報給報社、外國使館、其他地方解釋他的用意，但南京政府已切斷外界與西安的通訊。在那份聲明中，張學良說他知道劫掠國家領袖不可原諒，但他希望中國不要再把金錢、人命、財產浪費在打無休無止的內戰，打所謂的共匪，畢竟那些所謂的共匪「雖然觀念不同，仍是中國人，且再怎麼樣，對國家的威脅都不如日本人來得大」。他希望中國抗敵禦侮，但「在這一重大的國家問題上」，「民意得不到伸張」。

十二月十七日，張學良派私人飛機將周恩來接到西安。一九二四至一九二五年，周恩來是蔣介石在黃埔軍校的屬下，當時蔣爲校長。若非不信宗教，中國共產黨大概會把西安事變視爲天賜良機。這是場出乎他們意料的機會，讓他們得以絕處逢生，最後且促成他們贏得江山，建立霸業。根據某些記述，經過十年的掃蕩和「剿匪」，西安事變發生時，中共已奄奄一息。他們未必如蔣介石所說行將壽終正寢，但他們已遭邊緣化。蔣介石遭劫持，讓他們不只得以有機會回到場上較量，且讓他們得以用和國民黨幾乎平起平坐的地位較量。

周恩來深知蔣介石在全國人民心目中的道德威望，決意讓這場錯綜複雜的事件和平落幕。只有讓蔣介石重掌大權，南京政府與共產黨才有可能組成統一戰線，才有可能制定抗日方針——共產黨取得最終勝利的必要條件。大出各界意料的，共產黨在蔣介石窮途末日之時，表現得寬宏大量、仁慈親切。在這緊要關頭，共產黨表現得很漂亮，且中國人民都注意到他們的表現。蔣介石，誠如那句不祥的中國俗語，死期還沒到。

蔣介石懸賞獵殺周恩來的人頭，且無情處決過周恩來的同志，因而對於這位前部屬的來訪，他忐忑不安。令蔣介石意外的，周恩來以令人卸下敵意的友好，招呼已成階下囚的敵人。但中央政府尚未按照張學良的請求，派合適的代表前來磋商委員長的釋放事宜。張學良再度捎口信，請宋美齡、孔祥熙前來。蔣介石苦求宋美齡不要來，宋美齡還是非來不可，且要求找兩名美國人駕機。外號「麥克」的比利．麥唐納和塞比．史密斯是唯二未婚的美籍飛行員，於是主動請纓接下這危險任務。他們抵達南京時，宋美齡冒雪出來迎接。史密斯說，「她顯然哭過，且非常沮喪。」孔祥熙不願讓她去，認爲蔣介石已死，擔心她去也是送死。

於是派了宋子文去，因爲他與少帥交情甚好，且沒有官職。他於十二月十九日飛到西安，交給蔣介石一封宋美齡的親筆函：「如子文三日內不回京，則必來（西安）與君共生死。」蔣介石讀信時差點哭了出來。宋子文於十二月二十一日返回南京，隔天早上，宋美齡終於飛往西安，隨行者有她的一名僕人、宋子文、端納、蔣介石的特務頭子戴笠和蔣鼎文將軍。途經洛陽時，宋美齡要求軍方停止南京所命令的空襲。諷刺的是，執行轟炸任務的飛機，乃是獻給蔣介石的祝壽飛機。無論如何，轟炸機飛行員只是從洛陽起飛，往開闊地丟下炸彈，然後回報已炸過西安。

飛往西安途中，宋美齡思索該以何種態度和劫持者周旋，心知中國的未來「全在於此瞬息之間」，她和蔣介石的性命很可能也是。她決定「即使彼等行動暴戾，而余必須強爲自制，勉持常態，只有動以言辭」。接近這古都時，她開始不安。著陸前，她交給端納一把手槍，要他如果她被抓，立即開槍殺了她。飛機一著地，少帥即登機迎接，看來「憔悴，侷促有愧色」。她熱情回禮，要他不可讓他的手下搜查她的行李，因爲她不想讓東西給弄得「紊亂不易整理」。他回道，「夫人何言，余安敢出此！」他主動表示要立即帶她去見她丈夫，但她要求先喝杯茶，以顯示她把他視爲正人君子，希望她會以禮相待。

她突然出現在蔣介石住所時，他大喊：「余妻眞來耶？君入虎穴矣！」他看著她，好似看到鬼。他後來寫道，他「感動悲咽，不可言狀」。她保持鎮靜，但看到受傷的丈夫無助躺在床上，看來蒼白、有病，不禁對劫持者生起一陣怒火。她遞給他備用的假牙，他把那天早上讀過的一節《聖經》經文翻給她看：「耶和華今要做一件新事，即以女子護衛男子。」他談起被俘的經過，開始激動，她於是讀《聖經》〈詩篇〉給他聽，直到他入眠。

宋美齡輕聲告訴張學良，「今大錯已成」，得想辦法補救。滿心悔恨的張學良回道，他想跟委員長談事情，委員長不聽，還臭罵他一頓；如果當時她在場，絕不會走到今天這地步。宋美齡說，張學良「爾性太急切，且易衝動」，委員長「彼所斥責者，每爲其寄有厚望之人」。一有機會總不忘傳教的她，告訴沒信教的張學良，如果眞想爲國家做點事，應該「祈求聖靈之嚮導」。

接下來是漫長數小時的爭辯和懇求，中間只有靠在少帥司令部覆蓋白雪的院子裡散步紓解心情。在宋美齡、張學良、宋子文、端納的聯合勸說下，蔣介石似乎終於相信張學良是出於正當、愛國的動機。他似乎同意劫持者的目的值得一爲，且回南京後會立即要政府處理這些事。他斷定那些雪暴乃是上帝出手干預，讓他有時間思索中國前途。

聖誕節前夕，繼續談到深夜，仍無決議。宋美齡很遺憾沒有聖誕樹，但聖誕節當天早上，端納送她一臺打字機，送蔣介石一條船用毛毯，各繫著一條充當長襪的高爾夫短襪。孔祥熙知道張學良雖不是基督教徒，但自小就喜歡過聖誕節、交換禮物，因此發來電報，稱他能給國家最好的禮物就是放了委員長。最後，雖然俗話說「不能縱虎歸山」，張學良還是讓蔣介石於聖誕節下午離開，且蔣介石未明確承諾他會履行劫持者的要求。

蔣介石獲釋背後，雙方談成什麼和解條件，如今仍是個謎。據認楊虎城反對放人，中共最初以為張學良會處死蔣。有人認為史達林下令中共放人，因為認為蔣介石是讓中國足以制衡日本的關鍵人物。據端納的說法，當時雙方談妥，放共產黨生路；付補助款讓共軍不鬧事；成立委員會，以斷定他們是真正的共產黨人，還是只是心懷不滿的百姓。張學良的八項要求則遭縮減為四項：抗日、釋放政治犯、重組內閣、不再追剿共黨。劫持者似乎得到承諾，事後幾不會受懲。報紙報導宋家拿出家財贖回蔣介石，但以張學良本身的有錢，這不大可能。據周恩來的說法，劫持者所得到的保證，全出自宋美齡和其哥哥宋子文。周恩來說，「大部分談判透過蔣夫人和宋子文」，「蔣介石本人未親自直接做過什麼承諾。」

離開西安時，蔣介石肯定張學良的忠誠，要他留守崗位，但張學良不顧周恩來的勸告，堅持送蔣回南京。他寫信告訴委員長，「學良生性魯莽粗野，而造成此次違反紀律不敬事件之大罪」，「茲腆顏隨節來京，是以至誠願受鈞座之責罰，處以應得之罪！」愚忠的他跟著曾為他階下囚的蔣介石離開，展露他為造成長官丟臉心中的悔恨，以證實他之劫持蔣介石不是為了個人私利，而是出於愛國赤忱。許多人認為他這一去是送死。

蔣介石獲釋的消息傳出後，中國全國歡欣鼓舞，他的威望和民意支持升到前所未有的高點。不管何處，只要有廣播報出這消息，當地人民即自發慶祝，放鞭炮。全國的氣氛整個改觀，對日開戰從此無可避免。蔣介石與宋美齡於十二月二十六日抵達南京時，機場擠滿雀躍的民衆。蔣介石召開內閣會議，在會上自責「無能」，形式性請辭。請辭遭拒，蔣介石請假一個月，回故鄉奉化養傷。

接下來發生的事，至今仍未完全釐清。宋美齡促請蔣介石寬宏大量對待那個「小伙子」，說他沒要錢，沒要地盤，只想犧牲自己，報效國家。蔣介石表面上請軍事委員會「特予寬大，以利自新之處」。但在十二月三十一日召開的軍事法庭上，張學良仍不由得犯下過於坦率的毛病。他說，在南京，我唯一尊敬的人是委員長，還說，他們這些人我全瞧不起。他如果全身而退，甚至隻手就發動革命，把他們全踢走。他以如此方式公開表露心跡，令蔣介石和宋美齡「很不高興」。有人引述蔣介石的話說，「這下我幫不了他了」。

張學良被判十年徒刑，褫奪公權五年。蔣介石以張學良有悔意請求赦免，南京各界普遍認爲張學良會回復原職。怪的是他得到「特赦」，卻被下令嚴加管束，關於恢復原職和公權一事隻言未提。接下來幾個月，張學良消失於公開場合，外界對他的處境仍只能訴諸揣測。據端納所述，蔣氏夫婦曾試圖使他皈依基督教。宋美齡告訴張學良，「他有一些缺點，但也有一些優點，如果戒女色，成爲基督徒，他或許還有希望。」張學良深信，宋美齡對他的了解，只有知交及得上。她對張學良的同情發自肺腑，但她丈夫對劫持他者的寬宏大量只是演戲。張學良在人生即將走到盡頭時說，「我沒死，關鍵是蔣夫人幫我」，「蔣先生是要把我槍斃了的。」

西安事變是中國歷史上扭轉大局的事件，迫使中國國民黨與共產黨再度迫於情勢結合。西安事變的和平落幕暫時中止了內戰，使日本征服中國的目的更難得逞。但形同水火的國共兩黨因西安危機而第二度結合，並非當時唯一內有嫌隙的結合。宋美齡與蔣介石在公開場合是當時完美的現代伴侶，只有小羅斯福總統夫婦及得上。宋美齡是勇武的委員長身邊神采奕奕的小女人。但西安危機後，差異浮現。在西安事變中，宋美齡與宋子文同意張學良的要求，換取釋放蔣介石。蔣介石公開信誓旦旦表示，他既未向劫持者讓步，也未與劫持者談判，但他是做出承諾的參與者之一，或至少默然同意那些承諾。但獲釋幾星期後，他出爾反爾，出賣他的妻子。她私底下威脅丈夫，他若背棄在西安獲致的協議，她會遠走高飛。

據端納所述，宋美齡很氣憤丈夫性命危在旦夕時政府大員對待她的態度。蔣介石遭拘禁時她寫了二十六頁的東西，交代她與南京政府互動的經過，並揚言刊登。有家中國報紙抨擊端納出賣中國，要求將他驅逐出境。宋美齡立即挺身爲他辯解，蔣介石則寫了封公開信，申明他對端納的信任。但新生活運動已重重傷害既得利益者，那些受害者懷疑許多反腐改革措施出自端納的構想。他因而樹敵多人，宋美齡亦然。

宋美齡與蔣介石各撰文描述了西安事變經過（《西安事變回憶錄》、《西安半月記》），並且都在美國報紙上連載，以書籍形式出版。有部精裝限印版問世，印製在精美對開宣紙上，絲質封面上有蔣介石的書法。宋美齡在這些精裝書上親筆簽名，贈給曾捐贈她孤兒院一百元或更多捐款的善心人士。外國出版的收益，用於供養西安事變中遇害的蔣介石侍衛的遺族。《紐約時報》認爲：「在重生後之中國的動亂舞臺上，蔣介石夫人不只是風姿綽約的人物，還是握有實權的人物」，她的西安事變記述是「精采而不凡的故事」。對於她丈夫的記述，該報則語帶寬容表示，那是「現實與幻想的獨特混合體」，他筆下與張學良的互動，帶有「柏拉圖式對話的氣氛」。宋美齡很討厭外國報紙上往往聳動誇大西安事變的報導，稱它們把這件事描寫成「吉爾伯特與沙利文共同創作的喜劇」。但對於外界於她的溢美之詞，她並未反駁。

西安事變使蔣夫人一躍而爲女英雄，卻也使她得罪了黨內權勢人物。她宣稱南京政府內有一派人想殺掉蔣介石奪權，但遭到與蔣同志許久的陳立夫駁斥。她批評有些人主張出兵攻打西安，而陳立夫就是其中之一。後來，陳立夫宣稱每個人都「同情」她，且沒有「惡意」。他忿忿說道，女人冒險救夫是件了不起的事，但她不能攬下所有功勞，而誹謗別人，那就像有人於戰後獲頒獎章，然後據此宣稱他代表戰死的數千人。[17]陳立夫說，她的書「傷害了許多人」。

宋美齡在解決西安危機上的表現，使她丈夫和西方都對她刮目相看，並把她推上國際舞臺。她還成爲現代中國女性的形象：獲解放，信仰基督教，輔佐丈夫，與丈夫一起奮鬥，協助丈夫完成他的目標。她被打造成帶有傳奇色彩的英雄人物，特別是在美國媒體。《紐約時報》寫道，「在她熠耀眼的一生中，她洞見世事的智慧和不凡性格的力量，就在她挫敗這些陰謀詭計時最清楚顯露。」《波士頓郵報》宣告，「現代中國眞正的統治者是個女人，即蔣介石夫人。那位獨裁者聽她號令。」

第十章 不宣而戰

我們會竭盡全力，戰鬥到底。我們不指望打贏許多戰役，但我們深信會打贏這場戰爭。

——宋美齡

中國邀外籍顧問爲政府效力自古即有，從十六世紀的耶穌會學者，到十九世紀的英籍海關官員，再到一九二〇年代孫中山廣州政府裡的俄籍軍政顧問，都是著名例子。在這幾百年裡，外籍顧問形形色色，有教士、冒險家、特立獨行之人、商人、傭兵，偶爾還有幕後掌權者。

蔣介石於一九二八年轉而求助於德國人，拿銻和鎢換取德國人爲軍隊現代化提供意見，以在戰場上打贏中國共產黨和日本。一九三三年，他找來有德國國防軍創建者之美譽的漢斯・馮・塞克特大將爲顧問，一九三五年由痛恨希特勒而與馮・塞克特同樣傑出的將軍亞歷山大・馮・法爾肯豪森接任。但衆多德國專家中，最引人好奇且與宋美齡最親近者，乃是瓦爾特・史滕內斯上尉。這位普魯士軍官高大、迷人、無畏，是「不折不扣的白膚金髮碧眼、冷酷優雅、立正時發出喀噠聲的德國軍官」。他曾任希特勒衝鋒隊（又名褐衫隊）的柏林指揮官，因一九三一年帶兵造反，失寵於希特勒。史滕內斯的妻子希爾德助他逃離集中營，一九三三年他逃到中國。希特勒發電報給柏林駐南京大使，告知「絕不可和史滕內斯那人起爭執」。

史滕內斯知道是宋美齡找他當顧問，但她的熱情歡迎、她的少女氣質、她那「率性不做作的友善」還是令他大吃一驚。蔣介石請史滕內斯將保護他的三千多名警衛隊打造成類似普魯士禁衛軍的精銳部隊，派史滕內斯統率他的航空運輸中隊。史滕內斯稱蔣介石是「我所認識過最了不起的人。比希特勒還了不起？沒錯，時時刻刻都是！」他堅稱當初若有他在西安，少帥就不會敢劫持蔣委員長，但蔣介石堅持不讓他同去。他稱他與蔣介石夫婦的關係很愉快，覺得宋美齡特別樂於助人。他最中意的通譯曾離奇消失，似乎沒有人知道那人怎麼了，好似那人從不曾存在似的。史滕內斯找宋美齡幫忙。一個禮拜後，那名通譯突然又出現在他的辦公桌旁，臉色蒼白，一臉驚嚇。原來是他偷聽軍事會議，把內容寫在他的家書上。蔣介石的特務攔截到信，將他拘捕。要不是史滕內斯和宋美齡，那人大概從此消失於人間。

蔣介石軍隊裡，亟需外國專業技術的不只陸軍。一九三二年初日軍在上海擊潰中國軍隊，徹底暴露了中國新興空軍的戰力不足。宋美齡早早就對航空很有興趣。中國空軍是雜牌軍，飛行員、教官、機工、工程師來自英、俄、義、法、德、美，還有來自各國的飛機，導致混亂、競爭、溝通困難。渴望到中國一展所長的美國傭兵飛行員，被告知絕不可外洩他們與中國空軍簽約之事。美國的孤立主義心態太強烈，美國飛行員若被發現替國民政府打仗，可能遭美國政府根據「中立法」褫奪美國公民身分。但他們常被迫違反這法令。湯瑪斯・泰勒運送軍餉給中國部隊時，國民政府請他運送彈藥到雲南，補給在當地剿共的國民黨軍，他不肯。宋美齡懇求道，如果他不把彈藥送過去，受困於那地區的美國傳教士會遭共黨分子砍頭，他才同意出任務。

一九三六年晚期，中國空軍雜亂無章，外界謠傳空軍內部貪汙橫行。蔣介石顯然認定除了他妻子，誰都不可靠，於是指派宋美齡擔任航空委員會（等同空軍部）第一任祕書長。宋美齡身爲該委員會首長，形同中國空軍的總司令。她的職責乃是整頓該委員會和空軍，肅清這兩個單位的貪汙歪風，最重要的是增強空軍戰力，以迎接即將和日本爆發的戰爭。這些任務，即使是最有經驗的航空官員，都會覺得棘手。宋美齡一搭起當時未加壓、未供氧的飛機就嚴重暈機，但令人驚訝的，她未因此怯步，仍搭機前往中國各地，完成無數趟寒冷、顛簸的空中旅程。

可想而知，空軍將領對此一人事頗不是滋味，他們不喜歡聽命於女人。空軍總司令這個令人垂涎的職缺，落在一個沒打過仗的女人手裡，讓那些滿腔抱負的職業軍官大覺顏面無光。她遭到許多反對和消極抵制。俄羅斯人揚言，如果仍讓她掌管空軍，他們就不再送飛機來。宋美齡深知自己的不足，於是用心研讀航空書籍，仔細聆聽美國、歐洲專家說明各種飛機的戰術、性能、維修。

但對她來說，最棘手的不是技術問題。有一段時間，謠傳她大姊孔夫人在美國供應商的默許下，捲入中國政府採購飛機、航空設備的貪汙弊案。對於這類事情，宋美齡的一貫做法是聘請外國人調查。她以高高在上的口吻斷言，這件事絕不能交給中國人辦，中國人有太多既得利益、朋友、親人，且擺脫不掉中國人「面子」觀念、個人好惡的束縛。一九三七年春，她陷入「神經瓦解」之苦，醫生囑咐她休息四個月，但她還是在端納協助下祕密調查。她指派澳洲籍航空顧問，空軍中校迦內．馬利，代她調查。

馬利發現中國政府遭到相勾結的中、外兩方人士聯手詐騙。航空委員會原想直接與美國航空製造商打交道，但最後被迫透過以中國爲活動基地的代理人。有位名叫派特森的代理人，顯然已透過賄賂壟斷中國航空市場，令與他有競爭關係的美、歐同業大爲惱火。派特森身兼美國商務部代表，因爲這關係，他的活動受到美國當局注意。馬利告訴美國外交官，派特森收取的回扣，金額大得「幾乎令人無法置信」。爲了騙中國人付出高得離譜的價錢，派特森印了謊稱是美國原始文件的目錄，但把其中的價錢提高了數倍。有一次，他以四倍於原價的價錢，賣了兩百臺無線電接收機給航空委員會，而且那些機器還根本不適用於軍機。

宋美齡很清楚這情況，就如何遏制回扣歪風之事，問馬利有何建議。當時中國政府的採購案全透過中央信託局，那是負責採購業務的政府組織，局內大小事務均受孔夫人指揮，在她的命令下，該局只准向由派特森代理的公司採購。馬利報告道，西點軍校畢業的航空委員會主任周至柔將軍，乃是派特森「尋歡作樂的好友和共犯」。美國外交官對此並不覺驚訝，因爲周至柔乃是衆所周知代孔夫人在飛機採購案上收取回扣的白手套。美國外交官問馬利，蔣夫人是否會不惜讓她姊姊據稱的不法行徑曝光，採取必要行動？馬利回應，蔣夫人已下令追查到底，兩姊妹爲了與購機案有關的收受回扣案「交手」已有一段時間。馬利認爲孔祥熙可能未涉及這一貪瀆案，甚至可能對此事不知情。

爲改革中國空軍，她找來美國飛行員陳納德當顧問。這位路易斯安那州大農場主之子，原在鄉下小學當老師，後來加入美國陸軍航空隊，以高明的空戰戰術和高超的特技飛行著稱，但他同樣著稱的，乃是恃才傲物、無法忍受蠢人的脾氣。最後他與航空隊高層不和，遭貶爲「陸軍航空隊空中飛人表演隊」隊長，帶領一群不怕死的飛行員做特技飛行表演。在敬佩者的心目中，他是個奇人，開朗風趣、大膽、精明，有「野外鬥雞」的氣質。在軍界，他被視爲特立獨行之人，以空戰至上的非正統見解挑戰軍方高層。他因爲臉上布滿皺紋而有「老皮革臉」的綽號，抽駱駝牌香菸且菸癮很大，有慢性支氣管炎。由於在未保護耳朵下坐在敞露的駕駛艙裡飛行，他聽力不好。健康問題和引發爭議的見解迫使他退役，但他並未因此不再飛行。

陳納德同意爲中國政府效力，但有個問題：他在美國陸軍航空隊只是個少校，宋美齡覺得那軍階不夠體面。她建議陳納德想辦法讓自己至少升到上校。陳納德讓路易斯安那州長任命他爲州政府裡的「上校」，騙到了還算體面的軍階。一九三七年六月，陳納德把妻子和八個小孩留在美國，來到中國出三個月的任務。第一次與宋美齡見面，他就對宋美齡驚爲天人。那天晚上他在日記裡寫道，「在我心中，她將永遠是個公主。」奉宋美齡之命，他開始巡察中國各機場，準備事後向她報告如何打造現代空軍。

但世局的轉變，使陳納德不克完成其任務。他才打開行李，中日之間蓄積已久的緊張終於升高爲戰爭。

一九三七年七月七日夜，日軍攻擊北京郊區的盧溝橋。中國守軍反擊，爆發了後來被視爲第二次世界大戰第一仗的小衝突。新上任的日本內閣總理大臣近衛文麿，命令中國爲「不合法的反日行動」道歉。宋美齡和蔣介石在廬山避暑勝地牯嶺收到日方這充滿敵意的通知，隨之在當地召集國民黨軍事將領和重要知識分子開會。在兩個星期後下廬山之前，蔣介石宣布：「如果放棄尺寸土地與主權，便是中華民族的千古罪人！」

少帥的前飛機駕駛羅伊爾·倫納德上尉，駕機送宋美齡、蔣介石到南京，兩人在南京會晤了西方列強的大使，冀望西方出面調解。中國眞正陷入戰爭，宋美齡身爲中國空軍領袖的職責就變得至爲重要。中國空軍情況極糟，特別是與日本相比的話。飛機、飛行員、武器、訓練、經驗、現代戰鬥機隊所需的其他東西，中國樣樣缺乏。蔣介石問空軍有多少飛機，得知有八十七架可飛時，「氣炸了」。他激動問道，那些買來的飛機和撥下去買飛機的錢，都跑哪裡去了？有人告訴他，如果能找到備用零件，可服役的飛機或許可增加爲一百二十架。不到幾個星期，可用的飛機就降爲十九架。

陳納德、倫納德和其他美籍飛行員想出轟炸東京的計謀，立即遭蔣介石、宋美齡打消。蔣介石、宋美齡認爲中國政府的存亡，取決於和美國維持友好關係，他們不想冒險讓美國人在如此明目張膽違反美國中立立場的行動下喪命。中美關係不久即受到考驗。八月十四日，經驗不足的中國飛行員不小心將炸彈丟進上海公共租界，造成一千七百四十人死亡，一千八百七十三人受傷。八月三十日，中國飛行員誤炸美國船隻「胡佛總統號」，造成另一起國際糾紛。胡佛總統號是大來洋行的船，當時與一批日本運輸船一起停泊在長江口，飛行員要炸的是那些日本運輸船。這次誤炸造成一名船員死亡，該船嚴重受損。宋美齡要倫納德到南京的蔣委員長辦公室。她穿寬鬆長褲，活脫脫像個女學生，但神態正經八百。她請倫納德掌管中國空軍的轟炸部門，倫納德稱他對轟炸一竅不通，他開的是驅逐機，沒資格管這事。宋美齡說，「那沒關係……你很會飛，頭腦又好。我們需要你的判斷力。你很可靠，那是我們需要的。」

蔣委員長以他一貫的作風，下令處死那名誤炸胡佛號的飛行員。陳納德不想見到他手下中國飛行員本已動搖的士氣再受打擊，在宋美齡支持下巧妙斡旋。他和倫納德告訴飛行員，坦然承認犯錯會得到寬待，找藉口則會受罰。陳納德讓那名飛行員以帶罪之身繼續飛行。

一九三七年八月二十八日，日本內閣總理大臣近衛文麿宣布三個月就要亡華。認爲中國人不久就會屈服者，不只日本人。在上海著名的長廊酒吧，外籍客人預測這場戰爭不會拖過聖誕節。史滕內斯說這場戰爭會打上兩三年時，酒吧裡哄堂大笑，要他再請衆人喝一杯。事後史滕內斯告訴倫納德，「你們美國人是可笑的蠢蛋」，「日本人要你們流血，更甚於要英國人流血。」

在日本飛機轟炸華人居住而有城牆環繞的上海縣城，炸死兩百人，炸傷四百人後，宋美齡於近衛文麿聲明三月亡華那天，前去巡視上海縣城內的受損情形。她向外籍記者堅定表示，「中國不怕」，「日本或許是作戰機器，但中國已找到自己的靈魂。中國會保衛自己的人民和權利。」《時代》雜誌以帶有優越感的口吻談中日戰爭：「日本人發動戰爭，好比一個蟻丘受衝動的驅使去征服另一個蟻丘。」那是場不宣而戰的戰爭，日本人稱之爲「支那事變」的戰爭。

陳納德讓宋美齡和蔣介石相信，靠一個規模不多但裝備精良且配備傭兵飛行員的航空單位，他能擊敗在華日軍。他祕密招募美國飛行員，一九三七年秋組成有十二名傭兵飛行員的第十四志願轟炸機中隊，其中有些人打過西班牙內戰。這個單位以漢口爲基地，與人數更多的蘇聯分遣隊並肩作戰了五個月。一九三八年三月該單位解散，但有許多飛行員繼續待在中國。

宋美齡走訪前線，與軍人閒話家常，遞上香菸和甜點。她視察每次空襲後的損害，替傷兵包紮。除了善盡她身為空軍大家長的職責，她還帶頭組織民間力量支持軍隊。她呼籲中國婦女「各憑己能」投入戰爭。她發動「捐一天給國家」的運動，呼籲中國人捐一日所得給國家，並在公共場所設置募款箱。

宋美齡向顧問徵詢意見，從她與丈夫共用的樸素辦公室下命令給空戰部隊和防守部隊。她用攜帶式打字機打出命令稿，偶爾小口吃美國巧克力塡肚子。在她辦公桌後面，立著兩挺路易斯機槍，機槍來自南京有次遭空襲時擊落的某架日本軍機。附近掛著一幅耶穌基督粉彩肖像。外籍訪客看到她從「虎皮地毯上的旋轉椅」上下達命令，大為驚訝。她和蔣介石常一天工作十六或二十小時。

中日戰爭爆發後，宋美齡與端納轉而將心力從改革移到宣傳上，以激起世界人民的同情。為此，宋美齡被打造成勇敢中國人的象徵，赤手空拳反擊野蠻入侵者。美國因其政策引發外界強烈不滿。華盛頓當局根據中立法，禁止販售武器給中國，但繼續餵養日本的戰爭機器，賣石油、廢鐵、彈藥給日本。美國人還買絲襪之類日本貨，從而提供外匯給日本。

在一九三七年九月四日那一期的《自由》雜誌上，宋美齡指責西方民主國家在日本於一九三一年占領中國東北後，表現出「可悲的懦弱」。她寫道，中國已知道，「誠如拿破崙所說的，不只上帝，還有其他每個人，都站在強者那邊。」中國不乞求恩惠，但要求有個「公平機會……好讓我們假以時日得以趕上」先進國家。一星期後，她透過短波電臺向美國人民講話，懇請美國在這場戰爭中支持中國，以免成為「這場大殺戮的幫凶」。她認為，日本打算在中國灰燼上建立一個「大陸性日本帝國」，然後征服全亞洲。

一九三七年秋，蔣介石和宋美齡搬進端納所住、加了偽裝的孟加拉式平房以策安全。這棟小房子也成為他們和他們祕書狹促的辦公室。他們在那裡工作，端納家可收聽到世界各地電臺的大功率短波電臺。端納寫下電臺新聞和演說的內容，翻譯給宋美齡、蔣介石聽。

波蘭裔記者伊洛娜・拉爾夫・蘇伊斯對宋美齡的第一印象，乃是「關在二手家具店裡的公主」，因爲她的辦公室擠滿了她心愛的椅子、櫃子、長沙發，好不容易才能找到她那擺滿文件的小辦公桌。宋美齡指派蘇伊斯整頓貪汙、無能到無可救藥的中國官方宣傳部門。蘇伊斯正色道，「你可以把一切過錯推到我頭上，我是個不受義務束縛的外國鬼子。」最初她覺得宋美齡是冷得可怕的美女，但最終被她具傳染性的改革熱情打動，不久就「願意爲這個勇敢、易激動的小女人赴湯蹈火」。

蘇伊斯發現情報部裡的國際宣傳部門有六十人，個個都不會外語。蘇伊斯執行其任務時，不管在哪裡，只要提起蔣夫人的名字，就感受到「明顯的敵意」。宋美齡是個很有個性的上司。蘇伊斯不久就知道 **propaganda**（予人負面印象的宣傳）和 **retreat**（撤退）這兩個字眼，一如在中國軍隊裡，不准使用，用了會惹來第一夫人發火。**publicity**（宣傳）和 **strategic withdrawal**（戰略性後撤），才是較上道的字眼。有天下班，端納送蘇伊斯回家時，她發現大蒜也是宋美齡的禁忌，因爲下班之前她吃了一道用中國菜裡無所不在的這個食材所調味的料理。

爲了公共形象，宋美齡被端納打造成世界第一夫人。但私底下，她有時自私、小心眼、喜怒無常。她一發起火，除了端納，沒有人不發抖。蘇伊斯論道，「她有敬仰者，但沒有眞正的朋友」，「她不跟人交談，都是冷冷對人講話。」蔣夫人要求下屬絕對的忠心，凡是與她意見不合者，就被她趕走。但蘇伊斯敬佩蔣夫人的「勇氣、頑強、詭計、母獅般的鬥志」。

總而言之，宋美齡對宣傳部門旋風式的改革，效果被打了折扣。最初，蔣委員長得知宣傳部門的糟糕後大爲憤怒，下令廢掉該機構。但他受到壓力，因而那些什麼外語都不懂的對外宣傳人員，未如宋美齡的要求立即撤換。他們不能撤換，因爲他們若非黨員，就是有個有力的親戚當靠山。不久後，宋美齡又出現「神經瓦解」，端納告訴她的下屬，她「不再管宣傳的事」。在這場大挫敗之後，蘇伊斯突然被宋美齡「開除」，只因爲她犯了在其他外國人面前提到（雖然是從正面角度提到）第一夫人名字這個大錯。

宋美齡頻頻向西方記者講話，一九三七年秋，幾乎每天向華府的《晚星報》寫戰情快報。她生動而誠摯的文筆，或許稱不上出色的新聞報導文章，但打動了讀者，使讀者越來越同情中國的困境。十月十五日，她描寫日軍空襲南京期間，她親眼目睹飛機近距離激戰。在另一篇文章中，她描寫她前往被炸毀的中央大學校區，視察在該地接受治療的三百名中了芥子氣的傷兵。她寫道，「圖書館所有舊大桌全充當病床使用，到處是傷兵」，「他們的眼睛發紅發痛，身上起水泡，腳、腿腫脹。大部分人咳得很厲害，呼吸很困難。」

在一九三七年十二月號的《論壇》上，她譴責美國不准銷售武器給中國，譴責美國政府不願發護照給美國軍事教官。她寫道，中國覺得自己的「臉挨了我們被教導要以尊敬之心仰望、乃至仿效的這個偉大共和國一拳」。美國屈服於日本的要求，在聖地牙哥將中國已付款購買的飛機從美國船上卸下時，尤其令中國人憤恨難平。她在文章中一再要求美國禁止輸運廢鐵和其他軍用原料到日本，均歸徒然。

她的文章激起美國和世界各地的讀者紛紛寫信、發電報，向她加油打氣，提供如何打贏戰爭的建議。賽珍珠的小說《大地》，在那一年拍成電影上映，使對中國的關注和同情更爲急速高漲。有些讀者著迷於蔣夫人在保衛中國上扮演如此積極的角色，有些讀者則想伸出援手，包括幾名美國女飛行員到中國開飛機，貢獻心力。基督徒告訴宋美齡，他們爲中國祈禱，祈禱中國打贏其「正義大業」。有位來自美國康乃狄克州柯林頓鎮的景仰者，稱宋美齡是美麗的「中國活女神，遠比聖女貞德還偉大」。還有些景仰者寄錢援助中國戰爭。鹽湖城的莫德・梅・巴卡克捐了十美元，爲此，宋美齡寫了感謝信給這位女士，信中說道，「在中國的我們孤立無援，隻身對抗這個已危及文明之強權的凶殘侵略」，「每一個拒向日本人買或賣的舉動，都將有助於削弱那國家完全摧毀中國的威力。」

上海保衛戰期間，宋美齡不顧日軍攻擊的危險，頻頻來往於南京與這港市之間。一九三七年十月二十三日，她與端納前往上海巡視傷兵途中，司機控制不住車子，翻車，宋美齡被拋進泥濘的水溝裡不省人事。端納想搖醒她，同時唱道「她無比輕鬆自在的飛翔於空中，這個打日本人的勇敢年輕女孩」，但她沒醒。他把她抱到附近的農家，不久後她終於醒來。他開玩笑道，「你可不能說我沒把你拉出水溝！」她堅持繼續到上海，還說「我一呼吸就痛」。後來檢查，發現她斷了一根肋骨，背部扭傷。

經過三個月戰鬥，雙方都付出慘重傷亡的代價，十一月中旬日軍已拿下上海。日軍對南京發動一波波空襲，造成嚴重破壞，然後日軍沿長江而上，逼向國民政府首都。南京政府匆匆撤到長江上游約一千公里處的武漢暫駐，數十萬南京居民或搭車或徒步跟著過去。蔣介石搭機離開南京，不到一星期後的十二月十三日，日軍突破南京的中世紀城牆。

日軍在南京大肆散發傳單，保證會善待平民。但殺紅了眼的部隊，在帶兵官明顯的縱容下，對手無寸鐵的南京市民和潰敗部隊大肆燒殺淫掠七個禮拜，惡行令人髮指。日軍不只集體強暴各種年齡的女性，據記錄下暴行的照片和親眼目睹者的證詞，他們還以駭人手法毀傷許多女人的肢體，將嬰兒插在刺刀上，拿男人當練刀對象砍掉許多人頭。外國外交官和傳教士，還有德國商人約翰·拉貝，竭盡所能庇護了許多中國人，但在接下來的幾個月裡，據估計有七萬至三十萬中國人死於南京大屠殺，其中大部分是平民。宋美齡大為驚駭。蔣介石接著廢除中國教會學校裡不得強制上宗教課程的禁令，以表彰外國傳教士不顧日本人的威脅、迫害，堅守立場的勇氣。

《時代》雜誌封蔣介石、宋美齡為一九三七年的「風雲夫婦」，為第一對共同獲得這項殊榮的夫妻。

她雖然不是獨得這一殊榮，卻是第一位被該雜誌封為「風雲人物」的女性。一九三八年一月三日出刊的《時代》雜誌封面，是這對夫妻的畫像，他身披深色斗篷，神情憂鬱，她則穿著西式女子開領衫，神態輕鬆。圖片下方有句引言：「世上沒有昂貴到不能付出的犧牲。」登上風雲人物的宋美齡當時因感冒臥病在床，但蔣介石告訴《時代》記者：「告訴美國要對我們有絕對信心。戰局已在轉變，我們最終會贏得勝利！」

得透過自己國家的眼睛來理解世界的美國人，稱工業大城武漢是中國的「芝加哥」。武漢城裡充斥著報章雜誌社派來的記者。和作家友人克里斯朵夫・衣修午德同來的詩人奧登寫道，「歷史厭倦了上海，看膩了巴塞隆納，已把她善變的心轉而投注在漢口。」他們稱宋美齡「開朗活潑更甚於漂亮，擁有幾乎駭人的魅力與沉著」。她的香水是他們所聞過「最香」的香水。她問道，「請問詩人喜歡吃蛋糕嗎？」他們答是，然後她回道：「很好……我還以為詩人只愛精神糧食。」她什麼都沒吃，在強做歡顏的背後，她看來疲倦、不舒服。

美國作者約翰・岡特和其妻子法蘭西絲也在一九三八年來過漢口。法蘭西絲見到宋美齡時心裡在想：「這就是那張使一千艘船下水啓用的臉？」約翰・岡特以倨傲的口吻將宋美齡比擬為「十足第一流美國女子俱樂部的會長」。他說希特勒想有個「消化空檔」時，宋美齡詢問有誰願提供「國際性蘇打薄荷糖」。專家告訴岡特，宋美齡比她丈夫更敏於理解軍事問題，但對於共黨，她卻顯露出「令人納悶、理解不足的膚淺」。

一九三八年一月，宋美齡飛到香港，宣稱是去休養、接受藥物治療。有人推測她是去參加中、日和談，或去談向英國借款之事，而她的兩個姊姊靄齡、慶齡、哥哥子文、弟弟子良和其他數名中國官方人員，當時也在這個英國直轄殖民地，更為此事增添了想像空間。她極力否認這謠傳，但未能完全令人信服。她告訴記者，「我來（香港）沒有政治目的或政治意涵，也沒有任何不可告人的事。」事實上她是來調查飛機採購弊案。

宋美齡發現所有飛機供應商都付了回扣。她把他們全「打入冷宮」，試圖找到足夠證據以將航空委員會裡的部分成員槍斃。但最終蔣委員長不願徹底肅清貪腐，他說因爲那會掏空他的空軍。他不願讓一樁會讓他顏面無光，會使中國在竭力抵抗日寇侵略時拿不到亟需之外援的醜聞曝光。爲打造中國空軍，政府已籲請海內外中國人愛國捐獻。大爲惱火的端納告訴宋美齡，說他要辭職，要退出這「可惡的事……你如果不這麼做，總有一天這所有亂七八糟的事全會怪到你頭上」。

一九三八年二月下旬宋美齡一回漢口，即斷然辭去中國航空委員會祕書長的職務。她告訴記者，「我只是中國防禦體系裡的一個小螺絲釘」，「我自認已達成我的目標……畢竟我不是軍事專家。」她宣稱，眼下她對國家所能做的最大貢獻，乃是全心全意襄助丈夫。她說，「委員長受到的壓力非常大，幾乎非常人所能忍受。」她被認爲是組建、重振中國空軍的大功臣。有人認爲她是中國空軍在戰爭初期一敗塗地的禍首，但事實上，中國空軍雖然在數量上、武器上大大居於劣勢，卻讓日本空軍大爲頭痛。

誠如她所告訴記者的，她最近的確「感受到她密集投入戰爭活動的壓力」，去年十月的背傷這時仍困擾她。但她下臺的眞正原因，乃是航空委員會內部她所無力肅清、又不能揭露的貪汙惡行。周至柔將軍只被降了一級軍階做爲懲罰，捲入貪汙醜聞的另一位空軍高階將領毛邦初亦然。宋美齡姊姊宋靄齡毫髮無傷躲過，但她的活動爲謠言工廠提供了有用的新材料。端納竭盡所能將宋美齡打造爲打擊中國種種弊端的勇敢女英雄，但如此形象令人難以信服，因爲外界不禁要問，她爲何容忍她姊姊的貪汙。

宋美齡不再擁有官職，但繼續擔任陳納德與她丈夫間的聯絡人。在這同時，她爲中國爭取國際同情，更爲大力奔走。問到她對中國前途的看法時，她寫道：「一般來講，我的看法令人不快，有時還不適合形諸筆墨。」中國想走民主之路，但她問道，「民主國家政府爲我們做了什麼？」主要難題在於取得彈藥和裝備。宋美齡寫道，「這場戰爭爆發時……中國境內，甚至舉世各國，都有人認爲不可能打贏……日本」，「我只能說我們會竭盡全力戰鬥到底。我們不指望打贏許多戰役，但我們深信會打贏這場戰爭。」她考慮前往美國，已有人表示願提供大筆費用供她赴美巡迴演講，屆時她會受到「王后般」的歡迎。但一想到赴美可能被視爲「乞討之行」，她就打消這念頭。此外，她在一九三八年四月說，「委員長不希望我去，我覺得在這緊要關頭我得陪在他身旁。」繁重工作大大傷害她的健康。她犯了和她丈夫一樣的毛病，喜歡親力親爲，無法有效率的授權。

但儘管國難當頭，工作繁忙，她仍想辦法放鬆。在漢口，宋美齡結交了英國大使館的二等祕書伯克利·蓋奇。蓋奇是老派外交官，較喜歡參加宴會，而不喜寫那些乾巴巴的報告。他寫道，宋美齡的戰時生活有時「不只振奮人心，還有趣」。有一天，他和其他外國要人，包括美國駐華大使和兩位海軍將領，受邀到蔣委員長司令部喝茶。宋美齡決定在茶會上來場即興烹飪課。她把一臉驚訝的外國要人趕進廚房，要他們披上圍裙，開始做蛋糕。突然空襲警報響起，附近開始有日軍炸彈落下。宋美齡完全不當一回事，但蓋奇忐忑不安，放下手上的蛋，突然向衆人宣布，他剛收到消息，他的二兒子烏利克已在倫敦出生，問夫人願不願意當他的教母？她一口答應，還說他會是她第一個教子。如蓋奇所說的，她就這樣被「轟炸成教母」。

那年冬天，德國駐華大使奧斯卡·特勞特曼代日本向蔣介石言和。當年，這類和平提議多得很，這只是其中之一。茶會結束時，這位外交官正式發表他準備好的高見。在一陣尷尬的沉默後，他說，「當然，我只是向您傳達訊息，本人沒有任何意見。」宋美齡冷冷說道，「希望如此。」然後她突然轉換話題，問這位大使：「對了，你小孩還好吧？」她在公開場合反日本侵略的立場鮮明，但她和蔣介石仍希望外國介入，且私底下正和日本和談。展開這些和談，除了欲打擊蔣介石的政治對手汪精衛，也有一部分是爲了擾亂日本的注意力，但不表示他們從事這些和談並非眞心欲停止戰爭。

宋美齡一再要世人提防日本的侵略和野心，但她的示警都落得狗吠火車。早在一九三六年十一月，她就警告日本會攻擊美國本土。她在一九三七年刊布的一封私人信件中寫道，「如果日本飛機轟炸我們城市而未受到任何懲罰，那誰敢說他們不會在某一天逼向夏威夷，在那裡設立基地，然後在加州近在咫尺下，入侵你們本土。」她堅稱日本帝國的目標是征服亞洲，然後稱霸世界。她在一九三八年寫道，「在第一次世界大戰結束二十年後，我看到世界對陷入另一場血腥與殘破充滿了興奮與期待。」

從西安事變到中日戰爭初期，南京政府享受了一段輿論蜜月期。蔣介石被譽爲民族英雄，唯一可集結全國之力投入戰爭之人。但好景不常。隨著戰事的進行，民衆漸漸感到失望。知識分子因思想管制制度而與南京政府疏離。可想而知，戰爭造成家破人亡，滿目瘡痍，而對政府的信心，則因不公平、腐敗的徵兵政策、騰飛的物價、官場貪汙、國共兩黨在統一戰線背後相互傾軋，嚴重動搖。

戰爭開銷使政府支出節節上升，但戰前，對於軍事開銷就沒有任何監督。據當時國民黨官員何廉所述，蔣委員長「把公家錢當自己錢」，「他雖然不是自己花掉，但常下令將公家經費撥給這個或那個人或計畫，毫不顧及預算和程序。」何廉憶道，一九三六年晚期，財政部長孔祥熙正召開會議時，有個蔣介石副官打電話來，要孔祥熙送一筆錢過去。孔祥熙以玩笑口吻向在場衆人說道，「瞧，委員長要錢……我能怎樣？」他指示中央銀行用專機將錢送去。不可避免的，政府開始濫印鈔票以支付戰爭開銷，物價一飛沖天。

住在首都的有錢人家，照樣過著太平日子，渾然不覺國難當頭。美國海軍陸戰隊員伊文斯・卡爾森，驚訝於漢口權貴子弟的生活。他寫道，「他們跳舞，玩樂，辦精緻的雞尾酒會、晚會，似乎忘記他們的同胞正在為國家存亡而戰。」他問宋美齡為何未動員這些人。她答：「那是新生活運動該做的事。」看不慣此事的外國人挖苦道：「這些人願意戰鬥，戰鬥到苦力流下最後一滴血為止。」

在這期間，一九三七年春，宋美齡家的組成分子有了變化。據說蔣介石曾表示，如果長子蔣經國回國，他會立即抓起來。但在一九三四年某日的日記中，他難過的寫到他「不在身邊的兒子」。一九三六年晚期，史達林的「大恐怖」籠罩俄國時，宋美齡曾請即將前往莫斯科赴任的駐俄大使蔣廷黻查看能否讓蔣經國回國。或許為了保住面子，蔣介石不願或無法自己出面。宋美齡或許認知到自己已不可能有小孩，於是介入此事。

蔣經國剛於不久前申請加入蘇聯共產黨，顯然認定自己返國遙遙無期。一九二七年公開譴責自己父親後，他因政治和個人因素陷入流亡境地，父子中斷聯繫。史達林對蔣經國有興趣，在蔣經國旅居蘇聯期間，見了他不只一次。完成軍事課程後，蔣經國到工業城斯佛羅夫斯克的工廠工作，其間一度下放西伯利亞勞動九個月。西安事變和接下來莫斯科、南京的修好，使蔣經國的返國之日，比任何人所能預料的還要早降臨。一九三七年四月，他帶著俄羅斯妻子芬娜和兩歲兒子蔣孝文，返回睽違十二年多的中國。蔣介石不願見他，令他錯愕。他不只中國話退化了，還與中國傳統的孝道觀念脫節。有個蔣介石的副官建議蔣經國寫封悔過書給父親。

收到悔過書後，蔣介石才同意見他浪子回頭的「紅色」兒子。他們在杭州的總統官邸見面，在場者還有宋美齡、芬娜。據《時代》所述，蔣介石說：「歡迎回來，兒子！」還說：「你現在得見見你的新母親。」蔣經國反駁，「那不是我媽，向父親您請安之後，我要去看我媽，也就是你老婆！」另一個版本說，蔣經國只禮貌的叫宋美齡一聲「媽」，告別時，她塞給他一包現金，讓他替自己和家人添購衣物。《時代》的說法或許是杜撰，但無疑預示了這對「母」、「子」間此後的不自在關係。

一九三六年，即蔣經國返國前不久，蔣介石送他收養的二兒子蔣緯國到慕尼黑就讀軍校「戰爭高等學校」。蔣緯國既是去留學，也兼中國駐德大使。怪的是蔣介石此前從未將蔣緯國介紹給宋美齡認識，後來宋美齡有點不可思議的宣稱，她連有他這個人存在都不知道。一九三八年，他身穿德軍制服，掛一等士官候補生的軍階，參與了納粹德國吞併奧地利的行動，騎馬進入奧地利。一九三九年，他前往美國待了一年，在諾克斯堡當顧問。一九四〇年晚期宋美齡終於見到他，予以熱情歡迎，並表示很遺憾這麼晚才相見。

蔣經國歸國後，蔣介石要他研讀中國古籍。在這期間，蔣經國與被軟禁在蔣家老家附近山中的少帥結爲朋友。但不久，蔣經國就接到重任。他與父親共同創立、經營三民主義青年團，那是仿希特勒青年團的準軍事組織。然後蔣介石派他去治理曾是共黨蘇區的江西省贛南地區。蔣經國大刀闊斧打擊貪汙腐敗，贏得「蔣青天」的名號。他不喜歡那些受過美國教育的有錢姻親，稱孔祥熙和宋子文是「大資產階級」，後來有人建議他圓融一點，不該這樣得罪人，他才改口。蔣經國作風樸實，與他父親正相反。他稱父親「老頭子」而非「委員長」，以使他的下屬不必一聽到他父親的名字就立正站好。他母親毛福梅於一九三九年遭日軍炸死，他悲痛萬分。

在這期間，少帥的外籍友人對他的處境憂心忡忡。他的顧問吉米．愛爾竇前往美國遊說美國有力人士，希望透過他們施壓，改善「令人不滿」的張學良處境。端納寫信給霍華報業集團發行人羅伊．霍華德，說「關於張（學良）的境遇，在這國家裡成了一大謎團」，特別是在衆所周知的，蔣委員長已公開表示赦免他在西安事變的犯行下。美國人懷疑那所謂的赦免只是「一堆空話」，擔心張學良已如失寵於史達林的俄國領袖那樣消失於人間。端納證實張學良仍活著且安好，但「受到監管」。他正與他的前祕書暨女友趙一荻住在山區，研讀明史。端納寫信告訴霍華德，他想過離開中國，但還是留下來幫宋美齡，「等機會救出少帥」。

經過一連串戰場失利後，中國於一九三八年四月在臺兒莊擊潰日軍。中國這場大捷使日軍喪失三萬兵力，證明中國人只要得到適當的訓練、裝備、領導，還是抵得住日本人的進逼。在漢口，民眾欣喜若狂。各地響起爆竹聲，民眾唱歌、奏樂慶祝。但宋美齡和蔣介石未有一絲歡喜。端納論道，蔣委員長看來「低沉，近乎陰鬱」。蔣介石說，「我們得阻止這個」，「沒時間歡呼。戰爭才剛開始。得阻止人民欺騙自己。」

德國於一九三六年十一月和日本結盟後，仍繼續供應中國彈藥和技術援助。但臺兒莊大捷不久後，一九三八年七月，希特勒召回德國派到中國的軍事代表團。史滕內斯是不願返國的德國人之一，繼續爲蔣氏夫婦效力。馮·法爾肯豪森不情不願離開中國，只因爲擔心希特勒可能加害他在德國的家人。史滕內斯論道，「那時候，要當個忠貞的德國人，又要當個正直可敬的人，並不盡然是件易事。」國民政府只能自力更生，只有來自莫斯科的有限援助，但宋美齡不肯屈服。她寄銀匙給她的衛斯理同學，以表明「湯匙可以讓人舔，但中國不會被擊敗」。[18]一九三八年聖誕夜，傳來日本已從美國再買進十五萬噸廢鐵的消息。「那個聖誕禮物將會變成炸彈，如雨般落在中國人身上。」端納向羅伊·霍華德忿忿抱怨道。

武器遠不如日本的中國軍隊採行「焦土」戰術，以使敵人無法從攻占的土地取得補給。蔣介石未屈服，反倒施行「磁吸」策略，避免與敵正面交手，同時將日本人誘入中國更內陸。他推斷那將使日本人陷入泥淖，兵力過度分散，士氣渙散，日本人雖贏得一場場戰役，最終卻會輸掉戰爭。日本人的確發現征服中國沒有想像中簡單。他們的補給線、交通線拉得很長，常遭截斷。他們還發現，打中國人，就如端納所說的，像「試圖打水母」。

不過，只一年多一點，日本就殺了兩百萬中國人，其中大部分是平民；控制了中國大部分財富所在的中國東半部；使中國人控制的地區沒有出海口；將中國許多工業和基礎設施若非據為己有就是予以摧毀。一九三八年十月，日軍逐步逼近臨時首都武漢時，蔣介石「鐵般的勇氣」令史滕內斯大為憂心。國軍已撤離武漢，日軍已開始進城，蔣介石仍等到最後一刻才同意專機起飛。

第十一章 重慶

不暈的藥治不了病。

——中國俗語

一九三八年十月二十五日，日軍占領武漢。這個臨時首都只撐了十個月。國民政府再度搬遷，搬到長江上游的四川省會重慶。距海約兩千兩百公里的重慶，將成爲此後直至戰爭結束蔣介石的內陸據點。國民政府和數百萬難民，利用想得到的各種交通工具——從卡車到黃包車，從轎子到手推車——循著古老商業路線穿越高山、峽谷，將工廠、大學、兵工廠搬到重慶。就連宋美齡孤兒院裡的澤西乳牛、格恩西乳牛都跟著走到重慶。群山環抱的重慶，地跨長江與嘉陵江交會處，陡峭石階在山坡蜿蜒而上，山坡上有一座座老屋。夏天時重慶形同火爐；冬天時籠罩又溼又冷的濃霧。很少見到太陽，因而據說出現太陽時，曾引起狗吠。

國民政府一抵達，日軍就開始空襲這新的臨時首都，不分平民和軍事目標一律攻擊，試圖瓦解中國人士氣。一九三九年五月初幾場空襲之後，整個重慶市區被炸平或被燒夷彈燒得面目全非。燒夷彈使緊挨在一塊的木造吊腳樓淪爲煉獄，奪走數千條性命，一個星期後仍從餘燼中挖出屍體，一如宋美齡在寫給埃瑪・米爾斯的信中所生動描述的：

每堆建築殘骸前仍擺著一排排棺木，華麗的大棺給有錢人，木箱給較窮的人。但炸彈已把貧富賢愚之人

> 炸成同一個樣——用夾子從悶燒的火堆裡抽出的燒焦肉塊。親友仍在拚命挖……盡你所能讓你的同胞知道，這場殺戮和浩劫乃是在美國汽油、燃料油、製作炸彈之材料的幫助下，降臨我們頭上。

一如她寫的其他許多信，這封信刊登在美國多家報紙上。

不到數月，重慶人民就在岩石中鑿出由山洞、地道構成的地下防空網，供全城市民於空襲時躲藏。已將司令部搬到昆明的陳納德，設計出涵蓋中國未被占領區的防空警報系統，以讓民眾有時間逃生。接下來四年，日軍轟炸機將在晴朗白天和有月光的夜晚繼續騷擾重慶，有時轟炸機日夜不停來襲。戰時首都的居民變得習慣於「轟炸季」，就如沿海居民習慣於雨季。防空洞空氣不流通、潮溼，瀰漫著許多人緊挨在一塊生活的惡臭。一波轟炸後，宋美齡總會趁著另一波空襲降臨前跑出山洞呼吸新鮮空氣。潮溼環境惡化她的皮膚病，帶來風溼痛。爲打發長時間躲在防空洞裡的無聊、疲累、痛苦，她和一名比利時籍傳教士練法語會話、讀書，或與她的祕書玩牌。

宋美齡從偏遠的重慶不斷籲請海外提供金錢、糧食、衣物、藥物。但那不是她喜歡做的事。她說，「我不喜歡做這種『乞討』的事」，「向人伸手令人洩氣，而眼前我們需要最高昂的士氣。」端納協助她，不斷努力去宣揚她「在屍橫遍野中挺著倖存的小小身軀」向世人哭喊救命的假象。透過電臺、照片、文章、聲明，蔣夫人被打造成苦難中國的脆弱但英勇的象徵，意在激起西方人拔刀相助之俠義精神的象徵。

一九四〇年十一月，宋美齡寫了封〈致大洋彼岸男女孩的信〉，籲請捐款援助分送到美國多個地方的中國「戰爭孤兒」。她描述了白天玩耍、夜裡重新想起戰爭恐懼的孩子。她寫道，「夜色喚起小孩的回憶」，「他們再度經歷可怕事物；抽泣、啜泣或哭喊父親、母親、再也見不到的家。」一九四〇年十一月一日，西奧多・羅斯福夫人和其丈夫小西奧多・羅斯福上校（已故老羅斯福總統的兒子），在紐約的華爾道夫飯店舉辦了「飯碗」餐會，為援華活動募款。這類募款活動在全美各地舉辦了許多場。

溫德爾・威爾基、賽珍珠、亨利・魯斯夫婦、美國其他名人，帶頭為中國和中國的兩百萬傷者、兩百萬孤兒、五千萬難民募款。一九四一年六月某場募款活動上，曾在一九四〇年總統大選時以共和黨候選人身分與小羅斯福角逐大位的威爾基說道，「我小時候就對中國一往情深」，「我認為為此活動奉獻的人，不只是在為中國政府奉獻，還在為他們自己國家的利益大大奉獻。」《時代》、《生活》雜誌的發行人亨利・魯斯，在全國性電臺裡告訴美國人，日本人入侵行動已被中國四百多萬軍隊「硬生生擋在半路上」。一九四一年，宋美齡送了一隻出生不久的熊貓給紐約的布朗克斯動物園，說希望這隻嬌小的動物會「帶給許多歡樂給美國孩童，就和美國友人已帶給我們中國人民的歡樂一樣多」。

美國人同情中國的困境，讚佩中國的勇氣，但目光卻放在歐洲戰場。華盛頓當局雖公開譴責日本侵略並援助中國，仍繼續賣重要戰爭物資給日本。援助團體敦促宋美齡來美巡迴演講，說她如果來，對中國的幫助將「值十個師」。蔣介石不肯讓她去，說她在中國，對他來說，「值二十個師」。

一九三八年日本占領中國東部沿海地帶，切斷了國民政府武器、燃料和其他必需品的進口。國民政府於是建了滇緬公路，從昆明穿越山區叢林抵達緬甸。這條公路由數十萬徵來的民工建成，包括男女小孩，其中許多人死於意外、疾病或營養不良。曲折蜿蜒、全長一千一百多公里的滇緬公路，是中國未被占領地區唯一對外和取得關鍵物資的陸路通道，且難以抵禦日軍的空中攻擊。

雖有陳納德全力奉獻，中國小小的傭兵空軍仍不是日本的對手。中國欲向美國購買飛機未能如願，面對日軍的空中攻擊，重慶幾乎毫無抵禦之力。一九四〇年，陳納德前往華府尋覓飛機和飛行員，以反制日軍的轟炸。當時中國只有三十七架戰鬥機、三十一架老舊的俄羅斯轟炸機，相對的，當時日本光是投入中國戰場的，就有九百六十八架最新式飛機。美國正爲英國趕造飛機，能撥給中國的少之又少，但小羅斯福總統意識到與日本一戰就要到來。他避開中立法，偷偷下令賣給中國一百架寇蒂斯 P-40 戰鬥機，招募美國飛行員投入對日作戰。三個中隊的陸軍、海軍、海軍陸戰隊志願飛行員獲除役，一九四一年秋抵達中國。

以漢口爲活動基地的路德宗傳教士，來自美國伊利諾州的保羅．佛里爾曼，被陳納德招募爲隨軍牧師。他第一眼看到這群飛行員時，稱他們是他所見過「最墮落的一票人」。這些傭兵飛行員，正式名稱爲美籍志願大隊，但以飛虎隊之名著稱於世。這個令人難忘的外號，其由來有多種說法，但最可靠的說法，與宋子文有關。這群人想有個獨特的象徵。中國龍被認爲太老氣而遭否決，鷹則美國味太重。宋子文建議「飛虎」。飛行員有異議，認爲老虎不會飛。但宋子文告訴他們中國有句成語「如虎添翼」，意味把世上最威猛的野獸加上一對翅膀，便造就出「超級無敵」的野獸。

宋美齡稱他們「小伙子」或「美國空中騎士」。她很愛以高人一等的姿態，給他們上冗長的「主日課」。他們大部分人極力誇獎她，但有位對人性悲觀者抱怨，「要我向十二歲小孩組成的足球隊講這個，我都會覺得丟臉。她把我們當成笨蛋一樣。」儘管愛正經八百的說教，但看到幾名飛虎隊員走到中國戲臺的後臺，想偷偷帶走可愛的花旦，結果不久就把那花旦送回戲臺，宋美齡還是笑了出來。他們不知道中國戲劇裡的女角都是男人扮演的。

陳納德在昆明的基地是抗日戰爭的重要中心。他的孟加拉式平房位在稻田上，擁有大批下屬，包括三位名叫「炮艇」、「汽艇」、「演藝船」而與妻子、小孩住在車庫裡的僕人。廚師的小女兒坐陳納德的車，跟著他四處跑。戰時物資缺乏，但陳納德的餐桌上從不缺路易斯安那的特產，特別是玉米麵包和冰淇淋。他要家僕闢一塊菜園種秋葵、甘薯、草莓。

陳納德行事謹慎，忠於他的中國雇主，在美國海軍武官詹姆斯・麥休所謂「會把大部分人逼得辭職不幹」的工作環境下，運用耐心和圓融克服萬難。痛恨陳納德享有這位置的中國人「反對、阻撓他……到了讓人怒不可遏的地步」。宋美齡是他向蔣介石陳述意見的直接管道，她使他所關心的事都能傳達到蔣委員長和華府正確人士那兒。陳納德不願學中文，堅稱：「我如果說錯話，每次都可怪到通譯頭上。」但他的確學了中國人的禮儀。他曾寫信告訴宋美齡，以感謝她對他的稱讚，「我對中國貢獻微薄，你那番話對我太過獎了。」

從替飛機取得備用零件，到提高飛虎隊廚師的薪水以遏止重要備用零件和汽油遭竊，他事事找她幫忙。一九四一年晚期，受到眼紅宋美齡坐擁大權的官員施壓，蔣介石一度想撤掉她身爲陳納德與委員長溝通管道的角色。這個美國人以辭職做威脅，堅稱飛虎隊要能成事，絕少不了她。他寫信告訴她，「沒有你當靠山，我知道我會越來越難辦事」，「我希望你記住，靠你充當我和委員長之間的聯絡人，我才能執行目前的任務。」於是，宋美齡繼續當聯絡人。

宋慶齡於抗日頭幾年落腳香港時，也抨擊西方供應軍用物資給日本。這類抨擊未得到香港殖民當局重視，但她仍能繼續她的救援、宣傳工作。她與家人仍然不和，但未如外界所普遍認爲的與家人沒什麼往來。雖然關係緊張，且宋慶齡時時受到蔣介石特務的監視，但偶爾仍能見到她們姊妹在一塊「大笑，像女學生一樣聊天」。一九三九年宋慶齡到重慶時，宋美齡向一位不認識孫夫人的宴會賓客宣布：「在此介紹我的紅色姊姊！」在場賓客哄堂大笑。

宋慶齡極內向，討厭公開露面。一如宋美齡，她有皮膚病和神經方面的毛病。但見過她的人，無一不被她的觀念打動，她吸引了一批對她敬佩有加的崇拜者。有位美國記者稱她是「孩子般的人，有著迷人的嬌弱氣質」。作家法蘭西絲．岡特寫道：「很不了起的女人！深邃、寬厚、熱情、聰明的女人，充滿活力，她身邊的年輕人時時從她那兒得到活力和信心。」

事隔多年之後，這個被朋友叫做「蘇西」的女人回顧了她與孫中山的婚姻。她曾坦承「我並不愛他」，「那是遠遠的英雄崇拜……我想救中國，而孫醫生是能救中國的人，因此我想幫他。」對於那些認爲她的婚姻裡有「愛」的浪漫人士，她只能給予「苦笑」。有位友人論道，「她的角色比較像是個女兒、教士助手……自那之後，那個重任一直是她背負的十字架。」她深信向歷史負責重於個人福祉的追求。她絕不會再婚，因爲那將削弱她實現已故丈夫之遺志的道德威信。

歲月也已使她對中國共產黨的看法有所改變，這時她說到自己與他們有「意見不合之處」。有位認識她者指出，她對共黨的看法「有些模糊，充斥著令人費解的矛盾」。她在無條件支持和不信任人性之間猶豫不決，心情非常矛盾，暗暗提到「她不大瞧得起的那些人」，提到他們過去「立場的反覆（和）做人的卑劣」。她要某個朋友小心，「他們什麼事都幹得出來」。

但她對某個人的看法，至這時仍沒有改變，那人就是她的妹婿蔣介石。她仍極瞧不起他，以嘲諷口吻叫他 Generalissimo。她永遠無法原諒她所認定他在一九二七年「背叛革命」的事，也無法原諒她妹妹背叛家人，把宋家的名號拿去替蔣介石的所做所爲背書。但她坦承若非有宋美齡，蔣介石的狂妄「可能還會更嚴重得多」。她不相信中國所有政治人物，但她說過，她雖然對毛澤東不信任，「更不信任其他人」。她稱孔祥熙爲「聖人」，藉此嘲笑他自稱爲孔子之後。至於她那位據稱精於理財的姊姊宋靄齡，她評論道：「她很聰明……從不賭博，只在從財政部裡的同夥預先得到政府財政政策要改變的消息時才買賣。可惜的是她這麼做不是爲了人民，反倒危害人民。」

一九四〇年二月，宋美齡前往香港治療鼻竇，住進宋靄齡位於太平山頂的房子。太平山頂是香港殖民地對入住資格限制最嚴的住宅區。宋慶齡也住進去。有一些時日，三姊妹聊天、開玩笑，拋卻政治立場的歧異。有天晚上，她們在香港大酒店一同用餐，被視爲是重啓國共合作的象徵。一九四〇年四月上旬，宋美齡帶著兩個姊姊返回飽受戰火蹂躪的重慶時，宋美齡的新生活運動顧問文幼章，已在階梯頂端等候坐轎子上到峭壁頂上的宋家三姊妹。宋美齡看到他時，揮舞手帕，得意說道：「哈囉，看我帶回來什麼。」她們大動作展開宣傳，以粉碎流傳甚熾的統一戰線可能破裂的謠言。她們一起巡視工廠、防空洞、醫院、孤兒院。三姊妹破天荒一起上電臺向美廣播。宋慶齡甚至同意讓人拍下她向她素來瞧不起的妹婿蔣介石敬酒的情景。

一九四一年初期，國民政府與中國共產黨之間已經幾乎不避耳目重啓戰火，雖然都面臨日本人的威脅，卻已開始占據地盤，爲打贏日後的內戰做準備。共產黨利用統一戰線和蔣介石的專心抗日擴張勢力，壯大他們在中國北部、西北的實力。黨員人數從一九三七年締結統一戰線時的四萬，增加爲一九四〇年的八十萬（毛澤東在敵人後方巧妙招募、組織成的部隊）。中國共產黨奉史達林、共產國際的指示，遽然修正其用語和戰術，以使其在中國境內和國際上的形象更爲和善可親。共產黨未強行沒收大地主的土地發配給農民，反倒改弦更張，在其控制區裡施行一套系統性強迫減租的計畫，使有錢地主保有大片土地變得不符經濟效益。藉此，共產黨在鄉間贏得許多民心。

國民黨經歷了較嚴重的混亂和分裂，居於劣勢。而且，共軍名義上加入國民政府部隊，編爲八路軍，對日抗戰的責任卻落在國民黨身上。國民黨領袖清楚共產黨的乘機坐大，雖然締結統一戰線，對共產黨仍心存敵意和鄙視。一九三九年某次空襲期間，英國記者佛莉妲·尤特利在重慶訪問宋美齡。在防空洞裡，宋美齡卸下她高雅皇后的形象，坦然道出她在「以耐心和理解、在沒有錯覺下處理龐雜難題」上所遭逢的困難和挫敗。但尤特利察覺到她對共產黨人「心懷的仇恨」和她不願正視共產黨優點的心態。尤特利說共產黨被視爲是中國最不腐敗的政治團體時，宋美齡反駁道：「那是因爲他們還沒掌權。」雖然事實擺在眼前，她對共產黨的仇恨，如尤特利所寫的，「蒙蔽了她在其他方面表現得非常銳利的政治判斷」。同樣的，她的基督教信仰「使她看不到與她有同樣信仰或看來與她有同樣信仰者的缺點」。

宋美齡或許也遲遲未能看到，她身邊某些親信的作爲正使她越來越不得民心，加深外人對她的疑慮。她與端納的關係，除了單純的友誼，極不可能還有其他不可告人之事。但忠心耿耿效力宋美齡六年後，到一九四〇年，端納已看出他越來越不得寵信。他有許多「抽出刀要對付他」的敵人，因而他被迫離開中國，大概是遲早的事。他在核心圈子裡的地位和他對宋美齡的影響力，招來眼紅和猜忌。他抨擊政府官員的貪汙無能，觸犯了有力的既得利益者。他也很喜歡誇大自己那的確不小的影響力。法蘭西絲·岡特寫道，聽他講話，會以爲他是「中國革命的教父」，「在象棋卒子後面下每一步棋者」。

傳奇人物「中國的端納」，的確名聞國際，來訪的外賓，從觀光客到外交官到企業主到軍人到記者，都一律獲告知去「見端納」。雜誌社想專訪他，出版社求他寫下在華多年的回憶錄，並表示願奉上豐厚的前金。對此，他不是很當一回事，含糊拒絕，但偶爾揚言會駕著他的美華艇離開，以寫下在華經歷。他寫信告訴雙日出版社老闆小西奧多·羅斯福上校，「我即使想寫這樣一本書，寫好也不會有人相信」，「那對中國沒有好處，且會揭穿孫逸仙博士的眞面目……眼前我還不想戳破這場喧鬧炫耀的表演。」端納告訴另一個友人，孫中山不只是個「不切實際的空想家，最糟糕的是這個老兄無法不碰女人」。他斷言他只會寫份手稿，送給宋美齡收藏。

端納雖然很有個性，卻是當時少數幾位敢向蔣介石、宋美齡犯顏進諫，勸他們傾聽怨言的人士之一。他曾向一群傳教士嚴厲說道，「現在去把你們在委員長、夫人背後說的事，當面跟他們講」，然後他們眞的這麼做。但正直可能被視爲缺點。若不是他太熱心於向他們指出哪裡做錯了，就是他們純粹不像過去那樣樂於聽他進諫。他最令他們惱火的地方，就是查出孔家據稱貪汙、投機的事，「像個叼著特別臭的骨頭進屋的狗一般」，把那些狗屁倒灶的事告訴宋美齡。就有一則關於宋靄齡炒作外匯的事，擊中宋美齡的要害。宋美齡氣沖沖教訓他：「端納，你可以批評政府或中國任何事，但有些人，連你也不能批評！」他靜靜看著她一會兒，然後識趣走開。

不滿於中國時政者不只端納。對蔣介石政權和「宋家王朝」（宋美齡極爲厭惡的外號）的批評，越來越多。記者文森·席恩在一九四一年十一月的《紐約信使論壇報》上寫了篇文章，狠批中國當局。他寫到鎭壓反對勢力的中國「蓋世太保」；中國政府裡親軸心國的分子；「令人髮指的拷打」；「時時在建立的……新集中營」；投機牟取暴利者；受不了物價飛漲而挨餓者。暢銷作家林語堂替國民政府說話，說席恩的文章，乃是「席恩先生飛訪重慶期間，其高度理想主義的腦子」，受了一小撮「崇尙空談的共產黨人」影響，造成令人遺憾的結果。席恩斷言，國民政府治下的壓迫，「比歐洲所出現過的任何壓迫還要殘酷」。林語堂認爲這說法言過其實，但有關「自由中國」的種種「令人厭惡、誤導世聽的無稽之談」，的確亟需想辦法化解。

眼看得不到民主國家伸出援手，要求國民政府與德國、義大利正式結盟的壓力日增。宋美齡在某次對美廣播裡批評那些「危害世人的集權主義者」時，政府裡親軸心國而與端納敵對的分子感到不快。蔣介石希望她的演說拿掉這幾個字，端納不肯，蔣介石即稱這個澳洲人是要爲了英國犧牲中國利益的「叛徒」。據說孔夫人聽到蔣介石有意靠向軸心國的傳言後大爲光火，揚言要她的丈夫辭職。英國駐華大使卡爾在寄回倫敦的信中，以冷冰冰的口吻說道，「希望那是眞的，因爲要（孔祥熙）辭職，幾可說是她對她的國家所能做出的最大貢獻。」

澳洲籍但也是英國子民的端納，替蔣委員長撰寫的演講稿，對德國、希特勒的措詞越來越不客氣。一九四〇年春，壓垮他的最後一根稻草降臨。當時，蔣介石退回一篇講稿，附上紙條：「我沒和德國人交戰」，端納回以「我是」，然後跟宋美齡說再見。那天晚上，他搭上飛往香港的班機。對於他的突然離開，她「由衷難過」。她仍透過書信向他請教難題的解決之道，一九四〇年十一月提到他時，口吻仍當他只是出去度假一般。

史滕內斯上尉的位置，到了一九四〇年也越來越不穩。委員長身邊有個德國人一事，令俄國人、美國人心生疑慮。在這同時，中國許多上層人士認爲希特勒會贏得歐洲的戰事，擔心自己陣營有個惡名昭彰的反納粹分子，到頭來可能令他們難堪。有趣的是，這時候史滕內斯已成爲蘇聯情報機構的重要密探，提供有關德、日軍事計畫的情報給蘇聯。他不爲人知的雙面人角色，對他與蔣介石、宋美齡的關係有何影響，不得而知。史滕內斯曾向她和其他人抱怨，蔣介石已沒那麼器重他，他已被貶爲「管理私人信箱的送信童」。一九四一年初期史滕內斯離開重慶，打算前往美國，但最後在日本人控制的上海落腳，直待到戰爭結束。在上海，他繼續爲蔣介石做事，同時躲掉奉希特勒之命欲殺掉他的當地蓋世太保之追殺，繼續當蘇聯的特務。上海法租界裡有蔣介石和宋美齡的房子，史滕內斯答應宋美齡會保護她在那房子裡的個人物品。透過巧妙斡旋，加上利用他與日本高階軍官的人脈，史滕內斯讓那棟房子和房中家當免去遭沒收的命運。

一九四〇年，宋美齡以 **Resurgam**（拉丁文，意爲「我將再起」）爲題，爲中文報紙寫了十篇極具爭議性的文章，希望讓中國人民擺脫掉「懈怠」通病——她眼中「致命的民族惡習」。這一系列文章也譯成英文，一饗外國讀者。她寫這些文章意在「鼓舞具有羞恥心的所有失職者改正或辭職」，「鼓舞具有正直個性的所有愛國之士……用心……去察覺、克服民族弊病。」她直截了當猛批受過教育的有錢同胞。

在這些文章裡，宋美齡呼籲婦女在戰爭和公共領域扮演更大的角色，號召她們投入「民族精神的動員」，為國家和那些較不幸者服務。她敦促知識分子和士紳教人民讀寫，告訴人民公民應有的品性、愛國情操、對國家應盡的責任，包括改善環境衛生。她寫道，「看到我們美麗的鄉間布滿不美觀又令人做嘔的汙物和骯髒，總是令人心痛的丟臉。」她呼籲掃除她所謂「暗自滋長的麻木」，中國即是因為這一溯自滿清統治時期的心態，而無緣得到「我們本該擁有的崇高國際地位和繁榮」。她斷言，這一「可恥的停滯不前」，原因出在心理，而非政治；中國的落後和貧窮，原因出在「追逐私利和愚昧」這兩個並存的弊病。如果我們要對得起自己的傳統文化，「對於我們過去種種缺點的評價，應該恪守誠實的原則，並應坦白承認我們以往的錯誤，俾求在將來一一加以匡正。」她列出了「七大痼疾」，稱它們是「惡性腫瘤」，在許久之前使中國無緣躋身為世界一等強國，使中國遲遲無法打贏這場戰爭。愛「面子」是中國「最愚蠢的行為」之一。朋黨是「無能的避難所」。她痛斥政府中的「冗員」是「拿薪水、辦不成事的大軍」。

「我將再起」這一系列文章立意或許良善，卻不受許多中國人歡迎，他們很驚訝錯愕她竟把中國的家醜公諸於世。宋美齡寫這些文章，有意引發公眾議論，但沒料到這所引來的反彈。她以極罕見的低調口吻寫道，「有些同胞並非盡然樂見我將我們民族的某些弱點和缺點公諸於世」，「我將那些並非我們中國人所獨有，而是普天下人類所共有的弊病，歸類為中國人所普遍具有一事，在他們看來，似乎是更愚不可及的事。」雪上加霜的，她那讚許她作為的丈夫，命人剪下部分文章，發給他認為會從中獲益的人。為平息自己所受的批評，宋美齡寫了一篇很不客氣的文章，抨擊西方未能援救中國。她在一九四〇年十二月二十一日出刊的《自由》雜誌上寫道，「我們已幾可說被那些手握大權的人拋棄了，甚至犧牲了，而那些人是我們被教導應以無比堅定的信心視之爲朋友的人。」中國正被「以英國姑息、美國投機牟利、法國畏怯打造成的經濟套索絞死」。

有句中國俗話說，持家三年，連家裡的狗都看他不順眼。一九四〇年，重慶米價高得離譜，但「通貨膨脹」這字眼是禁忌，提都不能提。蔣介石似乎無法或不願意理解引發米市行爲的那些僵固的經濟法律。何廉是受過美國教育的經濟學家，一九三〇、四〇年代位居國民政府高層。他說，蔣介石「以爲砍掉一些人的頭，就能嚇住人民大衆，讓他們乖乖聽命於政府。」他深信米市可靠強制手段予以穩定，因而眞的處決了一些人，包括成都市長。

日本人入侵，不只切斷國民政府取得物資的管道，還切斷了來自東部工業城市的重要稅收來源。稅收損失加上飆漲的軍費，使通貨膨脹急速惡化；高漲的物價，加上龐大的戰爭死傷，導致民心士氣低落。到一九四一年結束時，已死了兩百六十萬中國軍人，還有不計其數的傷兵。但蔣介石將民心士氣的低落歸咎於「耳語戰術……攻擊政府威信」。

一九四一年初期，美國羅斯福總統派親信助手居里，以總統個人代表身分訪華。當時報界把羅斯福身邊的一群個人顧問，稱爲羅斯福的「青年才俊」，而哈佛畢業、協助擬定「新政」的經濟學家居里，就是其中之一。居里在中國待了三個星期，在這期間，有位美國外交官埋怨道，他被宋美齡「迷得神魂顚倒」。表面上他是去爲中國的通貨膨脹問題提供意見；私底下他調查了中國的軍事需求。蔣介石與羅斯福之間建起了直接的溝通管道，管道一端是宋美齡，另一端是居里。這麼做的目的，在避開兩國領袖都不信任的國務院。宋美齡收到一本特殊密碼簿，親自起草、解碼居里與蔣介石之間的所有文電。接著羅斯福在一九四一年派著名漢學家歐文・拉鐵摩爾到重慶，當蔣介石的顧問。拉鐵摩爾敬佩蔣介石與宋美齡，常得到他們徵詢意見。

美國駐華大使館海軍武官暨情報官員詹姆斯・麥休少校，在一九四一年四月，居里訪華三個星期後，見了宋美齡和蔣介石。麥休建議宋美齡訪美，她答以她丈夫認爲時機「不宜」。蔣介石神經質的大笑之後，抱怨美國除了派居里來，未承諾任何對華援助。蔣介石說，美國正在討論援助英國數十億美元，卻和中國討價還價，據麥休所述，言語中露出「希望破滅、絕望」的跡象。一九四二年居里再度訪華。

經過多年戰爭，宋美齡已經成爲成熟女人，同時仍保有以往的活潑和容顏。一九四〇年代初期，這位在美國被譽爲「杏眼埃及豔后」和「幕後掌權者」的女人，結婚以迄這時，已「更添高貴」，散發無比自信。見過她的人，個個都說她本人比照片裡漂亮。她淡施香水，薄搽口紅，戴烏黑長耳飾，頭髮往後拉到頸背盤成髻。少女時代的瀏海不見了。她用長象牙菸嘴抽薄荷菸。她渾身散發充沛活力，且領袖魅力強烈，讓見到她的人鮮少不爲之深印腦海。著名的美國海軍陸戰隊近戰兵伊文斯・卡爾森雖然同情中國共產黨，仍熱切說道：「蔣夫人很有魅力……（她有）誕生自內在平和心境的成熟優雅，意識到自己是命運的工具，擁有造福她人民的力量。」著名的瑞典探險家斯文・赫定稱她是「世上最了不起的女人」。

並非每個人都這麼欣賞宋美齡。她雖有廣受宣揚的成就，美國外交官范宣德認爲她是個「難相處、膚淺、自私的女人……但她能運用魅力融化最冷酷強硬之外國人的心。但她的同胞不吃這一套，他們不相信她，不過委員長相信，這就是重點」。自掌控國民黨以迄這時，蔣介石年紀已不小，但似乎一如以往充滿幹勁；甚至他那著名的「奧林匹亞山一般的冷靜沉著」還更勝以往。在中國當職業外交官的卡爾森論道，「他那炯炯有神的黑色眼睛，以穩定、近乎無情的眼神，與我的眼睛交會，裡面有聰穎、忠貞、頑強的決心。」

宋美齡的新生活運動顧問文幼章，欣賞她非常幹練的工作能力，和儘管工作沉重、身陷苦難仍能不失幹勁、幽默的本事。看到她想推動自己的改革計畫時，無懼於與政府官員為敵，他對她的敬意更為加深。新生活運動的女學生得在重慶官員面前的集體公開儀式中，宣誓效忠三民主義青年團時，他表示反對。文幼章反對剝奪小孩的選擇權。宋美齡反駁道，他們宣誓並非被迫。兩人激烈交鋒。

文幼章認為國民政府內部出現往法西斯主義危險漂移的傾向，寫了封信給宋美齡，直言反對這一現象。她邀他向蔣委員長面陳。在火爆的晤談中，文幼章告訴蔣介石，如果不將政策建立在人民的需求上——也就是說實行農業改革等上面——革命力量最終會起來反對他。蔣介石回應，他有土地改革方案，但「有那麼多共產黨人虎視眈眈想乘機作亂」，他無法實行那些方案。文幼章大膽表示，四川省境內似乎共產黨人不多，何不在那裡試試。蔣介石回以「你錯了」，「四周到處有共產黨，我得先解決他們。」文幼章問，「是不是共產黨，你如何判斷？」蔣介石簡短而粗魯的回答，「一般來講只要是贊成土地改革的人就是共產黨！」宋美齡臉上發紅，似乎很緊張，示意文幼章，蔣介石已氣到極點。文幼章辭去新生活運動顧問的職務，但留在中國當傳教士。他深信宋美齡具有推動自由化的影響力，但覺得國民黨的「社會良心和霍亂菌差不多」。一九四七年離開中國時，他已倒向共黨那邊。

一九四一年初期，作家瑪莎・蓋爾霍恩和被她叫做 U. C.（不甘不願的伴侶）的新夫婿歐內斯特・海明威，一同訪華。這對新婚夫婦與蔣介石夫婦一同用餐時，蔣介石忘了戴上假牙。後來美國大使館職員告訴他們，蔣介石不戴假牙接待賓客，在蔣介石眼中，那是對來客最高規格的敬意。宋美齡和蔣介石把共產黨人貶為威脅和戰鬥勢力，聲稱他們未協助抗日，只在扯後腿。宋美齡堅稱，「我們無意消滅他們」。對中國的苦難多有不忍的蓋爾霍恩問宋美齡，為何不妥為照顧痲瘋病人，任由他們上街乞討。與西方人不同的，宋美齡忿忿教訓起來客，中國人是人道、文明的民族，絕不會把痲瘋病人關起來。「中國擁有了不起的文化時，你們的祖先還住在樹上，把身體塗成藍的。」蓋爾霍恩怒不可遏。宋美齡送上農民草帽和玉質胸針，仍未能平息她的怒氣。事後，海明威像個土狼般大笑。他說，「經過那件事，我想你應該知道別找中國女皇比劃。」蓋爾霍恩離華時深信，蔣介石夫婦絲毫不關心中國「悲苦的人民大眾」。

重慶的生活環境大大危害宋美齡的健康，這種生活壓力無疑是她對蓋爾霍恩如此暴躁的原因之一。一九四一年夏，一天五、六次空襲，加上夏季高溫溼熱帶來的痛苦、疲累、緊張，使宋美齡身心都難以負荷。她染上瘧疾、登革熱，皮膚病讓她大為頭痛。在陰溼的防空洞過了兩年多半地下的生活後，她寫道她已完全陷入絕望和「精神孤寂」。「我知道老是想著敵人對我國家所做的事，使我有滿懷的厭惡和仇恨，因而我的身心就像個越轉越厲害的陀螺，一旦勁道沒了，就必然會倒下。」

然後她走訪一所盲童孤兒院，對人生有新的領悟。她後來寫道，「我痛恨自己那出於本能的內在傾向，但對於畸形，不管是心理還是肉體上的畸形，還是始終反感。」「進他們學校時，某些孩童臉上的表情似乎呆滯冷漠得教人不安……我極力壓下想推開他們逃出去的衝動。」然後她突然想到，「我如果如此反感於肉體上的盲目和顏面毀損，上帝會更如何反感於我精神上的盲目和醜陋？」她說，有了這一體悟，她得以放下對日本的仇恨，得以只「恨人性中的惡，而不去恨人本身」。

但一九四一年八月，與某位來華的美國要人用餐時，她敏感易怒的脾氣還是壓過宗教上的靈思洞見。當時，她火氣一來，恣意痛批英國和美國。她忿忿抱怨，中國抗日四年後，仍在最近的羅斯福、邱吉爾會談上受到忽視，並指責同盟國姑息日本。討論變得激烈。蔣委員長大笑著罵她對客人失禮。宋美齡解釋，她丈夫常指責她把美國對日本的姑息怪到美國友人頭上，但她堅稱「那不是她的本性，她不是外交官」。做客的美國人回道，「嘎吱作響的輪子才上油。」[19]蔣介石聽了翻譯之後，開懷大笑。

一九四一年十月十日，宋美齡透過電臺向美國發表了一篇慷慨激昂的演說。她說，「我們覺得已贏得和其他民主國家一樣的地位，但不希望由別人施捨我們那地位」，言語中提到中國是反法西斯陣營的一分子。「其他人商議亞洲、太平洋的事務時，我們有不可剝奪該得到徵詢、爲自己發聲的權利。我們是抵抗侵略的老資格國家，不該給當做小老弟。」美國外交官戴維思示警道，這篇演說揭露了美國政策的「心理結果」。「很顯然的，中國人覺得我們怠慢了他們，讓他們丟臉，而這傷害了他們的民心士氣。」在這同時，日本繼續無情的攻擊中國。

然後，當宋美齡對日本侵略野心的示警成眞時，遠東的均勢猛然翻轉。一九四一年十二月七日，日本突襲珍珠港，意圖癱瘓美國在太平洋的海軍戰力。這場突襲炸死兩千三百三十五名美國軍人和六十八名平民，炸傷一千一百七十八人。美國終於不得不加入歐洲與太平洋的漫天烽火。

第十二章 小妹的情場俘虜

世上有種美女，認為仰慕者即使傾家蕩產，也會把她所要的東西全部免費送上門，然後仰慕者如果發現這麼做錯了，也不會懷恨在心。印度就像這樣的美女。

——維克托・沙遜

第二次世界大戰時期，各路英雄豪傑並肩對抗共同敵人，同時又爲保護自己國家的利益彼此勾心鬥角。這些人是自負、誰也不服誰的巨人：羅斯福、邱吉爾、史達林、蔣介石夫婦。同盟國陣營內部，在意識形態上和軍事戰略、地緣政治策略上，爭辯激烈，莫衷一是。爭辯該靠地面戰力，還是空中戰力；爭辯該先打敗日本，還是先打敗德國；爭辯中國是否是同盟國贏得戰爭所不可或缺的夥伴，以及若是如此，是否該支持蔣介石。他是最可靠的寄託，或者他是無可救藥的無能、腐敗反動分子？關於中國共產黨，也有爭辯。他們是眞正的共產黨，危及亞洲和世界，或者他們只是披著「赤色」外皮的農業改革者、民主人士，是中國前途的希望？

珍珠港事變和美軍投入第二次世界大戰之後，同盟國間的關係更爲緊張。英國人認爲美國人「好心但愛管閒事到無可救藥」，令人震驚的「既自以爲是……又表現出渾然不在乎的無知……且坦然承認此事……對此幾乎洋洋得意」。在華盛頓，對英國在亞洲的意圖，存有「根深柢固的疑慮」。中國令羅斯福極爲著迷，羅斯福母親娘家德拉諾家，就靠與中國買賣茶葉、絲織品、鴉片致富。他覺得中國人說不定「有天會團結起來，入侵西方世界」。他和許多美國人一樣，擔心古老的黃禍傳說可能成眞，可能以窮兵黷武的中國號召亞洲對抗西方的形式出現，因而想將中國納入西方掌控。

蔣介石在前頭力抗日本人入侵已四年，覺得中國在政治上受到孤立。他憂心即使同盟國打贏歐洲和太平洋戰事，中國可能仍無法贏得平等地位和待遇。日本人的宣傳利用了這些憂慮，含沙射影的指稱中國正被同盟國當做工具使用，未被同盟國承認爲盟友，一旦恢復和平，中國會被犧牲。蔣介石一再要求供應更多飛機、彈藥和其他軍用物資，珍珠港事件後不久，要求同盟國與中國正式結盟。他還要求讓中國參與同盟國主要軍事會議。結果，這些要求都遭英、美禮貌性拒絕。

蔣介石與宋美齡憤恨中國遭排除在外，認爲那是種族歧視。珍珠港事變後，英國陸軍元帥阿奇伯爾德·韋威爾爲了他與蔣介石的第一次會談來到重慶，告訴記者他是來「聽診中國佬的胸腔」，結果絲毫無助於改善中國與西方的關係。一九四一年十二月二十三日，宋美齡與助手董顯光在會議上充當蔣介石與韋威爾、美國諸位將領之間的翻譯，會議從下午四點開到凌晨兩點。會中蔣委員長一度「滿懷怨恨」，滔滔不絕的批評西方國家。他告訴韋威爾，「你和你們的人完全不懂怎麼跟日本人打」，「抵抗日本人不像鎮壓殖民地叛亂……我們中國人打他們打了許多年，我們才懂得怎麼打。這種事，你們英國人不行。」董顯光用較溫和的口吻譯出蔣介石的話。宋美齡插嘴：「那沒有精確譯出委員長說的。」她接著自己翻譯一遍，語氣比蔣介石原來說的還要嚴厲。韋威爾禮貌的聽。珍珠港事變後幾天，英國已在南中國海某次攻擊中，遭日軍擊沉兩艘一流的戰艦，他不好反駁。

蔣介石夫婦使勁翻攪這緊繃的中英關係，拿印度渴望獨立一事反制英國人。要激怒英國人，這幾乎可說是最高的一招。尼赫魯於一九三九年拜訪過蔣介石夫婦與中國領導階層，特別是宋美齡，結下熱情的友誼。

後來宋美齡寫給這位印度領袖熱情奔放的信，散發出熱戀中的女學生氣息。香港陷落後，蔣介石夫婦擔心日軍一旦進攻南亞次大陸，印度軍方可能無意抵抗。他們擔心印度人會認爲同樣落入殖民統治，讓亞洲人當主子和讓歐洲人當主子沒差，說不定還更好。蔣介石夫婦認定，只有示以獨立，才能激發印度的戰鬥意志。一九四二年二月上旬傳來美國國會已通過五億美元援華案的消息，他們大爲鼓舞，隨之決定訪問印度，以提醒印度提防日本侵略，鼓舞印度人挺身而戰。

對於蔣介石夫婦即將來印度做國事訪問一事，英國和印度殖民當局並不是很樂見，但仍決定盡可能不顯露出失望或不滿。英國政府深知近幾十年地緣政治的變化，特別是英國最近幾場軍事慘敗，已讓帝國的威信大爲滑落。英國官員也認知到，英國的殖民強權地位正急速不保。英國已在戰爭中接受中國的軍事援助，且已迫於情勢，勉強承認中國爲其夥伴，即使不是平起平坐的夥伴。

英國官員還痛切感受到，要不具自由之身的印度人挺身爲民主而戰，這其中隱含的諷刺。印度民族主義領袖甘地已呼籲人民，英國若不先同意印度獨立，就不要幫英國人打仗。印度的殖民政府領導人，總督林利思戈侯爵，完全清楚這一訪問的敏感棘手。他寫道，「我篤定的覺得，若試圖駕馭蔣，必會使蔣發火、起疑；另一方面，如果他有自己的計畫，而那些計畫出了問題，到時候他只能怪自己。」「我自認能把他應付得很好，如果沒讓他開開心心的回去，我會驚訝又失望。」邱吉爾沒這麼樂觀，對此事較爲猜疑。他宣布，「我們不可能同意外國國家元首介入，當起英國國王兼印度皇帝與甘地、尼赫魯兩位先生之間的公正仲裁人。」絕不可讓蔣介石先見尼赫魯或甘地，再見總督。「這樣的會面遲早會讓人知道，且沒有其他事比這更可能將泛亞洲的不滿心態散播於印度所有市集。」

英國駐華大使卡爾認爲，蔣介石深信可利用個人影響力說服「這些桀敖不馴之人」助抗日戰爭一臂之力，阻止他見這些人將是「大錯特錯」。有位英國官員希望蔣介石會「掂出他們的分量，因爲他們是令人不堪其擾、不切實際的人」。

二月上旬中國領袖抵達印度後，在總督官邸舉行接風國宴，那「無疑是新德里長久以來所辦過的最盛大活動之一」（某美國外交官語），「說到典禮籌辦的盡善盡美，沒人及得上英國人。」宏偉的總督府是殖民地堂皇威儀的象徵。這座府邸坐落在從印度門延伸出去的開闊林蔭大道盡頭，以紅砂岩建成。會客室挑高的天花板上，繪有古代蒙兀兒人和印度土邦主的人像，隔著十八英尺高的大窗，可看到露臺和經過修剪的大花園。

蔣夫人攙著總督的手臂，由總督陪同進場，接著是林利思戈夫人攙著蔣委員長手臂進場。這位一百九十公分高的蘇格蘭人，身穿燕尾服，非常氣派。比林利思戈夫人矮的蔣介石，穿黑色文人長袍。應邀用餐的賓客共八十五人。那位美國外交官寫道，蔣介石夫婦的到訪，「引人注目、盛大的程度令人吃驚，受到新聞界極大的關注。」總督告訴賓客，「印度與中國同心」，並引孔子的話說，「有朋自遠方來，不亦樂乎」。蔣介石提到中、印兩個文化古國間的「精神聯繫」，並引用中國俗語「百聞不如一見」。

顯然精於品評人物的林利思戈勛爵，稱蔣夫人是「引人細究的有趣人物」。他寫道，她是「美國『男女同校』制度的典型產物，還擦了口紅」，「她對英語的掌握無懈可擊，從沒有用錯字。我想在她高度老練的心靈上層裡，她是熱情未受到任何約束人之現實考量削弱的典型美國自由派……但在表象底下……我察覺到謹愼和保守，而在公平較量下，那謹愼和保守會壓過她本性中較絢麗、較引人注目的部分。」他對蔣介石的第一印象，乃是他「在精神上是十足的中國人，雖然在許多地方明顯倚賴他妻子協助和提供意見，但我判斷他基本上習慣於靠自己來理解手邊的事務」。蔣介石和他的妻子都非常了解印度的政治情勢，但這位總督相當篤定他們無意搞鬼。

蔣介石夫婦住在總督莊園裡的別墅。宋美齡帶了珍珠送給尼赫魯女兒英迪拉，帶了一只勞力士錶送尼赫魯，那錶的指針「將標示每個時辰，直到我們共同的勝利照在我們身上爲止」。結束與蔣介石夫婦第一次會晤，走到外面時，尼赫魯不願多談。他滿臉堆笑告訴記者，「我們當然討論過印度」，並高興宣布：「我是印度」。他稱蔣介石不只是了不起的中國人，放眼亞洲和世界，也是了不起的人。他那迷人、生氣勃勃的妻子是中國人民的「希望之星」。他說，這次訪問強化了占世界一半人口的兩個古老文化大國間的「情誼」。中國的苦難爲現正爭取獨立的印度提供了借鏡。他說：「舊世界正在我們眼前垮掉。」

蔣介石呼籲英國人盡快賦予印度人權力，呼籲印度領袖節制獨立要求，與英國人合作打擊共同的敵人。但雙方都不願妥協，而無論如何，蔣介石的立場完全站在國大黨領袖這一邊。他深信英國政府誇大印度境內的族群差異。國大黨黨員雖無穆斯林、土邦主、賤民，蔣介石仍深信該黨代表了印度人的心聲，就像他深信國民黨代表了中國人的心聲。

尼赫魯的姊妹南・潘迪特，稱宋美齡對戰時「全亞洲女人來說，是優雅女人氣質、百折不撓之勇氣、堅定決心的象徵」。潘迪特說，「我們希望自已不動搖，就如中國女人未動搖一樣」，「我們希望戰鬥，但得爲某個東西而戰。如果要爲自由而戰，我們得有戰鬥的自由。」宋美齡獲贈一件沙麗。她向群集的印度女人說到她在抗日戰爭時從事的婦女、孤兒工作。她在未備講稿的慷慨演說中說道，「我祈望你們永遠不必受我們在中國所受過的苦」，「但如果要躲過這遭遇，你們得有自衛的準備……日本人已到你們家門口……他們會告訴你們：『我們是來解放你們的』。但那是騙人的。」她描述了日軍在南京和其他地方的暴行。

宋美齡參觀了泰姬瑪哈陵，在這同時，蔣介石去了白夏瓦，查看開伯爾山口的防禦設施。宋美齡說，泰姬瑪哈陵顯現了「比那建築本身還美的精神……皇帝對皇后的摯愛」。在這同時，尼赫魯邀中國代表團到一片和緩起伏的美麗草地上野餐。他脫下外套，開始翻筋斗。他女兒英迪拉很不好意思，「討厭」他那種低俗的舉動，要他不要再做，但尼赫魯樂在其中，不甩她。中國代表團中有位高階官員覺得尼赫魯需要精神支持，於是脫下外套，在草地上翻滾。

蔣介石夫婦接著前去會見甘地。最初他們希望在甘地的村中總部見他，但邱吉爾不同意他們前去已成為政治朝聖地和被視為反對勢力大本營的沃爾塔。英國外相艾登提醒邱吉爾，避免得罪蔣介石夫婦「至為重要」，因為「如果緬甸情勢真的轉為不利，將很難讓中國繼續打這場戰爭，蔣介石將是我們唯一的希望」。邱吉爾反駁：「我認為讓（蔣介石）在印度境內穿越數百哩，前去與甘地談大英帝國是否該劃下句點，絕對會是大錯特錯。」最後，藉由在加爾各答會面，解決了令人難堪的意見分歧。蔣介石夫婦在尼赫魯陪同下，在加爾各答的畢爾拉庭園（某印度實業家的莊園）見了甘地。甘地穿著他一貫的本色印花棉布。宋美齡居間翻譯。他告訴蔣介石，他喜歡聽她用「甜美的聲音」轉述你的想法。一如以往，甘地中午禁食。畢爾拉的女人幫宋美齡穿上手工沙麗，並在她的額頭點上吉祥的朱砂記。她與甘地談了一個小時，然後，中午小睡後的蔣委員長加入。在五個小時的會談中，甘地用手紡車紡棉紗，然後將棉紗送給蔣介石，將手紡車送給宋美齡。

蔣介石夫婦來訪的象徵意涵，印度人心領神會。如果英國能平等看待中國，為何不能平等看待印度？但甘地沒這麼篤定。他說，「他們絕不會主動平等看待我們印度人」，「為什麼？他們連讓你的國家參與他們的會談都不肯。」

一九四二年二月十五日，日本拿下新加坡，使蔣介石的主張變得更有說服力，更需趕快落實。他的東道主大爲苦惱。美國政府開始和蔣介石一樣憂心印度的備戰程度，但蔣介石的懇求沒有什麼效果。蔣介石告訴林利思戈，他勸尼赫魯團結對付共同的敵人，但無效。他以爲跟甘地談會有比較好的結果，結果甘地和尼赫魯一樣，對蔣介石的勸說無動於衷。林利思戈寫道，尼赫魯的態度「絲毫未改，滿腦子對我們——或者對他所謂的英國帝國主義——盲目的仇恨，因而看不到他正帶給他同胞的傷害。那不是大人物該有的作爲」。

一九四二年二月下旬離開時，蔣介石發出最後的籲請。他主張，「在文明史走到這最關鍵的時刻，我們兩國人民應竭盡全力爲全人類的自由而奮鬥……因爲只有在自由世界，中國和印度人民才能得到自由。」然後他呼籲英國給予印度人政治權力，好讓他們找到爲自己而戰的「精神力量和物質力量」，而非只是幫同盟國打仗。《印度斯坦時報》讚揚蔣介石的「勇氣」，呼籲英國接受他的建議，但穆斯林日報《晨報》稱他是「愛管閒事的元帥」。穆斯林領袖眞納說，「這位元帥只知一味談些籠統含糊的話，而不了解印度的政治情勢，實在令人遺憾」，「我擔心他在印度的大部分時間，聽到的淨是他身邊那些人的想法。」

印度總督宣稱這場訪問順利圓滿，但斷言蔣介石「除了體會到印度政局比他原來受引導而認定的還遠更難以理解之外，未能理解印度政局的複雜」。他寫道，蔣夫人是個「非常聰明、能幹的嬌小夫人，但我認爲，她了不起的地方只在勇氣和全心奉獻。……她和她丈夫一起打獵，她明顯對他無比重要。他們一起做大事時，一開始她牢牢穿著家族長褲，但到了最後階段，總會發現這位大元帥已將那長褲轉給他自己的人。這過程很值得觀察。」他詭祕的寫道，「她不討厭別人對她調情」，還說「尼赫魯長長的睫毛和俊俏的臉龐」讓她難以忘懷。

她對尼赫魯的興趣，明顯可見於她在返回中國途中寫給他的一封信。她保證，「我們會竭盡所能協助你得到自由和獨立」，「我們的心被引向你……你與我們之間的情誼已因我們的來訪而在許多方面更爲深厚。

你有人間罕有的坦率自然和喜悅特質，但我想還是會有灰心、疲累的時候，這時候……請記得你並不是孤軍奮戰，因為我們在精神上時時與你同在。」尼赫魯回信道，中國領袖的來訪已在印度人民腦海留下「深刻印象」，還說命運正將中、印兩國越拉越近。後來甘地寫信給蔣介石，說他「絕不會忘記在加爾各答與你和尊夫人密切交往那五個小時。你為自由而戰的行為，始終令我感佩」。蔣介石夫婦開始為印度請命，連番寄了慷慨激昂的信、電報給羅斯福、邱吉爾。宋美齡寫信告訴尼赫魯，「我們會竭盡所能推動印度的利益，不會讓你失望」，「我們覺得印度與中國的命運緊密交織，不可分割。」

蔣介石夫婦來訪之後，印度成為中國空軍、步兵的訓練基地、中國前線的補給基地、中國與其盟邦間最重要的地理橋梁。英國外交部報告，蔣委員長很高興在印度聽取了軍事簡報，「很滿意得到平等看待，被視為盟友，而非『落後小子』。」但蔣介石不滿英國人撤退或投降時不通知盟邦，宋美齡則抱怨英國的軍事策略超級保密。

憂懼的蔣介石夫婦斷定，印度在心理上和軍事上，作戰準備都嚴重不足。印度一旦陷落，中國將陷入險境。蔣介石告訴羅斯福和邱吉爾，如果日本進攻印度，將幾乎不會遇到抵抗。宋美齡告訴美國駐重慶大使，自治地位將無法令印度人滿意，因為他們與英國「種族差異大，又沒有共同命運」。她告訴英國駐重慶大使薛穆，她原希望他們的造訪有助於促使印度人、英國人察覺到迫在眉睫的危險，但事與願違。她說，如果英國讓印度立即獨立，她篤定國大黨會樂於和「甘地、甘地的消極抵抗劃清界線」。

薛穆提醒英國外交部，對英國在太平洋戰爭中的表現，批評之聲已「幾乎是舉世滔滔」。越來越多人認為，這場戰爭將大大削弱甚至結束英、美在遠東的影響力，新中國已準備取而代之，成為亞洲老大哥。英國在香港、新加坡、其他地方的落敗，已使中國人生出「優越感」，使他們無法容忍來自外國的意見，尤其是來自英國的意見。英國外交部某官員以輕蔑口吻說道，「中國人一直以來無法忍受外國給予的意見，但只要能以自己的方式運用外來的幫助，且不必提供什麼幫助做爲回報，他們始終樂於接受外來的幫助。」他還說中國人「很幸運，有（英、美）兩頭乳牛」。

已盪到最低點的中、英關係，未因蔣介石夫婦於一九四二年四月中旬走訪緬甸前線後發出的批評而改善。宋美齡發給羅斯福助理居里一封猛烈抨擊的電報，進一步重申她丈夫已發給邱吉爾、羅斯福那些電報裡的主張：

那裡的情勢危險得無法形容，前線和後方都一團亂，文官行政體系瓦解，通信停擺，人民驚慌失措，造成無比的混亂……英國人似乎束手無策，緬甸人站在敵對一方，第五縱隊橫行鄉間。只要是遭轟炸過的地方，人畜的屍體都未移走，任由成群蒼蠅在其上亂飛。由於氣溫普遍極高，我很擔心現正進入那些地區的我方部隊染上霍亂或其他傳染病……委員長說（英國將軍哈羅德・亞歷山大），如果這類情形存在於中國，頭會被砍下來。

她在寫給尼赫魯的信中高興說道，「我心中的小惡魔在不知羞恥的幸災樂禍……富麗的虹彩顏色在亞歷山大的臉上輪番顯現，由吃驚的綠變爲生氣的深紅，由憤怒的紫變成困惑的藍，最後由黃膽般的怨恨變成難爲情的灰白。無論如何，我要告訴你，心中的小惡魔是無可救藥的。」

不久前奉派到中國擔任中國戰區盟軍司令的史迪威中將，隨同蔣介石夫婦訪緬。宋美齡在某封寫給尼赫魯的信中透露，史迪威「徹底灰心」。中國軍隊很出色，但軍隊指揮官完全不甩他。她接著寫道，「你的同胞或許轉而信仰非暴力路線，但我的同胞過去就善於消極抵抗。」「我很憂心，因為史迪威不只是優秀的戰略家，還充分了解中國人的心理，如果他覺得無法與我們共事，那沒有其他美國人能與我們共事。」她一再要求撤換那位指揮官，且運用她的「女人特質」安撫他。

蔣介石夫婦搭機離開曼德勒欲返回昆明，但起飛沒幾分鐘，座機就遭日本人發現。宋美齡在信中向尼赫魯描述此事，「我覺得頭痛、發燒，腦子一團亂」，「我隱隱希望……如果小日本真的抓住我們，我在人間最後的感覺將是冒險刺激的興奮……（然後）墮入煉獄。你知道嗎，我不認為自己夠格上天堂；我不是謙虛！」她套上降落傘，以她那身中式衣著，費了好一番工夫才套上。機上有二十人，但只有四個降落傘。宋美齡的女僕沒分到，哭了起來。宋美齡告訴她，如果得跳機，可以緊緊抱著她，兩人一起跳；降落傘可承載一百一十三公斤，兩人體重加起來還不到。女僕回道，「夫人，我如果死了，沒有人會難過，但人民需要你」，「我不要你冒生命危險救我」。不久後，從昆明飛來一中隊戰鬥機護航，飛機脫離險境。

一九四二年春的緬甸戰役一敗塗地，令中國大為驚恐，盟軍部隊被迫艱苦撤退。日軍於五月拿下緬甸，關閉滇緬公路——未遭占領的中國地區與外界聯繫、取得關鍵物資的唯一管道。重慶的存亡，自此倚賴從印度翻越喜馬拉雅山空運過來的補給（飛行員把雄渾、險峻的喜馬拉雅山稱為「駝峰」）。接著爆發激烈的怪罪戲碼。蔣介石怪史迪威；史迪威怪蔣介石；兩人都怪英國人。史迪威說蔣介石用兵獨斷，優柔寡斷，命令部隊移動，然後又要部隊不要動。蔣介石認為史迪威拒絕緬甸往外的空中運輸，親自帶領部隊撤退，在叢林裡艱辛跋涉三個星期，做法有欠考慮。這場艱苦的撤退，使綽號「醋喬」的史迪威在美國國內成為英雄，但蔣介石和陳納德認為，他當時應重整中國軍隊抵抗日軍。一心欲重新打通滇緬公路的史迪威開始積聚物資，以便展開新一波攻勢，陳納德和他那一小隊驃悍的飛虎戰士因此沒有足夠的燃料、備用零件讓他們可隨時駕機升空。誠如蔣介石、陳納德所說的，亞洲最能打的盟軍部隊就要被餓死。他們深信在瘧疾橫行的緬甸叢林展開地面戰役是浪費時間和資源，應把那些寶貴時間和資源用在空中作戰上。

宋美齡向居里抱怨，中國既未得到敬重，也未得到美國根據租借法承諾供應盟國的作戰物資裡應有的份額。「如果眞把中國當個盟國，爲何中國未能以平等身分參與英美參謀長聯合會議？」她指責英國把中國當成「跟她的自治領地同一級」。時任中國外交部長而坐鎮華府的宋子文，寫了封難過的信給羅斯福，信中稱中國是「可憐的顧客」。羅斯福對中國「慷慨熱情」，承認中國是同盟國大國之一，但在美國對盟國的援助上，中國仍名列最低順位。中國的需求得到考慮，卻常未得到徵詢。珍珠港事變後，英國一再將本欲送給中國的物資在仰光卸下，中途截走。蔣介石指責英國「欺騙」，擔心中國將「只是棋局裡的卒子」。羅斯福承諾給予中國的物資，眞正送到中國手上的不到一成。美國官員以含糊的承諾平息中國人的不滿，但未給予什麼實質補償。

英國官員譴責中國「挑剔」英國的作戰努力。英國外交部某官員以輕蔑口吻說道，「我覺得我們失敗而美國人成功的地方，在於當我們雙方都主要根據自利原則來行事時，美國人奮力將全然出以利他精神的樂觀大霧籠罩在他們所有活動上」，「中國人甚至似乎偏愛伴隨有漂亮恭維的承諾，而較不喜歡未伴隨漂亮恭維的實質幫助。未來我們絕對得更大力自吹自擂，因爲自吹自擂正當道。」

一九四二年七月下旬，印度民族主義領袖和英國的關係日益緊繃之際，蔣介石請羅斯福出面調解印度國大黨和英國人。羅斯福內心支持印度人民自決，但不願意因採取明確立場而危害大西洋兩岸的同盟關係和戰局。他回覆蔣介石，說他覺得介入不明智，但請蔣介石與他保持密切聯繫，以降低中國人擅自行動的風險。邱吉爾憤怒於中國愛國閒事，稱那行徑「胡搞、無知」。

八月九日，甘地與尼赫魯於要求英國「離開印度」後立即被捕。大為苦惱的蔣介石發電報給羅斯福，以逮捕他們兩人將「大大破壞」盟軍戰力為由，懇請他介入。羅斯福回覆，印度的紛亂誠屬「不幸」，但最妥當的因應之道，乃是站在「如果雙方都找上我們，會欣然幫助我們的友人那邊」。他相當天真的將印度境內的族群分歧，比擬為美國獨立革命前北美十三州間的分歧。他將蔣介石的電文轉給邱吉爾。邱吉爾迅即給了憤慨的回應，指責起宋美齡。「蔣說國大黨領袖希望我們離開印度，他們才肯協助同盟國，根本是胡說八道……他電文的行文風格，讓我不得不說，快找出那個興風作浪的女人。」

邱吉爾直言不諱告訴蔣介石，除非甘地得到日本人借予軍隊，壓住穆斯林，否則，英國人一撤走，「他和他的朋友很快會遭好戰的種族推翻」。他寫道，「我認為最妥當的行事規則，乃是不干預彼此的內部事務」，指出英國一直未對國民黨、共產黨的差異有過評論。

蔣介石夫婦的努力，並非所有印度人都感激。穆斯林法學家穆罕默德·札夫魯拉汗爵士，深深懷疑蔣介石夫婦關心印度內政的居心。他深信中國人有意於戰後控制北印度部分地區、緬甸和中南半島。他深信蔣介石夫婦想在英國人一被趕走後立即將印度納入「中國統治」，深信他們有意稱霸亞洲。他抱怨道，「為什麼……中國要求躋身大國之列的主張不容反駁，為印度發出同樣的要求就不能接受？」

宋美齡在《紐約時報》上寫了篇文章嚴詞批評同盟國政策，不惜得罪華盛頓或倫敦。她在給尼赫魯的信中頗為欣喜的寫道，「由於我端上了炸藥，『米碗』募款餐會難以上菜。」她在這篇辛辣的文章中抨擊「通商口岸大班[20]所促成……認定西方人天生就該居於支配地位的傲慢心態……大班對中國帶有成見的認知，局限於與他們恭順中國籍買辦的交往和在他們酒吧裡道聽塗說來的無知流言」。她痛批同盟國忍受日本所加諸這麼多的「侮辱、輕蔑、甩耳光」而不思反抗。她嘲笑英國一下子就接連失去香港、新加坡。她斷言，「西方得修正其對東方的觀念」，「在我們所欲創造的偉大世界社會中，絕不能有高等人、次等人的想法。」大國必須服下謙卑的「苦藥」。接著她又在《大西洋月刊》刊出一篇文章，譴責「過去西方對我們國家無情、無恥的剝削，和認爲要讓我們死心塌地的最佳辦法就是踢我們胸口這個根深柢固的錯覺。這種愚蠢的事絕不可再現」。她於一九四二年六月美國的電臺廣播中，公開譴責種族歧視：「由膚色或眼形判定人之地位的時代已經過去。」

英國政府痛恨宋美齡抨擊英國。英國外交部某官員寫道，她是個「魯莽、不友善的女人」。還有位官員問道：「我只是想知道，她有什麼資格被稱做夫人？」另一位官員指出，美國人雖敬佩中國人，在戰爭的規劃和執行上並未把中國當成平起平坐的夥伴。他寫道，中國人「從未能自行造出汽車，更別提坦克或飛機」，「他們要求在這場動用機器、船的戰爭中躋身『四強』，著實令人討厭。」邱吉爾聲稱他「喜歡並敬佩（中國人）這個民族，同情他們的治理一直未能上軌道」，但無法理解美國人的看法，「在華盛頓，我發現美國人對中國超乎尋常的看重，甚至把中國擺在第一位，實在離譜。」

一九四二年六月下旬，中國的不滿來到了頂點，因爲在那時，原說好要送到中國的一批 B-24 重型轟炸機，在運往途中被轉到喀土木，轉給剛在中東吃了德軍一個大敗仗的英國人。史迪威和蔣介石夫婦一樣失望，一樣束手無策，但他們卻把怒火發在他頭上。宋美齡抱怨，每次英國人一有麻煩，該分給中國的物資就轉送給英國人。她氣沖沖說道，「既然這樣，中國就沒必要繼續打這場戰爭，」並語帶威脅的說，「同盟國認爲這個戰區有沒有存在必要且願不願意支持，委員長想要有個明確答覆。」

眼看已沒什麼可損失，蔣介石夫婦訴諸敲詐。蔣介石向史迪威提出「三項要求」：派三個師的美軍到中國、五百架戰鬥機、每個月五千噸軍事物資。這些要求若得不到滿足，蔣介石將不得不「另做安排」，換句話說，據宋美齡的說法，和日本談和。她要求史迪威爲這些要求背書，史迪威不肯，說那是向他自己的政府發最後通牒，他無法支持。史迪威寫道，宋美齡「開始痛罵我」，「氣得發狂。她打了一個響鞭，手下並未過來。」

美國駐華大使高思將這個威脅斥爲「蔣夫人所能泡製來讓大元帥採納的那種嚇唬伎倆」。高思和史迪威都認爲在美國，中國人已被「吹捧」到讓美國人相信中國「打」日本已五年，委員長是偉大領袖、引領中國「積極抵抗」日本之世界英雄的地步。高思寫道，「當面看過客觀的事實後，只能將這斥爲『胡說八道』。」

克萊兒・布思・魯斯在一九四二年七月號《生活》雜誌上的一篇文章中，頌揚宋美齡是「當世最了不起的女人」，文中絲毫不怕惹來訕笑的溢美之詞，恐怕連宋美齡本人看了都會覺得難爲情。魯斯寫道，她是世上最了不起的妻子之一，對中國「戰爭孤兒」來說，她是世上最了不起的母親之一。魯斯把她與聖女貞德、南丁格爾相提並論。她是世上最有影響力的傳教士之一、世上最知名的精通兩種語言者之一、東西方之間無人能及的橋梁。她也是世上最高明的外交官、政治家之一。尤其重要的，她是世上最美、最有魅力的女人之一。最後，魯斯突兀的論道，蔣夫人雖有上述種種成就，卻「堪稱是個悲劇人物」。這一說法頗有先見之明的暗示，她未必總是受到如此高度的讚揚。

一九四二年晚夏可能是同盟國在第二次世界大戰的最低潮。盟軍在各個戰線受挫。羅斯福斷定，得以鮮明有力的姿態表明美國人團結一致支持同盟國。他想到派溫德爾・威爾基，即一九四〇年總統大選時敗在他手上的對手，巡迴世界各國，以讓陷入苦戰的盟國放心，美國有打贏的決心。威爾基仍有龐大民意支持，羅斯福認爲他出色的政治手腕，在國外會和在國內一樣管用。他派威爾基展開四十九天、五十萬公里的旋風式親善之旅。威爾基將搭乘美國陸軍轟炸機「格列佛號」巡視中東、歐洲、亞洲這三個前線的戰況。在威爾基訪華之前，克萊兒・布思・魯斯寫信告訴宋美齡：「你們一定會很合得來。」

威爾基是政壇怪傑，自封「自由之人」，欣然擁抱自己印第安那農夫的公共形象，支持者從小鎮居民到華爾街銀行家都有。五十歲的威爾基英俊、活力充沛，有著長密蓬亂的迷人頭髮、洪亮的聲音、樸實的作風。這位熱情奔放、菸癮很重的律師，散發出男孩似的風采、活動、領袖魅力。美國中西部的媒體大亨暨《瞧一瞧》雜誌的創辦人加納・考爾斯，看出威爾基「迷倒眾生的魅力」，在一九四〇年總統大選時支持他，刊出稱他爲「林肯再生」的廣告。

但一九四〇年總統大選期間，羅斯福私底下揶揄道，他打算把他新養的蘇格蘭小獵犬取名溫德爾・威爾基，因爲牠還沒受過訓練，在家裡衛生習慣不好；副總統亨利・華萊士委婉稱他「很吵」。威爾基覺得聰明而強勢的女人是挑戰而非威脅，觀念令人稱道——這無疑是因爲他母親（第一個獲准進入印第安那酒吧的女人）和祖母（長老會牧師）之故。威爾基與《紐約信使論壇報》富影響力的叢書編輯伊莉塔・范多倫已有很久的婚外情一事，已是公開的祕密。

在莫斯科與史達林密談之後，威爾基和其隨員帶著大量伏特加，經西伯利亞前往重慶。一九四二年十月二日，他穿著起皺的灰西裝，在重慶步下「格列佛號」。盛大的歡迎人群，完全出乎他的意料。蔣介石夫婦知道他可能是下任總統，給了他紅地毯式歡迎。蔣委員長讚揚他是一八七九年美國前總統尤利西利・格蘭特訪華之後，最高階的美國訪華特使。從機場到賓館約十八公里道路兩旁，布滿歡迎民眾，他們揮舞紙製中、美小國旗，放鞭炮，其中許多人是赤著腳、一身破爛的小學生。簡陋小屋夷平，乞丐趕走，街上張掛橫幅標語。

史迪威語帶挖苦的寫道，遊行、歡迎會、校閱部隊、盛宴，使威爾基「應接不暇」，以使這位特使「不致受到美國人的汙染」，「用意在於讓他疲累不堪，使他因大吃大喝而頭腦昏沉，然後他的判斷力遲鈍，可以塞給他正確的教條。」這套辦法顯然奏效，因爲不久後威爾基宣布：「我深深愛上中國人民，教我難以用正確的批判方法執行我查明眞相的任務。」

最後，與其說威爾基愛上了中國人民大衆，不如說愛上特定某人更爲貼切，那人不是別人，就是蔣委員長的妻子。他宣稱她是他「這輩子所見過最迷人的女人」。從第一次相遇，他就「著了她的魔」。外交官戴維思寫道，「幾乎可以確信的，小妹已拿下她最容易得手的情場俘虜之一。」她同樣著迷於他。

但蔣介石沒那麼喜歡這位美國訪客。當時參與蔣介石夫婦、威爾基會談的美國外交官范宣德，稱威爾基在中國人眼中是那種「聞來帶有生牛肉味」的外國人。威爾基離開會議室後，蔣介石要人打開窗戶散掉臭味。威爾基覺得蔣委員長是「靜得出奇」的學者型人物，似乎「比他傳說中的名聲還要受歡迎」。威爾基對毛澤東的得力助手周恩來印象深刻，促請孔祥熙夫婦邀這位共黨領袖前來共進晚宴，孔祥熙夫婦照辦。威爾基覺得，「如果所有中國共產黨人都像（周恩來），他們的運動會比較像是全國性、喚醒農民的運動，而非國際性或無產階級的陰謀。」

在某場歡迎茶會上，一群宋美齡的「戰爭孤兒」向威爾基演唱了小夜曲。他們唱完時，他宣布，「戰爭結束時，蔣夫人和我要大聲疾呼建立正道的世界，以讓所有國家都能自由追隨自己的正義理想。」他一時興起，捧起禮桌上一個大蛋糕遞給小孩，在賓客鼓掌聲中親吻了其中一位女孩。宋美齡激動告訴賓客，她覺得威爾基是個「很讓人不安的人」。她說，她事先準備了「一篇很漂亮的講稿要對他宣讀，如今他來到這裡，讓大家看到他不是這篇講稿所設定要宣讀的那種對象」，「因此我得根據自己的感受來說話，因爲他是那麼率性，那麼熱情，那麼充滿人情味，任何寫下的東西都無法表達我們心中對他的歡迎之意。」

他訪華期間，進逼重慶的日本軍機受阻於大霧而撤退，但威爾基說：「我死於中國人的親切，比死於敵人子彈還有可能。」宋美齡的養子蔣緯國上尉，帶威爾基巡視據稱是黃河附近前線的地方。但除了散落地上突然爆炸的一些日本炮彈，威爾基在那裡沒聽到槍炮聲。那裡其實是個「死寂」的戰場，是用來供來訪記者、要人參觀的樣板地方。爲讓訪客有親臨其境的感覺，蔣緯國送給來賓日本騎兵軍刀和上等法國葡萄酒。他說那些是某夜到河對岸偷襲搶來的。

威爾基與蔣介石夫婦相處了六天，話題從世界政局到汽車的大量生產無所不包。東道主招待他欣賞民間樂師的演出，奉上自春季爆發霍亂後即在重慶被禁的美食——香草冰淇淋。這一禁令因威爾基的到訪而廢除，令他和同行的夥伴很是不安。威爾基斷言，中國是美國在東亞最好的盟友，因此美國應了解中國人和中國人面臨的問題。他將蔣介石政府的法西斯傾向，委婉解釋爲「中央集權控制」，斷言「無法在下星期二就把民主輕鬆端給中國」。他與宋美齡的合照，刊登於美國多家報紙。在她的鼓勵下，威爾基以重慶爲講臺，痛批帝國主義。他宣布，「殖民時代已經過去」，「我們深信這場戰爭定會終結某些國家宰制其他國家的帝國主義行徑。」不久後，邱吉爾發表其著名宣示：「我出任國王的首相，不是爲了主持清算大英帝國。」但威爾基從重慶發出的猛烈抨擊，促使英、美承諾撤除在中國的治外法權。

在孔祥熙官邸草坪上舉行的某場接待晚宴上，威爾基坐在宋美齡和宋慶齡之間。據他自己的記述，晚宴結束時，宋美齡攬著他的臂說，「我希望你見見我的另一個姊姊。她因爲神經痛不便出門參加這場宴會。」兩位主客突然從晚宴會場消失，引來議論紛紛。後來威爾基說，他們進到屋裡，見到一隻手臂用吊帶吊著的宋靄齡。他寫道，「我們三人聊天，聊得很愉快，把時間和屋外的人都忘了。」晚上約十一點時，孔祥熙來找他們。他罵宋美齡和威爾基中途離席，宴會已結束許久。然後他們四人「開始解決世界問題」，討論起「橫掃東方的觀念革命」。

十月中旬，蔣介石在某大廳替威爾基辦了歡送會，與會者有數千人。蔣介石夫婦以盛大排場進場，坐上舞臺上兩把王座式的椅子。致歡迎詞後，他們三人站成一列迎賓。一小時後，威爾基叫來陪他訪華的加納・考爾斯，附耳說道他和蔣夫人偷偷溜開，要考爾斯代替他的位置，掩護他們。考爾斯站在蔣委員長旁邊，問一堆問題分他的心。最後蔣介石離開。考爾斯回到宋宅，倒了一杯蘇格蘭威士忌自飲。那是宋美齡慷慨送他的戰時奢侈品。

據考爾斯所述，威爾基未出席晚宴。那天晚上更晚時，蔣介石帶了三名手持衝鋒槍的侍衛衝進屋裡，質問：「威爾基在哪裡？」幾乎掩不住怒氣。考爾斯答：「我完全不清楚。」蔣介石查看床下，打開櫃子，搜索過屋子後才離去。驚恐的考爾斯，腦海裡浮現他朋友站在消防隊面前的影像。開朗樂觀且驕傲自大的威爾基，終於在凌晨四點現身，鉅細靡遺描述了他據稱擄獲蔣夫人芳心的過程。威爾基告訴考爾斯，「這是我這輩子頭一遭」，說那是他活到這麼大歲數第一次戀愛。最後他說已邀了宋美齡跟他一起飛回華府。考爾斯氣炸了。「溫德爾，你眞是個無藥可救的蠢蛋！」

考爾斯同意威爾基的看法，認爲蔣夫人的確是「我們兩人這輩子所見過最漂亮、聰明、性感的女人之一」，他也知道富領袖魅力的這兩人彼此「非常心儀」。但重慶報界已開始散布有關他們的小道消息。考爾斯提醒威爾基，他的妻子、兒子會在華府的機場接他，蔣夫人跟著出現會很尷尬。他還提醒威爾基，一九四四年還要再選總統。威爾基忿忿跺著腳步，回房間睡覺。隔天，考爾斯在宋美齡的祕密寓所，即據稱她與威爾基幽會的地方，與她見面，告訴她不能跟威爾基搭格列佛號一起回美國。她問：「誰說不行？」考爾斯回以「我說的」。考爾斯憶道，她伸出手，用指甲劃破他一邊的臉頰。

不死心的威爾基仍公開邀請宋美齡訪美，「以幫我們了解中國和印度」。他說，她會是「最理想的大使」，「她會發現自己不只受到喜愛，還會發揮很大助益。我們將專注聆聽她講話，比聽其他任何人講話還要專注。她風趣，迷人，性情寬厚、善體人意，言行、外貌高雅美麗，有著火熱的信念，正是我們需要的那種訪客。」

宋美齡寫信給克萊兒．布思．魯斯，說她和蔣介石都很高興威爾基來訪。她充滿感情的說，「他完全符合你向我們所說的，而且超乎我們預期的好」，「他對廣大人民帶來的影響至為巨大；他們一下子就由衷喜愛他。他那麼受歡迎，當然是因為他那絕對的率眞和清楚可見的眞誠。」她還說，「我很想和威爾基先生一起去美國，但我先生不希望我現在去。所以你也看到的，我終究還不是獲解放的女人，仍被我先生的（我不能說是圍裙帶，所以只能說是）軍人皮帶拴著。」

考爾斯與威爾基即將返美時，兩人前去蔣夫人仍設有辦公室的慈善機構向她告別。威爾基進門；門隨後關上。考爾斯在門外等了一小時二十分鐘後，兩人終於出來。蔣夫人陪他們到機場。威爾基即將登機時，她「跳進他懷裡」。他扶起她，給了她「極深情的一吻」。

十二月號的《瞧一瞧》雜誌刊出篇名取得四平八穩的文章：〈溫德爾．威爾基訪問蔣介石夫人〉。威爾基在這篇文章中如此說到宋美齡：「就魅力的最終極考驗——早餐餐桌——來說，她仍然符合標準。」威爾基於環球之旅後前去見羅斯福時，他已「明顯喝了不少酒」。總統覺得威爾基喝太多。副總統亨利．華萊士把外界流傳有關威爾基之俄羅斯「芭蕾舞女演員」和「巴格達女孩」的事轉述給羅斯福。

有人利用威爾基訪華一事，乘機在華盛頓鼓吹以陳納德取代史迪威。陳納德保證，如果授予他在中國的指揮權，他和他的空軍部隊會在一年內獨力結束太平洋戰爭。陳納德很受蔣介石夫婦的寵信，史迪威則幾乎教他們無法忍受。這兩個美國軍人，有同樣多采多姿的經歷和同樣高昂的企圖心，但互相瞧不起對方，對於中國的戰爭該怎麼打，看法更是南轅北轍。史迪威是出色的西點軍校出身陸軍軍官，偏愛曠日廢時的傳統地面戰，對於空軍戰力所知不多，很少動用空軍。陳納德則汲汲於向視他為怪人的軍方當權派，展示他空戰優於陸戰的理論。

在中國被譽為英雄的陳納德，贊成美國境內普遍認同的觀念：靠著他和他的飛虎隊，中國才不致遭日本某種程度的破壞。空戰刺激、迷人、浪漫，飛行員都是些時髦帥氣的人物，例如寫下暢銷回憶錄《上帝是我的副駕駛》，並改編成賣座電影的羅伯特・李・史考特。而地面戰骯髒、殘暴、乏味。在蔣介石、宋美齡眼中，任勞任怨的陳納德絕不會犯錯，尖刻、執拗的史迪威則越來越不受他們的喜愛。他大吐他對中國人和「花生米」（他替蔣介石取的綽號）的失望，特別是在充斥辛辣批評言語的日記和私人書信中。馬歇爾將軍把陳納德的說法斥為胡說八道。有人告訴蔣介石，「胡椒比糖蜜還需要」，意指史迪威雖是出了名的壞脾氣，還是有其用處。史迪威於是未被換掉。

《孫子兵法》說，最上乘的作戰方式是不戰而屈人之兵。中國人厭倦了戰爭，經過五年抗戰，他們覺得盟軍這時應替他們打仗乃是理所當然的事。史迪威震驚於中國軍隊的慘狀。許多募來的兵員死於疾病、營養不良。貪汙和投機牟利普見於軍官階層。訓練和醫療嚴重不足。下屬因為害怕、怕丟臉而不願把實情告訴蔣介石，致使他被關在史迪威所謂的「無知、愚忠」之中。但史迪威把他親眼見到的真相告訴蔣介石和宋美齡。這位美國將領有次寫道，「那就像踢老太婆的肚子」，「但沒有人敢告訴他，所以更需要我來說。」在某份報告中，他建議徹底檢討地面部隊，以改為重質不重量，以清除無能、貪汙的指揮官，如若不然，「供應再多的物資，陸軍仍會繼續走下坡。」

他把報告交給宋美齡處理。宋美齡看了幾眼之後大聲說道，「那些德國顧問幾年前就跟他（蔣介石）說過這個！」她指的是數年前已提過類似建議的漢斯・馮・塞克特將軍。蔣介石未對此有所回應，不久後再度要求提供飛機和武器。史迪威再度要求整頓時，宋美齡說蔣介石得考慮到「某些影響」，意指與他所倚賴的難以駕馭之地方軍閥聯盟發生難以收拾的政治對立。但宋美齡仍幾度將史迪威的想法轉告蔣介石，並促成那些想法的落實。

宋美齡擔任她丈夫與陳納德、與史迪威、與宋子文之間的傳話人，往往也擔任後三者之間的傳話人。她是陳納德的支持者，也是敢於不斷直言力諫者，因爲以她不具官職的身分，她能以別人所不能的方式直言表達意見。有次她勸陳納德與蔣介石直接溝通，他揚言辭職不幹。陳納德寫道，由於沒有她的介入，蔣介石被討厭美國影響力的其他人說服，發布了「令人無法接受的命令」。

陳納德主張，只要提升空軍戰力，就能打贏這場戰爭。對此，宋美齡和她丈夫深信不移。這一主張特別令人心動，因爲如此一來，慘烈的地面作戰似乎就較不需要。宋美齡曾在信中樂觀的告訴陳納德，「我們如果每天摧毀十五架日本飛機，不久就會把他們的飛機打光。」她和蔣介石極力遊說羅斯福照陳納德所希望的供應中國五百架飛機，擴大從印度飛越駝峰運來的補給以供應這支空軍所需。他們認爲史迪威在從中阻撓，而這若非有意阻撓，就是因爲他在華府的影響力不夠。宋美齡宣稱，「我們會盡全力讓你成爲正格的將軍」，彷彿如此一來問題就會迎刃而解。史迪威在日記裡發牢騷道：「去他們的！」

蔣介石常不理會史迪威的書面報告和請見要求，令史迪威對他越來越失望。這位美國將軍斷言，蔣介石不需要訓練周全的軍隊，因爲那可用來對付敵人，也可用來對付他；斷言他不想撤換掌理軍隊的腐敗無能將領，因為他們效忠於他；斷言中國明明沒有能力運用那麼多軍事裝備，他仍一再需索，其眞正動機乃是要貯備來對付共產黨。簡而言之，他覺得蔣介石把保住權力看得比抗日重要。史迪威抱怨道，他是個「頑固、無知、偏見、自大的暴君，只能從我這裡聽到事實」，「他完全沒有朋友，只有在他面前個個都惴惴不安的僕人。」他眞正的朋友是他的妻子，但「她非常怕他，他一發起火，她就退縮。她認為她的職責是努力讓中國強大」，如果換她當委員長，「進展會快上四倍。」

第三部

第十三章 返美

在全國人熱中於吹捧低下者、貶低高位者的潮流中，我們可能讓感情戰勝理智。

——《波士頓信使報》，一九四三年二月十七日

一九四二年十一月中旬某個寒冷的早上，飛過半個地球而來的美籍飛行員雪爾頓在成都機場等候，準備用波音公司的新式四引擎三〇七高空客機「阿帕契」載走一位神祕貴客。一輛救護車停下，後面跟著數輛汽車，車裡戴著包括蔣介石在內的多位中國大官。救護車車門打開，隨員輕輕抬出擔架，擔架上躺著裹著毯子的蔣介石夫人。飛機迅即載著她和隨行人員飛往美國，隨行者包括外甥女孔令偉、顧問歐文・拉鐵摩爾、祕書珍珠・陳、新聞祕書董顯光、一名醫生、三名僕人。

飛行途中在印度亞格拉降落，官方說法是爲了讓神經性消化不良的蔣夫人復原，但有人說她趁著月色參觀了泰姬瑪哈陵。印度總督很生氣美國政府未事先知會，即將她「偷偷帶進」他的轄地，認爲這是「最嚴重的失禮」。他擔心那些反對英國繼續統治印度者，會利用她所受到的公然怠慢在政治上大作文章，或擔心她會聲稱殖民當局對她連最基本的禮貌都不願做到。英國外交部覺得他們受了委屈，但又不想讓美國人有「我們擔心尊嚴受辱」的印象。諷刺的是，一得知她從中國飛來，英國政府即邀她訪英，而她對此未立即給予答覆。英國外相艾登抱怨道，「我們要等多久，才能得到這個女人回覆她根本不配的邀訪？……希望她不要一直擺著不理。」

她抵達紐約後不久，白宮得知宋美齡要求先見哈利・霍普金斯。霍普金斯不只是羅斯福總統最親信的顧問，還是租借法的執行主管。羅斯福向霍普金斯開玩笑說，「你最好小心一點，以免莫名其妙就被她的小指頭耍得團團轉。你也知道她是如何迷住溫德爾・威爾基和居里。……如果你想要，我們甚至可以給你一名保鑣。」

宋美齡離開中國時，患有嚴重蕁麻疹，且還擔心得了胃癌。她疲累到極點，無法入眠，腹痛劇烈。她體重變輕，幾乎無法進食。她著名的私人醫生羅伯特・羅布寫道，「這狀況無疑是長期疲累和破壞性情緒緊繃所造成。」診斷確定沒有癌症，但醫生群發現腸道寄生蟲。她因爲先前一次拙劣的手術，鼻竇有嚴重毛病。更糟糕的，她似乎對鎮靜劑有依賴性。過敏測試未能找出她皮膚病的病因，但疲累和緊張惡化了她的皮膚病。她接受了兩個禮拜密集的抗阿米巴治療，接著動了手術，全面治療牙齒。

一九四二年十一月二十七日宋美齡搭機抵達紐約時，霍普金斯在米契爾訓練場（位於長島的美國陸軍航空基地）見她，陪她直抵位於曼哈頓上城區的長老教會醫院。坐車前往途中，她告訴霍普金斯，她來純粹是爲了治病和休養，但接著卻談起戰爭的事。她主張同盟國應先打敗日本，再收拾德國。霍普金斯說他認爲那「不可行」。她批評英、美丟掉緬甸，表明她不喜歡史迪威，最欣賞陳納德。

抵達醫院後，她以「林夫人」之名住進醫院。美國政府派了特工和聯邦調查局幹員保護她，醫院應他們的要求，騰出第十二層樓供她和她的隨員使用。她抵達醫院後不久，總統夫人埃莉諾・羅斯福就來看她，說她看起來很緊張，幾乎禁不起任何東西碰她身體。宋美齡送她一塊玉、萊茵石材質的飾針，並說那是她媽媽留給她的。羅斯福發電報告知蔣介石，「尊夫人在此得到妥善的照顧，我期盼盡快和她一見。」威爾基送了好幾束花給宋美齡，說他「任憑差遣」。

宋美齡訪美之行，原希望完全保密，不向新聞界披露，但她一抵達，就有傳言紛起，她的名字不久就出現在德魯・皮爾森的漫談專欄。十二月十二日，聖路易市的《星時報》刊出一則報導，裡面引述了她對為何不仿效凱薩琳大帝一問所作的答覆（顯然是此前的答覆）。她說，「因為大元帥是戶長，我以愛心、仁心幫助我的同胞，藉此協助他。……凱薩琳透過恐懼來治理人民，且凱薩琳的丈夫是個笨蛋。」宋美齡氣憤於訪美一事見諸報端，曾試圖查出洩密者。

記者法蘭西絲・岡特是少數幾位有幸前去探望宋美齡的人士之一。在醫院，她發現宋美齡被隔絕在房間裡，身穿粉紅絲絨寬鬆短上衣，戴珊瑚耳飾。蒼白細長的手指上，指甲很長且塗了發亮指甲油，妝化得無懈可擊，且做了頭髮（一位美容師和一位美髮師每日登門的結果）。岡特寫道，宋美齡微笑致意，但「眼裡……餘悸猶存」。她除了看牙，一直關在房裡。她偷偷告訴岡特，「沒有皮下注射」，她睡不著。這兩個女人感嘆他們共同的友人「可憐的尼赫魯」的遭遇。自他最近一次被關後，宋美齡一直沒有他的消息；她曾試圖寄信給他，但印度總督不放行。

賽珍珠於一月二十七日前來拜訪宋美齡，發覺她身、心都處於「極低落」的狀態。她「憤恨且不滿」她丈夫未獲邀參加在卡薩布蘭加舉行的戰時祕密高峰會。這場會議已於一月二十四日結束，會上，令中國大為驚愕的，羅斯福與邱吉爾決定同盟國要先打贏歐洲戰場再對付日本。她看來「十足的沮喪」，非常不舒服。賽珍珠說，她「仍然處於神經緊張狀態，非常沉默，甚至沒看什麼書報，吃得非常少」。醫生說，強迫她待在房裡有其必要，但那不符她的個性，使她暴躁易怒。

一月中旬美國政府撤銷對她訪美行程的新聞封鎖後，數千名友人、致意者爭相前來見她。尚未公開露面，她所得到的過度讚美，就到了令人吃驚的程度。寄給她的信，很快就暴增到一天一千封。她正在哈佛就學的外甥孔令侃，請假幫她處理書信和公關。拜會白宮的日期未定，但隨著這一預期中的行程越來越接近，她的對外活動在事前就得到大量報導。總統女兒安娜・羅斯福・博蒂格寫道，「她散發出令人驚嘆的勇氣和欲實現個人信念的意志。」一大堆人找上埃莉諾・羅斯福，要求代爲引見和代爲索取蔣夫人簽名照片。美國全國有色人種促進會的會長沃爾特・懷特，想找她一同在國際上爭取種族平等。埃莉諾將懷特的請求轉告宋美齡，表示願安排他們一起會面。怪的是宋美齡未回覆懷特一再的提議，令懷特覺得受冷落。

二月上旬她出院時，民衆對她的好奇已趨於沸騰，她此行的隱密和她疾病的神祕，使人更想一探她的眞面目。中國是民主追求大業上的勇敢盟友，是貧窮而無比高貴的神奇遙遠國度，住著在賽珍珠小說《大地》改編的電影中呈現的無數小農民。有位長居中國的美國人說，「大部分美國人始終對中國懷有傳教士一般的情結，……中國人矮小，非常迷人，特別聰明，我們於是認爲該把他們當小孩看待。那大錯特錯。」大部分美國人對中國的心態是「不顧後果的浪漫；幾乎無可救藥的浪漫」，而陷入中國熱的好萊塢，強化了這一浪漫心態。美國人同情弱者的傳統心態，在對勇敢中國的敬佩上表露無遺。那是中美關係史上「夢幻不切實際」的一段時期，在那期間，美國民衆似乎準備接受「有關中國人、中國的大元帥、大元帥妻子、英勇的中國人民所有據說美好、了不起的東西」。

這時，探長陳查理已成爲一種文化象徵，大受歡迎之米爾頓・卡尼夫漫畫〈泰瑞與海盜〉中，那位海盜女主角龍夫人亦然。美籍飛行員泰瑞・李屢屢得到這位利用美色滿足個人目的的東方蕩婦解救，而這個令男人墮落的妖冶女人角色，大略上以蔣介石夫人爲本設計出來。她誘人、纖弱，但工於心計且無情；用長長菸嘴抽菸，穿側邊高開叉的緊身黑色旗袍。中國被描寫爲充斥鴉片窟和陰鬱殘酷行爲的奇異國度。自封爲「神遊型馬可波羅」的卡尼夫從未去過中國，創作漫畫時都是從大英百科和紐約市立圖書館蒐羅資料。傑克・班尼、佛瑞德・艾倫之類喜劇演員，極愛用瞎掰的「子曰」笑話；這種拿中國至聖先師開玩笑的行徑，令美籍華人大爲憤慨。

在中國形象擺盪於神奇與可鄙、可笑與英勇之間時，美國人的對華心態逐漸由恐懼轉爲敬佩，由高高在上轉爲同情。《波士頓信使報》寫道，不久之前，大部分美國人仍把中國人視爲「洗衣店老闆、傭人、苦力、異教徒，他們的權利和感受完全不需予以尊重」。但這時，在國會裡一提到中國或蔣介石的名字，就會引來一陣掌聲，一如羅斯福在國會發表一月國情演說時所發現的。但在這令人喘不過氣的交相稱讚聲中，該報發出一道難得的警訊：「中國人在戰場上的表現，比我們所認爲的要好得太多，因而如今我們很可能把……他們並非大量擁有的特質加諸他們身上。」

宋美齡本人對美國則是又愛又恨。她公開支持美國不像其他國家那麼帝國主義、是中國最好的朋友這個動聽但不實的說法，但她內心眞正的想法有外人難知的微妙之處。她仍憤恨於五十年前她父親被美國傳教士視爲僕人而非同事的往事。她曾向她丈夫的顧問歐文・拉鐵摩爾透露，她覺得美國人對待她個人，帶有種族歧視、倨傲的心態，對此她深爲痛恨。她覺得，「對啊，她是很聰明沒錯，但她終究只是個中國人」，就是美國人對她看法的寫照。因此，她才堅持訪美之行一定要受到最高規格的對待。

住院期間，宋美齡擬好一篇重要講稿，以便訪問華府時向美國國會宣讀。但她的醫生要她一定得完全休息兩到四個月，中間不能參與公共活動，以讓身體康復。有位友人寫道，她「精力充沛，且靠這精力對抗體力的不濟」，「醫生說她是福特底盤裝賓士引擎」。治療結束後，醫生想治療她潛在的「疲累」，但她堅持在二月上旬就出院。醫生勉強同意，但囑咐她要謹遵療程。她得一天服用「氯醛合水」數次以治療失眠，那是會致癮的鎮靜劑；她還得服用治蕁麻疹的藥、維他命膠囊、阿斯匹靈。醫生囑咐她每天得過了十點半才能起床，如此至少數個月，還要她每天下午休息至少一個小時。每個星期得撥出一天完全休息。在美國期間，她只能發表五場演說；得避免即席式演說或「與人一同」演說；一個月頂多只能參加一場官方宴會或大型歡迎會；得避免站在隊伍裡迎賓。緊張的會面，一天頂多一場。羅布醫生寫道，「花在開車與戶外走路的時間越多越好。」他找宋子文幫忙盯著她遵照醫生囑咐，宋子文回道會「盡力而爲」，但也說未必能完成所託。

應埃莉諾・羅斯福的邀請，宋美齡從醫院前往紐約州海德公園鎮羅斯福家做客六天。她感謝埃莉諾「安靜而不多言的探望……我覺得自己每分鐘都變得更健壯」。然後她與孔令偉、孔令侃一同坐火車前往華府。二月十七日下午，她抵達聯合車站，受到羅斯福、埃莉諾與總統的蘇格蘭小獵犬法拉的迎接。她戴貂皮帽，穿滾紅邊黑色旗袍，向總統夫婦獻上一束紅玫瑰致意。她抵達的時刻祕而不宣，但早有群衆等候。

在白宮，埃莉諾把「大粉紅室」撥給宋美齡使用，把「小粉紅室」撥給孔令偉，把蒙羅室闢爲蔣夫人的起居室，把黃室撥給孔令侃。隨員裡的兩名護士住進中國大使館。最得宋美齡寵愛的外甥女，當時二十三歲但看來更年輕許多的孔令偉，是個「很男孩子氣的女孩」，曾想投效中國空軍打日本人，但她父親孔祥熙不贊成。後來他說，「我覺得女孩就要有女孩樣」。孔令偉一身男孩穿著，導致白宮的男僕做了件難堪的事。他們誤以爲她是孔令侃，打開她放在房間裡的行李，令她大爲惱火。羅斯福第一次見到孔令偉時，稱呼她「小伙子」。霍普金斯速速寫了張紙條，上面寫道：「這位是孔小姐。」羅斯福說他一向把年輕人都叫做「小伙子」，以掩飾自己的失禮。

那天晚上，宋美齡向羅斯福提起送亟需的戰爭物資到中國的事。他專注的聽，同意她的主張，但說問題在於美國除了得供應物資給自己的軍隊，還得供應其他盟國所需。他承諾研究中國的需求，並徵詢軍方補給官員的意見。他同時告訴宋美齡，中國「綁住」大量日軍、裝備，使日本人無法用兵於別處，功勞很大。

她不死心，繼續要求羅斯福利用他的權力將中國亟需的物資立即送到中國。據居里所述，「這時總統只是微笑，未給蔣夫人任何承諾。」她還促請授予陳納德少將階，讓他指揮自己的部隊「第十四航空隊」。會談氣氛融洽，令她大失所望。事後，她與埃莉諾．羅斯福聊天，埃莉諾同情她的處境和她此行訪美的任務，但說她無能爲力，無法說服她丈夫滿足蔣夫人的要求。

隔天，二月十八日，宋美齡將赴國會演說，在美國大衆前第一次露面。來美幾個月一直未公開露面，撩起了外界的好奇。她來美的眞正用意，引發漫天的揣測。關於她身體虛弱的報導，增添對她的同情。全國陷入狂熱的英雄崇拜中；許多人有著莫名所以的渴望，就只想一窺她的廬山眞面目。但如此營造出的好奇心態，並無法說明她出現於美國國會所將引發的爆紅人氣。她是赴美國國會演說的第一位亞洲人、第一位平民，且是第二位獲此殊榮的女人。拔下此頭籌者是去年八月荷蘭的威廉敏娜女王。宋美齡深知她不只要對抗美國人對中國人的負面刻板印象，還要對抗對女人的負面認知，她還清楚知道她代表的不只是黃種人，還代表女人。她知道美國大衆和世人評價她時，既會鎖定她所不得不說的話，也會在同樣程度上鎖定她的外表。她竭盡全力迎接這兩方面的挑戰。爲了有精采的表現，她壓力極大。

那天寒冷而晴朗。仰慕者群集在國會大廈外等了一個多小時，其中許多是女人。美國政府部署了一千名警員、探員、特工，以防止未持有炙手可熱之通行證者闖入國會大廈。全國人民放下手邊的工作，收聽電臺轉播。議場內充滿緊張期待的氣氛。赴美國國會演說的外國要人，一般都是對參衆兩院議員一次演說，但親眼一睹蔣夫人的渴望（特別是議員太太的渴望）太強烈，她不得不對參院、衆院各發表一次演說。

中午過後不久，埃莉諾．羅斯福陪她進入參院。在電視尚未問世的當時，報紙、電臺記者爲急切的讀者和聽衆捕捉重要活動的每個細節。她走向演講臺時，滾紅邊旗袍的側邊開叉露出膝蓋以下部位，參議員瞥見她「漂亮閃現的勻稱雙腿」。她包著飾有亮片的俏麗頭巾；身穿修長的高領黑色旗袍，樸素但迷人，旗袍上別了她飾有珠寶的中國空軍雙翼徽章；戴了玉耳環、玉戒指。她的一身打扮令參議員看得「目瞪口呆」。她卸下頭巾，露出嫵媚一笑，發表了一場內容平實而簡短的即席演說。她講到有位美籍飛行員在中國上空被迫棄機跳傘。那飛行員只會說一個中文字眼，即「美國」（「美麗之國」），於是向跑過來的村民大喊這字眼。村民像歡迎「失散已久的兄弟般」歡迎他。後來那位飛行員告訴蔣夫人，他覺得自己回到家鄉。她嚴肅說道，「今天來到這裡，我覺得自己也回到家鄉。」她還說：

如果中國人能以他們的母語對你們說，或如果你們聽得懂他們的話，他們會告訴你們……基本上我們在為共同目標作戰，我們有共同的理想……我要向你們說，我們的人民願意且急切想與你們合作，實現這些理想……為我們自己，為我們的小孩，為我們小孩的小孩，為全人類。

接著她前往衆院發表她事先準備好的演說，給她的聽衆留下「爲置身在世上最偉大人物之一的面前而久久不能自己」的感受。她以萬衆矚目之姿進場時，衆院裡擠滿了人，許多議員的妻子坐在臺階上。她走向中央走道的盡頭時，雖然穿了四吋高跟鞋，但在圍著保護她的一票高大男人之中，仍顯得很嬌小。衆議員把他們的小女兒抱在膝上。衆議院牧師讀禱文開場，有位心存懷疑的英國觀察家寫道，那禱文「對夫人的用語，若用在聖母身上，大概會流於過火」。德州衆議員山姆・雷伯恩介紹她是「地球上最傑出的女性之一」，「世上最傑出人物之一的幫手和同事」。一排讓人睜不開眼的紅熱強光從記者席發出，閃光泡猛爆，攝影機猛拍。她俯身向雷伯恩低聲說了些話，隨後雷伯恩請記者將燈光調暗，以免妨礙蔣夫人看稿。現場陷入長長的靜默，燈光仍然亮著。議員席傳來「關掉燈！」的大叫聲時，她露出天使般的微笑，但攝影師仍不爲所動。她不讓步。惱火的雷伯恩高聲命令關掉燈。攝影師終於照辦。

嬌小的宋美齡，身子挺得直直的，右手捏著絲質白手帕，擦了紅指甲油的指甲順著講稿上的字句滑移，說話速度緩慢，語調輕柔而清楚，但「生動有力」。她的英語是無懈可擊的美式英語，悅耳動聽，混合了「喬治亞的輕柔和麻薩諸塞的文雅」，既洪亮又溫和，既不像南方腔慢吞吞拉長調子，也不像新英格蘭腔帶著鼻音。她特別善於戲劇效果和時機的掌控，以緩慢語調道出一個句子，然後情緒逐漸拉到高點，再來抓準時機壓低音量，最後強有力拉高語調，以闡明她的觀點。

聽衆著迷於她那與道地美式說話風格呈強烈對比的異國外表。她受到仔細——幾乎色迷迷——的打量。有家報紙稱她是「輕盈高雅的中國聖女貞德」。對她的外表如此過度的著迷，有一部分是因爲將女人視爲裝飾物的傳統看法；一部分是因爲戰時衣著的樸素，使人渴望見到令人眼睛爲之一亮的漂亮東西；一部分是因爲俏麗、迷人的蔣夫人與高大、邋遢、平凡的美國第一夫人之間有著令人遺憾的對比。但也必須歸因於以男性居多的觀衆（包括記者），對於這位透著神祕、異國氣息的亞洲女子，懷有無比的好奇。她散發出雖柔弱但勇敢，正受到高大、強壯、俠義心腸的男性參議員解救的嬌小女人形象。中國是苦難當頭的小姑娘，美國是一身閃亮盔甲的騎士。這是精心設計的策略。宋美齡無比自信，深知自己外表和言談所具有的力量，深知自己對女人和男人的影響。她了解她的觀衆，也了解自己的角色。她把觀衆耍弄於股掌之間，把自己的角色發揮得淋漓盡致。

她的演說表面上在向美國文化和價值觀致敬，骨子裡卻是在尖銳批評美國政策。演說文裡充斥意在炫耀她之西方學術素養的晦澀典故，還有對於同盟國戰略隱約的批評或有點直率的抨擊。她在演講時引用了中國俗語「看人挑擔不吃力」。衆院裡頻頻爆出如雷掌聲，但引來最熱烈反應的一段話，乃是她主張應先擊敗日本，再擊敗希特勒，「日本今日在其占領區內所掌握之資源，較諸德國所掌握者更爲豐富。」聽衆猛然起立，吹口哨，叫好。

這一論點得到許多美國人的支持，特別是在美國西岸，畢竟，在地理上和人民的心理上，珍珠港較逼近美國西岸。她的演說所激發的支持，並非全來自理智或善意。在「黃禍」恐懼重現於美國人腦海下，西部數州約十二萬日裔美國人（其中大部分是美國公民）遭集攏，剝奪資產，運到美其名稱做「拘留營」的地方，直到戰爭結束。這是美國歷史上最不光采的時刻之一，但由於當時猜忌、仇恨、恐懼的心態太過強烈，少有美國人質疑這種不人道的作爲。

宋美齡知道自己在和邱吉爾直接競奪美國的支持和慷慨援助，且知道自己處於劣勢。美國人再怎麼同情居於劣勢的中國，由於親緣、文化、種族、共同歷史淵源的關係，對歐洲盟國困境的同情，還是深得多。美國把歐洲擺在首位，她也知道這點。因此，她試圖讓美國人覺得中國不只是戰友，還是「精神上的盟友」。

她以精心雕琢過的言語，訴諸美國人內心最深處對自己國家的感性期望——讓自己國家得到弱勢、受壓迫、看來較不文明的民族敬佩、仿效，以及最重要的，得到他們的需要——藉此巧妙掩蓋她對美國政策的抨擊。爲此，她不只得將中國描寫成可憐的、受蹂躪的，還得將中國描寫成英勇的；她得告訴美國人，只要給中國人民機會，中國人民會成爲美國價値觀的龐大源泉。她訴諸美國人對自身根深柢固的認定：美國人是個具有獨特正義觀、利他觀、價値觀的民族。她的推理精細入微，但有說服力。她等於是在告訴美國人，陷入存亡關頭的，不只是中國人的性命，擴而大之，還有美國的價値觀和美國自身。她主張，共同的理想乃是「化解種族差異最有力的憑藉」。

她的論點核心，乃是中、美兩國的價值觀其實殊無二致。在這點上，她本人不就是活生生的證明？中、美兩國的文化、價值觀的確大不相同。但事實上，基於政治考量和個人考量，蔣夫人拚命想讓中國「美國化」。她得在中、美之間根本不存有共同目標之處打造出共同目標，因爲她得在自己同胞面前證明自己那夾雜中國、美國特質的奇怪形象有其合理性。對於那些因她的不中不西而鄙視她的中國人，那些嘲笑她未能改革中國、未能仿造美國改造中國的中國人，她得挽回自己在他們心目中的地位。她得讓中國人了解，不管他們知不知道、喜不喜歡，他們和美國其實有許多共通之處。正因爲她的美國化——受同胞鄙視的美國化——她可以扮演中、美兩社會間的橋梁，協助將中國救出日本的魔掌。

美國人透過自身歷史來看中國。在美國人心目中，中國一九一一年的革命等同於美國一七七六年的獨立革命，而美國建國先賢的觀念和美國的民主理想，中國一樣有。中國欲統一國家以對抗共同的敵人，出於與美國一樣的動機——欲建立一個以平等、自由觀爲基礎的國家。抗日也是在追求自由、民主。這再怎麼說當然都是虛幻不實，但宋美齡的個人形象，在令人眼睛爲之一亮下，消解了美國人對華人苦力、華人洗衣工的刻板印象，營造出偉大進步、光明未來的幻象。佛蒙特州伯靈頓市的《新聞》認爲，「我們白種美國人是中國人最好的朋友。」

宋美齡初次登場，蔚爲轟動，激發了美國人對中國的同情。觀察家說她的表現，令以善於演講著稱、且在珍珠港事變後不久征服美國國會的邱吉爾相形失色。《生活》雜誌記者法蘭克・麥諾頓以感動的口吻說道，她以「翡翠般的言詞」、「珍珠般的美麗」傾倒衆生。頭髮花白的國會議員，抗拒不了她的魅力。她結束演講時，衆院和旁聽席裡的群衆猛然起立，在如雷的掌聲中叫好、吹口哨。他們搜索枯腸以表達他們的驚嘆之情。有人說，「天啊，聽了她演講，我很想報效中國軍隊。她令人崇拜。」康乃狄克州女國會議員克萊兒・布思・魯斯說，蔣夫人在「某個漂亮的道德小故事中」說，「她太自傲而不願乞求我們給予中國所應得的東西，太高雅而不願譴責我們所未能做到的。」來自麻薩諸塞州的共和黨籍女衆議員伊迪絲・努爾斯・羅傑斯說，「它令我們每個人的內心爲之一振，瞥見了中國的靈魂。」

有位新聞從業人員不覺得她的演講出色。他寫道，「那太衛斯理，有著女人的優雅語調，還有她激動時有點流於女人的尖聲尖氣。」有些人認爲，她高超的英語，掩蓋了她的想法。有位透過收音機聽了她的演講說，「聽來很不錯，但她到底要講什麼？」美國軍事分析家認爲她的演講是女人情緒性、不合邏輯的產物。英美參謀長聯合會議憂心她可能造成戰略上的徹底改變，但羅斯福仍奉行「先解決德國」的原則。

但撇開零星的批評不談，誠如英國外交部某官員所挖苦道，全美國對蔣夫人「著了魔」。她出現在三月一日出刊的《時代》雜誌封面上。有位專欄作家寫道，支持中國，「像一股浪潮」，席捲全國。宋美齡的女性特質——孤立無援而不可能構成威脅，但強烈的異國氣息令人著迷，是美國濟弱扶傾情結的絕佳施力對象——強化了對中國這一古老但衰弱文明的同情。

二月十九日，她在國會演說的隔天，宋美齡與羅斯福總統和其夫人埃莉諾・羅斯福，在總統辦公室舉行了聯合記者會。這場盛大記者會結束時，就連最麻木、最憤世嫉俗的華府記者，都被她的風采征服。有位見證了這場盛會的男記者欣喜說道，「邱吉爾只是個回憶，而羅斯福夫婦……看起來像是一根原木上的兩個隆起。」「蔣夫人的魅力把這位魅力橫掃美國政壇者都比了下去。這位嬌小的女士遣詞用字如此高明，致使羅斯福直到記者會結束才知道自己吃了什麼虧。那既是無刃輕劍的一刺，同時也是往牙齒揮去的一棒。」

埃莉諾的那群「女記者」爭辯蔣夫人的手鐲是不是琥珀材質？第一夫人的旗袍是粉紅色或玫瑰紅？總統辦公室的門打開時，白宮記者團一擁而進，衆人推擠喊叫。有人聽到一些男人說，「這些嬌小的小姐要是有人給踩死，豈不糟了。」窗子前擺了三張扶手椅，蔣夫人坐在中間。藍西裝、海軍領帶的總統一派從容坐在宋美齡左邊抽菸，埃莉諾坐在她右邊。有位「時代．生活」叢書出版社的記者寫道，「個頭嬌小的蔣夫人穿著繡有藍花圖案的黑色絲質衣服，危顫顫坐在總統大轉椅邊緣，看去像個精緻的中國娃娃。」「這位嬌小的夫人似乎隨時可能止不住搖晃身子，因爲記者會結束，她往椅背一靠時，她腳下那雙娃娃尺寸的開趾無帶淺口輕便鞋迅即離開地板數呎……整個記者會期間，羅斯福夫人一直用左手穩住那張椅子。」

羅斯福將媒體記者介紹給蔣夫人認識，還說經過將近一千場記者會後，「我想我們會彼此很喜歡」。他希望他和記者「對中國的了解，有蔣夫人對我們的了解的一半」。一百多年來，中國人民「在思想和目標上，一直比世界上幾乎其他國家都還要相近於我們美國人——同樣的偉大理想」。中國有著比美國還要悠久數千年的文明，最近已成爲「世上最偉大的民主國家之一」。

宋美齡說她去過中國各地的前線，從未害怕過日本人的刀，但「誠如諺語所謂筆鋒強於刃劍」，看到「如許之鉛筆沙沙飛舞於速記本上時」，她不知道該不該感到害怕。她覺得自己正和朋友爲伍，他們不會用「使機巧」的問題來「詰問」她。

記者問她，美國人民能給中國什麼樣最好的幫助？她還未開口，羅斯福就先回答：「這我可以答：給更多軍火。我們完全贊同此事。沒有人有異議。」她大笑著回應：「總統說得沒錯。」有人問她對於中國未充分利用其人力的批評有何看法，她答，「我們是有多少軍火可用，就動用多少人力」，「我們不能赤手空拳打……但近身肉搏時，我們一直只用刀。」她稱許美籍志願大隊協助保護中國使免遭狂轟濫炸，還稱許他們使中國人在反侵略戰爭中「感覺到美國真的全心與我們在一塊」。中國已訓練出飛行員，但缺乏軍火、飛機、汽油，他們飛不上天。她說，「但總統已解決過這麼多難題，已順利克服這麼多重大危機，因此我覺得可以安心將這問題交給他來回答。」衆記者聽了大笑。

羅斯福的回應，乃是冗長分析了使美國無法將更多燃料、飛機運到中國的地理上、技術上的難題。最後他說：「我如果是中國政府的一員，我會問：『那要什麼時候？』……而身爲美國政府的一員，我也會這麼說：我們會竭力促使其實現，上帝要我們多快，我們就多快。」

有位男記者問總統可願意讓人引用他的話：

總統：不願意。有些人不希望上帝的名義遭到濫用。（大笑）

有人問宋美齡美國如何加快對華援助。

蔣夫人：總統剛說過「上帝要我們多快，我們就多快」。他不希望這句話被人引用。我或許可以補充一句，「上帝助自助者」。

問：蔣夫人，你反對讓人直接引用你有關上帝的話嗎？

蔣夫人：我想我的看法跟總統一模一樣。

問：總統先生，你可介意別人擴大運用你的看法？（大笑）

問：（未得到理會）很好！

問：（未得到理會）怎麼看？

總統：你們有什麼問題要問我嗎？因為時間不多。

向來都是目光焦點的羅斯福，不習慣遭人搶了風采，明顯露出不悅之色，令白宮記者團大為驚訝。

不久後，中國大使館在飯店替宋美齡辦了一場雞尾酒會，共邀了三千名賓客，但還有許多人向隅，大使館不得不在報上刊登啓示，聲明不會再發邀請函。有位英國籍賓客輕蔑的說，迎賓隊列太長，花了四十五分鐘才抵達「現場」；賓客眞的抵達時，又被提醒勿跟她講話。她不自然的微笑，看來病得不輕。「如果英國大使館辦一場類似這樣的宴會，美國人會怎麼說，不用想也知道；這再一次證明中國人在華府怎麼做都不會得咎。」

為了蔣夫人來訪，埃莉諾・羅斯福把已退休的前「白宮第一號女僕」瑪姬・羅傑斯叫回來。當時普遍報導，蔣夫人不用白宮的亞麻織品，而「要求」給她絲質被單，但事實上，她自己帶了被單，因為她對羊毛和棉都過敏。也在白宮工作的羅傑斯女兒莉莉恩・羅傑斯・帕克斯，負責將蔣夫人的被單蓋上白宮的毯子構成床罩。她得在地板上爬來爬去，用手將床罩粗縫到有六吋邊和斜拼接角落的毯子上。這項麻煩的作業得每天做，因為被單每天要更換、洗濯。她的辛苦工作引來白宮職員的熱烈評論，且其中有些評論傳到報界。帕克斯在回憶錄裡講道，蔣夫人給她「可觀的」小費，十五美元。

住在白宮兩個星期期間，宋美齡每天下午小睡，大部分在她房間裡用餐。羅斯福每天邀她如果覺得身體夠好，可以一同用餐，但她很少在傍晚前回覆，且即使答應也往往又改變心意。儘管如此，二月二十五日，羅伯特・羅布醫生打電報告訴宋子文，宋美齡不理會他的囑咐，令他「很不安」，宋美齡繁忙的活動可能導致「病情嚴重復發」。他嚴厲要求宋子文限制她的行程。羅布寫道，「你妹妹出院時，我們並不認為她已康復，我們向夫人和她家人解釋過，接下來幾個月得把專心養病放在首位。」

埃莉諾・羅斯福寫道，孔家兩兄妹明顯惱火於白宮的規定，給人的印象是他們覺得主人和大部分美國人

「認為所有中國人都是洗衣工，瞧不起他們」，「有時他們似乎有意找麻煩，無意表現出友善。」孔令偉曾告訴某來客她是孔子的第七十六代後裔，想藉此彰顯自己的身分，那位客人聽了很是困惑，一時不知如何回話是好。有天，白宮職員葛蕾絲．塔利聽到響亮的拍手喚人聲從蔣夫人房間傳出，嚇了一跳。「那群中國人把我們搞得筋疲力竭。他們以為人在中國，在叫喚苦力。」

宋美齡住在白宮期間，與宋美齡接觸過的那些男人的反應，令埃莉諾．羅斯福感到驚訝。「他們覺得她有魅力、聰明、迷人，但都有點怕她，因為她努力爭取她認為是中國和她丈夫的政權所不可或缺的東西時，會成為頭腦冷靜的政治家；那光滑柔軟的小手和低沉柔和的嗓音，掩蓋了可能和鋼鐵一樣堅硬的決心。」宋美齡在談話中所流露出「對殘酷行徑的漫不以為意」，則令羅斯福夫人意外。埃莉諾寫道，「我在富蘭克林（．羅斯福）面前把她說得那麼可愛、溫婉、惹人愛憐，因而當他終於認識到這夫人的另一面時，他揶揄我不會看人，一副樂不可支的樣子。」有次晚餐時，羅斯福問宋美齡：「在中國你們會怎麼對付約翰．路易斯這樣的工人領袖？」當時羅斯福正為路易斯頭痛。「她沒開口，只是悄悄舉起美麗的小手，往喉嚨劃了一下，意思再清楚不過的一個手勢。」羅斯福看著埃莉諾。後來他說，「喂，你怎麼看你那位溫婉可愛的人？」後來宋美齡向衛斯理某位校友講起這件事，說法大異其趣：「總統轉過來對我說『在你的國家會怎麼做？』時，我不知如何回答，只攤開雙手，因為我不知道怎麼辦。」

與羅斯福交談時，宋美齡再度提起金援、軍援中國，以及中國在聯合國合理地位的事。他們討論了她對戰後世局的看法：中國東北、臺灣、琉球群島應交還中國；朝鮮半島完全獨立之前應暫時交由中、美共同託管；香港應在中國主權管轄下成為自由港。但羅斯福雖表面上表示同意，蔣夫人心知她的任務並未達成。

下榻白宮將近尾聲時，宋美齡再度與霍普金斯交談。她宣稱與羅斯福的會談很順利，但霍普金斯看得出她對這次訪美之行並非完全滿意。她堅持要美國提供飛機給新成立的第十四航空隊。她告訴霍普金斯，「我們不需要空頭承諾」，「總統已告訴我，飛機會送去，他絕不可以讓我在大元帥面前下不了臺。」她建議同盟國應在羅斯福領軍下立即談戰後的安排。應蔣介石的要求，她敦促霍普金斯訪華。霍普金斯未答應。她看來「疲累，有點洩氣」。隔天下午，她與羅斯福會面一個半小時，事後他告訴霍普金斯，他未「聽到什麼新東西，但讓她暢所欲言」。

她抵達華府前，羅斯福告訴英國駐美大使哈利法克斯勛爵，他「非常怕」她。她來訪之後，羅斯福對蔣夫人有點不信任，一提到她「就祈求自己不要倒霉」。他或許碰到了對手。羅斯福的魅力讓人如沐春風，宋美齡的魅力則帶有咄咄逼人之勢。兩人風格不同，但都善於不著痕跡的完成他們隱藏的目標。據副總統華萊士所說，總統帶有「女人」特質，「能幾乎非常成功的同時朝兩個方向前進。我所謂的女人特質，指的是他講究直覺和間接的行事作風。我要說他人緣很好，但我不想和他合夥做生意。」

宋美齡於一九四三年二月底回到紐約。數千民眾擠在宏偉的舊賓夕法尼亞車站，只為一睹她的容顏。五千民眾出現在市政廳廣場上，參與市長為她舉行的歡迎會；在唐人街，她受到喧鬧的歡迎。她下榻華爾道夫飯店，不久後召開記者會。她帶著微笑、和氣的神態，以俯拾即是的妙語，機智敏捷擋開投來的問題。已邀請羅斯福夫人訪華嗎？她大笑，大大張開雙臂，回以她邀每個人訪華。返國途中是否會在英國停留？她答，日本人會很樂於知道她的返國路線。有位記者問她對殖民地的看法，但她答以世上最睿智的人都未能解決那問題，而她又一點也不聰明，藉此避開這陷阱。

下榻華爾道夫飯店期間，威爾基與她共度了不少時光，且常送花過來。他還擅自以隨他完成環球之旅的兩位記者加納．考爾斯和約瑟夫．巴恩斯的名字，另外送她兩束花。他寫信告訴巴恩斯，「今天早上收到感謝函時，我很擔心你收到感謝信時，會老老實實的寫信去澄清那些花並不是你送的。擔心友人的直率老實，實在很不應該。」

有天，考爾斯接到通知，要他著宴會小禮服並戴黑領結，當天晚上到蔣夫人的下榻處與她共進晚餐。他克服萬難取得必要的通行證（因戰時旅行管制而需要的通行證），在通知後的短短時間內，從華府趕往紐約，一身得體的穿著抵達。宋美齡一身華麗的裝扮出現，而考爾斯到了才知道那是場兩人私下的密談。用餐後，宋美齡挑明她的用意。她告訴考爾斯，她嫁給蔣介石純粹是在母親安排下的權宜之計。婚前他們幾乎互不了解，結婚當夜，蔣委員長告訴她，他認爲性關係只爲傳宗接代，而他已有一個兒子，他無意再生小孩，因此，兩人之間不會有性。考爾斯覺得這一祕密可疑，但聽了未置一詞。然後她告訴考爾斯，全心全意幫威爾基贏得一九四四年總統大選乃是她的職責，且承諾所有競選開銷包在她身上。她說，「麥克，你也知道的，如果溫德爾選上，他和我將統治世界」，「我統治東方，溫德爾統治西方世界。」考爾斯被這位舉世最精明能幹之一的女人「迷住」，未當場駁斥她荒誕的提議。

三月二日，宋美齡在麥迪遜廣場花園體育館發表了演說。怪的是演講前爲她所舉辦，有衆多社會名流出席的盛宴，她並未現身。東道主亨利．魯斯派人到她下榻房間探問，她告以人不舒服。她爲這場演講現身時，告訴也在場的威爾基，她很緊張。他答以凡是漂亮的演說，演講者事前都會嚇得幾乎痲痺。中、美國歌演奏時，她在飛虎隊儀隊陪同下進入大廳。講臺上的要人包括小約翰 D. 洛克斐勒、費奧雷洛．拉瓜迪亞和九個州的州長。威爾基介紹蔣夫人，說他見過許多戰時領袖，但她是「其中最令人著迷者」。他稱她是「復仇天使」和「爲正義而戰的大無畏軍人」時，認眞聆聽的黑壓壓聽衆贊同大喊。她身後的布幕飾有一個大紅漢字「凱」（「勝利」之意）。她穿帶金邊的黑色長連身裙，戴綠耳環、黑手套。《時代》雜誌說她看去比較像是「下個月時尚雜誌上的人」，而非四億兩千兩百萬人的復仇天使。

向滿場的聽衆講話時，宋美齡說她收到數千封美國人寄來的信和電報，令她非常感動。她說，「一九三七年七月，近衛文麿說，『我們會在三個月內讓中國屈服』」，「自那之後已過了多少三個月？」她很自豪於中國「爲建立自由、正義世界而奮鬥的大業」付出的貢獻。她說，軸心國只看重殘暴武力。她提到聯合國和戰後世界的局勢，呼籲停止互責和仇恨。她呼籲聽衆裡按時上教堂做禮拜者發揮寬恕精神：「基督的教誨要人提升靈魂和智能，遠遠超脫尋常的仇恨、墮落激情……祂要我們恨人內在的惡，而不要恨人本身。」著名詩人卡爾・桑勃格在其報紙專欄中激動的說，蔣夫人的演講可以列入任何「有關政治學、倫理學、文學、演講術的大學教科書中」，「她在停頓時機的拿捏和使每字每句言之有物上，功力令人讚嘆……但她不知道這是如何辦到的，就像（職棒選手）泰・科布滑進二壘時，不知道他用的是他十一種方法裡的哪一種。」

三月四日，羅布醫生板著臉懇求孔令侃，務必在他阿姨接下來的在美期間，「徹底而一貫」的阻止她的活動。他警告說，「如果照現狀繼續下去，我認爲身體垮掉是絕對跑不掉」，「夫人越來越緊繃、緊張，不得不再度增加鎮靜劑的服用量，以取得她所亟需的睡眠，這令我非常憂心……她的體重在變輕，身子越來越疲累。」

無視於羅布醫生的警告，她不久後向紐約華僑演說。她說不久之前，她的同胞還被人叫做「中國佬」，而非「中國人」。她以母親教子的口吻，勸在座華人繼續展現已顯然促成這一觀念改變的良好行爲。她很高興僑居美國的華人較以往受到尊重，但發現華人仍受到歧視，這不只表現在排華法令上，還表現在地方上對華人購買房地產的許多地區限制上和許多社會習俗上。眼下她在美國備受推崇，但她並未因此忘記她小時候在喬治亞州的梅肯時，因爲當地公立學校不准華人女孩就讀，她不得不在她寄住的恩斯沃思家受私人教師教導的往事。

不久後她前往波士頓，拜訪母校衛斯理學院。她搭乘專列火車在猛烈的凍雨暴中抵達時，已有數千人等候。羅斯福的防彈車直接開到她乘坐的豪華列車車廂旁，以便將她從南車站載到衛斯理。衛斯理校長米爾瑞德．麥卡菲爲天氣不好而致歉，但宋美齡說她喜歡這天氣，因爲那是她印象中的新英格蘭天氣，衛斯理「下雪時最迷人」。城鎮居民和大學師生熱切期盼她的到訪，中國國旗飄揚於衛斯理村的上空。宋美齡要求在十字街上，她大一時住過的那棟房子前停下。

許多從前的同窗，不惜用到珍貴的配給汽油開車前來看她，興奮、緊張得就像要去晉見英格蘭女王的女學生一般。他們聽她的廣播，讀她的信和文章，爲她的七萬五千名「戰爭孤兒」和衛斯理的宋美齡基金會募款。有位觀察家驚嘆道：「就像脫繭而出的蝴蝶。」另一人說：「我有時在想那是不是同一人！」有位頭髮灰白的女舍監遺憾的回道，「她見到我們時可能也會有同樣的疑問！」另有一位已顯福態的女人說，「凡是女人，結了婚當然都會有很大改變！」好似在解釋宋美齡如何由胖乎乎的女大學生蛻變爲苗條的國際性女政治家。

宋美齡未讓她們失望。她身著黑色長禮服、貂皮大衣、相稱的手籠出現，苗條且美麗。她散發光采，眞的肉眼可見的光采。她解釋道，「我的衣服鑲了萊茵石，一打一美元。」發現前教授安妮．圖爾時，她大喊，「你還是戴著一九一七年那頂帽子！」她叫喚老朋友，「凱莉，來，我想見你！珍妮是你？……瑪麗你變胖了。」她的教授說她變得都認不出來了。宋美齡回道，「那是因爲我那時候胖。」茶會上，她高坐在火爐旁的長沙發邊緣，愉悅的接受瞻仰，她的同學坐在地板上，欽敬、興奮的抬頭看著她，突然唱起校歌。走訪她當年參加過的女生聯誼會 T. Z. E. 時，她想知道所有新會員的名字和來自何處。她還一度點起香菸，然後說道，「你們這些小寶寶年紀還太小，當然不能抽這東西。」且頑皮問她的同學，「我這樣會不會敗壞她們的心靈？」

在衛斯理演說時，宋美齡穿著飾有藍色亮片的藍絲絨緊身旗袍，配上藍寶石、鑽石耳環，呼應母校的招牌顏色藍色。一開始講，她就湧出淚水，她使勁緊咬嘴唇，靠肉體的痛來按壓住激動的心情。注視著她的衆人，包括麥卡菲和特工人員，也不禁濕了眼眶。突然間她身子搖晃，一把抓住講桌，臉上失去血色，眼看就要不支倒下。她的護士捧嗅鹽到她鼻下，讓她醒過來。她竭力不讓自己昏倒，現場陷入長長的靜默，沒人知道她能否繼續講下去。

最後，她終於開口說道，「人一激動往往就說不出話」，話語透過全國廣播電臺現場直播出去。她讚揚女人在美國教育界與社會上的成就，稱頌婦女運動的「諸位先驅」。在中國，女人的地位向來視丈夫的社會、經濟、政治地位而定，但「如今的中國婦女獨立自主，受到應有的肯定」。她勸誡衛斯理學生時，高估了她們的字彙能力：「Indehiscence and mawkish maunder will not equip us for our battle through life..... Yet within these very portals is the cenote of learning.」（果子成熟時不開裂和無病呻吟，無法讓我們應付人生的奮鬥……但在這些大門內，存在著學問的洞狀陷穴。）有幾家報紙把 cenote（洞狀陷穴）誤印爲 keynote。

她認爲人不應爲了達到目的而屈尊忍辱，自貶身價。她演講中引用的艱深典故，使報社記者個個回頭去翻字典、百科全書。就連教過她英文作文的教授伊莉莎・曼沃林，都被她的“obtund”（「使變鈍」）一語難倒。有人問孔令侃，她爲何要在演說裡用這類晦澀的字眼，他答道這些字貼切表達了她的想法，且她認爲美國人應該懂這些字的意思。他說，「夫人深信那些批評者低估了大衆的腦袋。」

隔天，她穿深藍色寬鬆長褲、舒適的走路鞋、海狸皮長大衣，頭戴時髦藍色毛帽，帽上別著她的中國空軍雙翼徽章出現，準備逛校園，引發一場全國性的時尚熱潮。衛斯理學院最傑出的校友，自信滿滿走在蓋著雪的校園裡，麥卡菲中尉和戴著淺頂軟呢男帽的壯碩特工人員快步跟在一旁，以跟上她輕快的腳步。爲宋美齡來訪而向海軍請假的麥卡菲，穿著海軍藏青色制服，下穿裙子。事後麥卡菲遺憾的坦承，「她的寬鬆長褲破壞了我們的拒穿寬鬆長褲運動。」宋美齡俏皮的說：「一直有人告訴我，英國雄霸海上，但現在我知道，衛斯理主宰美國海軍志願緊急服役婦女隊。」[21]

《波士頓郵報》斷言，「我們可以說，沒有其他女人，且少有男人，曾像這位嬌小英勇的中國第一夫人，在這一世代的美國人心裡，烙印下如此深刻的印象。」這份報紙將她比擬爲一九四〇年納粹轟炸英國期間的邱吉爾、一九三三年美國經濟處於崩潰邊緣時的羅斯福總統。有位專欄作家開玩笑道，「如果夫人是中國美容院整出來的，在美國的中國人從事餐館業，就根本是在浪費時間。」粉絲寄給她的信，一天達兩千多封。其中，明尼蘇達州奧斯汀市某學童寄來的信，讓她看了大爲開心，信中寫道：「我們覺得你是世上最美的女人。」

宋美齡訪美後是否會訪問英國，仍懸而未決。英國國王要等她接受訪英邀請之後，才肯表示願在白金漢宮接待她。而宋美齡基於國家、個人、民族的尊嚴，不願在英方未事先保證會給予和美國第一夫人一樣的待遇下——即在王宮接受招待——接受邀請。雙方都不肯讓步。英國外交部迫切希望她來訪，這不只是爲了英國和美國的關係，同樣也爲了英國和中國的關係。中國人已在美國境內就殖民地問題激起不少反英聲浪，如果能安撫蔣夫人，這番怒火或許就能平息。

英國駐華大使薛穆深信，如果蔣夫人訪英，且訪英行程「籌畫得宜」，會有「莫大的好處」。英國外交部官員思考該不該再向頑固的王室提起此事。國王已「非常清楚」的表示，「這趟行程毋需遵守」埃莉諾・羅斯福來訪時採用的模式。埃莉諾來訪期間，她是國王的客人，與王室同住。針對蔣夫人來訪一事，王室提出技術性問題，指她沒有國家元首夫人的名分；蔣介石有不少頭銜，但總統這頭銜不在其中。外相艾登在寫給國王的信中懇求道，「美國人對中國有著病態式的心態，對於其他人可能加諸中國的不友善舉動，疑心甚重，……只要他們覺得英勇的中國盟友受到一丁點輕視，他們的反應會是『我才不管他是不是國王，他就是不能隨便踢我的狗』。」艾登指出，這事對國內有同樣不利的影響。「要讓一般英國人理解，對蔣介石夫人的禮遇不如對羅斯福夫人的禮遇並無不當，那是不可能的事。在這兩人中，我覺得前者比較受歡迎。」

英王終於同意願在白金漢宮或溫莎古堡接待蔣夫人。但蔣夫人未予回覆。三月，英國外交部抱怨「讓王室受到這個令人厭煩的女人擺布」，但仍認定她的來訪價值重於國王尊嚴的考量。有位官員寫道，「坦白說，她出人意料的失禮行徑，讓我們在王室面前很難堪，……但無論如何我們不該因爲她的失禮，就不再邀她過來；她一旦過來……不管多不願做這種以德報怨的事，都應給予慇勤的款待。」牛津大學表示，她若訪英，會授予榮譽學位；皇家外科學院則會給她罕有的殊榮，選她爲海外榮譽院士。五月時她仍以醫生囑咐爲藉口，未回應訪英邀請。

第十四章　反制

多得可怕的謠言在世界各地流傳，最糟的是，其中有一半是確有其事。

——邱吉爾

蔣夫人在美國受到的熱情歡迎，令中國人民感到莫大的欣喜和驕傲。民心士氣高昂，深信她有能力替中國爭取到中國想要的東西，不管那東西是對華的援助、廢除列強在中國的治外法權和美國的排華法案，或承認中國在聯合國有「合乎法理的席位」。但在美國，這股熱潮開始轉向。美國人有打造偶像的傾向，但偶像一旦樹立，就有股潛流在偶像崇拜底下湧動，作勢欲將偶像拉倒。

蔣夫人在美國的巡迴演講風風火火時，美國駐華外交官謝偉思來到華府。在那裡，有人要他向羅斯福助手居里就中國事務簡報。謝偉思是在華傳教士之子，會說中國話，足跡遍及中國各地。與居里交談時，他對國民黨極爲悲觀，語多批評，並稱讚中國共產黨的成就。謝偉思不是共產黨員，但居里是潛伏的蘇聯特務。居里顯出很感興趣的樣子，並表示他同意謝偉思的觀點。他讓謝偉思覺得，「對街的那個人」（白宮就在居里辦公室對面）與他所見相同。羅斯福跟《紅星照中國》作者埃德嘉．斯諾很熟，且與支持中國共產黨的海軍陸戰隊上校伊文思．卡爾遜是朋友。卡爾遜曾就他與八路軍（第二次國共合作後編入國軍部隊之紅軍的番號）打交道的經驗，寫成一本書。

居里表示，他憂心蔣夫人的訪美正在塑造一股有利於國民黨的「宣傳狂潮」。他告訴謝偉思，得想辦法

「反制」這種種宣傳。蔣夫人越過羅斯福頭頂，直接訴諸美國國會，抨擊盟軍先解決德國、再對付日本的作戰策略。居里安排謝偉思與著名的政治專欄作家德魯・皮爾森，在海・亞當斯飯店地下室的小酒吧見面。皮爾森的全國連載專欄〈華府旋轉木馬〉，在美國新聞界極有影響力（主要因爲有人提供他消息）。他們兩人見了幾次面。皮爾森去過中國，套句謝偉思的話，是個「非常優秀的報人」，但他「不是很注重細節。給德魯的東西，出來時幾乎都會遭到些許改變或歪曲」。皮爾森的專欄談到中國問題時，口氣越來越尖刻。

居里請謝偉思把他所知道的也告訴別人，以讓大家了解中國的情況並非如新聞界所描述的那麼美好。他還請謝偉思回中國後寄信和報告給他，因爲他覺得國務院並未充分告知他情況。不管是蔣夫人，還是她丈夫的政府，的確都非他們所自稱的那樣好；但令人不解的是，在羅斯福欲提升中國的世界地位——至少如此公開表示——時，居里想方設法欲破壞她的形象和中國政府的形象。居里祕密破壞蔣介石夫人和中國政府的行動，究竟是莫斯科指使，還是他自己自發的作爲，或甚至是羅斯福的授意，不得而知，但他開始追蹤宋美齡的活動，蒐集她財務方面的資料。一九四三年五月二十六日，他指出，根據他的消息來源，已有總價三十七萬美元的支票（蔣夫人巡迴募得的援華資金）轉交給她的外甥孔令侃，而孔令侃將這些錢存入他在美國的個人帳戶。六月十日，有消息人士告訴居里，轉到蔣夫人之美國帳戶的錢，至這時爲止，共有八十萬美元。

聯邦調查局也已在蒐集有關她來美後她和她家人的情報。聯邦調查局局長胡佛在一九四三年一月十五日的一份備忘錄裡，引用一「有待查證的祕密消息人士」的說法，指稱宋家是「中國最有權勢的家族，幾乎『牢牢掐住』那個國家」。「有人形容宋家『死要錢』，他們的每項作爲，似乎都源於想多撈點錢的欲念。」宋家正在搞一項「大陰謀」，欲將租借法案提供的物資中飽私囊，賺取巨額利潤。胡佛寫道，還有人說蔣夫人不是蔣介石的正室，蔣介石娶的是個「令人非常尊敬而從未公開露面的女人」。宋家的組織據說

「非常嚴密，手法殘酷……對付『不聽話』的人，不是予以收買，就是幹掉」。宋家「口是心非、背信棄義」的行徑，在中國已經「惡名昭彰」。孔夫人，這一集團後面的「首腦」，在幕後發號施令，「邪惡又精明」；宋子文則負責執行她的想法。胡佛寫道，「宋家組織如此緊密，中國所發生的事，樣樣都得經過這家族至少一名成員的審批。」孔夫人的活動，包括僱請刺客，在中國官場是人盡皆知。胡佛寫道，「據說，這些官員被宋家操控行徑激起的怒火，只有他們對美國人漫不經心受矇騙所生起的不屑及得上。」提供消息者主張，蔣夫人來美的目的，不是治病，而是爲了想出辦法搬動從美國援華資金裡私扣下來的錢。胡佛還提到許多道聽塗說的傳聞和模糊不清的傳說，其中有些在後來遭提供消息者正式撤回，或經查明並不屬實。

另有份聯邦調查局的報告指出，日本已透過香港電臺宣布，宋子文在紐約銀行有七千萬美元存款，孔夫人有八千萬美元，蔣夫人有一億五千萬美元。但這份報告也提醒，日本提供的消息「可想而知有誤導大衆之嫌」。另有密告者告訴國會消息人士，孔、宋、蔣三個家族「藏了」約二十億美元「供個人使用」。

這些指控有一些漸漸傳入美國新聞界，但大體上透過流言蜚語傳播。支持者主張，蔣夫人和她丈夫乃是計畫性抹黑的受害者，但其中某些指控確有其事，使這其他指控跟著變得可信。有人指控她勢利、揮霍，在人民挨餓時過著豪奢生活。她嫌白宮亞麻布料不夠高級一事，傳得沸沸揚揚。但事實上，她的皮膚病一發作，身上許多地方就冒出條狀紅疹，奇癢無比，得塗上醫生開的油劑或療方才能安眠。有一次，她就在紅疹處塗上煤焦油，再撒上硼粉。後來宋美齡向某位友人解釋，「我不想用別人的被單，乃是因爲藥有時會被擦掉，留下用一般清洗方法很難洗掉的汙漬。」她用中國製造的絲織品，因爲亞麻布和棉布會惡化她的皮膚病。但在美國人看來，睡覺要用絲質被單，就是極度奢華的表徵，尤其是在實行物資配給的戰時。來自日本的進口貨因戰爭而斷絕後，絲織品被徵去製作降落傘，迫使數百萬美國女人不穿長襪，因爲尼龍長襪屬於晚近的發明，當時還不普及。

就在宋美齡以魅力風靡美國的巔峰，美國《時代》雜誌在三月二十二日刊出一篇河南省嚴重饑荒的報導。記者白修德描述：「狗啃食路邊的人屍，農民趁著黑夜搜尋死人肉，數不完荒無人煙的村落，擠在每個宅院大門旁的乞丐群，每條大馬路上遭棄置自生自滅的哭泣嬰兒。」共有約三百萬難民；有五百萬人大概活不到下一個採收季。白修德指出，中國軍隊是這場浩劫的元凶，說他們不顧作物欠收，仍向農民徵收糧賦。他指責中國政府未能及時送去糧食救濟，使這場悲劇更加不可收拾。這篇報導不知怎麼的未經審查就傳到紐約，且令人吃驚的，亨利．魯斯幾乎一字未改的讓其刊出。宋美齡大怒，質問魯斯，要他把白修德解僱。這位媒體大亨不肯。居里的「反制」已然啓動。

白修德懷著心痛、沮喪的心情離開饑荒的河南。一部分因爲他在河南所親眼目睹的悲慘景象，一部分源於幾年來的近距離觀察，這位甚有影響力的作家，開始無情批判國民政府。他對蔣夫人的看法也爲之逆轉。他在一九四一年寫道，「她的秀美動人，再怎麼誇大都不爲過」，「沒有照片能完全拍出她的美，因爲她的美——除了完美的五官、讓化妝品無用武之地的膚色、堪稱自由中國最出色的人物——是令人驚豔、熠熠耀眼、發自內在的。她是推動新生活運動的精神領袖……她籌辦了大部分婦女福利工作、孤兒照顧……戰爭禍害的全面復建。」但後來他稱她是個「美麗、刻薄、善變的女人，更像美國人而非中國人，從讚美詩到最惡毒的話語，各種等級的美語，無所不精……她時時禮服打扮，令人驚豔，可以像個大學女生般嬌羞可愛，也可以像個女舍監般頤指氣使、愛挑剔」。

美國情報機構蒐集了流傳於紐約、華府華人圈子，有關宋美齡「花大錢買了四十雙鞋子、值四萬五千美元的毛皮大衣」等傳聞。「沒規矩的孔家小孩」，特別是孔令偉，在白宮的行爲，已破壞了中國在美國上層人士圈子裡的威望。許多中國人抱怨宋美齡訪美行程遭「孔家小子」把持，中國駐美大使顧維鈞因爲他們的作梗，等了三天才獲准「面見」宋美齡。謠言四處流傳，但沒人願意把這正在醞釀的風暴告訴宋美齡。有傳言說她漫長住院期間的住院費用和與她此趟訪美有關的其他開銷，都由美國政府買單。美國財政部發現八十六萬七千美元的美援款項（顯然是蔣夫人巡迴美國時募集到的救濟款），遭存入她隨從的私人銀行帳戶。蔣夫人的英語祕書陳小姐告訴聯邦調查局幹員，夫人感謝蔣介石助她取得自己的地位，但她「一點也不喜歡」她丈夫。她視他爲「了不起的人」，驕傲於他的成就和她在將他打造爲國家領袖上付出的貢獻，但她不愛他。

蔣夫人請中國駐舊金山馮總領事的妻子，擔任她訪美期間的正式採購員。與宋美齡自小就是朋友的馮夫人，在第五大道百貨、柏格朵夫、麥考橙這些精品百貨店採購了絲織品、毛織品等商品。跟著宋美齡三個月期間，她完全無法跟別人事先約定任何活動，令她的友人無法理解。有人問道，「你爲什麼不能自己作主？」

派給蔣夫人的中國大使館一些館員，很不滿她對待他們的方式。他們得二十四小時全天候待命。即使根本沒事要做，她仍堅持要他們待在她房門外，以備她隨時差遣。他們質疑她巡迴途中花用無度的娛樂費用和其他開銷，特別是在中國境內有人快餓死時這麼做。他們指責孔令侃「愚蠢和辦事不力」，稱他是個「笨蛋」。他們批評蔣夫人不該延長滯美行程，因爲延長滯美已大大削弱了她訪美初期贏得的廣大善意。

她的隨員群裡關係極緊繃，隨員之間常口角。孔令侃扮演男總管的角色，但欠缺此角色必要的公關本事。孔令偉與他爭奪主導權，致使兩兄妹各行其是，形成雙頭馬車。結果，這一團混亂的過錯，卻怪罪在新聞祕書董顯光，宋美齡所摯愛的這對外甥、外甥女的「副手」上。

宋美齡在三月下旬啓程前往芝加哥，未察覺到對她的不滿已在她的隨員和美國人民裡日益滋長。她的五車廂專列在芝加哥的聯合車站受到兩千民衆的迎接，民衆爭相往前擠，警方費了好大力氣才擋住。她踏上月臺時，熱情的群衆自發性爆出喝采。在擠滿人的記者會上，她告訴記者她覺得「很開心」[22]。她信手捻來就是一句美國俚語，引來群衆大笑。有人問她會不會見當時正訪美的英國外相艾登，她答如果不期而遇會很樂意見他。她知不知道艾登的戰後計畫？她答他未徵詢過她，又引來大笑。有人問她中國最迫切需要的是什麼，她義正詞嚴說：「飛機、飛機、更多的飛機。」唯一讓她一時不知如何回答的問題，乃是《芝加哥防衛者報》記者所提：對美國的「黑人」是否有什麼話要講？她停住，露出困惑表情，然後以問代答，「幹嘛去區分黑人報紙和非黑人報紙？不全都是在美國出生、長大的美國人？美國不是種族、民族的熔爐？」

不久後，她到芝加哥的唐人街向數千民衆講話，收到從芝加哥、底特律、克利夫蘭、密爾瓦基的華僑募集到的六萬五千五百八十七美元捐款支票。阿妮塔・布蘭送給宋美齡價值十萬美元的國際收割機公司的優先股時，蔣夫人感動落淚的說她會用這筆收入造福她的「戰爭孤兒」。

三月二十二日，宋美齡在芝加哥露天體育場向芝加哥人民發表演說。演說前一晚，邱吉爾發表電臺演說，直言駁斥宋美齡呼籲盟軍先擊敗日本再對付德國的主張。邱吉爾說，他已下定決心不說「童話故事」。亞洲戰事的進行，將以收復遭日本人占領的英帝國領土爲目標。這對同樣猛烈抨擊殖民政策的宋美齡、羅斯福來說，都是不留情面的一記耳光。他還雪上加霜，在戰後計畫中刻意不提中國的盟友或夥伴角色，只以施恩的口吻保證中國會從日本手裡「獲救」。宋美齡即使曾有訪英的念頭，無疑也因邱吉爾對中國的輕視而死了心。

芝加哥演說前，唐納斯格羅夫村的十歲女孩艾比蓋爾・奧爾森，把她母親親手做的一只玩偶送給蔣夫人，請她轉送中國的小孩，並說「那些遭轟炸城市裡的小孩想有自己的玩偶」。她還給了蔣夫人一撲滿的硬幣，是她向同學募來的。芝加哥體育場的群衆大會有兩萬三千人參與，看起來比較像是振奮人心的集會，而非政治活動。演奏中、美兩國國歌後，現場民衆唱了愛國歌曲「共和國戰歌」、黑人靈歌「輕搖，可愛的馬車」。大都會教堂唱詩班唱了美國海軍學院軍歌「起錨」、海軍陸戰隊軍歌「海軍陸戰隊頌」，接著上場的是中國兒童節奏樂隊的演出和柴可夫斯基 F 小調四號交響曲。芝加哥市長、伊利諾州長、美國援華聯合會全國會長輪流上臺致詞，最後，蔣夫人終於上場。

在演說中，宋美齡將美國的孤立主義人士比擬爲當年建造萬里長城者。她從「五月花號」講到北美十三個殖民地，向美國人上了一堂美國歷史課，試圖在她稱之爲家鄉的這兩個國家之間找出相似之處，甚至將美國總統林肯、傑克遜與農民出身的中國皇帝相提並論。「我們兩個國家有大相逕庭的……歷史、文化、傳統，但都認知到個人內在具有……協助塑造國家命運的能力。」

因應邱吉爾的演說，她在演講時臨時插入一段尖銳的反駁，宣稱：「有些民族和國家仍喜歡把人不可剝奪的權利和尊嚴踩在腳下。他們看不到……在炸彈轟然爆炸之後，有了新世界的憧憬，憧憬建立一個以人人得享正義、公平爲基礎的世界。」大西洋憲章的目標，「不是去逗引那些疲累不堪而意志堅定、打擊暴力的人」，而是要去建造一個以普世原則爲基礎的更美好世界。她稱中國渴望成爲國際大家庭的一員。中國人正在奮戰，以協助打造「繽紛多樣的世界文明」。在慷慨激昂的結尾部分，她講述了一則儒家的寓言故事，闡述信念的意義，使全場聽衆拜倒在她的腳下。應她的要求，這場難得一見的盛會以聖詩「前進，基督精兵」做結。

宋美齡直接前往她的專列，然後啓程前往美國西岸傳播她的信念。黎明時分，在猶他州鄉間某個小站短暫停留時，當地居民似乎全出來迎接。蔣夫人還在包廂裡睡覺，但她的女僕出現在車門臺階上。一群約五十名孩童看到她，跑過去，大喊：「她在那裡！」這女人不懂英語，只是微笑、點頭。她和興奮的孩童都不知道她正代表中國的第一夫人。在另一個停靠站，站長妻子於凌晨三點帶著餅乾出現。特工人員檢查過沒有爆裂物或毒藥後，宋美齡用它們配茶，招待隨行的記者。

越往西走，接待她的排場越來越盛大，因爲每個城市都想更勝前一城市一籌。在舊金山，她由一艘海軍軍艦護送進城，海岸防衛隊的緝私艇航行於兩側，還有一艘救火船噴水以助聲勢。數萬居民立於街道兩側。她發表了兩場演說，一場對一般大衆，一場對華僑。她接見了碼頭工人工會、船塢工人工會、鐵路工人工會。一如羅布博士所警告的，她的健康在繁忙的外務下日益惡化：蕁麻疹再度上身，她一度想取消會見行程。當地僑社「費了好大工夫爭取」，才把她請到唐人街。

宋美齡的火車於四月一日駛抵洛杉磯，而在該地，接風的排場達到鋪張的極致。影業大亨大衛・塞茲尼克和其妻子艾琳，與亨利・魯斯和其妻子克萊兒交好。身爲美國援華聯合會全國會長的魯斯，此前已請塞茲尼克擔任該會的洛杉磯分會會長。塞茲尼克是聲譽卓著的製片人，拍過史詩電影《亂世佳人》。以他的身分爲蔣夫人辦一場歡迎會，排場當然得空前盛大隆重而華麗鋪張。個頭嬌小、黑髮黑眼、慷慨激昂又很上相的蔣夫人，令人想起《亂世佳人》女主角郝思嘉。對於喜歡透過女主角生平來鋪陳歷史曲折的他來說，蔣夫人正是理想不過的女主角。他日以繼夜投入籌備工作。一九四三年四月四日，在湛藍的加州天空下，好萊塢露天劇場擠滿三萬多人，準備觀賞即將展開而衆星雲集的華麗演出——蔣夫人巡迴旅程的盛大終曲。一如塞茲尼克的大部分作品，這場盛會的開場比預定時間晚，且進行緩慢。數個中隊的轟炸機飛過頭頂。女演員瑪麗・皮克佛向宋美齡獻上鮮花。兩國國歌演奏。衛理公會加州主教帶領念禱文。樂隊演奏爲這場盛會特別編製的中國交響敘事曲。演員華特・哈斯頓敘述道，「這雙手，一個女人的手，已協助塑造了一國的命運，……這顆心，一個女人的心，低低訴說一個單純女人的希望，全世界的人得停下來細心聆聽。」如果說聽衆的耐心到這時還未耗盡，聽完蔣夫人四十五分鐘的演講（她此次巡迴時間最長、最激動的演講），肯定已忍無可忍。

她回憶了六年戰爭裡的悲痛故事：一個小男孩，身子因肚子傷口的劇痛而抽動，抓住她的大衣討水喝；主持火力遠不如敵人的中國空軍，如同「夢魘」；派經驗不足的軍校學生駕機出擊的心痛，心知有許多人會有去無回。她講述了南京大屠殺的慘狀，鉅細靡遺到了令人毛骨悚然的程度。日本軍「性騷擾我們的婦女，把所有體格健全的男子集攏，像牲畜一樣綁在一塊，逼他們挖洞，最後把他們踢進洞裡活埋」。對於那些質疑中國「以空間換取時間」策略者，她予以嚴厲抨擊，說中國施行這策略，旨在「讓敵人付出代價，讓敵人要從我們手裡奪走每吋土地都得付出慘重代價，久而久之，就能將他們的戰力耗盡……當今世界裡，還有哪個民族像中國人這樣，如此英勇忍受如此長久的戰爭痛苦，如此堅忍不拔、如此頑強不屈守住原則？」

城裡各處飄揚著中、美國旗。孩童蹺課去看她。蔣夫人的車隊經過時，數百名婦女禁不住激動情緒，哭了出來，拿手帕拭淚。她得到好萊塢大人物盛宴款待，其中包括奧森・威爾斯、瓊・貝內特、露易絲・蕾娜、黃柳霜、蓋里・古柏、佛雷亞斯坦、時時跟在她旁邊的瑪琳・黛德麗。與幾個電影老闆會面時，她敦請他們在電影裡把中國拍得更切合實際。某些老闆顯然對這項懇求置若罔聞，因為華納兄弟電影公司的傑克・華納，在替蔣夫人辦的一場中國戰爭援助餐會上演說時，一開場就俏皮的說，「嘿，各位讓我想起，我該把衣服送洗了！」塞茲尼克和妻子艾琳招待她參加，他以好萊塢露天劇場這場豪華盛會為題拍成之電影的私人放映典禮。然後他送上十八萬兩千片綜合維他命給中國孩童。

但在阿諛奉承底下，一股批評的潛流持續在壯大。宋美齡雖然廣受讚譽，懷疑、痛恨的心態也在滋長。這有一部分是她誤判美國人的戰時心態所致。她那一身搭配珠寶、毛皮大衣而大受好評的衣著，加上有關她用絲質被單、大批隨員、講究派頭之作風的報導，與美國人喜愛公衆人物以樸素平凡形象出現（不管那形象如何虛假）的心態，正相牴觸。印刷品上開始出現惡毒批評宋美齡的話語，而她在行爲和衣著上未反映她所訴諸的貧窮一事，則引來源源不斷的批評。她巡迴期間常在床上接見前來拜訪的女士，身子靠著繡花絲質枕頭，身穿縫有線條圖案的絲質短上衣，大腿上擺著一條中國被子，此事也無助於她的名聲。接見男人時，則躺在她下榻處的躺椅或長沙發上。

後來埃莉諾．羅斯福寫道，蔣夫人「不解」於美國第一夫人行走各地時怎麼有辦法只帶著她的祕書（湯米）湯普森，而宋美齡卻需要數十名隨員。「她問湯米誰打包我們的行李，湯米說她打包她的，我打包我的。」然後宋美齡問誰來接電話，湯米答誰比較近就誰接，而埃莉諾往往向來電者假裝她是湯米。她想知道誰處理書信和衣物？他們一同處理信，而衣物如果需要燙平，由飯店做。但最令宋美齡無法理解的，乃是羅斯福夫人怎能不帶安全人員四處走。

一九四三年四月，中國這對第一夫婦所寫的兩本書在美國出版。蔣介石的著作是他的戰時演講集，並引用《聖經》語句，將書取名爲《竭盡所能，竭盡所有》。《紐約時報書評》雀躍寫道，該書作者是個「有學者知性與哲學家感性的軍人」，並說「每個美國人」都該一讀此書。蔣夫人的講稿、文章集，《我們中國女人》，被同一位書評者形容爲反映了「一位……果斷而積極進取之女人的溫婉、可親的靈魂」。這位書評家以讚嘆口吻寫道，該書作者是個「積極的女權主義者」、女政治家、「世上最傑出的女人之一」，「她胸懷理想、原則和她對人類的愛。她代表所有國家的自由派思想。她和大元帥是天造地設的一對。」這位書評家以難以置信的口吻大膽寫道，如果蔣介石的講稿像希特勒的《我的奮鬥》那樣廣受閱讀，世局「說不定已是另一番面貌」。

在這期間，蔣介石的另一本著作，《中國之命運》，已在不久前在中國大賣。這本書大部分是蔣介石的文膽捉刀寫成，不久就被稱作「中國的《我的奮鬥》」。中國共產黨譴責它是「買辦的封建的法西斯思想體系」。美國國務院關切該書中強烈反西方的傾向和書中宣稱中國理該擁有遠東廣大土地的主張。書一開頭講述中國受外國（主要是英國）壓迫欺凌的歷史，接著探討中國將如何實現其成爲世界大國的天命。有一章專門介紹三民主義青年團（蔣介石仿希特勒青年團成立的組織）。在中國，這本書成爲大中小學校的教科書。由於書中鮮明的反外國、追求民族統一的言語，美國國務院禁止其在美國出版。

在這同時，美國境內也出現一本引起爭議的書。中國駐英大使顧維鈞的妻子，嬌生慣養而極有錢的黃蕙蘭，寫了本坦然無隱的書。這本書因國務院施壓而突然取消出版，但已送出四百本供雜誌編輯評閱。黃蕙蘭完全忘了她的同胞（更別提世界各地人民）正承受的殺戮和苦難，大談她享有特權與豪奢的著名生活。宋美齡知道後大怒，要丈夫叫駐英大使給個交代。中國政府花了筆小錢買下所有能找到的該書，但傷害已經造成。

威爾基的著作《一個世界》於一九四三年四月上旬出版，據稱在編務上得到他情婦伊莉塔・范多倫的協助。這本書雖以他的環球之旅爲本，卻是針對戰後美國發表的宣言。這本書以其平實魅力——和對蔣夫人精采的描述——叫好又叫座，最後賣了三百萬冊。二十一世紀福斯公司買下電影版權，找史賓塞・屈賽來演威爾基。本書出版不久後，宋美齡似乎就和威爾基失和，因爲四月十九日他發了只有一行字而語意模糊的電報給她：「霍伊爾福音規定，天使不棄牌，應該還債。」[23]告誡口吻顯示她可能已因爲某事生氣於他。後來她私底下告訴羅斯福，威爾基是個「永遠長不大的青少年」。她向考爾斯提的那個怪誕提議，未再有人提起。後來邱吉爾說，威爾基提醒他，有隻「紐芬蘭狗衝進水裡，又跑出水，甩動身子，跳到小姐身上，把爪子搭在小姐肩上，搖尾巴，同時把桌上所有菜全掃到地上」。

四月中旬結束其橫貫東西的巡迴之旅後，宋美齡返回紐約，住進她姊姊宋靄齡位於哈德遜河畔里佛戴爾區的家裡。她從那裡發出一份令英國大為惱火的聲明，呼籲「四強」（她對同盟國的稱呼）組成一戰後委員會，由那委員會「不偏不倚處理在脫離從屬和獲得自由之間可能需要一過渡時期的那些前殖民地」。雪上加霜的，她還呼籲釋放尼赫魯，以便尼赫魯發揮印度的政治力量支持同盟國大業，因為他是個具有「世界眼光」的人。但對於同樣身陷囹圄的甘地，她說，「想法有點模糊，不具世界眼光，因為他不顧世局如何，一心只想讓印度獲得自由，他擺脫不了這一執念的束縛。」英國的印度總督林利思戈怒不可遏，要求英國政府向重慶提出正式抗議，要重慶保證不再對印度事務發表「有害的聲明」。艾登建議英國政府提醒蔣夫人，中國國共兩黨之間「可嘆的內部不和」不利對付共同敵人，而英國對此一直小心翼翼避免公開批評。印度人的反應同樣激烈。宋子文轉告宋美齡，要美國插手印度事務，就如同要英國插手美國境內白人、有色人種之間事務一樣不可能。宋子文指示中國駐印度的外交官，要他們說蔣夫人是印度人民「誠摯的友人」，不該被「蓄意扭曲」她言論的行徑所騙，藉此化解這場風波。

對日抗戰頭幾年，蔣介石、宋美齡在中國和世界各地得到廣大的支持，但到了一九四三年，隨著蔣介石統治下醜陋的一面受到揭露，外界越來越無法忍受他們。中國共產黨漸漸扮演起受欺凌的弱者角色，國民黨則漸漸被視為壓迫者。支持國民黨者深信，世界輿論如此改變，乃是莫斯科和他們認為易受騙的西方自由派人士所合力主導，在國際上對蔣介石、蔣夫人和國民政府所發動之陰險抹黑運動的結果。根據這一理論，熱心的英、美新聞記者協助改造了中國共產黨在西方人眼裡的形象，使他們搖身一變成爲親切、溫和的「土地改革者」——中國眞正的民主派——而國民黨則漸漸被描繪爲無能、凶狠的獨裁者。這時候，關於中國共產黨的上述認知已開始廣爲流傳，蔣介石則竭力予以駁斥。他說，「中國共產黨並不是如他們在英、美的宣傳者所說是社會主義者或自由民主人士，……大家必須知道，這種言論全是爲了唬弄易上當受騙的世人。」

一九四三年五月在華府召開的三叉戟會議，乃是二次大戰以來最重要的盟軍高階指揮官會談。會中，關於遠東該採何種戰略，意見分歧。蔣介石派史迪威代表他與會，指示他讓羅斯福和馬歇爾理解中國情勢的危急，爭取給予更多飛機和軍用物資。不幸的，史迪威未能充分說服羅斯福，而陳納德用空軍打敗日本的計畫也未得到許多人採納。馬歇爾將軍請宋美齡「協助史迪威」，暗示如果史迪威被迫離開中國，美援也會跟著離開。會中，史迪威向羅斯福忿忿抱怨中國領導階層的無能，稱蔣介石是「猶豫、狡猾、不可靠、從未信守諾言的老無賴」。陳納德則反駁道，蔣介石是世上最了不起的領袖之一，對他從來是說到做到。

羅斯福仍然堅定認爲，不惜任何代價也要把中國留在戰場上。在三叉戟會議上，他命令馬歇爾和聯席會議參謀長把加強中國空防列爲優先處理事項。越過駝峰運去的補給，將增加爲每個月七千噸，其中四千七百五十噸分給陳納德，兩千兩百五十噸分給史迪威。史迪威很不滿，深信羅斯福著了蔣介石的道。馬歇爾和美國陸軍航空隊新頭頭亨利．阿諾德將軍認定，飛越喜馬拉雅山將龐大物資空運給困在內陸的中國國民政府，技術難度很高；此外，他們不想在犧牲史迪威的情況下增加陳納德的物資補給。羅斯福很不願激怒陸軍部，但也不想讓蔣介石失望，於是提出他一貫狡猾的解決辦法。他與蔣夫人見面，表示願送給她一塊他希望她能拿去向她丈夫兜售的「金磚」——亦即全不是蔣介石、陳納德所要求的援助，而是供中國空軍使用的飛機。

宋子文、宋美齡兄妹間的對立，幾近白熱化。蔣夫人在美期間，一直努力欲讓霍普金斯和羅斯福總統相信，蔣委員長只會聽取她的意見，溝通意見應該透過她，而非她當外長的哥哥。羅斯福提出其反提議之後，宋美齡志得意滿走進宋子文位在華府V街的中國國防物資供應公司（宋子文爲處理美國按照租借法案撥予中國的物資而成立的公司）豪華辦公室，得意說道，「我已爲中國辦到了，已弄到委員長要的所有東西！」宋子文迅即將她拉進他的辦公室，兩人在裡面密談了一個小時，然後她昂首闊步走出來，一臉怒氣和苦惱。宋子文的手下求他去遊說蔣介石，否決宋美齡已與羅斯福達成的協議。仍害怕蔣介石的宋子文深知情勢凶險，甚至一度落淚。如果蔣介石在美國總統面前駁斥自己妻子，那會被視爲是對蔣介石威信的打擊，會激怒宋美齡，會引來宋子文打算以妹妹的地位爲犧牲品提升自己地位的猜疑。最後他還是聯絡蔣介石，蔣介石發電報告知羅斯福，他妻子未獲授權代他談判，他仍然要求增加飛越駝峰的空運物資和供應更多飛機、轟炸機給陳納德的美籍志願大隊。羅斯福同意。

一九四三年五月二十日，宋子文與羅斯福、英國駐美大使哈利法克斯勛爵、時正訪問華府的邱吉爾等人召開太平洋戰爭委員會會議。羅斯福表示正設法將飛越駝峰的空運物資增加兩倍，以便陳納德增強其空軍戰力。邱吉爾說他已準備好派三個中隊的驅逐機，並抱怨中國調度軍隊對付西藏，在「那個獨立國家」裡引發「極大的恐慌」。宋子文提醒英國首相，中國和英國簽有條約，在條約中英國承認西藏爲中國領土。哈利法克斯突然插話，問宋子文是不是不懂「宗主權」的意思。宋子文申明，西藏是中華民國的一部分，是個僧侶統治集團，不是獨立國家。邱吉爾說，「我們對西藏沒興趣，那是個荒涼、險惡的地方。我們只希望力量不要分散，應集中全力對付共同的敵人。」

至於這場戰爭，邱吉爾說：「我們得承認緬甸是很難搞的叢林國家。日本人比白人部隊更有辦法承受這些環境的艱苦。」宋子文回道，如果英國確已食言，不願照卡薩布蘭加會議上的承諾奪回緬甸，那將是中國的「大災難」。邱吉爾答道，「沒有承諾這回事。」宋子文火氣上來，堅稱那份協議是白紙黑字，後來還在加爾各答開會探討過細部事項。邱吉爾說：「只有計畫，沒有決定。」後來宋子文坦承，在最攸關中國存亡的事項上，「我或許表達得不夠清楚」，但又說「對中國講定的援助應該說到做到」。羅斯福向宋子文坦承，邱吉爾「昨天的確很挑釁」。後來邱吉爾提議在北緬甸發動一場有限的作戰行動，但蔣介石堅持採取以拿下整個緬甸為目標的攻勢。五月二十五日，羅斯福告訴宋子文，他「在過去兩個晚上……與溫斯頓（・邱吉爾）搞這個提議，直搞到凌晨兩點半，最後我說服他，讓他承諾支持」。

那是段宋美齡後來所謂的「偉大中國意識時代」，在那期間，她的國家受到「應接不暇」的讚譽，「其中有些讚譽當之無愧，（有些）言過其實」。就在她沉浸於那段時日的「榮光」之時，她提醒自己，「戰時情緒的緊繃和極度的緊張，使周遭瀰漫一股不眞實、不自然的氛圍，使他們的要求因為被懷疑為時不久且眞的為時不久而顯得特別巨大，且視當下氣氛而更顯殘酷或寬厚。」氣氛已開始轉變。

賽珍珠是另一位對國民政府越來越失望的具影響力人士。她在一九四三年三月下旬，《時代》雜誌刊出白修德那篇有關河南饑荒的文章後不久，提醒亨利・魯斯，她「擔心現正在中國隱隱蠢動的某些令人不樂見的事會成眞，使我們這邊對中國產生不該有的失望和悲觀」。她寫了一篇關於中國的文章投給《生活》雜誌。魯斯為該不該刊出賽珍珠的文章大為苦惱。在寫給其高階職員的某份通條中，他敞開心懷，罕見的深刻反省道：「我不想到最後被人認定誤導了美國人民，把美國人對中國的友誼帶到『幾近濫情』而『必然會以幻滅收場』的地步……但賽珍珠的文章會不會傷害大於助益，卻是眞的有待商榷。」最後他決定刊登這篇文章。

在這篇文章中，賽珍珠呼籲增加對華援助，但也不留情面描述中國的現狀。言論自由遭保守、貪腐的官僚扼殺。蔣介石仍被尊爲國家的領袖，但在掃除國內「弊病」、走向民主上他會有多大的成效，仍令人懷疑。賽珍珠斷言，「我們正在拋棄一個國家，那國家的人民有能力和意願和我們共同拯救民主，但如果我們不出手相助，他們會被迫失去民主，因爲他們自己正被人拋棄。」

賽珍珠這篇文章於一九四三年五月十日刊登時，白宮已對宋美齡越來越沒耐心。邱吉爾訪問華府期間與宋美齡發生的齟齬，無助於挽救這趨勢。邱吉爾是英國貴族後裔，其已故的母親珍妮特·傑洛姆是美國美女，而珍妮特父親曾任《紐約時報》主編。這位愛抽雪茄的英國首相，精力、聰慧過人，也是毫不掩飾的種族歧視者。邱吉爾的私人醫生莫蘭勛爵寫道，「在（羅斯福）總統眼中，中國代表即將在未來世界扮演舉足輕重角色的四億人，但溫斯頓（·邱吉爾）只想到他們的膚色，……他談到印度或中國時，讓人想起他是維多利亞時代的人。」莫蘭憶道，有次羅斯福表示應與中國爲友而非爲敵時，邱吉爾靜靜的聽，但事後，私底下以輕蔑語氣提到「矮小的黃種人」。

邱吉爾受羅斯福款待，住在華府白宮時，請求在華府與蔣夫人見面。宋美齡以身體微恙爲藉口，邀他前來紐約相見。邱吉爾反過來表示在華府有急事待處理，不克前往紐約。爲化解僵局，羅斯福邀宋美齡前來白宮與他和邱吉爾一同用餐，遭宋美齡回絕。宋子文懇求他那執拗的妹妹去華府和邱吉爾一晤。五月十八日，宋子文見到羅斯福，羅斯福再度詢問宋美齡是否願參加這場午餐會。宋子文寫道，「親愛的妹妹，這是中國與中國人民的重大日子，因此我覺得蔣介石敦請你在邱吉爾這次來訪期間去見他是對的。邱吉爾的確無法分身前來紐約，總統想到爲你們兩人辦個午餐會，的確是絕佳的解套辦法。」他繼續寫道，「在塑造中國與西方世界的關係上，你所已發揮和仍受命發揮的作用，足以名留青史。在我們歷史步入這緊要關頭之際，與英國人保持友好乃是最重要的事，而你當下就能有實質的貢獻。你親愛的家人。」但宋美齡不理她哥哥的懇求。五月二十一日，邱吉爾寫信告訴英國外相艾登：

下榻紐約麗池（其實是華爾道夫）飯店的蔣介石夫人，在這裡令人頭痛。總統邀她今天星期五共進午餐，因為她表示對我有意見。這位夫人擺架子，自認是中國的雙統治者之一，因此回道應該是我去見她。我很遺憾因為在這裡有要事在身，不克前往紐約。總統無法理解她為何會把他以國家元首身分發出的邀請視為有損她的身分。宋子文先生認為她的行徑像個寵壞的小孩。她顯然要求出席軍事會議，很不高興她丈夫打電報告知，只有宋子文一人能代表中國說話。宋家的寡頭統治是個奇怪的安排。蔣夫人走到哪，身邊都跟著一個男孩打扮、舉止極男性化的外甥女。有人認為她在這裡待得太久，已不受歡迎。

五月二十三日，法蘭西絲．岡特與宋美齡在她華爾道夫飯店的下榻套房一同用餐。宋美齡告訴岡特她累到不行。她這輩子第一次喝純威士忌，使她覺得「怪怪的」。她要岡特保守祕密，然後神祕兮兮告訴她，邱吉爾要求見她，而她已再度拒絕。她告訴邱吉爾，如果想見她，可以來紐約。她堅持「不願叩頭」。她的氣色看來比一月岡特見到她時來得好，但眼神裡仍顯出「極大壓力」，而且她告訴岡特，仍得吃藥才能安眠。討論過彼此對尼赫魯和各自丈夫的看法後，宋美齡告訴岡特，她已領會到，「人（一輩子）事事得獨自承受，因此，要活著，就得有自尊，別討好人或屈服於人。」

隔天，五月二十四日，邱吉爾和羅斯福在總統書房共進午餐，宋美齡未參加。美國副總統亨利．華萊士憶道，英國首相談起他最愛的話題之一，即大英帝國與美國之間的共同公民身分：

（邱吉爾）說盎格魯撒克遜人較優秀，不該為此道歉……他本人是一半的美國人，因此他覺得自己有義務去推動這兩大盎格魯撒克遜文明的結合，以讓世界其他地方受惠於自由。我建議不妨將拉丁美洲諸國納入，讓「新世界」與大英帝國的人民能不需護照，想去哪就去哪。邱吉爾不喜歡這樣。他說如果把所有顏色的顏料放在調色盤上混在一塊，只會得到骯髒的灰褐色。

此後，宋美齡的行爲越來越奇怪且難以理解。六月二日，美國最重要的宗教性刊物《國教教徒》，以她的名義在華爾道夫飯店舉辦了兩千人的餐會，結果下榻該飯店的她卻未出席。英國外交部某官員尖酸寫道，「希望她堅持下去。」另一位官員寫道，「對中國與蔣夫人失望的情緒正在美國蔓延……她存在於那裡，『討人厭』更多於宣傳用處。」與國會議員周以德交談時，羅斯福稱她是中國的「首席名伶」，說她最好盡快回中國，好讓「這些不愉快平息」。

六月中旬，她訪問渥太華，以晦澀難解的言語談論民主的根源，發表了「暴民政治……只是在狂熱心態與無法無天中孕育出來的不成熟洛可可式暴民統治」之類聲明，把加拿大國會議員弄得一頭霧水。她說統治德國者是個「催生迫害與腐臭仇恨的凶殘梅菲斯特」。但她受到熱情歡迎，離開時帶著紅十字會所募集的援華支票。接著她前往美國喬治亞州的梅肯，接受衛理學院授予榮譽學位，途中她的火車於大西洋城停靠時，比預定抵達時間晚了半小時。她亮相供攝影者拍照，同時有一名海軍樂師以手風琴演奏「迪克西」。[24]她告訴前來迎接的大批群衆，「我覺得像是要回自己的家鄉。請原諒我的晚到，但大家都知道，那是南方的老習慣。」群衆裡包括州長和阿諾爾夫人。

一千兩百名衛理學院的校友和數千名來自喬治亞各地的貴賓來到梅肯，以一睹這著名賓客的風采，更別提還有增援的警探、便衣、特工人員、約六百名來自附近軍營的憲兵。爲迎接宋美齡到訪，這座學院經過修整，呈現出最整潔漂亮的風貌。她發表了她巡迴美國之行最後一場演說，並透過電臺向全國廣播。她被譽爲「新中國勇敢精神的活象徵」和「世界性的基督教領袖」。

她宣布，「回到衛理時，我覺得就像回家探望長輩」，還說她眞希望她的兩個姊姊也能一起來。她稱讚她兩個姊姊在這場戰爭裡的貢獻，以及她們在組織中國婦女上的付出。她告訴現場觀衆（包括她當年的家庭教師、導師、友人），「我們三姊妹一有機會碰面，就坐下來聊我們的南方友人，覺得他們幾可說是我們家的一份子，……他們對我們的教育方向有莫大的影響，他們對世界有莫大的貢獻。」衛理學院校長史翠克蘭的女兒，尚在求學而外號「塔娃」的屋大維婭·多明格斯獻花給宋美齡，而宋美齡接下花時親吻了花。後來多明格斯說，「這件不能洗！那是蔣夫人碰過的！」

六月，孔令侃收到宋美齡撥下的錢款，以便在紐約開間辦公室，處理她的書信和執行她返回中國後的其他事務。最初，孔令侃（某中國外交官口中「沒腦子的人」）打算在洛克斐勒中心的時代·生活大樓裡設間豪華氣派的辦公室，但由於資金不足，他只好退而求其次，弄了間小辦公室，交給一位友人掌理，他自己則去完成哈佛學業。孔令侃找宋美齡巡迴期間幫她做事的一位美國女人，擔任這間新辦公室的祕書，結果遭拒。這女人告訴聯邦調查局幹員，說那是因爲「我痛恨他到了極點，其他每個人也這麼認爲」。她還說，孔令偉數度勾引她，是個「讓人無法忍受的豬」。孔家兩兄妹的行徑，就連對蔣介兄忠心耿耿的官員，忍受他們已久的董顯光，都忍無可忍。董顯光「受夠了」這趟訪美之行和中國官場，考慮辭官不幹。他特別厭煩於遭孔家兄妹呼來喚去和侮辱。

一九四三年六月四旬，宋美齡返華前不久，她與羅斯福見了面。他告訴她，中國又名臺灣的福爾摩沙和中國東岸外的澎湖群島會在戰後歸還中國，要讓美國在那裡設立一個基地，但同不同意由中國決定。一直到她離美前夕，中國大使才正式告知英國政府她不會前往英國。後來宋美齡表示遵照醫生囑咐，無法訪英，為此甚表遺憾。

宋美齡於一九四三年七月四日，中國對日抗戰滿六週年的前幾日，返抵國門，而這趟返國之行多災多難。經南非納塔爾和印度返國途中，她暈機。結束這趟兩萬四千公里的飛行後，有位美國飛行員說，「天氣惡劣到極點，她非常不舒服，一路上沒說半句話。」她後來告訴記者，途中飛越日本占領的緬甸時，發生了一件「差點使我們成為日本帝國政府客人」的事。惡劣天候中，她座機的飛行員試圖透過周遭機場取得無線電方位，結果從看來像是美軍阿薩姆境內的基地收到信號，隨之開始朝那方向飛去，但飛行員覺得不對勁，又轉飛往別的地方。後來他們才知道，那些信號發自緬甸境內日本人所占領的機場。

宋美齡的行程保密到家，連她丈夫都只知道她何時會回來，卻不知會在哪裡降落。他飛到成都，認為可以在那裡的機場接到她，結果她卻在重慶降落。他的座機起飛後不久，就差點和正接近重慶機場以便降落的宋美齡座機在空中相撞。他不知道妻子在那架飛機上，繼續飛到成都，到了才知她已在重慶降落。她的行程保密到家，顯然是基於安全考量，但蔣介石對於未獲告知她的行程還是震怒。他下令機師立即駕機飛回重慶。機師從下游這一邊接近重慶的機場，未盤旋就打算順風降落（此舉違反規定，無疑是因為蔣介石命令他盡快降落）。就在這時，屬於航空委員會的另一架飛機，由該委員會最優秀的飛行員駕駛，按正確方向逆風進場以便降落。就在快要觸地時，這名飛行員發現有另一架飛機朝他直直飛來，千鈞一髮之際，他迅速再度拉升，避開正面相撞。他機上載的是正從桂林前來與家人團聚的蔣介石兒子蔣經國。

在這同時，宋美齡受困在重慶機場，除了駕著一輛旅行車來到飛機旁的兩名美籍機場服務員，沒有人前來迎接。孔令偉一蹬一蹬下飛機，說：「人都死哪兒去了？」她扶著已落淚的宋美齡進車子，然後抓住開車的美國機工的手臂，一把拉出車子，自己坐上駕駛座，開走。

蔣委員長大怒。隔天，他叫來時任航空委員會主任的周至柔將軍和中國航空公司（中美合資企業）經理王上校。該公司與這些意外毫無關係，王上校在被叫來之前對這些意外也一無所悉，還是遭到蔣介石痛斥。蔣介石說他該槍斃，還揚言要叫侍衛進來。最後，蔣介石決定將王上校收押，予以軍法審判——下場必是死刑。王上校畢業自麻省理工學院，被視爲是做人正直、辦事俐落的人，可能是中國最優秀的航空工程師。等著人來拘捕時，他坐在自己辦公室裡讀大英百科全書裡對「大憲章」的介紹，特別是陳述凡自由人未經與他同地位者予以合法審判都不得予以逮捕那個條款。宋美齡出面干預，加上孔祥熙、宋靄齡的說情，終於讓蔣介石撤回逮捕令。王上校受的懲罰減爲一個「大過」，勒令辭職。

不久後，宋美齡返抵國門的情景，在攝影機面前盛大重演一遍。國民政府主席（名義上的國家元首）林森的死訊，在她返國之前都密而未發，以便爲她舉辦盛大的凱旋歸國儀式，因爲依照中國禮俗，在備受敬重的林森去世時辦這樣的歡迎會很不得體。經過一段適切的間隔後，國民政府發布林森去世的消息，但事實上他在宋美齡返國前幾個星期就已辭世。

宋美齡告訴記者，從美國人那兒得到的「自發性善意」，讓她「精神爲之大振」，但事實上，她在美國待得太久，到後來已不受歡迎。總結來看，她這趟漫長的訪美之行可能弊大於利。

第十五章 金字塔旁

如果真有那麼一天，美國民眾對中國幻滅，屆時那幻滅的程度，可能大到使中國的優點在其友人心目中都看不到。

——美國外交官，一九四三年

蔣夫人於一九四三年七月返回中國後，見到她的那些記者，覺得她因為未能從美國政府那兒得到她想要的所有東西，而帶有相當鮮明的反美偏見。美國報章雜誌上接二連三出現批評中國的文章，更加深她的沮喪和她未能完成此行任務的感覺，但那些批評有許多是言之有故，持之有理。賽珍珠刊登在《生活》雜誌上的文章，批評其實很溫和，但還是令宋美齡惱火。宋美齡一返華，備受敬重的《紐約時報》軍事分析家韓森·鮑德溫就寫了篇具影響力的文章，表示中國人把中日的小衝突誇張為大對戰。

後來，納撒尼爾·佩佛在《紐約時報雜誌》刊登一篇文章，批評整個中國，且特別把矛頭指向宋美齡，讓宋美齡深感不安。畢森在具有影響力的太平洋學會刊物和《遠東概覽》上，也寫了負面文章，接著，鮑德溫在八月號的《讀者文摘》上刊出另一篇文章，名為〈對中國太一廂情願〉，文中重彈中國「不是國家，只是個地理名詞」的老調。鮑德溫主張，中國的軍事領袖只是披上新衣的軍閥，在軍事上別指望中國幫忙。鮑德溫、畢森擔任蘇聯祕密特務的身分，對他們的觀點有何影響，不得而知，但另有些與蘇聯或共產黨都沒有關係的分析家，也表達了類似的看法。無論如何，他們的文章得到許多人的閱讀，在中、美兩國國內都帶來不利的影響。

宋美齡在某封信中，向留在華府的宋子文大吐不滿。信中，她抱怨總部設在新德里的第十航空隊，攔下本該運往中國而爲陳納德的第十四航空隊所亟需的人員、裝備、補給品。她要求不要再讓中國對第十航空隊「低聲下氣」，堅持設立獨立的空軍指揮部。這份電報措詞太嚴厲，因而發送時就被蔣介石攔下未發。

返華後，宋美齡繼續與威爾基聯絡，但信中的語氣很拘謹。一九四三年八月他寫信告訴她，「我永遠不會忘記你在美國時與你一起閒聊的美好時光，也不會忘記你那些小小的教誨。」「當前的壓力消失時，我會（找一天）回報你同樣好的教誨。說眞的，我想你應該知道我多關心你個人和你奮鬥的目標。」威爾基於一九四四年出馬角逐總統寶座，但在威斯康辛州共和黨初選慘敗後退出競選。羅斯福找他當副總統競選搭檔，角逐民主黨正副總統候選人資格，遭威爾基拒絕。選舉後不久，他就死於心臟病，享年五十二。後來宋美齡寫道，「我跟威爾基先生不是很熟，認識不久，但記憶中他是個很眞誠的人。」還稱讚他有「世界性的眼光」和「大政治家的風範」。

一九四三年十月，盟軍即將於重慶召開會議時，原任盟軍聯合作戰司令統率英國突擊隊的海軍中將路易斯．蒙巴頓，接掌東南亞戰區盟軍總司令。蒙巴頓於會議召開前抵達重慶，立即向各方拉攏示好，爭取蔣夫人的關鍵支持。宋美齡告訴這位會打馬球的英國海軍將領，凡是有關人民的決定，她都下得很乾脆，而她已決定當他的朋友。蒙巴頓告訴蔣委員長，「不等我的參謀機構在德里設立，我就直接前來重慶，因爲我覺得像我這樣年輕、較無經驗的軍官，在一開始就向如此有名的軍人請教，乃是必要的事。」蒙巴頓說，這番話讓蔣介石「很受用」。

在這同時，蔣介石對於史迪威更爲惱火，一九四三年秋，他請宋子文催促華府召回這位壞脾氣的將軍。

這時史迪威已開始稱蔣介石為「花生米」，背後則說得更難聽。蔣介石早已因盟軍指揮層首重歐洲戰場，把中國戰場貶為遠遠不如的第二位，而大為光火；羅斯福對他不夠信任，未讓他全權指揮他自己國家的戰事，則讓他覺得更為受辱。宋子文在華府展開拔除史迪威的行動，但令宋子文有所不知的，宋美齡和宋靄齡在重慶也有所行動，目的在保住這位外號「醋喬」而言語尖酸的將軍。宋美齡提醒她丈夫，馬歇爾已揚言，如果蔣介石和史迪威處不來，美國會斷絕對華援助。這對姊妹不遺餘力拉攏不知情的史迪威，邀他喝茶，吹捧他，努力說服他，想要讓他更配合中國的作戰目標。宋美齡向史迪威表示同情，說他們兩人在應付難纏的蔣介石上處境相同。費了好一番力氣說服她那頑固的丈夫接受某事後，宋美齡向史迪威絕望說道：「我跟他祈禱過；除了殺了他，我什麼都做過了。」

兩姊妹的行動大為成功。不久後，史迪威就對「這兩位聰明的夫人」言聽計從，叫她們 May 和 Ella，稱她們是他的「同謀」。他替宋美齡取了外號「白雪」，認為中國的陸軍部長該由她當。史迪威不知道這對姊妹另有居心。據近身觀察過這齣精心演出的陳納德助理約瑟夫・阿爾索普所述，她們的目的乃是欲借史迪威之力削弱蔣委員長對宋子文的支持，從而增加孔祥熙的財富。蔣介石意志動搖時，兩姊妹出手。她們告訴史迪威，只要放低身段，承認錯誤，就可重獲蔣介石的歡心。十月十七日，史迪威面見蔣介石，「裝模作樣配合」。蔣介石教訓他身為下屬對其上司應有的職責，叱責他對待中國人態度傲慢。史迪威在日記裡寫道，「這全是胡說八道，但我恭恭敬敬的聽。」

盟軍會議前一晚，宋子文志得意滿返回重慶，帶著他好不容易才從白宮那裡弄來的保證：如果蔣介石要美國召回史迪威，美國會照辦。但十月十八日早上，蔣介石告知宋子文，他已改變心意。宋子文火大，大聲痛斥了蔣介石一頓。蔣介石氣得摔破茶杯，揚言要把宋子文槍斃。這番衝突後，宋子文在「情緒嚴重崩潰狀態下」回去，阿爾索普安慰他時，他不禁哭了起來。宋子文保住外交部長之位，但形同受軟禁。宋子文的能幹門生貝祖貽的中國銀行行長之位被孔祥熙取代，中國經濟隨之開始惡化。宋子文不管到哪裡，後面都跟著一票佩槍的「打手」。宋子文曾向這一切的幕後主謀孔夫人宋靄齡說，「如果姊姊是男的，委員長早已活不了，她可能已統治中國十五年。」

這場盟軍會議後不久，邱吉爾派一名代表駐在重慶，以改善中、英間的嚴重對立。艾德里安・卡頓・德・維亞爾將軍是布魯塞爾出生、牛津畢業、軍人出身的外交官，打過布爾戰爭和第一次世界大戰。得過許多勳章的卡頓・德・維亞爾身材高大，在戰場上失去一眼一臂，戰功彪炳，由他來彌補中英關係裂痕，再理想不過。

卡頓・德・維亞爾迅速打量了那位美籍指揮官。他寫信告訴蒙巴頓，「史迪威非常友善，但我有點拿捏不住他的心思」，「他辱罵從大元帥以下的所有中國人，說他只是個苦力，應該受到如此對待……把已爬到大元帥這種位置的人當苦力來看待，這想法實在可笑。」他認定史迪威不可靠，在寫給邱吉爾參謀長的信中說道，「他表面上是十足的蜜，底下卻是特別惡劣的一種醋。」

一九四三年十一月下旬，宋美齡陪丈夫到開羅參加戰時高峰會，與會者還有羅斯福、邱吉爾。被羅斯福叫做「喬大叔」的史達林，則會受邀參加稍後的德黑蘭會議。這時俄羅斯尚未對日本宣戰，讓中、蘇兩國領袖在開羅一起開會，並不恰當。啓程前往中東之前，宋美齡得了痢疾、流感，左眼出現虹膜炎，損及視力。

開羅高峰會召開時，戰爭走到一關鍵階段。羅斯福擔心中國軍隊潰敗，決心讓中國繼續參戰，拖住日本，至少拖到盟軍在歐洲戰場勝劵在握時。同盟國之間的關係很緊繃，爭奪作戰物資的情形很嚴重。各方都想保住、提升自己的利益。羅斯福自認在這場會議上的角色是「調解人」。

蔣氏夫婦幾可說是後來才被追加列入開羅會議與會名單。邱吉爾強烈反對，是因爲羅斯福的堅持，他們才得以受邀參加。這時候蔣介石的威望正迅速下滑，但羅斯福需要世人繼續視蔣介石爲偉大政治家，繼續視中國爲大國，特別是欲藉此讓難搞的俄羅斯難堪，或許也欲藉此讓英國安分。蔣介石和宋美齡深信，中國是同盟國陣營裡反擊法西斯侵略最久者，自然有資格躋身所謂的世界「四強」之一。蔣介石仍相信羅斯福對中國心存善意，且仍認爲羅斯福能實現那些善意。但雖有中國與會，邱吉爾仍認爲開羅會議是英美會議，德黑蘭會議是「三強」會議。

開羅會議在十足保密下召開，戒備森嚴，且完全禁止媒體採訪。與會國家元首安置在凱瑟琳樹林區（開羅的富人住宅區）的豪華別墅裡。會場設在金字塔群附近的美納飯店裡。整個地區圍上嚴密的警戒線，部署重兵和防空炮。八個中隊的英國軍機巡邏上空。

羅斯福於一九四三年十一月二十二日早上抵達開羅，發現蔣介石、邱吉爾已在機場等他。令邱吉爾驚愕的，羅斯福想先跟蔣介石單獨會談，再與英國人談。透過宋美齡居間翻譯，羅斯福強調中蘇兩國有必要制定出戰後協議，且表示戰後占領日本的行動，他認爲中國會參加。但談到維持美國對太平洋的掌控時，他不願討論在太平洋戰區設盟軍最高指揮官的事。

十一月二十三日，開羅會議在蒙巴頓的發言下開場。在馬歇爾、史迪威、美國海軍總司令歐尼斯特・金恩海軍上將支持下，蒙巴頓闡述了該出兵奪回緬甸的理由，並得到與會者原則上的同意。隔天，探討中國投入緬甸戰役的事。蔣介石未出席，原因不明。中國要求提供更多運輸機和空運補給，以投入緬甸戰事，遭馬歇爾拒絕。有位中國將領反駁，稱美國已承諾補給，中國有「權利」如此要求，馬歇爾聽後發火，說：「容我說個清楚……我認爲這些是美國飛機、美國人員、美國物資。」由於蔣介石未出席，這場會談未獲致任何結論，有位與會者將這場會談斥爲「嚴重浪費時間」。

在另一場未有中國人與會的會議上，史迪威直言不諱表示，在中國執行盟軍戰略，面臨兩大障礙，即「（中國）軍政部的中世紀機構和高階指揮層的無能」。除此之外，他認爲整體來看情況良好，並稱讚中國低階軍官的優秀。馬歇爾私底下勸史迪威，既已被中國人「糟蹋到如此程度」，不如離華，但史迪威想留下。馬歇爾隨之要求他，「那就不要再說那些離譜的話」。史迪威說他未曾公開叫蔣介石「花生米」。馬歇爾反駁，「老哥，你從不說謊，別在這時候說謊。」馬歇爾不知道他的門生正把更糟糕的事寫信告訴他妻子。

宋美齡以第四人身分參加開羅會議乃是前所未有，且某些人，特別是英國人，對此頗不以爲然。英國的印度、緬甸事務大臣艾梅里，語帶挖苦的稱開羅會議是「（三個）最高層領袖（外加那位超級最高層女領袖）的會議」。她未正式名列代表團成員，但幾乎所有重大討論，她都參加。除了當她丈夫的通譯，她還頻頻替他發言。她會插話道，「如果容我發言，我想向你們說說大元帥眞正的想法。」她甚至加入與會者的官方合照，坐在同盟國三大領袖旁，彷彿她是與會領袖之一。《紐約鏡報》刊出一篇文章，標題爲「大會議上的小夫人」。

英國首相和蔣夫人終於碰面時，邱吉爾說，「你認爲我是個糟老頭，對不對？」她回道：「我不是很清楚。你贊成殖民主義，我不贊成。」漫長交談後，他說：「現在說說你對我有何看法？」她答：「我覺得你說話嚴厲，但並無惡意。」他對蔣介石的「冷靜、內斂、有效率」印象深刻，覺得蔣夫人「引人注目、有魅力」。宋美齡欣賞邱吉爾的坦白，但並非處處與他意見一致。他責備她拒絕英皇的訪英邀請，說她該多了解英國，因爲英國是非常古老的國家；她則尖銳反駁，他該訪問中國，因爲中國是「更古老的國家」。

在開羅時，宋美齡苦於眼疾，也找了中東最優秀的眼科醫生看，但沒人幫得上忙。高峰會期間，她的蕁麻疹又發作，嚴重到讓她睡不著。她雖帶了自己的醫生來，仍求診於邱吉爾的醫生莫蘭勳爵。他看完後，宋美齡問得了什麼病。他答「沒事」，只要「生活壓力變輕」，就會好轉。她告訴莫蘭，他是她所碰過最坦率的醫生之一。

開羅會議期間，美國國會通過已經過長久辯論且期盼已久的排華法律廢除案。這項廢除案擱置了一段時間，然後經參院火速通過，以便送到開羅，在蔣夫人見證下由羅斯福簽署。在美集中居住的華人單身漢社群，自此有權利成爲美國公民、有權利擁有財產，隨之開始轉變爲由家庭組成的社群，進而融入更廣大的文化裡。

後來邱吉爾抱怨，蔣介石的出席破壞了這場會議。他寫道，「英美參謀的會談，令人遺憾的被冗長、複雜、次要的中國話題叉開」，「此外……誇大看待印、中情勢的（羅斯福）總統，不久後和大元帥進行了數場漫長的閉門會談。我們勸蔣和他妻子在我們從德黑蘭返回之前去參觀金字塔，好好享受一番，但希望落空，於是中國事務在開羅成爲首要議題，而非最後議題。」

離開之前，蔣介石和宋美齡請求羅斯福貸華十億美元，遭羅斯福婉拒。蔣氏夫婦還要求羅斯福裝備九十個師的中國軍隊。羅斯福未徵詢參謀長聯席會議的意見，「直截了當承諾」立即裝備三十個師，稍後再裝備六十個師。後來霍普金斯向羅斯福說，他給了他們很大的承諾。

後來史迪威私下會晤羅斯福，然後說羅斯福顯得「非常不耐煩於（中國人的）拖沓和索求不斷」，說羅斯福甚至氣得說出「或許有必要找個較積極的領袖取代（蔣介石）」。史迪威指示助手法蘭克・道恩准將擬訂暗殺蔣介石的計畫，且要他做得乾淨俐落，絕不可讓任何美國機構或個人被指爲主謀。史迪威不願透露是誰下令這麼做，只說「來自非常高層」。道恩擬了計畫，但這件事卻就此沒有下文。

誠如羅斯福已答應宋美齡的，同盟國領袖在開羅同意，戰後福爾摩沙島（臺灣）將交給蔣介石和其政府。這項協議雖只是個意向上的宣示，卻對日後的中美關係和臺灣島有出乎意料的深遠影響。開羅宣言似乎平淡乏味，對蔣介石來說卻是一大勝利。它反映了在羅斯福心目中友善、民主、繁榮中國的重要，中國將在美國的母翼下發展為世界大國。羅斯福將開羅宣言的草稿先拿給中國人看，使心存懷疑的邱吉爾難以再說三道四要求改變。

令人意外的是，開羅宣言主張將滿洲、臺灣等土地歸還中國，而英國希望就戰後恢復其殖民地取得類似的保證，卻徹底落了空。邱吉爾不願解散大英帝國，使羅斯福更加深信得讓中國在戰後世局扮演重要角色。他認為殖民主義是危險而不合時宜的東西，認為美國會在亞洲扮演老大哥的角色，而中國則當小老弟協助美國。據副總統華萊士所述，羅斯福懷疑英國在遠東的意圖，已暗中「做好安排，希望藉此把英國人趕出香港」。

蔣介石在開羅看來大有斬獲，卻「滿懷焦慮與憂懼」。他認為邱吉爾是無可救藥的帝國主義者，不想見到滿洲、臺灣、澎湖群島交還中國；也不樂見開羅宣言主張讓朝鮮獨立，以免鼓舞印度、馬來西亞和英國其他殖民地效尤。蔣介石失望於未能得到十億美元的貸款，但美國承諾展開大型攻勢以收復緬甸，讓他稍感安慰。不過，就在幾天後的德黑蘭會議上，這項承諾遭到粗率撤回。

蔣氏夫婦返回中國，羅斯福、邱吉爾飛往德黑蘭。在該地，史達林貶低中國，反對讓中國躋身世界強國之列。他暗地承諾一旦擊敗德國即加入對日作戰，但前提是沙俄在滿洲享有的特權於戰後歸還俄羅斯。對此，蔣介石未獲徵詢。開羅、德黑蘭會議的結果，乃是取消海盜行動（開羅會議談定的東南亞攻勢），以便進行霸王行動（大規模入侵法國北部的行動）和其他歐洲攻勢。戰後世界的安排仍未明確，但普遍同意這些以「警察」自居的國家應通力合作。聯合國的概念已然出爐。

一回到重慶，宋美齡即躺到床上休息，身體疲累到讓她再度陷入「神經完全瓦解」的險境。但禁不住丈夫的要求，她還是打起精神寫信給羅斯福，告訴他開羅宣言「大大提振」了中國的民心士氣，並稱讚他的英明領導和「你為人類福祉所從事的所有活動均散發出的崇高精神」。她提醒羅斯福勿忘他承諾「向財政部提」約兩億美元金條以穩定中國貨幣的事。

宋美齡的訴求石沉大海，於是一九四四年一月蔣介石重提其貸華十億美元的要求。他揚言如果不如其所願，中國可能會被迫停止對美國在中國境內的作戰提供財務或軍事援助，美國將得以二十中國幣兌一美元的官方匯率支應其在華部隊的開銷。當時黑市的匯率是一美元兌三百三十中國幣。建造機場和供應美軍部隊所需的成本，若按官方匯率計算，數目將極為驚人。美國財政部長亨利．摩根索向助理財政部長哈利．懷特憤憤說道，「叫他們去跳長江吧！……我可不願去國會替這些混蛋要任何東西。（中國人）只是一群壞蛋，我不想去替他們要一毛錢。」摩根索建議，如果美國需要中國幣來建造機場，可藉由在中國黑市賣黃金來籌資。

日益惡化的健康，使宋美齡無力與聞國政。一九四四年二月，她前往昆明，希望乾燥氣候和溫泉會「讓我擺脫掉」嚴重蕁痲疹所帶來的「失眠折磨」。經過「痛苦難受的兩個禮拜」，她發現那些溫泉含有砷，於是打道回府。醫生將她的毛病歸咎於神經。她寫信告訴埃莉諾．羅斯福，「他們想找出病根，但目前為止都未找到……我希望他們盡快找到，因為這惱人的病比疼痛遠更糟糕。我累垮了。」四月，她的醫生告訴她，唯一的療方就是徹底休息，因為這病是「神經緊繃」導致「氣血不順」所致。她已注射過她的紐約醫生寄來的藥，但無效。

宋美齡承受的壓力極大。外籍媒體一連串被她認爲是抹黑、攻擊的報導，傷了她的自尊。她變得超級敏感，一點點帶有批評意味的話語，都令她無法忍受。她一從開羅回來，一九三〇年代晚期替她做過事的伊洛娜·拉爾夫·蘇伊斯，就在美國出版了一本生動托出全盤內幕的著作，且大獲好評。蘇伊斯的著作《魚翅與小米》，把宋美齡寫成是個「熠熠耀眼的政治合成物——本性激進，因教育而成爲基督徒，因客觀環境而成爲資本主義者，因信念而成爲假民主者，具有獨裁者的氣質」。蘇伊斯寫道：「在她眼中，民主並非人不可剝奪的權利，而是有朝一日可讓政府發放以獎賞良好表現的糖果。」

然後，《波士頓郵報》刊出一篇文章，標題取名「中國第一夫人太時髦」。該文主張，蔣夫人時髦的衣著和珠寶，掩蓋了她「自由中國」捍衛者的角色。她的外表替她贏來普遍的喝采，但那是雙面刃。該文寫道，她身上「無價」的貂皮大衣和「價値不菲」的鑽石、玉，戳破了她在烽火連天的中國照料傷患、孤兒所營造出的虛假形象。

《新共和》雜誌上有篇文章，抨擊中國官場腐敗無能，外國送來一機又一機的現金，軍人和小學老師卻仍挨餓。英國社會主義週刊《論壇》並轉載了這篇文章。宋美齡和蔣介石不解於排山倒海而來的批評。蔣介石問其親信，「中國到底是哪裡出了毛病，讓美國不高興？」在一九四四年四月上旬的內閣會議上，孔祥熙與宋子文言語交鋒。孔祥熙說有許多批評和經濟、財政有關，且把矛頭指向他；他覺得中國受到不公平的挑剔。宋子文反駁道，許多批評是實有其事，包括官場派系傾軋、缺乏民主、經濟管制不力、作戰表現平庸等指控。他主張，鑑於美國注重新聞自由的傳統，如果中國大使館反對每篇報導，將不利於中國形象。

中國領導階層若知道同盟國外交官對他們的批評比外國媒體還不容氣，大概會大爲惱火。美國財政部駐重慶代表索羅門．艾德勒，在呈給華府的報告中嘲諷名為《中國經濟學說》的書。這本書的作者掛蔣介石名字，但實際執筆者是艾德勒所挖苦稱之為蔣介石「智囊團」的一名成員。對於想批評蔣介石的人來說，這本書是令人難以抗拒的靶子。該書從中國古籍旁徵博引，闡述該書所謂的中國經濟學。

宋美齡心神不安，或許還有一個原因。這時候，蔣介石扶植其長子蔣經國的態勢已很明顯。蔣經國於一九三七年從俄國回來後，蔣介石派他擔任江西省第四區的行政督察專員兼區保安司令，整治在共產黨展開其著名長征時因激烈戰火而民生凋蔽的該區。蔣介石給他大筆重建經費，要他打造一個模範區。由於充足的經費和其他原因，這項實驗大為成功，為蔣經國贏得治理幹才的美名。但他雖有能力，卻遭許多中國官員猜忌，妻子是俄國人更成為他的阻力。

蔣介石的姻親不樂見蔣經國崛起。宋美齡訪美久久未歸，這期間蔣介石與蔣經國父子的關係更為拉近。這對繼母子的關係表面上和樂，實際上彼此相敬如賓。蔣經國的存在，令宋美齡不悅地想起蔣介石的元配。此外，蔣經國讓蔣緯國的日籍母親住在他家。當時外界普遍認為蔣緯國是蔣介石的親生兒子，而非養子，認為他是蔣介石的前任情婦所生。更糟的是，三民主義青年團出版一本有關蔣介石的書，名叫《總裁萬歲》，書中提到蔣經國母親，未提蔣夫人宋美齡，而主掌三青團者正是蔣經國。蔣介石欲打造蔣經國的權力基礎，於是命他接掌三青團。這本書發給三青團所有成員，然後被收回，據推測是宋美齡堅持收回所致。

但最令宋美齡心情不好者，乃是婚姻裂痕日益擴大和隨之而起的流言蜚語。人民對國民黨政權和對抗戰七年來生活的不滿，無法公開發抒，只好透過謠言來宣洩，而謠言一出現迅即傳開，且隨著轉述，內容越來越荒誕離譜。高傲、道學又樹敵頗眾的宋美齡，成了最能滿足人需求的謠傳對象。一九四四年，大部分非共黨中國人仍對蔣介石有信心，但他的威望已大不如前。對其領導能力的批評，不管海內外，都日益升高。民怨沸騰，許多人認爲國民黨和其軍事領導階層刮取民脂民膏自肥。原來一貧如洗、爲革命奮鬥者，爬上高位後，積聚了龐大財富。許多人覺得蔣、宋兩大家族把中國當成「禁臠」一般。知識分子不大瞧得起蔣夫人，認爲她是「自負而對委員長沒有實質影響的女人」。孔夫人因愛搞錢而廣受批評。宋子文被認爲是行政幹才，但獨斷獨行。只有孫中山夫人普受中國自由派人士尊敬。

宋美齡幾乎每年去香港治病，每次去，就有謠傳說她與蔣介石的婚姻有了裂痕。這些謠言一律被斥爲是共產黨用以滿足「左派文人」需求的「中傷造謠」。但這時候，這類謠傳似乎不純然是虛構。據說蔣委員長不高興蔣夫人未能完成訪美使命，不高興她不顧他的反對在美國待這麼久。

一九四四年四月，美國駐華大使高思寫信告訴國務卿，宋美齡最近受命將羅斯福一則重要信息轉告蔣介石，她不只遲遲才轉告，且還試圖「淡化」信息內容。蔣委員長「家裡不平靜」的傳言甚囂塵上。蔣介石「暴躁易怒」已幾個月，宋美齡正促請她的美國醫生告訴她丈夫，說她該去海外休息一陣子。高思建議美國陸軍部不要再透過她傳遞信息。

五月時，蔣介石夫妻失和的消息，在重慶已傳得「簡直是沸沸揚揚」。謝偉思回報華府，說如果蔣夫人與其丈夫公開決裂，蔣氏王朝將分裂，將嚴重影響中國國內外情勢，使蔣委員長和蔣夫人兩人都「威信大失」。謝偉思寫道，「這些傳言的流傳甚廣和有人相信，還有口耳相傳的有趣細部情節，至少表明夫人不得民心（中國人普遍認爲那是在拿她開玩笑），人民不如過去那麼敬重她和大元帥。」宋美齡強烈的基督教婚姻貞潔觀人盡皆知；已有好幾名官員因爲妻子向她告狀而丟官。批評蔣介石者認爲這一爭議正證明他信仰基督教和推動新生活道德運動的虛僞，顯示他終究只是個老派軍閥。

有些傳言指出，宋美齡在美國期間，蔣介石和其第三任妻子陳潔如死灰復燃；還有些傳言說他勾搭上較年輕的女子，那女子據說住進蔣介石家或不為人知的其他地方，因為就要生下他的小孩。據說，這時候蔣夫人提到蔣介石時就稱他「那個人」，並抱怨他只有要去見「那個女人」時才戴上假牙。據說她曾走進丈夫的臥室，在床底下發現一雙女鞋，憤而將鞋丟出窗子，砸中一名侍衛的頭。據說蔣介石曾有四天閉門不見訪客，因為他與妻子爭吵，妻子拿花瓶砸中他的頭，導致淤傷。

不管是否屬實，跡象表明蔣家內部氣氛的確不對勁。自去年夏天返國後，宋美齡大部分時間待在孔夫人家。她避開社交和公開露面；她與蔣委員長極難得聯袂出現時，彼此似乎態度冷淡。她的蕁麻疹（醫生判定是神經緊張所致）猛烈復發，她似乎暴躁易怒。但有人認為與蔣介石翻臉的代價太大，她會吞下屈辱，忍受現狀。

憂心忡忡的羅斯福，一九四四年六月派副總統華萊士使華。華萊士行前，羅斯福提到中國的通膨問題、中俄兩國的緊張關係、中國第一家庭夫婦間的「欠缺和樂」。他要華萊士扮丘比特，讓蔣介石、蔣夫人重修舊好。至於國、共間的緊張，羅斯福說：「把他們全請到一個房間裡，擺上好椅子給他們坐，讓他們可以把腳放到桌上，有冰啤酒可喝，有好雪茄可抽。然後我會制止他們爭吵，我們會把所有事搞定。」

華萊士取道俄羅斯抵華，同行者有國務院中國通范宣德和曾當過蔣介石顧問的歐文·拉鐵摩爾。這兩人對國民政府心懷成見。宋美齡告訴拉鐵摩爾，她想出國治病，請華萊士將她的健康狀況告知蔣介石；此舉間接表示她想出國，但說不動蔣介石。她甚至拉下襪子，讓拉鐵摩爾看她的蕁麻疹。

華萊士與范宣德也拜訪了人在重慶的宋慶齡。她埋怨中國不民主，認為那是國民政府失去民心的原因。華萊士向羅斯福報告，「孫夫人情感的深厚、真摯，比她的政治智慧更令人印象深刻，但她是中國自由派的鼓舞來源，角色舉足輕重。」

宋嘉澍在美求學時。（Duke University Rare Book, Manuscript, and Special Collections Library）

宋美齡父母宋嘉澍與倪桂珍，攝於上海。（Duke University Rare Book, Manuscript, and Special Collections Library）

宋家合照，約攝於一九一七年秋。宋美齡站在右邊，她母親身後；她弟弟宋子良站在她父親後面。坐在地板上者，由左至右分別是大姊宋靄齡（孔祥熙夫人）、哥哥宋子文、二姊宋慶齡（孫中山夫人），坐在最前面者是么弟宋子安。（國民黨黨史館惠予使用）

宋美齡與同學攝於喬治亞州梅肯鎮的衛理學院，約一九一三年時。（國民黨黨史館惠予使用）

衛斯理學院一九一七年畢業班年刊上的宋美齡。她於這一年從麻塞諸塞州波士頓郊區這所學院畢業，當時年紀約十九歲。（Wellesley College Archives）

蔣介石第三任妻子陳潔如，為了娶進宋美齡，蔣介石於一九二七年將她休掉。（Brown Brothers, Sterling, PA）

蔣介石夫婦的婚禮照，攝於一九二七年十二月。（Wellesley College Archives, 中華照相館攝）

宋美齡與其寵物狗，攝於一九三〇年代初期。（國民黨黨史館惠予使用）

披斗篷、戴軟呢帽的蔣介石與少帥張學良，攝於約一九三〇年。一九三六年十二月，張學良在西安劫持蔣介石，要求蔣與中共聯合抗日。（Hulton Archive/Getty Images）

蔣夫人與其澳洲籍顧問端納，一九三六年攝於西安。（國民黨黨史館惠予使用）

美國空中作戰大隊（飛虎隊）隊長陳納德與蔣介石夫婦合影於中國（國民黨黨史館惠予使用）

一九四二年在緬甸，蔣夫人迎接《時代》、《生活》雜誌創辦人亨利・魯斯的妻子克萊兒・魯斯。當時克萊兒・魯斯正以遠東戰事為題，替《生活》寫篇文章。（Imperial War Museum, London, JAR 1571）

探訪中國「戰爭孤兒」的宋家三姊妹。（Wellesley College Archives）

一九四二年二月蔣介石夫婦在加爾各答會晤甘地。(國民黨黨史館惠予使用)

一九四二年十月展開全球巡迴旅行期間,溫德爾・威爾基在重慶迎接蔣夫人。威爾基的新聞祕書加納・考爾斯宣稱,她和這位具有領袖魅力的美國政治人物在重慶有段婚外情,此說後來遭蔣夫人大力駁斥(國民黨黨史館惠予使用)

一身時髦雅致打扮的蔣夫人，檢視向她敬禮的「戰爭孤兒」。這些孤童一進入孤兒院即給剃去頭髮，以除去頭蝨。

蔣夫人與埃莉諾・羅斯福
一九四三年攝於白宮草坪。
（國民黨黨史館惠予使用）

一九四三年二月蔣夫人抵達華府，小羅斯福總統在聯合車站迎接她。
（Imperial War Museum, London, NYP 19607）

一九四三年二月十九日，蔣夫人在美國國會發表演說，為其蔚為轟動的美國巡迴之行揭開序幕。巡迴全美期間，她呼籲美國支持國民政府抗日。（CSU Archives/Everett Collection）

一九四三年巡迴美國期間，衛斯理學院最著名的校友穿著寬鬆長褲逛了覆著雪的母校校園，經由媒體的廣為宣傳，引發一場時尚狂潮。照片中她與穿著海軍志願緊急服役婦女隊隊服的衛斯理校長米爾瑞德·麥卡菲走在一塊。（Imperial War Museum, London, NYP 6841）

一九四三年巡迴美國期間蔣夫人與外甥孔令傑（最左）、孔令侃（最右）、外甥女孔令偉（左二）合影。（Imperial War Museum, London, NYP 6753）

一九四三年巡迴美國期間紐約唐人街歡迎蔣夫人的情景。（國民黨黨史館惠予使用）

一九四三年晚期的開羅會議上，趁與會者沒注意時拍下的照片。蔣夫人不是國家元首，但官方的活動照裡，她坐在她丈夫、羅斯福、邱吉爾旁邊（Imperial War Museum, London, E 26546）

一九五三年訪問臺北期間，會晤蔣介石夫婦的美國副總統尼克森與其妻子派翠西亞。尼克森堅決反共，曾長期堅定支持國民政府。（國民黨黨史館惠予使用）

一九五五年在臺北拜見蔣介石夫婦的霍華報業集團出版人羅伊·霍華德。霍華德以艾森豪非官方特使的身分前來會晤國民政府領袖。（國民黨黨史館惠予使用）

蔣介石、蔣夫人和蔣經國合影，約一九五五年攝於臺灣。蔣經國是蔣介石元配所生，蔣夫人是他繼母。這對繼母子在公開場合似乎關係融洽，私底下卻有時不和。（Hulton Archive/Getty Images）

宋美齡作畫，蔣介石在旁觀賞。她於一九五一年拾起畫筆，不久就成為傑出的中國國畫業餘畫家。（國民黨黨史館惠予使用）

一九七五年蔣介石喪禮上，蔣夫人由其兩個繼子蔣經國（左）、蔣緯國（右）扶著，立在靈柩旁。（國民黨黨史館惠予使用）

華萊士在華聽到許多驚人消息。他聽說在昆明有個讓美國大兵尋歡作樂的俱樂部，店名就叫「美國」，老闆是中國商人。部隊調動的消息外漏，經查明是在該俱樂部上班的女孩所洩，史迪威即下令關閉該俱樂部；此外，美國兵還從那些女孩那裡染了病。人在緬甸前線的史迪威，接到回重慶述職的命令。抵達重慶，即遭蔣夫人、陳納德質問。她反對關閉那俱樂部，認爲那是爲了「娛樂爲我們做了許多事的美國兵」所設，下令重開。華萊士還聽到，宋美齡於一九四三年從美國返國時，座機上載了奢侈品。搬貨的苦力忍不住搶走這些珍貴東西，據說其中大部分東西以高價在黑市脫手。

羅斯福要華萊士爭取蔣介石同意，讓美國派軍事代表團訪問中共根據地延安。蔣介石當然反對，認爲那無異於表示美國承認那個共產政權。蔣介石向華萊士信誓旦旦說，共產國際雖已於一九四三年解散，中國共產黨仍聽命於俄羅斯。他說中國共產黨「不可靠」。禁不住脅迫，他最終同意美國人訪問延安。返美後，華萊士斷言中國已瀕臨瓦解，蔣介石「頂多是短期投資對象」。

不久後，有一美國團「迪克西使團」前往延安訪問。在當地所見，令這些美國人「驚嘆」。謝偉思後來述道，「重慶一味在等待戰爭結束……在延安那裡，他們一無所有……（但）整個氣氛充滿信心和熱情」，「他們十足篤定，認爲他們會贏。」訪問氣氛融洽且輕鬆。毛澤東可能在晚上時突然上門閒聊，做客的美國人通知一聲，不久就可見到毛澤東和其同志。相較於戰時重慶，延安一地做事迅速、有效率，人爽直，樂於配合，令美國人印象深刻。人人自己種菜，毛澤東也不例外。謝偉思已在陰鬱的重慶待了許久，他說「或許太久了」，後來坦承，「或許眼力有點變差了」。就連史達林都認爲中國共產黨是冒牌共產黨，就像人造奶油不是眞奶油。但就在美國人陶醉於延安那些溫和、樸實「土地改革者」的奉承時，日本人看得很清楚。有一則遭盟軍攔截的日本外交電報，說中國共產黨「比莫斯科還激進」，「幾可說是一群無政府主義者」。

七月時，宋美齡出現嚴重「神經疲勞」和失眠。美國助理海軍武官暨她的醫生法蘭克・哈林頓提醒孔祥熙，她若不盡快出國，他「無法保證她能保持精神正常」。哈林頓醫生認爲，她持續發作的蕁麻疹，肇因於她與丈夫關係導致的神經緊繃。最後決定讓她出國治療。

她出國前夕，蔣介石與宋美齡在重慶郊外山區的委員長避暑官邸辦了一場茶會，與會者有政府高官、外交官、傳教士、外國記者、蔣夫人顧問委員會的一群女人，共約六十人。蔣介石身穿樸素的卡其華達呢服裝，站著向賓客講話，口氣慷慨激昂。人人停下吃食，專注聆聽。他覺得爲了「維護革命」，該是時候就某件事開誠布公來談。他說，有關他私生活的惡意謠言已廣泛流傳一段時日，且不只已成爲街頭巷議的談資，還成爲挖苦的題材，甚至連他的同志都如此。除了妻子，只有一位眞正的友人前來告訴他這些謠言，包括他養了情婦、且那情婦已替他生了小孩的謠言。他斬釘截鐵表示，那則謠言完全不實。他和蔣夫人一九三四年發起新生活運動，以提升國民的道德水準。他的命運和國家的命運緊緊相繫，身爲領袖的他有汙點，就是中國有汙點。如果他自律不嚴，道德有虧，他怎麼面對國人、領導政府？他覺得恥辱，因爲他人格不夠崇高，才未能得到國人的完全信任。抨擊他的操守，就是抨擊中國。在四十五分鐘的演說中，他變得極激動，語調頻頻拉得很高。結束時，賓客熱烈鼓掌。

然後宋美齡起身。她用中文講時，聲音輕且緩慢，但用英語重述她的話時，語調激昂。她穿帶有花卉圖案的樸素藍、白旗袍，戴綠耳環、白手套，穿白鞋。她說她收到許多有關那些謠言的信。她告訴聽衆，「我覺得身爲眞正愛國的人，而非妻子，我有義務將這些謠言告知委員長」，「我從未有一刻自甘墮落或自貶身價去相信那些事，也從未問他是否眞有那些事。我如果懷疑委員長，就等於侮辱了他。我完全相信他的正直、他的氣節、他的人格、他的領導才華。我嫁給他已十七年，我跟他一起經歷了他的所有磨難，我徹徹底底了解他的正直。我希望所有人都不會相信這些惡意中傷。」賓客回以熱烈的掌聲。這場盛會被定調為「不對外發布消息」，但蔣夫人告訴記者，如果想告訴他們的友人，去做無妨。

這場茶會可想而知在中國引來紛紛的議論。有些中國人認為，否認婚外情，做法有違中國傳統，反倒讓他們覺得傳言是真，並損及蔣介石的威信。另有些中國人認為，兩人再分開一陣子，蔣夫人暫時離開中國，將讓他得以強化其在國內的地位。

七月九日，臉色蒼白、無精打采的宋美齡暗中啓程，以避開日本轟炸機，同行者包括她的大姊宋靄齡、外甥女孔令偉、外甥孔令傑、兩名女僕、一名廚師、兩名傭人、一名祕書。她於一九四四年七月十三日抵達里約熱內盧，住在瓜納巴拉灣布羅科約島上的別墅。美國駐巴西大使和巴西外長都「不知道她來此的眞正動機（要治皮膚病，這實在不是理想地方），有點感到困惑」。英國消息人士認為，她此行是來巡視她在該地的「重大投資」。

隔天，謠言出現在德魯．皮爾森的連載專欄裡。美國與中國的關係「不佳」，宮廷政治鬥爭「激烈」，中國出版審查制度下記者「形同犯人」。軍閥不喜歡蔣夫人，不想打日本人。皮爾森寫道，「蔣夫人過得不愉快」，「她沒有小孩，心繫著將軍，將軍卻去找別的妻子……蔣夫人是他的第三任……如今傳說有個十六歲女孩在宮中，那是某個想讓蔣介石遠離美國影響的軍閥的外甥女。」

美國駐重慶大使向華府報告，這時，情況已很清楚，第一夫婦間有「極嚴重的裂痕」。據說蔣夫人曾語帶怨恨提到「她跟他碰過的所有麻煩」。孔夫人和外國人討論過這事，「她很看重」這事，家中其他成員也是。蔣介石在那場「古怪」茶會上的講話，把自己與中國等同為一，極似「希特勒就是德國，德國就是希特勒」這一納粹宣言。

為了掃除謠言，蔣氏夫婦的友人和支持者，以半官方的方式向國際發聲，「解釋」謠言的起因。據他們的說法，蔣經國婚外情生了一對雙胞胎男孩（這確有其事），委員長喜不自勝，終於有了純華人血統的孫子。他於是命人在重慶整理好一間房子供母子三人居住，撥錢照顧她，派警察保護她。外界誤把那位女士當成他的情婦，因而有這些謠言。

這類謠言照理在中國不會引來多大關注，因為中國雖在一九三六年明令禁止納妾，納妾之事仍普遍被接受。對於那些娶了妻而妻子生不出小孩的男人來說，傳宗接代的社會壓力很大，這麼做無可厚非。但由於蔣介石曾昭告大衆他的基督教信仰，這件事就受到了仔細的檢視，而在他的軍事威信日漸低落的情況下，這件事給了他的敵人新的攻擊題材。有封被截獲的信件，引述宋美齡前任私人祕書的話說，辦那場這時已名聞遐邇的「茶會」，主要是為了「矇騙外國人」。但宋美齡出國不只是因為丈夫的問題，還因為「她眼睜睜看著有關整個國家的希望和計畫在她面前破滅」。

在這同時，中國戰場的緊張態勢在升高，史迪威再度統籌全局。開羅會議後不久，史迪威發動他所看重的緬甸攻勢，到一九四四年春，陳納德得到的補給已少得可憐。日軍發動攻勢，使許多陳納德的基地和國民政府尚掌控的小片領土大受威脅。四月十六日，日軍三個師越過黃河，快速穿越地勢平坦的河南省小麥田。補給不足的中國軍隊被迫撤退。陳納德只有九十架可用的飛機來騷擾敵軍、切斷敵人補給線。然後日軍挺進湖南省的產稻區，摧毀一部分中國最肥沃的農地，使饑荒更為惡化。

中國軍隊陷入險境，史迪威仍不肯支援彈藥，致使戰略要地衡陽城在被圍多日後失陷。支持史迪威者以衡陽敗戰為例子，說明陳納德空軍戰略的不管用。陳納德建議史迪威將飛越駝峰運來的部分物資轉移給中國地面部隊，以便他們奪回衡陽。史迪威拒絕，並在信中告訴妻子：「如果這一危機足以除掉『花生米』，同時又不致毀掉整艘船，那就值得一爲。」他主張，共產黨是中國「唯一可見的希望」。蔣介石想掌控租借法案提供的物資，但史迪威不讓步。他在日記裡寫道，「如果大元帥拿到（租借法案）分配的東西，我就完了，……紅軍會什麼都拿不到」。

一九四四年夏天使華期間，華萊士徵詢了各黨派意見，建議羅斯福換掉史迪威，代之以可取得蔣介石信任的高級軍官。但蔣介石要求部隊撤出緬甸以保護昆明時，史迪威指控蔣介石保存自身兵力，以便美國替他打敗日本後，他立即出兵攻打共黨。羅斯福的回應乃是將史迪威升爲四星上將，並將他從緬甸調到中國統率所有中國軍隊（包括共黨部隊），受蔣介石直接管轄。

此舉乃是自中美兩國領袖在開羅會晤，羅斯福堅持應以大國領袖身分對待蔣介石以來，羅斯福對華立場的遽然轉變。在這短短不到八個月期間，國民政府的威望陡落，共產黨的聲勢則蒸蒸日上。共黨支持者荒謬宣稱，只有共黨在出力打日本鬼子，國民黨的作爲則幾乎只是在圍堵共黨。但晉升使史迪威陷入吃力不討好的處境，而這想必是精明的羅斯福所預料得到的。史迪威表面上從屬於蔣介石，實際上出征作戰聽命於華府。他不可能聽兩個主子的話。

在收到史迪威獲晉升這晴天霹靂的消息之前，蔣介石請羅斯福派代表使華。羅斯福與蔣介石一樣不信任美國國務院，派了胡佛當政時當過陸軍部長的赫爾利少將前來。這位來自奧克拉荷馬、一生多采多姿、白手起家的百萬富翁，一九四三年八月抵華後不久就被任命爲駐華大使。他全力支持蔣介石，因此與駐華職業外交官意見相左。大部分駐華職業外交官認爲，打日本不能只用國民黨部隊，也要運用紅軍。不久後，赫爾利就以在中國人的盛宴上表演高亢、尖銳的印第安喬克托人戰呼大出風頭。

九月十九日，蔣介石與赫爾利、宋子文、軍政部長何應欽等人開會時，史迪威帶著羅斯福的信出現。蔣介石邀他一同開會，史迪威拒絕，還請赫爾利出房間密談。那封信扼要說明了史迪威的新職和蔣介石明顯的降職。赫爾利讀信時，勸史迪威勿遞出這封信，因爲信中的內容顯然不是任何國家元首所能接受。但史迪威說他奉命親自遞交這封信，堅持要這麼做。蔣介石看了譯文後，只說了句「知道了」。但美國人一離開，蔣介石即泫然淚下。這樣的侮辱，他不能乖乖吞下。史迪威得走。宋子文提醒蔣介石要美國召回史迪威可能帶來的不利後果，蔣介石「堅決認爲」史迪威留下將使他成爲「關在自己家裡的犯人」。蔣介石說「此實爲余平生之最大恥辱也」。從不錯過幸災樂禍之機會的史迪威，在興高采烈寫給妻子的信中，盡情寫了打油詩，慶祝他心目中打敗「花生米」的勝利。數天後，蔣介石請羅斯福撤換史迪威。一九四四年十月中旬，羅斯福終於下令召回史迪威。關於與史迪威的恩怨情仇，蔣介石在其日記裡寫道，「對此事之隱痛，亦可謂極人生之所未有也……中、美國交不因史迪威而散，中國抗戰亦不因史迪威而敗者，殊爲莫大之幸運。」魏德邁將軍受命接替史迪威，擔任中國戰區參謀長。看到中國的假象正在美國遭「全盤揭穿」，英國官員樂不可支。

史迪威離華，但不久後就在接受《紐約時報》的布魯克斯．亞金森、《時代》雜誌的白修德採訪中，大爆他對這件事的看法。《時代》雜誌以一篇四頁的文章報導此事，引來美國媒體對蔣介石和國民政府紛至沓來的抨擊。蔣介石裝出不在意的樣子，在日記裡寫道：「唯余寸衷泰然，不爲其所動，蓋早爲預料所及也。」

一九四四年九月上旬，宋美齡離開巴西前往紐約，九月十一日住進哥倫比亞長老會醫院，病因未透露。在巴爾的摩的約翰．霍普金斯醫院祕密住了小段時日後，她的醫生羅布和達納．艾契利於十月八日發表聲明，說蔣夫人仍患有「生理失能」，因而前來美國就醫。她康復緩慢，肇因於「嚴重疲累」，而嚴重疲累「乃是不顧長期有病在身和隨病而來的種種身體不適，不斷從事重要工作」所致。他們說完全康復絕沒問題，前提是得持續治療和「嚴格遵照規定、不間斷的長期休養」。接下來一年的許多時間裡，她將接受治療，在自家與住院的交替中度過。

醫生嚴格禁止她接見訪客，但一九四四年十月十四日，宋美齡還是偷偷同意英國外交官伯克利・蓋奇和其家人前來探望。當時她住在里佛戴爾區名叫河橡的宅邸裡，那是棟「不算大」的都鐸式房子，俯瞰哈德遜河，有十七個房間。她告訴蓋奇，這房子月租只三百五十美元，包括付給園丁的一百五十美元。此番說詞大概欲反駁外界有關她租了昂貴豪宅的新聞報導。陪她的只有外甥孔令侃、外甥女孔令偉。她疲累的面容令蓋奇「深感震驚」。她似乎「無精打采」，對自己的健康感到「失望」。她仍在起疹子，由於發癢，仍睡不好。她也不斷在動手指，「好似患有什麼肌肉痛或神經痛」。醫生告誡她，如想康復，務必留在美國靜靜休養至少半年，但她那不知道狀況的丈夫「一再要她回來」。對於中國的戰局，她「坦然表示悲觀」。蓋奇寫道，「我非常同情夫人，曾位居權力核心的她，如今面臨了抉擇，不是冒著喪失自己在中國之地位的危險，把自己隔離在美國，就是要不顧醫生囑咐，冒神經瓦解的危險，返回中國。」她唯一獲准的戶外休閒，乃是一天掃幾分鐘的落葉。

不管是否屬實，婚姻破裂的傳言在華人圈子裡傳了開來。就連堅定支持蔣宋這對夫婦而最初對這傳言嗤之以鼻的友人，都漸漸相信無風不起浪，而「痛感失望」。有些人指責蔣介石「自私，爲滿足個人衝動而忘了國家」。宋美齡友人知道她「基督教信仰虔誠」，不可能同意別的女人住進她家，但有些人覺得她應該把「國家利益」放在個人好惡之上。他們認爲就因爲她不在重慶，蔣介石、史迪威才會鬧到水火不容，進而招來美國媒體對中國的連番抨擊。許多友人表示她對丈夫的影響力的確極大，另一些人則說外界高估了她的影響力。大部分人深信，夫妻重修舊好，她不再操煩憂心，她的病就會好。

邱吉爾認爲把中國當做世界強國是「可笑至極」。一九四五年二月上旬，羅斯福在黑海邊的蘇聯城市雅爾達會晤邱吉爾、史達林時，邱吉爾的上述看法得到證實。德黑蘭會議上做出的保證，在雅爾達正式化爲一份密約。根據這密約，蘇聯將在讓其取回沙俄時代在滿洲之權利的條件下，加入對日戰爭。羅斯福向史達林提起，此事難以向中國人開口，因爲，羅斯福說，不管跟中國人說什麼事，不到一天就會人盡皆知。史達林回以眼前沒必要告訴中國人。他向羅斯福保證，中國共產黨只是內白外紅的「蘿蔔」共產黨。在這同時，蔣介石憂心邱吉爾、羅斯福可能沆瀣一氣，不利於中國。他在日記裡寫道，「一如所預料，其果與英、俄協以犧牲我乎？」但他從未料到他心目中的英雄羅斯福在玩兩面手法。羅斯福在協議中把旅順港一海軍基地割讓給莫斯科，讓中東鐵路、南滿鐵路交由中俄兩國共管，讓蘇聯得以進出大連港，保護蘇聯在滿洲的利益。這一協議有一部分違背了開羅宣言的主張。

雅爾達協定祕而不宣。蔣介石未從羅斯福那裡得到隻字片語的告知。但謠言滿天飛，三月中旬，他從中國駐美大使那裡得知細節。他悲苦寫道，「雅爾達果已賣華乎？」如果那是眞的，「則此次抗倭戰爭之理想，恐成夢幻矣！」對國民黨來說，「雅爾達」這字眼成爲出賣的同義詞，他們漸漸認定雅爾達會議爲共產黨的接收中國創造了有利條件。

一九四五年四月上旬，羅斯福派赫爾利將軍前往倫敦、莫斯科，爲美國繼續走支持國民政府的政策尋求支持。邱吉爾把美國的中國政策稱爲「美國大錯覺」，雖同意支持該政策，但也提出對等的要求：美國提供人力、物力、財力協助英國奪回其在遠東的殖民地。赫爾利反駁道，美國應把資源用在打敗日本上，而非「將它們分散在奪回殖民地上」。邱吉爾激烈反對，告訴赫爾利：「要把大英帝國的香港拿走，只有跨過我的屍體。」他申言英國「一無所求，也什麼都不會放棄」。赫爾利反駁道，美國參戰之前，大英帝國已經丟掉，是羅斯福總統讓大英帝國失而復得。

一九四五年四月，美國傳教士暨蔣介石顧問畢範宇帶著蔣寫給宋美齡的信，從中國來到紐約。蔣介石要他親自面交。他打了幾次電話過去，最後終於和孔夫人說上話，孔夫人告訴他醫生囑咐蔣夫人不要見客。畢範宇寫信告訴宋美齡，說委員長身體很好，「他與我們交談時常提到你，且口氣都很溫和、充滿愛意，……如今他在許多方面都很孤單，他需要你。但他也知道，若要讓你為中國重新付出偉大貢獻，一定得等你身體康復，心智與精神恢復。」此信石沉大海。宋美齡仍在接受治療時，「極度震驚」聽到羅斯福總統於四月十二日去世的消息。宋美齡與蔣介石極敬佩羅斯福，且對他寄予厚望，他突然去世，對他們兩人是重大打擊，且妨礙她的康復。

一九四五年五月她終於出院，但仍上門診追蹤，醫生勸她在美國至少待到十月。她仍然神經很緊張，吃、睡都不順。睡不著時，她看書或寫東西到深夜，或者與孔令侃搭車到亨利・哈德遜公園路兜風。她開始研究美國社會福利制度，開始擬定計畫以讓中國工人享受同樣制度。一九四五年六月，她很難得的出門，前去參觀位於紐約州貝德福希爾斯的州立女子監獄「韋斯特費爾德州立農場」。在兩名特工人員陪同下，她參觀了小屋、作坊、教室、托兒所。她與女看守員、女犯人熱切交談，為中國的獄政改革蒐集資料。

宋美齡的前助理端納，從一九四一年被日本人關在菲律賓，一九四五年才獲釋，關押期間，獄友小心隱藏他的眞實身分，未讓日本人知道。他獲釋時，已得肺癌，一九四五年夏初來美時，在紐約見到宋美齡。她請他再度為中國效力，遭他以身體不佳婉拒。端納告訴別人，他覺得共產黨聲勢日益壯大，乃是蔣介石政權貪汙日益嚴重引發人民不滿所致。他深信蔣介石若不徹底整頓政府，不可能統一中國。

端納對宋美齡的影響很大，但相較之下，她對端納的影響或許至少一樣大。有位與端納一同待在美國的友人寫道，他對中國的看法顯得很「混亂」。有時他替蔣介石政府說話，說時局艱難，他的政府已盡了全力；有時又嚴厲批評蔣介石政府。但他從未批評過蔣夫人。「他總是煞費苦心，不讓外界有一絲印象，以爲他認定她該爲什麼差錯負責。」端納告訴這位友人，他原可能寫回憶錄，但與宋美齡閒談之後，他死了這念頭，「因爲他若要寫，就得據實陳述；而只要據實陳述，就必然會冒犯中國境內曾與他過從甚密的人。」英國有家出版社捧了大筆前金請他寫回憶錄，遭他拒絕。

七月二十八日，東京電臺宣布日本政府會繼續戰鬥。華府時間八月五日下午七點十五分，美國在廣島丟下第一顆原子彈。八月九日，在長崎丟下第二顆。隔天，東京電臺宣布，日本政府準備投降。史達林終於向日本宣戰，但是，是在八月八日，廣島遭丟原子彈的三天後。一九四五年八月十四日，日本無條件正式投降。史達林要求由美蘇聯合占領日本。已以副總統身分接任總統之職的杜魯門，不理會這要求。

日本投降那天，宋美齡在電臺演說中感謝美國人在八年抗戰期間對中國「充滿同情且堅定不移的理解」。她提到「打造眞正基督教式和平這個令人心頭一凜的任務」，要聽眾提防原子彈的製造祕密落入「貪婪、肆無忌憚的敵人」之手，「造成更多人命的毀滅」。人類在科學上的創造發明能力，「遠遠超過人類的精神成熟程度」，若不善加處理，這場戰爭的流血犧牲就會白費。

身體終於康復後，宋美齡前往華府，八月二十九日早上在白宮會見杜魯門總統。她詢問他朝鮮半島、中南半島的未來做何安排，杜魯門答朝鮮半島將委託美、中、蘇、英共同管理。宋美齡說她不記得曾將英國納入託管國之列。她還問到越南，提醒他羅斯福在世時提及將越南也交付託管。杜魯門答，最近與法國戴高樂將軍商談時，雙方同意得就讓越南獨立一事立即採取措施。宋美齡問到印度的未來，說每次一提起這事邱吉爾就「火冒三丈」。杜魯門大笑，然後答道，邱吉爾仍對印度的事「火冒三丈」，但希望英國工黨組成的新政府不會那麼固執。她提起中國戰後重建的問題，詢問杜魯門是否了解羅斯福的意向。杜魯門回以他和羅斯福討論過這事許多次。宋美齡說中國問題的根本難處，在於「提升大衆的消費水平」，同時發展國家的生產力。杜魯門說他希望與蔣介石一晤，坐下來好好談這些問題。宋美齡說那正是蔣介石要她轉達的信息。當天下午她啓程返華。

一個禮拜後，蔣介石穿著中國長袍，戴硬殼太陽帽，在重慶機場迎接闊別十四個月的宋美齡。搭美國陸軍運輸機落地時，她氣色很好，面露微笑，向孫中山夫人、孔祥熙等前來迎接者揮手致意。她寫信告訴埃莉諾．羅斯福，她覺得委員長身體安好，「但有點瘦」。

對中國來說，十四年的日本侵略正式結束。蔣介石在日記裡寫道，「五十年來最大之恥辱與余個人歷年所受之逼迫與侮辱，至此自可湔雪淨盡，……但舊恥雖雪，而新恥重重。」根據官方數據，八年抗戰期間，一百三十二萬中國軍人死於戰場，一百七十六萬人負傷，十三萬人失蹤。平民裡因戰禍、營養不良、疾病而死傷者，數目又更大得多。九月九日蔣介石寫道：「黨國之危機，九一八以來未有甚於今日者也。如果偶一不愼……反爲俄共與毛共所利用，使中國紛亂不可收拾。」

第十六章 風暴中心

世界的風暴中心漸漸轉移到中國。只要了解那個在社會上、政治上、經濟上、宗教上都很強大的帝國，就拿到了解接下來五百年政局的鑰匙。

——美國國務卿約翰·黑伊，一八九九年

蔣介石因爲二次大戰時對日作戰無能而受到世人的詆毀，且這樣的詆毀並非無的放矢。但他成功執行了他的「磁吸戰略」，把數百萬日軍綁在中國，使日軍和日軍的武器無法用在其他地方，同時拒絕投降。這個成就雖然得不到邱吉爾的肯定，但得到了羅斯福的讚賞。蔣介石慘敗之處，不在戰場上，而在贏得和平上。魏德邁將軍在日本投降前幾天寫給馬歇爾將軍的信中，就預見到此點。魏德邁寫到這位常向他請益的國民黨領袖時說，「他的信任和依賴有時近乎天眞，……他碰上許多複雜的難題，而坦白說，我斷定他不管是在思想上或素養、經驗上，都解決不了其中大部分難題。」戰時就是如此，而在平時，這將更爲眞確的呈現在世人眼前。

日本戰敗後，中國人民歡欣鼓舞。但接下來的復員問題千絲萬縷，戰後計畫卻付諸闕如。日本在中國、滿洲有兩百多萬武裝部隊，一百七十五萬平民。國共兩黨軍隊雖然戰時傷亡慘重，仍分別有兩百七十萬部隊和將近百萬的部隊。美軍得將日本軍人、平民運回日本，工程浩大。遭日軍占領的淪陷區得接收；數千名從日本戰俘營獲釋的俘虜（商人、教授、傳教士）得遣送回國。但比起收復淪陷區、遣送數百萬日本軍人、平民回國，國共兩黨間山雨欲來的危機更為棘手。抗日的當務之急，壓下長久以來一觸即發的國共衝突，但如今，雖有赫爾利大使居間調解，情勢仍可能演變成兵戎相向。

赫爾利立即拉雙方坐下來談。一九四五年八月二十八日，毛澤東在赫爾利的親自護送下從延安來到重慶，展開六個星期的會談。蔣介石派代表在機場迎接毛，藉此表明自己地位高於對方一等，使和談一開始就蒙上陰影。這位共黨領袖穿戴明顯是新的中山裝和帽子步下飛機，看起來像個「鄉下土包子」。與國共兩位領袖一同用餐很是彆扭，因為毛澤東愛喝酒，喝了酒就變得豪放、風趣，但蔣介石滴酒不沾，拙於閒話家常。毛澤東到訪六個星期期間，接受了許多盛宴款待，包括孫中山夫人做東的一場盛宴。有次晚宴時，毛澤東舉杯敬其對手，「祝蔣委員長萬歲！」數分鐘後毛澤東得知，有位共黨官員搭乘毛平常乘坐的車前來赴宴途中遇害。

珍珠港事變前就被美國國務院禁止訪華的新聞界大亨亨利．魯斯，於一九四五年十月來到重慶。他出席為毛澤東舉辦的一場晚宴，晚宴期間，毛澤東致詞說道，中國得在蔣介石領導下實現統一。毛澤東看到魯斯在場，很是驚訝，以「熱切但並非不友善的好奇神情」注視著他。魯斯說，毛澤東有著「農民般」的臉孔，身穿不合身的「肥大」衣服，他想與毛聊聊，但毛的言談只限於「禮貌性的咕噥應和」。有天晚上，一同用餐後，宋美齡向魯斯鄭重說道，戰爭已經結束，國民政府肩負「艱難的重任」，不能「辜負人民的期望」。魯斯花了頗長時間遊歷華北，寫給她一封長信，扼要說明他對接收淪陷區、共黨問題、恢復商業活動、美國軍方態度、中國新聞自由的看法和建議。

國共兩黨領袖在重慶「協商」時，各自的部隊卻在為爭奪地盤、戰利品大打出手。蘇聯於日本投降後迅速出兵，掌控中國東北，並將日本人的儲備武器、彈藥大批交給中共。趁著蔣介石派去的國軍尚不足以掌控東北，共軍即進入該地區接收。國共雙方軍隊在其他地方爭奪地盤時，毛澤東和蔣介石原則上同意照孫中山的規劃，建立保障言論、新聞自由和崇尚法治的政治民主制度；同意將中國所有武裝部隊統歸蔣介石指揮；同意召開全國人民代表大會；同意舉行地方選舉。一九四五年十月十一日，毛澤東離開重慶。

一九四五年秋，在美國，出現了要駐華美軍復員的龐大輿論壓力，而這是杜魯門最關注的問題。他無意捲入中國的內戰。魏德邁寫信告訴蔣介石，杜魯門下令：「美國人不得參與中國軍隊間的衝突；美國人不得受僱協助中國中央政府對付中國境內的異議團體。」美國對華政策的支柱是援助：「美國認爲，中國在統一、充分代表民意的政府下獲致政治穩定的程度，乃是決定對華提供經濟、軍事或其他援助時經常會考慮的基本要件。」

美國要求中國將現有的龐大軍隊縮編爲五十個師。魏德邁告知蔣介石，不打算派中國軍隊前去占領朝鮮半島和日本，因爲要穩定中國、福爾摩沙、滿洲的局勢，得用到中國可用的所有部隊。這對蔣介石欲讓中國躋身世界強權的理想是一大打擊，而魏德邁雖建議中國晚一點或許可象徵性派遣小批部隊前往朝鮮、日本，仍難令蔣介石釋懷。得悉北法屬印度支那將由法軍占領，而非如他所希望的由中國軍隊占領，使他欲在戰後的亞洲扮演支配角色的希望更進一步破滅。

在這同時，國民黨在自己地盤裡的所作所爲，卻幾可說只是在扯自己後腿，敗壞自己形象。日本投降後，淪陷區的人民全被當做通敵者看待。國民黨沒收私人企業，關押人民，徵用私人資產。有些人的確通敵，但大部分人迫於無奈不得不如此，而只要有利於國民黨，有些主動通敵者卻在戰後被國民黨提拔當官。這些做法替國民政府招來許多民怨。國民黨接收東北和其他地方，貪汙腐敗跟著過去。外國駐華職業外交官克拉布親眼見到「投機、劫掠、接收合意房子」的事。人稱「亞洲火藥庫」的中國東北令人垂涎，國民黨、中國共產黨、蘇聯都想據爲己有。蘇聯在雅爾達要求收回沙俄時代在中國東北的權益，國民政府是迫於形勢無奈接受。東北不只戰略地位重要，還有豐富的天然資源（煤、鐵等礦物）和日本自一九三一年起大力發展的工業、農業。瀋陽、鞍山有大冶煉廠，撫順有煤礦。中國最終收回日本人在東北所建造的大部分工廠，但工廠裡的設備，小至燈的開關，大部分都已被蘇聯運走。重工業幾乎停擺。

但國民黨的垮臺，追根究柢得歸因於未能穩定經濟。國民政府靠貨幣融通政策（即狂發貨幣來應付政府支出）撐過第二次世界大戰，但長期以來一觸即發的內戰於一九四五年眞的大打出手之後，這套政策開始自食惡果。打敗日本後民心高昂振奮，但不久後，國民黨所接收地區的人民，即因爲受到不公平待遇，和更糟糕的、日益惡化的經濟，而對政府大爲失望。蔣介石派去接收的官員貪汙腐敗的謠言四起，更加重人民對國民政府的不滿。

一九四五年十一月，赫爾利返回華府，突然忿忿辭職。他在辭職信裡痛切指責美國駐重慶大使館裡和國務院裡的職業外交官對國家不忠，扯他的後腿。他公開指控美國的中國政策受到具共黨傾向者把持，稱國務院已中了共黨的陰謀。麥卡錫主義的種籽已然植下。接替赫爾利出任駐華大使者是司徒雷登，他是傳教士教育家，此前在中國待過許久歲月。

得悉赫爾利請辭後，杜魯門立即打電話給人在維吉尼亞州李茲堡自家莊園裡的馬歇爾將軍。杜魯門說，「將軍，我要你爲我去趟中國」，馬歇爾回以「有何不可，總統先生，當然沒問題」，隨即掛上電話。杜魯門大爲敬佩馬歇爾二話不說就接下最高統帥交付的任務，但馬歇爾在電話中這麼爽快答應，原因其實沒這麼崇高。他太太凱瑟琳就在聽得到他說話的地方，他不想讓她知道陸軍參謀長退休的他，理該享有的退休生涯這麼短就會結束。他想找個機會將這消息委婉告訴她，但幾分鐘後她打開收音機，電臺裡即播出他的人事任命消息。凱瑟琳一直期望在兵馬倥傯的歲月之後可以和丈夫長相廝守，結果卻被她所謂的杜魯門的「痛苦打擊」狠狠打破她的希望。後來馬歇爾告訴杜魯門，「麻煩大了」。

杜魯門想派馬歇爾以特使身分使華，調停國共兩黨衝突。以他名聞世界的崇高威望，無疑是執行此任務的絕佳人選。他是當代最善於打仗、最受推崇的指揮官之一，過去不管接下什麼任務都能不負使命達成。但美國的想法從一開始就太天真，以爲可讓兵戎相向的國共兩黨握手言和，合組政府。

馬歇爾很早以前就對遠東很有興趣。當中校時，曾要求調到派駐中國天津的美國陸軍第十五團。一九二四年抵達天津後，馬歇爾學習漢語，卓然有成，且與史迪威少校結爲朋友。一九二七年初，蔣介石成立南京政府前不久，馬歇爾離華。馬歇爾懷疑蔣介石的「激進主義」，當時在華許多西方人也有同感。從即將爆發的國共風暴來看，馬歇爾當時對中國的看法，有一部分似乎很有先見之明。一九二六年晚期他預言，上海的暴動乃是要求廢除中國與西方不平等條約的先聲。他寫信告訴他當副官時的長官潘興將軍，「列強該如何和中國打交道，乃是個幾乎無法回答的問題。雙方都已犯了那麼多錯……這些人懷有那麼深的仇恨，又有那麼多重要的商業利益涉及，因而絕對找不到正常的解決辦法。」他希望「在即將降臨的艱難時期裡，外國人會展現足夠的手腕和智慧，避免步入暴力階段。」這段話若用在他於一九四五年接下的調解任務，同樣很貼切。

這位聲望崇隆的將軍於一九四五年十二月前往中國時，將近六十五歲，臉上已露老態，但藍眼睛銳利如昔。十二月二十二日抵達重慶時，宋美齡告訴記者，「我祝他順利成功。他是個能幹且直率的人。」她的話語裡嗅不到樂觀的氣味，但她大膽表示，中國雖遭逢重重難題，但人民爲「八年來首度呼吸空氣」而感到振奮。

自九月返華後，宋美齡一直很低調，同時悄悄重拾她過去的活動。十二月初埃莉諾・羅斯福公開表示，宋美齡「能把民主說得頭頭是道，但不知道如何實踐民主」，令她深爲惱火。馬歇爾抵華後，宋美齡重新扮演較公開的角色。除了在美國特使與蔣介石開會時當通譯，她常私底下會晤馬歇爾，再回報蔣介石。但當時的杜魯門駐華個人代表愛德溫・洛克，自己帶了人充當他與蔣介石會晤時的通譯，因爲宋美齡「常主導商談」，會把五分鐘的話用「他只是在胡扯些某某人某某事」交代過去。但馬歇爾很快就發現，她是唯一敢向蔣介石講眞話的通譯。

馬歇爾動作很快，一九四六年一月十日促成國共雙方簽署停戰協議。一九四六年一月二十五日被譽爲十八年來中國第一個沒有戰事的日子，但在中國許多地方，國共小衝突仍未斷。

一九四六年一月下旬，俄國人揚言不撤出中國東北，蔣介石派宋美齡以「特別宣慰使」身分到長春宣慰蘇軍。她帶了三萬盒中國糖果以拉近中蘇關係，帶了一袋勛章要贈勛給蘇聯軍官，抵達時地上積著深雪，氣溫低於零度，她戴著毛皮帽，身穿海狸皮大衣、有襯裡的絲質禮服。她要親手交上蔣介石致陸軍元帥羅季翁・馬利諾夫斯基的信函，感謝他將滿洲交還中國政府。俄軍宣稱其指揮官不在城裡——有可能是蓄意怠慢來客——但宋美齡巡視了一所孤兒院，探望了傷兵。陪她同去的蔣經國，在宴會時當通譯，宴席上用滿洲白蘭地，而非伏特加，向史達林、蔣介石遙敬了許多次。宋美齡稱讚史達林的「軍事天才和睿智、有先見之明的治國才幹」。配合她的女性身分，東道主招待她波爾圖葡萄酒，她舉起葡萄酒杯，邀衆人一起祝願留在滿洲如此久的俄軍能盡快返鄉與家人團聚。這句話的弦外之音，她那些未給逗笑的東道主心領神會。她座機的輪胎遭人劃破，有人勸她盡快離開。

出生於倫敦的記者，一九三八年在漢口首次會晤宋美齡的佛莉妲・尤特利，在一九四六年初國府遷離重慶前數日，再度拜訪宋美齡。宋美齡以她一貫的坦率大聲說道，「尤特利小姐，我一時沒認出你來，你胖了好多！」在中國，這是恭維，但從宋美齡口中說出，就不是這麼回事。尤特利發覺她「沒有過去那麼精明、篤定……在國際情勢和中國政局方面，她的洞察力一如以往敏銳，但她帶著感情，且從人的角色，而非民族驕傲的角度，談到她所目睹的死亡和苦難」。尤特利論道，她已從病中完全復原，但已不是「一九三八年我認識的那個自信、奔放的中國第一夫人」。

兩人談起國共兩黨正進行的和談。宋美齡主張，「人與人應彼此相信，除非已確認對方虛僞，……我見過太多戰爭和死亡，爲避免更多殺戮和苦難，我願嘗試各種辦法。」這時候的她似乎贊成談和，相對的，一九三八年時，她比她丈夫還更敵視、不信任共產黨。尤特利寫道，蔣介石也變了。他老得比他妻子快得多，這時候在她身邊像個老人家。他似乎露出疲態，厭倦於歷史所交付他的任務。他那沉穩的自信消失不見。他沒過去那麼嚴肅；在他面前不再覺得得立正站好。他似乎「較有人情味且較憂傷」。

蔣介石與宋美齡於一九四六年初首度走訪上海時，他威望正崇隆，數百萬人走上街頭歡迎。但接收工作規劃不善，上海市出現對敵產「狂亂的搶奪」（一九四六年五月出任上海市長的吳國楨語）。各政府機構接收所謂敵產的做法，「根本是可惡……他們表現得就像是自己人民的征服者。」見過世面的上海人，其幽默感令人不快但未變鈍，把中央政府派來的接收大員叫做「重慶人」，影射他們和古生物學裡的「北京人」同一類。據說「重慶人」只想著「五子登科」，五子即條子（金條）、房子、女子、車子、館子（餐廳）。但對這些「投機者」，人民敢怒而不敢言，唯恐被扣上漢奸罪名，遭到報復。國民政府對中國各地淪陷區的接收工作管理極糟，文職、軍職官員爭相侵呑原屬日本人的資產。國民政府只想著和共黨談判的事，有一段時間疏於了解接收地區的情勢。直到一九四六年春，才設立一個專責機構統籌敵人工廠、資產的接收事宜。

初春時，馬歇爾返回華府，爭取給予中國更多金援；四月，帶著他不情不願的妻子返回重慶。凱瑟琳・馬歇爾抵達重慶後寫了封信給友人，信中說：「我有個念頭，就是把政府所有官員和他們的妻子都派到這裡長住，然後讓我向她們告別道，『你們要跟著老公去中國，眞是幸福啊！』」不久後他們搬到南京，她覺得生活環境較舒服。由於訪客川流不息，她只在用餐時見到丈夫，訪客中包括宋美齡、宋慶齡、鄧穎超（周恩來妻子）。馬歇爾夫婦常與蔣介石夫婦一同用餐，蔣氏夫婦「根本無法充分提供我們生活所需，她現正在整修山裡一棟房子供我們熱天時居住」。

馬歇爾夫婦不久就體驗到中國惡名昭彰的「小道消息」。有個週末，凱瑟琳與宋美齡一同到上海，全程順利無事，但中國新聞界卻炮製出馬歇爾與其妻子爭吵的消息，說她是氣鼓鼓離開南京。馬歇爾向其門生艾森豪將軍寫到此事，挖苦說那「正說明了現今（國共之間）宣傳戰的惡毒」。宋美齡送了凱瑟琳許多東西，包括她的私人裁縫親手製作的旗袍和玉耳環等首飾。凱瑟琳寫道，「她對我這麼好，讓我很過意不去，……她每天都送東西來。」

國民政府正式遷離陪都重慶，一九四六年五月一日還都南京。蔣介石與宋美齡搬回他們位在南京紫金山下、機場附近、原中央陸軍學校校區裡的兩層樓紅磚房子。蔣介石的幕僚認爲他們理該住進占地遼闊、外抹白色灰泥的汪精衛（日本傀儡南京政權主席）公館，但他們較中意那棟樸實的紅磚房。後來，汪精衛公館賣給美國做爲大使館。

馬歇爾離華的短暫期間，一月簽訂的停戰協議已然瓦解。沒有他在華坐鎮，這協議幾同具文。他不在中國時，國共雙方違反協議，在東北爭奪地盤，他返華後小衝突仍未斷。他雖有崇高威望，又善於調和鼎鼐，依然穿不透勾心鬥角、互不信任的中國政治叢林。令他驚愕的，他發覺自己遭小人之心度其君子之腹。就連蔣氏夫婦表面上歡迎，私底下都沒過去那麼接受他的意見。蔣介石在六月二十九日的日記裡提到宋美齡所轉述她與這位美國特使談話的內容，寫道她告訴他，馬歇爾的態度不耐且不客氣，大大侮辱國民黨和黨的軍事幹部，還寫道馬歇爾傲慢，驕傲於美國國會通過法案軍援中國，且認為那是他「個人的功勞」。馬歇爾提醒杜魯門，和談陷入僵局。

除了國民黨、共產黨，這時還有泛稱為「第三勢力」的政治組織。「第三勢力」指的是幾個小政治團體，那些團體的成員是想避免內戰、覺得所有中國人該同心協力的非共產知識分子和自由派人士。「第三勢力」是純政治性的勢力，手上沒有槍桿子。馬歇爾希望「第三勢力」能協助解決國共衝突，但一九四六年六月底時，停戰已宣告破局。在蔣介石的敦促下，馬歇爾留了下來；但戰火已在蔓延，要調解出可長可久的政治協議，機會越來越渺茫。與此同時，在毛澤東與共產黨強烈反美聲明的助長下，中國人的反美情緒越來越烈。

馬歇爾穿梭於國共兩黨之間，為調停而徒勞奔走時，共產黨悄悄擬了一份詳盡的藍圖，欲將中國國內外的輿論轉為不利於美國和國民政府。日期註明為一九四六年七月七日的中國共產黨文件申言，「美國帝國主義者已撕下他們的假面具，開始向中國人民直接開戰。」美國正「試圖掐死中國……中華民族的危機已嚴重開始！」該文件宣稱，美國真正的野心，乃是接管全世界，為此，美國祕密計畫在中國東北設立一基地，以便攻打蘇聯。美國人想挑起中國內戰，以便有藉口入侵。「狡猾」的馬歇爾，其調停活動都是「空話」。共產黨主張在中國各地學校和組織裡展開宣傳運動，以將美國的公共形象由「友人」改為「居心不良」的國家。該文件要求國內外的黨工動員起來，破壞國民黨與美國人的關係，孤立國民黨，甚至混淆美國人的思想，挑起美國人內部的衝突。不管是出於人為還是巧合，接來的時局發展，就和該文件裡概述的宣傳活動目標，驚人的相似。

一九四六年七月，凱瑟琳·馬歇爾坐轎子上到十公里長的石階，來到可俯瞰長江的牯嶺避暑勝地。這個度假勝地由英國人建於十九世紀，她寫道，那裡「漂亮得無法形容」，風景「讓瑞士相形見絀」。她寫信給人在山下南京「煉獄」的丈夫，以難忘的口吻描述了乘坐轎子、由六名苦力扛上牯嶺的旅程：

整個長江呈現於山下，景色美麗非凡，但苦力的氣喘吁吁和處境，讓我無法盡情享受這美景。他們汗流浹背，會在行進當中變換扛轎的位置。在那趟四千五百英呎的爬升過程中，他們只停下休息三次……上到一半時，涼風往我們襲來，讓人身心舒暢。牯嶺村映入眼簾時，我們看到一長列的人往下走來。原來是夫人和她所有僕人前來迎接我們。在石階步道夠寬的地方，她要扛轎人將她的轎子扛在我轎子旁邊，以便我們兩人交談。她穿藍色毛料寬鬆套裝，看來很俏麗，滿臉笑容。抵達牯嶺街上時，我們受到熱烈歡迎。兩個小女孩向夫人和我獻花……有個長長橫幅標語橫跨過街道，上面寫著「歡迎馬歇爾將軍——和平天使」。一邊有張大元帥的巨幅海報，另一邊是你（馬歇爾）的巨幅海報。街道兩旁都擠滿了微笑揮手的人。這樣的歡迎令人非常感動，儘管那是為歡迎你而安排。

宋美齡已備好一間別墅供馬歇爾夫婦居住，那別墅就在她別墅的隔壁。兩位夫人每天一起用午餐。有人說宋美齡偶爾從某個陰涼的洞穴裡拿出可口可樂，她叫苦力將好幾箱這種美國的特色飲料扛上山來，藏在那洞裡。

蔣夫人極盡殷勤地款待，但這時候就連凱瑟琳都察覺到，她將軍丈夫的任務已不可能達成，不過她在寫給友人的信裡說道，「他從未說放棄，或許最後會是他磨掉中國人的耐心，而非他們讓他受不了。」馬歇爾同情宋美齡，且喜歡她。對於她的肢體魅力，他並未完全無動於衷。他覺得她的處境很艱難。他告訴某助理，「中國人不信任她，因爲她太西化；西方人不信任她，因爲她中國味太濃。」但他認爲她對她丈夫有正面的影響。馬歇爾私底下說，「她……對蔣發揮了某種程度的約束，……她使他欺騙自己的程度不致超過（他原本）出於天性會欺騙自己的程度。」

杜魯門越來越沒耐心。他不大看得起蔣氏夫婦和國民政府。他告訴副總統華萊士，他未見過蔣委員長，「但見過蔣夫人，且不喜歡她。」國民黨「就和其他任何獨裁政權沒有兩樣，在人權事務上絕不能相信國民黨」。八月時，杜魯門已準備隨時取消馬歇爾的調停任務。他寫信告訴蔣，「我深感遺憾，不得不斷言，（馬歇爾的）努力顯然無濟於事，……除非短期之內有令人信服的事證表明，在中國內部問題的和平解決上眞有所進展，否則，必不可免的，美國不會再寬大對待你的國家。屆時，我將得向美國人民重新界定、說明美國的立場。」

美國的立場已開始轉變，而《中國的驚雷》一書起了推波助瀾的作用。這本一九四六年的暢銷書，由曾任《時代》雜誌駐華記者白修德與賈安娜合撰，對蔣介石和國民黨的腐敗、壓迫、無能給了生動且有力的控訴。兩位作者不是共產黨員，但欣賞中國共產黨，主張美國最妥當的做法，乃是揚棄其對國民政府的無條件支持，對中國內戰採中立立場，以利日後能促進中國民主；繼續支持獨裁的蔣介石，乃是錯誤做法，不符美國利益。長期擔任蔣氏夫婦顧問的傳教士畢範宇向宋美齡報告，這本書「充斥謬誤和扭曲事實的陳述」，「書中所述有三分之一錯，結論有三分之二錯。」儘管如此，這本書所述基本屬實，使其極具影響力。

馬歇爾也對蔣氏夫婦的行爲感到失望。特別是有件事，使他開始懷疑蔣氏夫婦的動機。有支平民代表團前來求見蔣介石。據馬歇爾後來所述，那些人候見時遭一群「暴民」攻擊，使一名老婦人和其他數人遭打成重傷。

我去找夫人（大元帥也在那裡），說這事很糟糕。大元帥說他得去查查。我說你的軍隊司令部就設在這裡，還有你許多部隊在這裡，這事（即暴民攻擊）卻從七點發生到（午夜）十二點。我請夫人去醫院看看。她不想去，但最後還是去。我向大元帥說，你的話表示你的軍隊完全不中用，我根本不信。他的一隻腳一逕晃呀晃，一如他生氣或沮喪時會有的動作。

馬歇爾爲中國的和平知其不可爲而爲奮鬥時，總是爲宋美齡不遺餘力宣傳的澳洲人端納病倒了。他被送到檀香山治療，獲告知右肺葉已經塌陷。他想死在他的第二故鄉，於是一九四六年初，宋美齡和蔣介石派董顯光到夏威夷接他回中國。她安排他住進上海宏恩醫院一間有空調的病房（當時極罕有的奢侈設施），替病房裝飾上鮮豔的窗簾、壁毯、小地毯、舒適的大椅、來自臺灣的蘭花。她的下屬每天問護士長他有需要什麼東西。端納寫道，「他們對我很好，讓我什麼都不必買，我還沒說需要什麼，他們就事先想到，替我備好，周到得讓我很不好意思。」宋美齡和其他許多友人一樣常前去探望，但端納不安於中國日益惡化的情勢。他寫信告訴某友人，「到處亂哄哄，而這還不是盡頭。我想哭。」他親眼見過中國推翻滿清，奮力追求統一、趕走日本人。如今中國就快落入共黨手裡，而在他眼中，共黨比日本人還糟糕許多。

端納快死時，要宋美齡來看他。她的座機延誤，他急切等著走廊上傳來她的腳步聲。一進病房，她就說「**Gran**，[25]你老闆來了。」她讀《聖經》詩篇第二十三篇給他聽，然後又讀了第九十一篇。她離開前，他吻了她的手，說了聲「保重」。「中國最好的朋友」於一九四六年十一月九日病逝，埋在萬國公墓裡，宋美齡母墓附近。

時序由秋漸轉爲冬時，國共衝突繼續升高，內戰的重新爆發昭然若揭，經濟情勢惡化。馬歇爾九月時寫信告訴艾森豪，「我在這裡的戰事不會結束，雙方都把矛頭指向中間人，而中間人就是我。」一九四六年十一月時，馬歇爾的調停已實質上結束。宋美齡寫信告訴魏德邁，這位偉大的將軍從一開始就碰上重重困難，但，「他的耐心、毅力、幫助中國的心，已贏得我們所有人的欽佩，只有那些私心作祟，拿他沒有的作風和他沒做過的事痛斥他的人不這麼認爲。」

一九四六年十二月一日，馬歇爾與蔣介石談了三小時，宋美齡口譯。外交上的客套委婉，早已不需要，那也不是馬歇爾所擅長的。他告訴蔣夫人，「我會跟你講一些事，但那很不中聽，你可能會不想翻譯出來。如果覺得太過火，就別翻。」然後他向蔣介石說：「你違反協議，你的作爲和計畫背道而馳。有人說你是現代的喬治·華盛頓，但經過這些事，那些人絕不會再這麼說。」宋美齡點頭說道，「我要他聽聽這段話。」她翻譯馬歇爾的話時，蔣介石面無表情坐著，但上下晃呀晃的一隻腳洩漏了他的心情。

馬歇爾繼續說，軍事支出是收入的四倍，占去高達政府預算的九成，隨著政府狂印鈔票以資助軍費，通貨膨脹更爲嚴重。這樣的局勢成爲共產黨坐大的溫床，共產黨已準備好利用這些日益惡化的問題擴張勢力。馬歇爾預言，還沒在戰場打敗共黨，財政危機就會先降臨。他忍住未提人民對國民黨領導階層日益升高的不滿，未提國民政府可能垮臺之事，但觀點不言而喻。後來馬歇爾如此說到蔣介石：「他那隻老腳晃呀晃的，差點勃然大怒。」

蔣夫人譯完之後，蔣介石講了一小時話駁斥。他講話時假牙卡卡作響，告訴馬歇爾他深信共產黨從來都完全沒有合作之意。共黨受莫斯科控制，要反制蘇聯在華陰謀，除了打敗共黨，別無他途。對付蘇聯人，只能靠武力。他說國民黨有能力在八到十個月內，經濟崩潰還遠不會發生時，就打垮共軍；美國應修正其中國政策，使轉爲有利於國民黨。但他仍願與共黨和談。

聽了蔣介石的觀點，馬歇爾不爲所動。在中國將近一年後，他想回國。杜魯門看過馬歇爾對這次會談的報告後，同意他結束任務。蔣介石邀他留下來當顧問，馬歇爾婉拒。

一九四七年一月上旬，杜魯門下令其中國特使回華府報告以供諮詢。馬歇爾知道那意味著總統要他出任國務卿。他透過艾契遜回覆：「如果他一直這麼希望，我會照辦。我的私衷並非如此。」

宋美齡與其丈夫在一月七日與馬歇爾會面。他們的最後一次談話氣氛熱絡，蔣介石再度邀馬歇爾當顧問，爲中國繼續付出寶貴貢獻。蔣介石極爲鄭重的懇求，還主動表示願把他所有權力交給馬歇爾，保證會百分之百配合。馬歇爾只答以心領。他心力交瘁的離開中國。

《世界報導》記者法蘭克．巒茲，是南京外國記者團裡少數早起送馬歇爾離開的記者之一。一九四七年一月八日清晨五點，他前往馬歇爾寓所，看著他打包。巒茲憶道，「他的幕僚在樓梯跑上跑下，搬運手提箱、劍、多種紀念品，……有些東西仍在裝箱，送上車，以便運到機場。」通往機場的路上，薄薄一層雪覆蓋甘藍菜田。最後，馬歇爾的幕僚把所有東西都搬上他的私人飛機。

那個晴朗、寒冷的早上，被中國人稱做「和平之虎」的馬歇爾站在停機坪，等機尾飾有五顆星的 C-54 飛機送他回國。神情感傷的一小群人站在旁邊，等最後的指令。飛機發動引擎時，宋美齡和其丈夫坐防彈新凱迪拉克轎車來到。她穿漂亮厚重的海狸皮大衣。蔣介石、駐華大使司徒雷登、時任財政部長的宋子文，也在場。馬歇爾向司徒雷登、早起前來送行的中國官員告別。他一臉沮喪向宋美齡打招呼，宋美齡要他「盡快回來」。蔣介石、宋美齡上機數分鐘告別。他們下機後，飛機起飛，飛過紫金山和孫中山墓。中國「最公正的友人」走了。宋美齡轉向她哥哥宋子文，說：「要不要去喝杯咖啡？」

按照既定的安排，美國國務院於馬歇爾離開一個小時後發布了他的定案報告「個人聲明」。他在此聲明中形容中國局勢「複雜、混亂」。他說和平的最大障礙乃是國共兩黨間「徹頭徹尾且幾乎無法克服的猜疑」，雙方都「只想傾聽自己內心的恐懼……難以抗拒每個居心不良的建議或可能」。他寫到巡邏隊的衝突，「被刻意放大爲大規模的進攻。雙方都藉由扭曲事實來痛加譴責對方。」他提到他「爲促使中國達到某種程度的和平，努力對付那些幾乎無法克服且令人發狂的障礙」。他將協商失敗歸咎於國民政府裡「占多數的一群反動派」，他們「在我看來，對我欲促成眞正聯合政府的幾乎任何努力都持反對立場」。

在共產黨方面，雖然不乏自由派，「徹頭徹尾的共產黨員爲實現其目的而採取最激烈措施卻是毫不遲疑……絲毫未想到相關人民當下的苦難。」他譴責「危害甚大且挑激意味十足」的共黨宣傳。「我想告訴美國人民，（共黨）宣傳刻意做不實陳述、辱罵我們政府的行動、政策、目標，絲毫不顧眞相……擺明一心欲誤導中國人民和世人，欲挑起仇恨美國人之心。在如此公開辱罵和完全漠視事實之下，我們很難保持緘默，但出言否認只會導致每日都得出言否認。」國民黨也做了不實的陳述，但不像共黨宣傳「居心不良」。

馬歇爾譴責國民黨內有些人「想著保住他們對中國的封建控制」，破壞了一九四六年初達成的第一次停戰協定。他雖是軍人，卻譴責軍方的「支配性影響……進一步削弱中國的文官政府」。他努力欲促成協議，卻一再受挫於雙方的極端分子。在他看來，要「挽救」這情勢，唯一辦法乃是由政府中和少數派政黨裡的自由派人士擔起領導之責。他們是「很出色的一群人」，目前缺乏政治影響力，其中包括「厭惡地方政府明顯可見之腐敗而轉向支持共黨的年輕人，他們會把中國人民的利益放在首位，而不會急於採取殘酷措施以在短期內讓共黨意識形態爲人民所接受」。

在美國，馬歇爾的坦率聲明被解讀爲希望中國人對國共「雙方都痛加譴責」（《洛杉磯時報》語）。蔣介石稱這份聲明「友善且具建設性」，試圖藉此從中獲利，但傷害已成，這番粉飾無濟於事。毛澤東的副手周恩來，同意馬歇爾對國民黨反動派的描述，但遺憾馬歇爾「未指出蔣介石本人就是這一反動集團的首腦」。

馬歇爾聲明發布幾小時後，他乘坐的陸軍運輸機往東飛越太平洋途中，有人將他的新職洩漏給白宮記者。三個星期後，他宣誓就任第五十任國務卿，成爲第一位出任此職的職業軍人。這位打過兩次世界大戰的職業軍人，抱著一項崇高信念就任：要打贏第三次世界大戰，唯一穩當的辦法乃是防止其發生。

事後來看，國共雙方顯然都不是眞心誠意在協商。共產黨公開表示願在國民黨領導下的民主國家裡擔任反對黨的角色，甚至願與國民黨合組政府，但實際上完全無此意願；他們只想獨享大權。同樣清楚的，國民黨骨子裡也不願和共產黨合作。鑑於美國長期援助國民政府且對國民政府友善，蔣介石自有充分理由認定，一旦與共黨的和談破局，華府會支持他。國民黨還認爲不久後美蘇會兵戎相向，「中國會從那戰爭中得利」；因此沒有必要和共黨妥協。可以理解的，共黨也覺得沒必要讓步，因爲他們同樣預期美國會支持蔣氏夫婦。馬歇爾在雙方眼中不是眞正不偏不倚的調解者，使他的調停任務注定不可能成功。後來毛澤東斥責這一任務爲「低俗鬧劇」。

馬歇爾調停任務的結束，乃是局勢的轉捩點。那是雖受誤導、但發自肺腑欲讓中國和平、和解之努力的失敗，是歷史上重大的一刻。有人說這任務從一開始就注定失敗。最值得注意的，或許是馬歇爾自責於調停失敗。他後來論道，「我努力去取悅每個人，……結果，我離開時，沒人信任我。」馬歇爾離華後，套句駐華大使司徒雷登的話，共產黨變成「肆無忌憚的狂妄」。

事實上，戰後中國困難重重，可以說是蔣介石所無法解決。經濟破敗，卻沒有完善的戰後重建、復興計畫；基礎設施普遍被毀；通貨膨脹急速惡化。經過八年抗戰、數百萬人喪命之後，民心挫折、絕望，但蔣介石把統一中國、建造強有力的中央政府，擺在第一位，而把經濟、社會、政治、農業上的改革視為其次。

列寧曾說，摧毀資本主義體制的最佳法門乃是讓貨幣貶值。因為通貨膨脹的衝擊，一九四五年時，要拯救中國使免遭赤化，可以說已經太遲。蔣介石仍低估通貨膨脹的影響，深信中國的經濟以農業為主，較不易受到經濟、金融騷亂的傷害。國民黨欠缺有力的政治組織，特別是在地方基層，又使經濟問題雪上加霜。國民黨沒有動人的政治主張，未能在共產黨的主張之外，提供另一個讓人相信的選擇。

就宋美齡本人來說，她許多同胞遠不像外國人那麼著迷於她。馬歇爾於一九四七年初離華之後不久發生的一件小插曲，就可說明此點。話說上海美琪大戲院上演京戲以慰勞美軍，蔣夫人、孫中山夫人到場觀賞，蔣介石坐在他妻子旁邊。著名的花旦梅蘭芳登臺演出。觀眾席裡兩位年輕美國軍官，十足著迷於這對他們從未親眼見過的美麗姊妹。演出期間，其中一名來自蒙大拿州的軍官忍不住直盯著蔣夫人看，神魂顛倒的神情毫不掩飾。宋美齡突然轉身，注意到他欣賞的目光，隨即以童稚般的坦率與他定定對望，然後緩緩綻出熱情、燦爛的笑容。他回以咧嘴而笑。她的鑽石耳環閃閃發亮。然後她做了件令這兩位年輕軍官永遠不會忘記的事：她對這個遠離家鄉的美國男孩緩緩投以會心的一個眨眼，然後轉回去欣賞梅蘭芳的表演。

一九四七年夏離華時，法蘭克・鑾茲赴宋美齡的南京宅邸做告別訪問。鑾茲事先已表示希望了解蔣氏夫婦家居生活裡「不為人知的小地方」，因此宋美齡帶他參觀一間小禮拜堂，說那是委員長每天禱告的地方。然後他們在火爐前喝茶，軍事助理立正站著。鑾茲憶道，那天的蔣夫人看來「特別漂亮」。訪問接近尾聲時，他說他覺得她有機會成爲當今的聖女貞德，但告訴她，「你得拿掉那些紅寶石、那些翡翠，得出去走進鄉間，……你得脫掉那絲質衣服，穿上棉襖。你要拯救中國，那是唯一辦法。」宋美齡起身，走到房間另一頭的門邊，然後轉身對著他說，「戀茲先生，還要再來一塊蛋糕嗎？」

第十七章　臺人之痛

要讓人以信任、尊敬之類的心情看待中國官員，實在很難！……這多不勝數的一群人，從總督到最低階的衙門官員，都按照基本上有害的原則行事：國家是為官員而設，而非官員為國家而設。

——福爾摩沙長老會傳教士，牧師甘為霖，約一八九六年

臺灣史家連横於一九二〇年哀嘆道，「臺灣無史，豈非臺人之痛歟？」當然，這並非事實；原住民住在這島上已有數千年。但中國皇帝被這個島嶼的險惡海域、陡峭海岸、瘧疾橫行的原始森林、凶狠的獵人頭戰士嚇到，對它不聞不問。

如果連横的意思是臺灣在自己的歷史裡沒有發言權，那麼的確，自一四九〇年爲西方人所「發現」以來，這個島陸續受到外來統治者的宰制。葡萄牙水手驚嘆於島上高聳的山巒和蓊鬱的叢林，叫它伊利亞·福爾摩沙，意爲「美麗島」。西方人長久以來稱這島爲福爾摩沙，這島的中文名字「臺灣」，直到二十世紀晚期才開始使用於西方。一六二四年，荷屬東印度公司在臺灣南部建立一個貿易站，後來趕走北部的西班牙人，控制全島。荷蘭人建要塞，傳播福音，貿易，一六六一年才被中、日混血的海盜兼冒險家鄭成功趕走。鄭成功以臺灣爲基地，展開知其不可爲而爲之的反清復明大業，但於一六八三年遭清軍擊敗。清治期間，臺民叛亂頻仍，而有「三年一小反，五年一大亂」之說。一八八七年，清廷在臺設省，卻在一八九五年根據馬關條約將其割讓給日本。

第二次世界大戰結束，日本投降後，蔣介石按照開羅宣言派兵接收臺灣。當時，島上六百萬人裡有二十萬原住民，其餘是閩粵移民，包括許多客家人。三百多年來，這些有著獨立自主心態的漢人開拓者與荷蘭人、原住民、後來的日本人往來，漸漸自視為「土生土長」的臺灣人，形成與大陸漢人迥然有別的民族認同。但在日據期間，仍有許多臺灣人渴望回歸祖國。一九四五年，他們興高采烈歡迎來臺的中國人，比大陸上淪陷區人民更加熱切歡迎中央政府的接收。但中國人把這島視為原始、野蠻的邊疆。

日本據臺期間發展臺灣的工業和基礎設施，以便做為皇軍進軍東南亞的跳板，並以島上的農地做為供應日本本土所需的糧倉。在這段漫長的占領期間，日本人改善了教育、衛生水準、公用事業，鋪設鐵公路網，甚至使鄉村電氣化。人民普遍識字。日本人培養了三萬名臺灣醫生，醫生人數比整個中國大陸還要多。在亞洲，臺灣的生活水準僅次於日本。此外，在日本人治下，臺灣人享有嚴格但清明的法律制度。戰時，殖民統治者鼓吹同化，限制漢文出版品的出版，強迫臺民赴神社朝拜和改日本名。一九四五年，大部分臺灣人期盼生活在中國政府的統治下，因為他們尊崇蔣委員長，相信孫中山的三民主義，期盼參政，不再像在日本人統治下無緣與聞政治。

但隨著不可避免被視為搜括者的大陸人來臺，島民的憧憬很快就破滅了。大陸人自認高臺灣人一等，認為臺灣人受到日本文化汙染。有位美國外交官寫報告給華府說道，新的行政當局（行政長官公署）以「壓迫、經濟侵占、政治專制、無能、腐敗、（施予臺灣人）被征服者的地位」，回報臺灣人一開始熱情的歡迎。「這島的治理完全只為造福那些湧入島上、掠奪地方經濟以滿足私利而令人厭惡的大陸官員。」後來，當過臺灣省主席的吳國楨說，派到島上那些人「根本把福爾摩沙人當土」。

優越感是雙向的。島民為擺脫日本人統治而歡天喜地，不久就覺得新主子比舊主人更令人討厭。有位島民告訴《時代》雜誌，「我們認為日本人是狗，中國人是豬，……狗除了吃，還會看家，豬只會吃。」臺灣人嘲笑那些從沒見過電梯而在臺灣見到時目瞪口呆的中國兵，嘲笑那些不知道怎麼騎腳踏車而在偷了腳踏車後只會把車扛著走的中國兵。臺灣人稱大陸人「阿山」，自稱「阿海」，並把與大陸人合作的臺灣人叫做「半山」。

一九四六年十月二十一日，蔣介石與宋美齡訪臺。從南京飛行三個小時後，他們微笑、揮手，首次踏上臺灣土地。臺灣行政長官陳儀的帕卡德牌座車（日本末代臺灣總督安藤利吉將軍的座車），迅速將他們載到草山上前日本皇族招待所。有人建議——頗有預知之明的建議——草山有涼風、硫磺溫泉、壯麗景致，可做為另一個總統度假勝地。他們抵臺的消息傳開後，許多人大老遠趕來臺北，等候數日，只為一睹蔣委員長和其著名妻子的風采。人民群集於街頭，茶館裡的人興奮談著蔣宋夫婦的事；報紙銷量暴增。在群眾集會上，蔣介石籲請臺灣人民將這島重建為中國的模範省，承諾平等對待島民和大陸同胞。十月二十七日，蔣氏夫婦返回大陸。

但在這精心組織的歡迎場面背後，隨著大陸籍官員勒索生意人，以漢奸罪名強行沒收島上財產，蔣介石口中的「模範省」正陷入一觸即發的緊張關係。官員侵吞被臺民視為理該屬於他們的前日本財產，強徵臺灣壯丁入伍。許多官職不准臺灣人出任。物價飛漲，失業率陡升，經濟日益惡化。島上出現零星的搶米暴動。臺灣人與大陸人間的語言差異導致誤解，而這些誤解滋生暴力，且象徵了雙方之間更深層的誤解。臺灣人對大陸人的憤怒與仇恨，令大陸人百思不解。後者認為他們讓島民擺脫五十的奴役統治，無法理解臺灣人為何如此尊敬殺了數百萬大陸同胞的日本人。臺灣人這邊則深深痛恨那些與他們同文同種的人，把他們當被征服人民看待。

情勢的緊繃，只要有火花點燃，即會星火燎原。一九四七年二月下旬某日，臺灣省專賣局（掌控香菸、酒、樟腦、火柴、鴉片之製造與販賣的政府機構）查緝員，以手槍槍托擊傷販賣私菸的一名老婦（有些說法說是殺死該老婦）。憤怒的群衆攻擊這些查緝員，查緝員情急亂開槍，打死一名男子。隔天，大批臺灣人走向專賣局要求聆聽他們的心聲，結果遭機關槍無預警射擊。這一意外迅即升高爲全島叛亂，憤怒暴民大喊：「臺灣人現在就要報仇！」「殺死豬仔！」「讓臺人治臺！」有一千名大陸人遇害。

三月九日零時過後不久，從南京派來的增援部隊抵臺。全島性的血腥鎮壓展開，中國軍隊不分青紅皂白大肆殺人、劫掠。多達三萬臺灣人死於爲期三個星期的「恐怖統治」期間。還有數千人被捕。蔣介石得悉這場叛亂與隨後的事態發展時，指控是共黨幕後主導。他換掉陳儀，實施了一些改革。

二二八事件悲劇，重重打擊了國民政府的威信，且更糟糕的，重重打擊了取得美援的希望。南京政府未能抑制臺灣官員的掠奪已經夠糟了，而處理民亂的殘忍無能則令人驚駭。國民政府宣稱臺灣爲中國領土的主張，本就受到臺灣人和外國人的質疑，這起事件的發生更削弱該主張的合法性。臺籍領袖希望讓臺灣成爲獨立國家，爲此前往南京，但南京政府未傾聽他們的說法，即把他們打發走。有些美國外交官支持臺灣人的自治心願。有份美國領事報告提醒道，「如果——且只有——臺灣有了開明的政治、經濟行政機構，美國的參與乃至官方援助就會——才會——順理成章。」初萌的臺灣獨立運動因二二八事件而元氣大傷，但就在臺獨運動轉入地下時，這一運動也因二二八事件而得到助力。二二八事件成爲臺獨運動發展史上的決定性時刻。

隨後，杜魯門宣布美國將援助受到共產主義威脅的國家——歐洲諸國；馬歇爾則在一九四七年六月的哈佛大學畢業典禮致詞中，宣布展開數十億美元的歐洲復興計畫。歐洲得到馬歇爾計畫和數十億美元援助，中國所將得到的則幾乎只有同情。一九四七年夏，杜魯門驚恐於中國日漸混亂，派魏德邁將軍赴華勘察情勢，提出新中國政策。出生於內布拉斯加州而堅定支持國民政府的魏德邁於夏季晚期返美後，向杜魯門提交了報告。在這份引發爭議的報告中，魏德邁主張美國應在某些條件下介入中國。條件之一是中國應要求聯合國託管滿洲；其二，中國得改革其財政、政府、軍隊，接納美國的軍事顧問、經濟顧問。馬歇爾立即下令將這份報告列爲機密，且未有任何作爲。這份報告一方面建議給予國民黨財政、軍事援助，另一方面毫無掩飾揭露國民黨的缺點，而前者是馬歇爾和杜魯門都不願做的事，後者則是一旦公布大概會激怒美國境內的國民黨支持者。這份報告雖未公布，其基本結論——誠如魏德邁所說的，打算「搖醒」國民政府，使其採取行動——則爲外界所知。

魏德邁的離華，代表一個轉捩點。宋美齡越來越沮喪於國民政府的困境，且同意這位美國將軍的評斷：國民黨的基本問題在於「士氣渙散」。姊姊靄齡和姊夫孔祥熙在魏德邁離華之後立即收拾行李，「退居」美國，只讓她心情更糟。孔氏夫婦想必已看到大難臨頭的惡兆。

一九四八年初，馬歇爾再度寫信給宋美齡，催她「丟下一切」來美找他的妻子和他。她以有事在身予以婉拒。三月十六日她以絕望語氣回信道，「我多希望我們在那艱苦的戰爭期間信心滿滿所奮力爭取的世界，如今已然實現，因爲我想再怎麼樣，我們全都比那幾年更疲累、憔悴了些；……那時候我們無疑較樂觀。但如今一如當時，戰火未歇……我想我們得繼續奮鬥。」在四月號的衛斯理校友雜誌上，她抱怨中國問題遭「刻意扭曲和錯誤解讀」，「這國家的情勢的確很糟，但這不幸背後的原因，絕非試圖替中國共產黨辯護者所一貫提出的那些原因。」

一九四八年春，反蔣聲浪已在高漲，這或許是宋美齡不願在那時刻應馬歇爾夫婦之邀訪美的原因。國民黨內的異議團體越來越活躍，特別是總部設在香港的國民黨革命委員會（簡稱民革）。這個組織的成員大部分是前國民黨官員和小黨黨員，即後來受美國資助的「第三勢力」的核心成員。宋子文、李宗仁與民革有所聯繫，孫中山夫人也是，其中的李宗仁是前桂系軍閥、蔣介石的競爭對手。根據一九四六年憲法成立的國民大會，在一九四八年春，國民黨掌控下，選出蔣介石為國民政府總統，當了二十年中國強人的蔣介石，首度成為正式的國家元首。蔣介石支持孫中山兒子孫科當副手，但怨言四起的國民大會，在祕密投票中選出李宗仁為副總統，罕見的展示了拒受擺布的姿態。李宗仁被外界普遍認為是蔣介石之外領導中國的替代人選，馬歇爾在其離華聲明中語帶肯定的稱他是「自由派」之一。當上總統後不久，蔣介石即宣布戒嚴，暫時擱置憲法，使總統獨攬大權。

到一九四八年秋，國民政府的財政已是風雨飄搖，印鈔票的速度趕不上惡性通貨膨脹的速度。造成國民黨主政下戰後通貨膨脹的一大原因，乃是針對汪精衛政權所發行的「偽幣」採取的政策不當。「偽幣」遠比重慶政府發行的法幣來得穩定，但基於尊嚴，二次世界大戰結束時，蔣介石的政府選擇以遠低於「偽幣」實際價值的匯率兌換「偽幣」，致使「偽幣」形同廢物。這項決定帶來災難性的後果，致使國民政府控制區內通貨膨脹不斷急劇惡化的現象傳播到中國其他地方。

雖有前車之鑑，蔣介石仍堅信可用蠻力打敗不可阻擋的經濟定律。嚴厲的貨幣改革開始實施，宣稱欲藉此遏止通膨。官方下令人民交出所有金、銀、外幣，以支持名叫金圓券的新貨幣，違者處死。物價凍結在八月中旬的水準。這些革新原打算貫徹於全國，但實際執行時大部分局限於上海，蔣介石並派大兒子前去上海督管這項改革。

蔣經國的經濟知識和他父親一樣差，但他有鐵血無情的名聲。他自稱「蔣青天」，勵行改革時把上海富人列為打擊對象，認為他們是為害國家的禍源。他在日記裡寫道，「他們的財富和洋房是建立在人民的骨骸上」，一副共產黨的口吻。他誇稱不只要拍蒼蠅，還要打老虎。

可想而知，人民瘋狂搶購貨品，商店為之一空。在其他城市，物價仍在上漲，因此生產者將貨物移到上海以外之處。上海不久就缺糧食、缺藥材。蔣經國的官員逮捕未交出金銀塊和外幣者、投機倒把者或囤積居奇者，送上特別法庭。有六人迅即槍斃以儆效尤。然後，八月下旬，報紙報導孔令侃憑著預先掌握貨幣改革的消息，透過投機賺了大筆錢。與孔宋家族沒有交情的蔣經國欲逮捕他，但宋美齡飛到上海保護她最心愛的外甥，揚言若逮捕他，她就出國。她告訴蔣經國，「你們是表兄弟，」但其實他們是沒有血緣關係的表兄弟，「你們沒有理由互鬥。」孔令侃賴以從事上述投機交易的公司與杜月笙有關係，而杜月笙是上海最有勢力的黑幫老大，國民黨的大恩人之一。九月二日，蔣經國以非法買賣股票的罪名逮捕杜月笙長子杜維屏，讓他替孔令侃受過。

得知自己兒子被捕且會被判死刑，杜月笙大怒，於是將孔令侃「揚子建業股份有限公司」的不法情事密告蔣經國。蔣經國派人搜查，發現該公司囤積了兩千包棉紗、一百輛汽車、五百箱毛製品、兩百箱藥物。孔令侃遭指控非法囤積，但後來，一如報紙所報導的，他阿姨宋美齡於十月一日從南京搭專機第二度來到上海，再度為外甥說情，終使蔣經國撤銷對他的起訴。孔令侃付給政府龐大的和解金（據估有六百萬美元），以換取讓他安然離開上海前往紐約。兒子杜維屏獲釋後，杜月笙關店歇業，搬到香港。上海其他商界大老紛紛跟進。

不久後，金圓券就瓦解，變成形同廢紙。這場以大敗收場的貨幣改革，等於是蓄意沒收私人資產，把許多因此遭殃的中國人趕到共產黨的懷抱。這起事件說明了為什麼在許多中國人心目中，共產黨沒國民黨那麼討人喜愛，純粹只是沒國民黨那麼討人厭。經過十一年的戰爭銷蝕，國民黨僅存的民意支持，這時已消磨淨盡。

人稱中國「皇族」的蔣孔宋家族擁有龐大財產一事，乃毋庸置疑；但到底有多少財產，又如何積聚得這些財產，仍未有定論。有位孔宋家族的心腹估計，在大陸，孔祥熙、宋靄齡夫婦的財產有三千萬美元，他們幾個小孩的財產總額也類似於此。根據這位人士的說法，宋子文有兩千萬美元。另有許多人說，孔宋家族的財產達數億，分散在四大洲的帳戶和投資裡。眞實數目可能在這兩者之間。無論如何，孔宋家族的財富驚人，在中國貧窮不堪的背景下，這尤其駭人。

這一大家子透過官方和非官方的管道積聚錢財。在蔣介石底下當過多年高官、後來嚴厲批評蔣介石的吳國楨，語帶寬厚的說道，嚴格按照法律來看，這個家族大概可以理直氣壯的說，沒有一分錢是不義之財。但即使考慮到中國不健全的司法制度，仍幾乎可以確定，他們所賺的錢，即使不是大部分，也是有許多，是透過道德上可議且不合法的方式——內線消息、關係、影響力、索回扣——賺得。這個家族「帝國」包括了幾家私人企業，例如揚子建業股份有限公司。宋子文掌控了表面上屬官方企業的中國建設公司。這帝國還包括了由孔宋家族控制的官方機構或企業，例如名義上由政府官員主持、實際上由孔令侃控制的中央信託局（中國銀行子公司）。中央信託局負責政府採購業務，給了孔令侃許多利用政府採購大宗商品、設備收取回扣的機會。當時要取得外匯非常難，但孔令侃的親信管理財政部的外匯局，因此能取得外匯。繁瑣的官方手續令大部分進口商人不得不打消進口的念頭，但孔令侃能優先進口中國欠缺的大宗商品，藉此大發其財。

證據表明宋靄齡的小孩從事的不正當活動，至少有一部分是在宋美齡的保護下進行，但她對這些活動知情到何種程度則不詳。吳國楨認為她受到「大大的冤枉」，她的兩個大缺點是虛榮和易受人影響。吳國楨說，「她與好人為伍，就會變好人，但與壞人為伍，就會變很壞，……她最大的不幸乃是大半輩子都與壞人爲伍。」吳國楨認爲帶給她最壞影響者是能輕易左右她的大姊宋靄齡，稱宋靄齡是他所認識過「最精明、最能幹、完全不講道德原則的人」。但吳國楨對宋美齡的評價——再壞也只是無知和易受外界影響——事後來看卻顯得天眞。

蔣介石自奉甚嚴，就連他的對手都稱他本人不貪汙。從他似乎未收賄或未曾利用職權牟私利來看，這或許是得當之言。但從他國庫、私庫不分這個更大的角度來看，他無疑有貪汙之行。不管做何用途，只要需要用錢，他就直接下令中央銀行提錢給他。他身邊許多貪官，要貪錢的話，則得動點腦筋，手法得較巧妙。例如，蔣介石麾下有些將領侵吞部隊薪餉，拿去買股票或囤積貨物待日後脫手獲利，並在薪餉價値已因通膨而貶低之時才遲遲發餉給士兵。他們「吃空額」，拿「紙兵」和從寺廟抓來的和尙虛報兵額，藉此取得更多補給和薪餉。但蔣介石把忠心看得比能力還重要，因此對此睜隻眼閉隻眼。

蔣介石變得越來越不願傾聽不利的消息，更別提不中聽的話。他身邊的人沒人敢表示意見，反倒只會猜測蔣介石最想聽的話，據此提出意見。出了差錯，他就怪罪下屬。到一九四八年十一月，情勢已非常糟。二次大戰結束時，國軍戰鬥部隊和輕武器的數量是共軍的五倍之多，幾乎獨占重裝備，且掌控空軍。三年後，國軍在兵員和武器上都屈居下風，共產黨連戰皆捷。一九四八年十月國民黨失去遼闊富饒的東北，還有四十萬部隊（包括國軍的最精銳師）和他們的武器、裝備，使共產黨隨時可以進窺華北。南京美國軍事顧問團團長大衛·巴爾，將中國的軍事慘敗歸因於「全世界最糟的領導統御」和慘不忍睹的士氣。他在發給華府的電報中說，「自我到來之後，從沒有一場仗是輸在缺乏彈藥或裝備。」

面對即將到來的失敗，蔣介石的回應乃是拉高聲調，提出第三次世界大戰正隱隱逼近這個沒人相信的警告，藉以取得渴求的美援。他告訴《紐約信使論壇報》，日本於一九三一年入侵中國東北時，他就警告會有第二次世界大戰。這時他則警告世人，共產黨拿下東北，第三次世界大戰已然開始。

通膨如脫韁野馬。暴民流竄街頭四處打劫，學生舉行反戰示威。蔣介石一如以往將這日益混亂的局勢歸咎於共產黨的宣傳鼓動：「一般知識人士，尤以左派教授及報章評論，對政府詆毀汙蔑，無所不至，……既此為共匪造謠中傷之一貫陰謀，以期毀滅余個人之威信，不意今竟深入我黨政軍幹部之中……唯此一毒素，實較任何武器尤厲。」不管原因為何，蔣介石政權明顯氣數已盡。上海英文報紙《大美晚報》主編高爾德寫道，「他連在自己家鄉選捕狗員這職務都選不上。」高爾德指責亨利．魯斯助長「中國統治階層」產生「手裡抓一把、還嚷起嘴要更多的小孩子心態」。

但人民對國民黨統治的失望，只是促成那麼多中國人，特別是知識分子和學生，還有商人和實業家、公務員、數十萬軍人，倒向共黨一邊的原因之一。共黨已樹立起效率、廉潔、可信的名聲，且已從他們的鄉村根據地出發，向世人表明他們是中國最積極進取的政治勢力。他們已因為說到做到、落實他們所宣揚之政策、修正錯誤，而打出名聲。共黨軍職、文職人員在他們占領區表現出可堪楷模的行為，和國民黨員那往往令人痛惡的行為，差異有如天壤。

共產黨說他們的最終目標是將共產主義施行於全中國，但也堅稱那會花許多年才能實現，在過渡期間，他們會建造讓包括知識分子、小農、工人、地主或資產階級資本家在內的所有人都有生存空間的「民主」社會。由於共黨已建立崇高公信力，許多中國人撇下心中的憂慮，相信他們。

共產黨拚命欲用他們的革命原則解決中國的現實問題，蔣介石則試圖按照他所認為中國應走之路的崇高理念（例如失敗的新生活運動中的理念），塑造中國和中國人民。毛澤東主張共產黨一定要貼近人民，因此贏得他們的信任，蔣介石則努力讓自己與老百姓有距離，因此使人民疏離於他。共產黨能在一九四〇年代如此風捲殘雲般席捲中國人心，而蔣介石辦不到，這是根本原因。

宋美齡和蔣介石把取得美援的希望，寄託在紐約州共和黨州長湯瑪斯・杜威贏得一九四八年的總統大選。有人認爲國民政府透過孔祥熙的世界貿易公司捐了兩百萬美元助杜威競選。開票期間，宋美齡忐忑不安追蹤開票結果。一如預期，杜威一開始領先，似乎勝券在握，不料接下來跌破衆人眼鏡，杜魯門逆轉，拿下總統寶座。

情勢很清楚，沒有新的援助，國民黨軍隊必敗無疑。共產黨控制了華北、華西許多地方，正以破竹之勢往南逼向首都。十一月九日，杜魯門在基韋斯特度假時，蔣介石緊急向他求救。他寫道，「我們若未能擋住這趨勢，中國可能不再是民主一員，……身爲並肩捍衛民主者……我懇請您盡速增撥軍援，堅定聲明美國政策支持我政府正奮力爭取的目標。」杜魯門只表示收到來函，否決了邀蔣介石來美親自闡述其主張的提議。

宋美齡打電話給馬歇爾，然後宣布打算親自赴美求援。十年前，強悍的蔣夫人才發誓，絕不會赴美乞援。如今，傲氣隨風而逝，她不邀自去。

國民黨聲勢每下愈況時，瓦爾特・史滕內斯上尉不管中聽與否，繼續向宋美齡建言，致使她最後不得不求他，「拜託，別再告訴我不對的事，我就是不想知道。」如今，她準備出國時，他告訴她，民心士氣那麼低落，這時出國可能會有很不利的影響。這位普魯士人說，「夫人，這時候你不能去美國，……你離開我們，誰曉得人民會怎麼想。情況很糟，時間所剩不多。你能做的就是留下來，在中國奮鬥到底，如有必要，我們得死在中國。」

她苦笑回應，「史滕內斯上尉，你從來不怕說不中聽的話。我覺得如果其他人全走了，你仍會在我身邊告訴我令人不安的事實。我得去美國，因爲沒有他們幫忙，我們打不下去。但你不用擔心，我只會去三個禮拜，所以會來得及回來死在中國。」蔣介石對這趟赴美是否有用心存懷疑，但未阻止她。局勢已這麼糟，他仍表現出令人不解的平靜，據駐華大使司徒雷登向馬歇爾的報告，「幾乎到了興高采烈的程度」。

出版人羅伊．霍華德擔心她此行的「危險」。他向某國民黨外交官提醒道，「（美國）國內的共黨、反華勢力會想方設法抹黑夫人和她的目標。」他希望她這趟訪美之行不要交給「一九四三年時把她的事搞得一塌糊塗的那個年輕人」負責，那人指的是孔令侃。他哀嘆道，「有時候，有心想幫中國人，甚至想幫他們到能自力求生的地步，結果卻讓人有點洩氣。」

宋美齡於一九四八年十一月下旬出國，出國前她透過電臺向美國人民發出急迫的呼籲。她提醒道，「如果共產主義在中國占了上風，你們，我的友人，最後也會受害。」在那極具爭議的骨牌理論尚未正式問世之前，她就早早提出類似的看法，以進一步說服美國接受她的援華主張。「中國如果倒下，全亞洲會跟著倒下。而亞洲對和平的影響，重要性絕不遜於歐洲。」她從此未再踏上祖國土地。

宋美齡一行人搭乘杜魯門提供的海軍 DC-4 飛機飛往美國。她降落舊金山那天，美國駐華大使館人員開始離開南京，因爲勢不可遏的共軍，兵鋒已更逼近國民政府首都。宋美齡說，她是「以私人身分」訪美，「目的在把中國情勢的眞相告知她在美國的友人」。馬歇爾派其私人飛機「聖牛號」接她到華府。他無法親自去接機，因爲他診斷出非惡性囊腫，正在醫院接受右腎切除手術，於是請凱瑟琳去。他知道宋美齡在等總統邀見，但那可能是無法實現的奢望。

十二月一日宋美齡下飛機時顯露疲態，避開新聞攝影機。有人帶她經過一群記者，進入國務院的凱迪拉克轎車。記者跟著她來到馬歇爾夫婦位於維吉尼亞州利斯堡的多多納莊園主宅邸。在這裡，她恢復精神，欣然坐著供記者拍照，且戲謔談笑。有人問她，她的大衣是哪種毛皮，她拼出字母回答「N-u-t-r-i-a」。她暫了一眼馬歇爾太太的貂皮大衣，又說，「這件毛皮大衣很舊了，過時了，但很溫暖。」幽默感一如以往。兩位夫人一起拍照時，宋美齡問：「我們是不是該深情望著對方？」她提到這天是她的結婚週年紀念日時，馬歇爾夫人說得慶祝一番。宋美齡應道，「光是在這裡，就是很盛大的慶祝！」

在華府，蔣夫人受到雖周到但不熱絡的接待，就連在霧谷，她朋友馬歇爾所主掌之國務院的所在地亦然。她的出現使美國官員不自在。正式來講，美國對華政策沒變，但隨著國民黨的處境越來越危急，美國只剩名義上的支持。自二次大戰結束以迄這時，美國已給國民政府將近二十五億美元的援助，但除了那些最容易受騙上當的觀察家，明眼人都看得出國民黨必敗無疑。

私底下，蔣氏夫婦將共黨的勝利怪在美國頭上，認為是羅斯福在雅爾達會議上的讓步和馬歇爾切斷援助以迫使蔣介石和共產黨組聯合政府所致。美國政府不相信這些指控，但在華府，在責怪國民黨自食惡果而沾沾自喜的背後，卻有股愧疚感。白宮官方未有評論，但輸出入銀行的總裁威廉・馬丁宣稱中國國民政府是「風險很大的生意對象」。一九四三年時盛讚宋美齡的德州參議員湯姆・康內利，則在這時直言不諱的說：「蔣是個大元帥，但他從未像個大元帥那樣上過戰場。」

出版人亨利・魯斯竭盡所能協助國民黨，把蔣介石放上《時代》雜誌一九四八年十二月六日出版的封面（這是這位國民黨領袖第八次登上《時代》封面）。該雜誌警告道，共產黨正「像熔岩漫流中國」，蔣委員長的威望已「低到長江水位以下」。有篇文章警告道，共產黨可能會「使世界轉而與我們為敵」，「我們在中國的目標不是協助我們的友人，而是擊退共產主義，以保住我們的和中國人的脖子。」

杜魯門同意見蔣夫人，但言明她怎麼說都不可能讓他改弦更張。會晤的日期未立即敲定。宋美齡於十二月二日晚上去醫院短暫探望了馬歇爾，然後隔天又去看他，兩人談了較久。事前馬歇爾已要顧問喬治・肯楠向他做緊急簡報。肯楠是國務院政策規劃部門的主管，也是「圍堵」理論（美國冷戰時期對付共產主義之政策的基礎理論）的著名提出者。肯楠建議他對中國的困境表示關切和同情，但要圓融巧妙的表明，「此時要本國出手解救中國國民政府，完全未搞清楚問題所在。」肯楠寫道，國民黨的軍事敗退並非因爲缺乏軍火援助或經濟援助，也不是因爲美國未任命一位總司令，使中國民心士氣得不到「短暫刺激」，而是因爲少了某種「至關緊要的『東西』」。

宋美齡在醫院裡和馬歇爾談了將近四個小時，這期間她數次代表她的丈夫提出緊迫的請求。她請白宮發表聲明支持國民政府、反對共產主義在亞洲立足；請美國派一名傑出的軍人到中國，當激勵國民政府軍事行動背後的「火星塞」，並派多位美國軍官來華，督導無能的中國參謀切實從頭至尾奉命行事；請美國派一位能幹的經濟顧問來華，改革國民政府的財政，並給予三年共計三十億美元的龐大經濟援助。軍事和經濟上的援助事務，全交由美國人主持。據宋美齡的說法，蔣介石甚至已表示，如果對國家有利，他願意下臺。蔣介石此番表態有多大的誠意，不得而知，但基本上他是要以將他的政權和軍隊幾乎全交給美國掌理的驚人提議，來換取美援。

宋美齡向馬歇爾強調了局勢的嚴峻，但駁斥了外界有關已有三十三個師的國軍投降共黨的說法，申明只有十二個師。她告訴馬歇爾，她丈夫麾下的指揮官和政治同志大部分庸弱無能，並表示他會撤掉那些無能之徒。她說國民政府打算放棄南京，轉移到中國東南部。美國政府派誰來，蔣委員長都會支持。

馬歇爾的回應並未令她感到鼓舞。他已先跟杜魯門討論過中國問題，決定不公開發表支持聲明，因爲那聲明將不得不力求溫和，反倒弊多於利。他告訴她，在眼前的情勢下，美國「極不宜」派人到中國坐鎮，還說除非實質上接管政府，否則不可能成功。至於援助，馬歇爾指出，共和黨人雖然主張增加對華援助，但共和黨掌控的國會卻已將杜魯門於一九四八年四月簽署的四億六千三百萬美元援助款砍為四億美元。情勢清楚表明，宋美齡期望的那位一身發亮盔甲的騎士根本不願騎上他的白馬。

宋美齡兩手空空回到利斯堡，仍向蔣介石樂觀回報她已向馬歇爾釐清了一些重大「誤解」，請求美援一事絕對不是幾日內就可搞定。但蔣介石意識到她此行將是徒勞無功，在日期註明為十二月七日的電報中要她別再催逼此事，並要她見了杜魯門後盡快返華。她回道，她覺得馬歇爾漸漸改變立場，深信與他再談幾次會有好的結果，因此不能立即返國。她還以神祕口吻說道，她正在做「極複雜」的事，而那事不能在電報裡談。她要蔣介石不要理會新聞界有關她訪問華府的許多「猜測性」報導，還要他務必嚴格禁止外交部和駐華府大使館官員公開表示意見——此事反映了她與外交部的對立關係，外交部別無選擇，只得任由她實質掌控外交政策。

在這期間，馬歇爾動了手術；為逗他開心，宋美齡從多多納莊園主宅邸「前線」寫了篇煞有其事的戰情報告給他。常被太太使喚的馬歇爾，無疑很欣賞這封信：

最高機密

只限閣下過目

呈佛利克將軍的報告

你懶洋洋躺在「絲質」被單上時，家中前線無一處安寧。

一、十二月七日早上，栽植了一百三十株巨大口徑荷蘭種黃水仙，先是把引爆的葉子從花壇邊緣耙掉，然後在壕溝裡挖六個分處戰略要地的散兵坑，把泥土牢牢壓實以掩護陣地，最後再耙離葉子以防敵霜危害。

二、經過三個小時英勇、艱苦、表現出不凡勇氣、毅力的勞動（這至少夠資格領個「濫好人」勛章），加上等待來自醫院的戰情報告時加諸的神經緊繃，所有人，包括沒有專門技能的工人，靠暢飲可口可樂來做累人的雜役……

接來是在廚房幹兩個小時「折磨人」的活，爲此宋美齡付了六‧五美元的「費用」。「副指揮官」凱瑟琳保證，只要宋美齡不搞兵變，會有草莓冰淇淋蘇打可享用，還說「自從在目前的野營地駐紮以來，報告署名人（宋美齡）臉頰變得更豐潤，氣色更好，腰圍明顯變粗」，因此，任何的財務索求都是「不成立」。宋美齡反駁道，這一論斷「不民主、不公平、差別待遇」，並說：

世上沒有正義了？因此，在此向指揮官將軍緊急求救，要他們交出絲質被單。

家庭，溫馨的家庭絕不會這樣！

報告署名人請求上蒼見證這一非中國式的待遇……

等待國會給予立即而直接的關注，按照（參議員湯姆‧）康內利慣有的作風，置身清教徒前輩女移民的土地上，這應該不會等太久——禁絕奴工！

謹呈，

合眾為一

附帶一提：少了一顆腎是什麼感覺？我是不是……少了脾？

這封信以玩笑口吻間接提到她一九四三年訪問白宮期間用絲質被單引發的沸沸爭議，且嘲笑了她政府的集權傾向和爲爭取外賓支持國民黨而豪奢款待外賓的作風。離開中國的宋美齡，顯然沉浸在愉快的度假氣氛中，就連失眠的老毛病都消失了，而這或許是因爲凱瑟琳逼她勞動所致。

十二月十日，宋美齡與馬歇爾夫婦會見杜魯門和其妻子貝絲、女兒馬格麗特，一同參加位於布萊爾宅邸的五點鐘茶會。布萊爾宅邸是美國總統招待國賓下榻的賓館，當時白宮在翻修，杜魯門一家人在不久前搬進該賓館。茶會後，宋美齡私下會晤杜魯門，把她丈夫和國民政府所面臨的困難告訴他。出現於總統官邸之外時，記者問：「蔣夫人，順利嗎？」她答：「對不起，無可奉告。」白宮只表示她向總統陳述了她的看法，而總統「深表同情」的聆聽。她打電報給丈夫，要他耐心等待。

後來，國民政府駐華府大使顧維鈞向美國官員抱怨，說宋美齡來美是「少女般心血來潮」的衝動促成。然後他說，他已獲「授權」向美國官員提供解決援華問題的「辦法」。在這「最後關頭」，中國的統治家族願意用他們的私人財產做抵押，借款十億美元。這筆資金的來源將祕而不宣，不讓中、美兩國人民知道。顧維鈞說，中國只是世界銀行的「書面會員」，因此無法從世界銀行提款。中國在世界銀行的股份是由美國出資買下，但中美兩國民衆對此事都不知情。美國政府未採納這個很可能是狗急跳牆、虛晃一招的荒誕提議。

宋美齡在華府遊說時，南京美軍顧問團團長大衛．巴爾將軍警告，國民黨注定會垮臺。在十二月十八日的報告中，他認爲再給予援助也沒什麼用，但提醒美國政府「勿突然撤走」目前正給予的援助，「因爲這樣做會廣受譴責，不利於美國在世人眼中的形象。」國民政府如果被迫撤退到臺灣，屆時美國支持它，就純粹是爲了在中國人民反抗共產政權時，可爲美國對付共產黨的行動提供一處基地，以及爲了「不讓臺灣人受到中國的征服、剝削」。

宋美齡與凱瑟琳・馬歇爾共度聖誕節，凱瑟琳的丈夫仍住在醫院裡。聖誕節那天，中國共產黨宣布「戰犯」名單，共有四十三人入榜。蔣介石名列頭號戰犯；宋美齡受到另眼相看，成爲名單中唯一的女性。名列戰犯者還包括宋子文、孔祥熙、國民黨其他高層官員、軍閥、外交官（有些外交官住國外）。她繼續力促馬歇爾改變美國政策，轉而支持她丈夫的政府。她甚至請他妻子代爲轉達她的想法。在十二月二十八日的電報中，她告訴蔣介石，杜魯門可能在一週內宣布改變中國政策。她這麼說顯然是爲了讓丈夫心情好些。

蔣介石沒相信她的話，一再求她返國。她答以美國輿論正轉爲有利於國民黨，且她還有許多事要做，這時不能離開。她的答覆有可能是言不由衷。她在元旦那天寫道，最近幾天，她悄悄見了共和黨國會議員領袖，遊說他們支持援華。在這同時，她丈夫的軍隊正迅速瓦解。徐州會戰打了兩個月，在一月十一日結束，國民黨死傷至少三十萬。共產黨運用「人海」戰術，兵力損失更大，但經此一戰，他們控制了長江以北地區。雙方各集結大軍，隔江對峙。一月十四日，毛澤東以形同要求無條件投降的說詞，駁回蔣介石的求和。這純粹是爲做給外界看。這時候的共產黨想什麼時候渡江奪取南京，全看他們的意思。

第十八章 將軍夫人

你們若不是由衷喜愛我們，就是你們的心已經背離我們。

——蔣夫人

一九四九年一月上旬，宋美齡退居孔祥熙位於紐約里佛代爾的家宅，推掉許多找她演講、露面的請求。私底下她找共和黨、軍方、教會領袖尋求支持。她找上新教幾大教派，請他們公開支持她丈夫，都遭拒絕。但她未浪費時間療傷止痛，立即重整旗鼓，擬出新的進攻策略。她的丈夫在國內連連敗退時，她在美國開闢了第二戰線，把戰場從中國移到美國國會。她以這座俯瞰哈德遜河的大宅爲基地，統領國民黨在美國的遊說勢力，重現數年前讓她贏得最高夫人[26]之外號的非凡指揮本事。在支持她丈夫之美國國會議員的建議下，她開始主導經重新組織的遊說行動，替蔣介石爭取美援。

國民黨早就在美國進行遊說。至少自宋子文於二次大戰頭幾年期間遊說爭取美援起，就有受僱者、志願幫忙者、或明或暗的國府代理人，在華府爲國府奔走。一九四八年四月，國民黨僱了職業說客威廉·古德溫。他在國會替國民黨的利益奔走，安排有利於國府的宣傳活動。在宋美齡這次來美之前，國民黨的遊說、宣傳活動，大部分不脫這一行的標準做法，即對發生的事予以正面解讀、宣揚合法但誇大的主張、款待拉攏有力人士。但蔣夫人於一九四八年十二月來美後，這個漸漸被稱爲「中國遊說團」而組織鬆散的團體改弦易轍，偏重於採取利誘，乃至直接干預美國政治的做法，伴隨抹黑、恐嚇、煽動。這項重整旗鼓之遊說活動的主旨之一，乃是讓國會和美國民衆相信，美國政府，特別是美國政府裡某些人，要爲國民黨目前所面臨的危機負責。

蔣夫人不只知情這些較具侵略性的新戰術，還積極參與這些戰術的落實。她對人性太悲觀，且對時局太絕望，因此，對於捨棄口頭勸說，改以賄賂的方式來爭取美國議員，一點也不覺良心不安，一點也不遲疑，但她的確努力不讓自己與遊說活動有直接關聯。一九四九年一月八日，她打電報給蔣介石，要求給予至少二十萬美元，以僱用美國公關顧問從事遊說。這筆錢，如她所說，將用來「鼓勵」美國民衆和國會議員支持國民政府。她在電報中告訴蔣，她會主導這項計畫，但也要他放心，她不會經手任何錢款。至於付錢人這個角色，她找外號「少校」或「小傢伙」的外甥孔令傑擔任。蔣介石回以此事不宜在電報裡答覆，因爲一旦洩漏，後果不堪設想，此外他又求她快點返國。

但宋美齡無意拋下她新自封的指揮大位。她著手影響美國的意見領袖，爲此，在一月十二日，她邀羅伊·霍華德和其妻子馬格麗特來里佛代爾的孔家宅邸用餐。霍華德說她「氣色很好」，「一如以往美麗」，看來一派輕鬆。她在此前不久和丈夫談過多次，討論了她這趟失敗的華府之行，對此「完全看不出難過或怨恨之意」。她表示她與馬歇爾夫婦交情深厚，而儘管她很失望未能改變這位國務卿的對華觀點，霍華德完全看不出她的失望之情。她堅稱杜魯門待她「極殷勤、親切」，覺得杜魯門的中國政策以馬歇爾的意見爲依歸，而馬歇爾老早就決定不給予中國足夠援助，從而使中國難逃赤化。她深信美國人終有一天會理解這一失策的嚴重後果。她坦承她「確信（中國）有貪汙、欺騙、不當用錢的情事」，但說到多嚴重，或許和其他地方沒兩樣。霍華德覺得，她似乎靠著「基督教的堅忍和東方的宿命論」在維持。

不管是東方的宿命論，還是其他哪種宿命論，都不符宋美齡的性格，但這幾年來她信教的確越來越虔誠。她深信自己收到上帝的「精神指引」，宣稱上帝在她清醒時和睡夢中都曾對她說話。時局動盪的一九四九年初，她在某天早上聽到她所深信不移的神旨，那神旨以內心的聲音傳達，用中國話說「你會喝十六天的菠菜湯」。她百思不解，問姊姊宋靄齡，宋靄齡道，如果用不同的聲調來唸「菠湯」這個中文詞，會得出波濤、動盪之意。果然，中國陷入十六天的動盪不安。第十六天時，宋美齡收到蔣介石來信，告知他將「辭掉」總統一職。

蔣介石於一月二十一日下臺後，副總統李宗仁代理總統職，蔣介石退居溪口老家。但他仍是軍隊的統帥和國民黨的首腦，政、軍大權，特別是財政大權，實際上仍掌握在他手裡。在這期間，他將數百萬美元的龐大政府資金，存入掛於親信名下的海外私人銀行帳戶或存入不列戶名、只有編號的帳戶，還有透過其他辦法，確保金錢不會落入共黨手裡。蔣介石一碰到麻煩，就喜歡到他喜愛的溪口山間隱居避難，但這時候，那些山丘恐怕已不能給他多少慰藉，特別是在他知道他可能再也見不到它們時。蔣介石下臺那天，艾契遜出任美國國務卿，馬歇爾因健康問題辭職。馬歇爾雖幫不上忙，但至少對國民政府友善，而艾契遜對國民黨則幾乎掩不住輕蔑。在這同時，共產黨拿下北京，隨著國民政府遷到廣州，南京一片混亂。

擔任廣東省主席的宋子文，把蔣介石的下臺視爲他該逃亡的信號。當數百萬個中國家庭因內戰而妻離子散，或驚覺自己在混亂的逃亡潮中受困於中國時，宋子文和其家人出國前往歐洲長期居住，並於六月抵達美國。國難當頭出逃的大官，絕不只宋子文；一九四〇年代末期的動盪不安期間，有一群國民黨和國民政府要員前往香港或流亡西方，包括蔣介石的長期得力助手陳立夫。陳立夫是國民黨 C.C. 派的領袖，也是馬歇爾結束使華任務時譴責的「反動分子」之一。陳立夫定居美國紐澤西州，以養雞爲生。

一九四九年一月二十七日，宋美齡打電報給蔣介石，再次催他匯來遊說國會議員、新教團體、軍界高層人士所亟需的現金。天主教南京大主教，不久前已避難美國的蔣氏夫婦親信于斌，也需要錢來遊說天主教教友。有人替于斌冠上「政治和尚」的外號。她問蔣介石可否從存於毛邦初將軍戶頭裡的兩百萬美元政府公款，提出二十萬美元供遊說之用。毛邦初是蔣介石原配毛福梅的外甥，擔任中華民國空軍駐美採購處的代表。他深得宋美齡寵信，雖捲入一九三〇年代末期中國空軍貪汙醜聞，但仕途未受影響。

蔣介石做何反應，不得而知，但顯然表示同意，因爲宋美齡對國會的遊說，很快就有了成果。二月七日，五十一位共和黨議員就計畫支持國民政府一事，向杜魯門提出緊急調查案。不久，內華達州民主黨參議員派特・麥卡蘭提出貸給國民黨十五億美元的議案，後來遭國會院會否決。

國民黨在戰場上每下愈況時，宋美齡加強其遊說活動，定期找她身邊的支持者在里佛代爾的孔家開會，探討遊說大計。她寫信告訴蔣介石，「我現在每個星期二與毛邦初（將軍）、李惟果（國民政府駐聯合國代表團顧問）等人開會，以就所有（遊說）事宜給予他們指示。」信中提到一群可靠的在美工作人員。除了她的親戚孔祥熙、宋子文、孔令傑，這些工作人員還包括駐世界銀行代表俞國華、駐華府大使館武官皮宗敢、駐聯合國代表蔣廷黻、陳立夫、大使館參事陳之邁。一九三八年，毛邦初捲入空軍貪汙弊案，且此一弊案受到時任中國空軍委員會首長的宋美齡調查，但耐人尋味的，他這時與蔣氏夫婦親近的程度更甚於以往。這些人所行使的權力全大大超乎他們職位的權限，且常直接向蔣介石報告。除了用以執行例行工作所需的公款，他們還被授予來自政府不同部門的帳戶，供蔣介石恣意使用。

宋美齡常公開宣揚崇高的民主原則，卻敦促蔣介石扯代理總統李宗仁的後腿，爲此目的提出了數個計謀，且敦促蔣介石想辦法盡快奪回總統之位。蔣介石於二月一日回覆道，他的「退位」有多項好處，且要她停止所有宣傳活動，不要再向美求援，盡速返國。蔣介石還傲然表示，不管情勢如何，未來二十年，他將不只是中國和平、也是世界和平舉足輕重的人物，因此眼前不急於乞求援助。他要她給于斌主教一萬美元供遊說之用，言明不久後就會把這筆錢補給她，還問她是否收到他不久前匯去的一筆未說明金額的錢。

說到不讓李宗仁掌有實權，蔣介石不需要妻子的催促。有件事說明了他在這方面的成功。話說李宗仁成爲代理總統後，下令釋放西安事變主謀張學良和楊虎城，仍聽命於蔣介石的祕密警察卻拒絕執行此命令，反倒奉蔣介石命令，不只處死楊虎城，還要殺光他全家。最後楊家只有一個兒子因已加入共產黨而保住性命。張學良則已於一九四六年晚期被祕密移到臺灣，仍受拘禁。

三月上旬，蔣介石發了三封電報給宋美齡求她回來，遭她婉拒。她堅稱得留在美國主持幕後的遊說工作，但派外甥孔令傑返國，到蔣介石奉化老家見蔣。孔令傑身負什麼任務，電報裡未透露，但很可能是爲了討論美國遊說工作和運送現金或金塊。

出任代理總統後，李宗仁立即與共產黨和談，冀望國、共隔江分治，終歸徒然。但和談觸礁後，派去北京的國民黨和談代表卻大批變節，投向共黨陣營，說明國民黨這邊已是人心渙散，各自保命。四月二十日共軍渡江，幾乎未發一槍一彈就拿下南京。仍在溪口的蔣介石向祖墳做最後祭拜，在上海待了數日後，前往臺灣（他日後的反攻復國基地）短暫視察。五月，在臺時，農林部長左舜生見了蔣介石。這位「退位」的國民黨領袖身穿藍色長袍，看來氣色很好、很樂觀，絲毫沒有悲傷或驚慌之意。他說的第一件事，乃是「這下毛澤東打不到我了！」令左舜生聽來覺得幼稚。蔣介石很有禮貌，甚至送左舜生上車離開。左舜生吃驚說道，「跟南京時代的蔣先生差別好大！……他讓我想起破廟裡的老和尚，看了眞令人難過。」

宋美齡於五月六日寫信給蔣介石，說她已得知英國正敦促美國政府承認中共爲中國的統治政權。她建議在美國發起全國性的宣傳運動，以阻止此事成眞，並激發美國民衆的同情，以在最後獲得更多美援。蔣介石立即同意，並埋怨英國「出賣」其戰時盟友。

在蔣夫人主導下，這個漸漸被稱做「中國遊說團」的影子團體士氣大振，從共和黨內部一個組織鬆散而沒有特定目標的政治運動組織，搖身一變成爲有影響力、有戰鬥力的政治行動指揮部。這個團體的美方成員，包括孤立主義人士、共和黨保守派成員、宗教團體、其他出於不同動機（商業利益動機和意識形態動機）而狂熱支持國民政府者，並由拿國民政府錢辦事的美國公關人員領軍。

對於自一九三二年來一直無法入主白宮的共和黨來說，與中國利益團體的結盟乃是無心插柳而成的權宜性結盟。他們雖已在一九四六年掌控國會，卻不甘心於失去一九四八年的總統大選。中國國民政府的垮臺，正好給了他們痛擊民主黨的現成棍棒。遊說人士指控民主黨出賣了國民政府，指責國務院對共產勢力「軟弱」，該爲「失去」中國一事負責。宋美齡被視爲這一運動的精神領袖，投身這運動的名人包括她的以下友人：亨利．魯斯、共和黨國會議員周以德、新罕布夏州參議員史戴爾斯．布里吉斯、魏德邁將軍、來自加州的年輕國會議員理察．尼克森。還有許多與這遊說團有關者，是與她過從甚密的朋友、家庭、門生。

在背後支持「中國遊說團」的最有力人士中，包括名叫阿佛烈．柯伯的商人。他自一九一六年起一直從中國進口刺繡亞麻布，掛上 Kohlkerchiefs 這個平凡無奇的名字販售。宋美齡於一九四六年在南京首次結識柯伯，與他交情甚篤。宋美齡於一九四八年晚期返美後，柯伯開始與她和遊說團其他工作人員（特別是參事陳之邁）密切合作。宋美齡在里佛代爾主持的共商大計會議，他至少參加了一次（一九四九年初）。柯伯予人的感覺是和藹可親、讓人傾心交往，但在這平和的表象底下，卻藏著意識形態聖戰士的狂熱。他深信在莫斯科的領導下，國際共產運動存有征服世界的祕密計畫。凡是與他意見不同者，都是共產黨人、帶左傾色彩者，或再怎麼說，都是個「親共者」。

柯伯經營了新聞服務公司，在助手協助下，他將支持國民政府的消息源源不斷發送給約兩千家報紙和出版社。他資助並經營反共的美國對華政策協會和後來改名爲《自由人》的《挑明說》雜誌。他長久以來認爲國務院裡有共黨「陰謀集團」，且在國民政府裡找到了知音。

柯伯善於含沙射影的誹謗，讓人對他所攻擊對象的忠誠起疑。由他寫給《洛杉磯每日新聞報》某專欄作家的一封信，就可看出他的一貫手法。這封信評論埃莉諾・羅斯福的一篇演說：「我覺得我可能比羅斯福夫人還了解亞洲，且雖然我對共產主義的了解不盡有把握，但可能還是比她了解共產主義。」他宣稱其反共運動的經費來自他經商有成的獲利，而且在國內稅收局經全面調查，發現他從一九四六至一九四七年只應得少許退稅時，似乎也證實他這個說法爲眞。柯伯喜歡嘲弄財政部，在稅收局這次調查未能抓到把柄之後，他寫了封信給財政部長，信中稱財政部是遭共產黨「操弄的工具」。但他有可能收了來自「中國遊說團」的現款。

五月十九日，宋美齡打了兩通電報給蔣介石催他再匯錢來，以便她的遊說組織可「用現金反制」她所謂的、共產黨正在美國散播的反蔣宣傳。她得意的報告道，「今天，在參議院撥款委員會的聽證會上，參議員派特・麥卡蘭應我的要求抨擊了國務卿艾契遜……指控艾契遜與蘇聯暗中合謀放棄遠東、承認中共政府」，還說艾契遜不得不否認這指控，被迫承諾「調查」國務院遠東事務局的對華政策。她在結尾時寫道：「爲不讓我與國會最近的密切關係爲外界所知，請立即毀掉一四二一這本密碼冊。」蔣介石回以要她勿在電報裡提及遊說運動或國會議員的名字，因爲電報可能遭攔截。

共軍逼向上海時，宋美齡敦促蔣介石勿讓城裡的武器、工廠和其他重要資產落入共產黨手裡。五月二十七日上海陷落。數十萬難民逃往臺灣，還有許多人沒逃出來。匆忙逃難時，家庭遭拆散，許多人因此一輩子未再見到自己家人。數天後，宋美齡向她丈夫抱怨，共黨接管上海後，美國政府收到數通電話稱上海市情況良好。她寫道，「我有請你毀掉上海和外界的通信線路，結果未做到，……美國承認共產黨政府的機率因此提高。」為挫敗共黨，她向蔣介石提了多項建議，包括炸毀中國境內機場、把偽幣大量流入共黨占領區以擾亂經濟、派密探進入共黨占領區，以防止外國和華僑實業家返回中國重起爐灶。

美國國務卿艾契遜於一九四九年一月上任後，就已下令檢討中美關係。一九四九年六月下旬，宋美齡得悉國務院已擬好一份把「失去」中國一事全怪罪在蔣介石頭上的報告，且準備公布。大為驚恐的她提醒蔣介石要有心理準備，且拚命遊說以阻止該報告公布，或至少讓報告中的結論得到修改。這份名叫中國白皮書的報告共有一千零五十四頁，由政府文件、電報、報告（包括遭禁止刊布的魏德邁報告）組成。擬出這份報告，形同在國民黨一息尚存時就予以驗屍。中國白皮書認定蔣介石已經完蛋，且認為臺灣不久後會落入共黨之手。這時候的美國，腦海裡只想著如何重建歐洲，如何仿照美國的制度打造日本。這份報告強力捍衛了美國政策，把國民政府的失去大陸完全怪罪在國民黨本身的腐敗和無能、蔣介石的頑固及領導無方。杜魯門私底下說：「我們挑了一匹壞馬。」中國白皮書乃是一份單方面的宣告，宣告中國已落入共黨之手，宣告美國已不再管這事。

艾契遜想公布這份會引發軒然大波的文件，主張如此會讓那些「原始人」噤聲。蔣介石認為那會給予共產黨「道德支持」，因而反對，但國會議員周以德勸他不要反對公布，因為美國民眾會把此舉視為「認罪」。美國政府內部隨之為是否該公布這份白皮書陷入爭辯。

就在這時，一九四九年六月三十日，毛澤東猛批美國，稱中國與由蘇聯領軍的國際反帝陣線「團結一致，共同奮鬥」。毛澤東宣稱，「不是殺了老虎，就是被老虎吃掉，兩個得選一個。」他認為莫斯科和美國境內「群衆」協助拉下國民黨，功不可沒。他承諾在中國創立「人民民主專政」，在這制度下，「人民」將有權利發表意見，而「帝國主義走狗」（地主、官僚資本家、國民黨員）則沒有這權利。與此同時，指控宋家、孔家，以及其他有錢、有良好關係之中國人把不義之財藏在美國的聲音越來越大。有人提到將國民政府在美國的金融利益凍結。一九四九年五月，杜魯門命令聯邦調查局暗中調查。聯調局局長約翰・胡佛指示各地調查站給予此事「優先且迅速的關注」。聯調局不遺餘力的調查，卻似乎無法完全證實這些說法。銀行以事涉個人隱私，不願提供資料，聯調局既無法逼他們提供資料，也不願這麼做。

七月下旬，宋美齡向蔣介石報告，有個欲提供援助給國民政府的議案，未能得到國會撥款委員會通過（她未指明是衆院或參院的撥款委員會）。她會繼續「利用」（宋美齡語）該委員會某些委員，在下個會期提出美國軍援國民黨至少一億美元的議案。她寫道，「確切數目還在談，但爲說服一定數目的委員，我們得先承諾捐款資助他們下一次連任競選」，並請蔣介石匯錢來。最後她說，這封電報「極爲機密」，要他丟掉用來解譯這封電報的密碼簿。

當時蔣介石正忙著在太平洋地區組成反共聯盟。爲此，他訪問了南韓大統領李承晚和菲律賓總統季里諾。返臺途中，他得知中國白皮書於八月五日公布。蔣介石惱火於該文件將失去中國一事完全歸罪於他，但未出言反駁，反倒匯了八十萬美元給宋美齡在美國的工作夥伴，其中一部分錢用來留住美國公關公司聯合行銷公司。這家公司表面上受僱於中國銀行，任務是防止美國承認中共，防止美國沒收國民政府在美資產轉交共產黨。

在美國，中國白皮書引來強烈反應。艾契遜口中那些「原始人」的低沉吼聲並未因此停住，反倒升高爲扯開喉嚨的咆哮。誠如艾契遜所悲嘆道，這份文件的結論，「很不合那些堅信美國萬能者的胃口，在他們眼中，凡是無法達成目標，都是無能或叛國所致。」馬歇爾遭到民主、共和兩黨國會議員的抨擊，但他幾乎不容懷疑的崇高聲望，使他免遭重創。他遠離這場風暴，帶妻子和宋美齡到阿迪朗達克山脈的拉基特湖，金融家J. P. 摩根的前莊園度假。事件一平息，宋美齡即在九月與馬歇爾夫婦在維吉尼亞州待了一個星期。不久後，她邀他們到紐約享用「雞屁股」和晚餐，承諾以「粗茶淡飯」招待馬歇爾，且準備了他最愛的中國料理「長壽麵」。然後他們去看百老匯賣座名劇《南太平洋》。

中國白皮書公布時，國務院和美國政府裡，爲了中國共產黨的本質、中共與當時已被視爲威脅的俄共之間的關係，出現了激烈辯論。這份白皮書的基本前提之一，乃是中國共產黨並非眞正的共產黨，而只是社會與土地方面的改革者，以及中共不受莫斯科指揮。這一錯誤認知受到中共的推波助瀾，且爲同情中共的西方人（詆毀者所謂的「空談型左傾分子」）所接受。這些西方人裡，有許多是充滿理想而本意良善的知識分子，覺得共產主義與不久前揚言吞噬世界的法西斯主義正相反，令人心動。

這個傳統看法究竟是如國民黨支持者所說，乃是共黨主導之刻意抹黑運動所導致，還是《中國的驚雷》之類具影響力的書所促成的自然轉變，至今仍未有定論。後來大家才認知到做爲政治勢力的共產主義，在亞洲和俄羅斯兩地，基本上並沒有差別。在中國的共產主義運動，強調農業更甚於馬克思原所看重的工業，但儘管北京、莫斯科偶有不和，莫斯科仍是中國共產主義運動的耶路撒冷。

美國各地許多人——甚至包括最死心塌地支持國民政府的美國新教教會——對國民政府的幻想破滅，使這場辯論更爲熱烈。美國給予中國的龐大軍、經援助似乎被白白浪費掉一事，使許多人大爲失望。按時上教堂做禮拜的美國人無法理解，他們長久以來用金錢和禱告支持的蔣介石，怎麼會走到如今就要讓五億人落入「不信神」的共產主義手裡的地步。他們覺得被信仰基督教的蔣介石和其美麗動人的妻子騙了，甚至出賣了。

但在一九四九年的動盪巨變中，另一個引發爭辯的議題，乃是臺灣對國民黨、對美國的軍事價值。在華府高層看法非常分歧。國務院希望把中國和臺灣都放掉，完全撒手不管，但參謀長聯席會議認爲臺灣是西太平洋戰略防衛圈裡的重要環節。

一九四九年春、夏，華府內部忙著相互激烈指責時，蔣介石悄悄將部隊、大量彈藥、中國全部外匯和總値約四億美元的金、銀塊運到臺灣。他還將北京故宮的大批藝術珍寶運到臺灣。這事傳到美國，蔣介石立即受到嚴厲批評。宋美齡於九月十三日寫信給他，催他盡快拿回政治大權，因爲他沒有一官半職，照理無權調度上述人、物、金錢，在這情況下，她和他們的美國友人很難替他這些作爲辯護。有位參議員在與國務卿艾契遜會晤時辯稱，蔣介石「採取了唯一可行的做法」，艾契遜激動反駁，稱蔣介石的行動「大錯特錯，凡是明理的人，對這情勢都不可能有別的評斷」。

同樣在一九四九年九月，蔣介石想出了一個有欠考慮的計畫，即透過中間人偷偷付給魏德邁五百萬美元，要他放棄在美國的戎馬生涯，前來中國協助蔣介石打共產黨。魏德邁禮貌拒絕，並表示如果蔣介石的政府有這麼一大筆錢，不管是公款還是私人的錢，都應該用來改善中國人民的生活，用來驅逐共產黨。

不久，臺灣就擁有了最精良的國民黨軍隊和充足的裝備。國民黨的士氣令人意外的高昂，畢竟他們和共產黨之間至少已隔了一道一百多公里寬的護城河。但臺灣人因二二八事件心懷的怨恨未消，且大量大陸難民，有窮有富，一波波湧入，更加深他們的怨恨。許多難民搭漁船過來，在海灘上岸。上海實業家將工廠整個拆解，用船運過臺灣海峽。到一九四九年七月，已有一百多萬大陸人來臺，使臺灣人口暴增爲七百二十萬。蔣介石的祕密警察對全島撒下安全網，逮捕共黨嫌疑分子和鼓吹獨立或外國人干涉的臺灣人。

在這期間，華府爲該如何處理臺灣問題而傷透腦筋。國務院中國通戴維思主張，增援蔣介石將會是「想挽回損失反而又把錢白白送掉」，並說「效率、領導統御、士氣，不是可以列入援助計畫用船運去給他的出口品」。國家安全委員會建議美國應清楚告訴蔣介石，「我們不會漠視從大陸上的情勢發展和從先前福爾摩沙人對中國統治的反應所得到的教訓」，同時美國應偷偷和臺灣獨立運動領袖搭上關係。

美國中情局預測：「若沒有美國的占領和控制，臺灣的非共黨政權，在一九五〇年結束前就會臣服於中國共產黨。」美國國務院和軍事情報機構同意這個看法。英國外交部也認同此看法，並主張外交承認共黨政權的問題，「應根據現實利害，而非情感來考慮。」但美國國務院有個棘手的難題，即想撒手不管中國的事，但又不想讓外界認爲美國卑鄙又粗魯的拋棄其戰時盟友。國務院認爲，美國的威望建立在美國是中國之樂於助人、公正、正直「友人」這個自我形象上——並未得到中國人普遍認同的形象。

華府有一派人認爲，解決臺灣「難題」的最好辦法，就是讓共產黨接收臺灣，但國防部想保住臺灣這艘「不沉的航空母艦」。不過美國政府很在意共產黨有關美國在亞洲動機的宣傳，竭力不讓自己遭指控對臺有帝國主義企圖。一九四九年初，國務院已提出一份探討臺灣之模糊法律地位的祕密備忘錄。有一派主張，根據開羅宣言，中國對臺灣有「完全的所有權」，另一派則主張中國對這島嶼完全沒有所有權。這份詳細的報告考慮讓臺灣受聯合國託管，然後讓其獨立或與中國統一。

國務院裡有些人支持臺灣獨立。有份爲國務卿草擬的最機密聲明草稿說道，「就福爾摩沙來說，（美國）不再認爲開羅宣言適用」，且有意和聯合國共同採取「保護福爾摩沙人使不受不當統治的措施，並給予他們在福爾摩沙的未來地位上自由表達心聲的機會」，但這份聲明並未公布。

毛澤東於一九四九年十月一日在天安門城樓上宣告中華人民共和國成立、以北京爲首都時，宋美齡的二姊宋慶齡是與毛澤東一起站在城樓上見證那重大時刻的人士之一。上海於一九四九年五月落入共黨之手後，她留在上海，決心留下來從內部協助改造中國，而不願如她尖刻所說的，「出國隱居到康乃狄克州的白色小農莊寫回憶錄，供一位高瘦的美國出版人出版。」她未加入共產黨，但被任命為中華人民共和國中央人民政府副主席這個大體上有名無權的職務。蘇聯於隔天承認這新政府。

共軍於十月拿下廣州。蔣介石將國民政府遷回重慶，但地方軍閥的紛紛變節，打破了他欲在重慶做最後反擊的希望。共軍將領鄧小平的部隊於十二月上旬接近成都時，蔣介石離開大陸，十二月十一日抵達臺灣，就此未再踏上故土。接著，美國內部出現激烈爭辯，許多人主張與中國新政權建立工作上的關係，符合美國利益。國務院通知外交官，臺灣不久後就會淪陷，要他們採取臺灣沒有戰略價值、臺灣的未來由中國人自行決定的立場。

在這期間，宋美齡苦惱於存放在香港的大批中國鎢礦可能落入敵人之手。一九五〇年一月一日，她打電報給蔣介石，催他將這批鎢礦的所有權轉移到某美國公司名下（公司名不詳，但可能是孔家旗下的公司），因為她擔心英國一旦承認中共政府，這批值錢的商品會落入共黨手裡。她表示會在美國市場將其賣掉，鎢礦在美國可賣到較好的價錢。她寫道：「很遺憾受到這樣的金錢損失。」蔣介石要她不要再管這事，以免給敵人把柄「中傷」他們。

一九五〇年一月五日，杜魯門宣布美國對臺灣「毫無掠奪意圖」，「這時」無意在該島上建立軍事基地，且無意在軍事上或其他方面捲入中國內戰。然後他給了國民政府最後一擊：「美國政府不會提供軍事援助或建議給福爾摩沙島上的中國軍隊。美國政府認為，福爾摩沙的資源足夠讓他們取得他們所認為保衛該島所需要的物資。」彷彿講好一般，隔天倫敦承認北京的共黨政府。共黨已在實質上獲得白紙黑字的邀請，要他們放手奪取臺灣。

憤怒、挫敗、覺得被出賣、被羞辱的宋美齡，走到了該如她家人和許多友人那樣永久避難美國，還是回丈夫身邊做象徵性最後抵抗的十字路口。她在地球另一端絕望看著一座座城市、一個個省失陷，看著原本忠心耿耿的軍官大量投誠敵營。白天她籌謀畫策、遊說；夜裡她飽受失眠之苦，感受到「無邊的淒涼」（她對復發之憂鬱症的形容）。她丈夫終於撤退到比大陸上最小的省分還小的臺灣時，她忿忿寫道，「世人遺棄了我們中國，我們過去的友人和盟邦，有一些承認了共產政權，……我當時決定不管未來是福是禍，既然在美國已無法再爲國家做什麼，我要回去和我丈夫、我福爾摩沙島上的人民同生共死。」

親友勸她打消此念頭，擔心她去送死，且指出她的「犧牲」只會白費，因爲臺灣失陷只會是幾個星期的事，或說不定幾天的事。埃莉諾・羅斯福以母親似的憂心口吻在信中告訴她，「我會非常擔心你，而坦白說，我比較樂見你丈夫來這裡和你會合，……中國人民似已做了決定，我看福爾摩沙恐怕頂不住。我了解你的感受，且他們勇氣十足，但有時人憑著勇氣做的事……毫無益處，而且眼下你在福爾摩沙沒什麼可發揮的地方。」宋美齡沒回信。

但宋美齡已有決定。她寫道，「我覺得……如果中國滅了而我苟活，活著沒有意義，……我怎能不在丈夫身邊，讓他獨自面對他人生最大的挫敗？」有天黎明時，有個「難以捉摸的聲音」告訴她：「沒事！」她去找大姊宋靄齡，大姊問她：「怎麼回事？你容光煥發。」宋美齡答以上帝跟她講了話，她要搭第一班飛機回「家」。原勸宋美齡留在美國的宋靄齡，未再表示反對，幫她打包行李。宋美齡不知道自己所要前去的是哪種「家」。不是去中國，而是去臺灣——只是「地圖上的一個點」。在那裡，她會和她所謂未受共黨「矇騙」的人、選擇自由而拋棄財產，乃至家人的人一起奮鬥。當然，她也會和丈夫一起奮鬥。後來她寫道，得到上帝要她放心的保證後，她終於知道那是她該做的。

但夾著尾巴偷偷溜走不是宋美齡的作風。她不能就這樣摸著鼻子離開美國，而對於她所認為她祖國、她丈夫、她自己的尊嚴受到的奇恥大辱毫無回應。眼下她該脫離幽居的日子，以萬衆矚目之姿重現美國舞臺。思索該如何做出她的最後反擊時，她把一百多萬美元的錢款交給參事陳之邁（柯伯的親密戰友）供遊說之用。

一九五〇年一月八日，星期日，她透過美國國家廣播公司的全國性電視臺、電臺，發表了悍然不屈、慷慨激昂的告別演說。她的告別聲明旨在產生最大衝擊，以精心撰寫的講稿完成的精湛演出，和史詩巨片《亂世佳人》中的郝思嘉相比毫不遜色。她穿著有樸素高領的素淨黑色絲質旗袍，坐在里佛代爾區她姊姊家中的麥克風前，以柔和但堅定的語氣說話。她或許看來柔弱、嬌小，但她的措詞和語氣散發出含悲忍憤的赴難精神。

她說她在美國得到「讓她得以為本國人民服務的許多啟示」，而今她很難過就要離開這個地方。她要回中國的土地上。她說，「我要回去福爾摩沙島上我的人民身邊，那島是我們希望的堡壘，我們戰鬥的城堡，……不論有無援助，我們都會打下去，……我們沒有失敗。」如今世界在善與惡、自由與共產的「巨大衝突」中分裂為兩半。「遭遺棄而孤立無援」的中國，「現在肩負著捍衛自由的唯一步槍」。

她說她丈夫是最早看清共產主義「謊言」的政治家之一，是最早與共產黨作戰的政治家之一，且已和共黨作戰二十多年。「幾年前他因為英勇和堅忍不拔而受到頌揚……如今他則受到羞辱。時代變了，但這個人沒有變。」她接著語氣激動的說：

「道德軟弱之徒已在遺棄我們。在此，我懷著沉重的心情指出，曾為自由犧牲了數百萬條性命的前盟友英國，如今被其領袖帶進陰謀的荒野。英國已拿一國的靈魂來交換幾塊銀子。我要向英國說：『眞丟臉！』終有一天這些銀子會要英國在自由的戰場上付出流血、流汗、流淚的代價。道德有虧的事，在政治上絕不可能正當。」

她向美國人談到中美之間的「長久友誼」。「因爲美國的友善和親切，你們的名字我們會永遠銘記在心……我不能再對美國人民有任何請求。國家做出正義之舉，一如人做出正義之舉，必然是出於自己的良心，而非出於他人的請求或要求……或許你們會覺得我驕傲。我的朋友，我的國家受了屈辱，我們的政府現在置身於孤懸海外的島上。

「此時此刻，要懇求就不可能顧及尊嚴。你們若不是由衷喜愛我們，就是你們的心已經背離我們。你們若不是想到且願意協助中國爭取自由，就是已放棄自由……我們兩手空空，但願意拚搏。我們寒傖、疲累、渴求和平與休息……但我們不會放棄爭取自由……歷史以令人震撼的事實告訴我們，邪不勝正。」

搭上飛機時，她感謝中國的友人：「祝你們事事順心！」「天佑你們，再見！」

第四部

第十九章　死裡逃生

我們適才有如剛剛度過死亡的深谷，我們直落到荒涼、黑暗與失望的深淵的徹底，可是如果夜晚到了最黑暗的時候，黎明也就要來了……

——蔣夫人

宋美齡前往臺灣途中，陸續在舊金山、檀香山、馬尼拉停留，而每次停留，都有成群支持者前來迎接。一九五〇年一月十二日，國務卿艾契遜告訴華府的全國新聞記者俱樂部，臺灣和韓國不在美國防禦範圍內時，她還在飛行途中，而艾契遜這一關鍵性的談話，當時並未得到許多注意。

漫長飛行途中，她想起丈夫，想起夫妻兩人共同度過的許多動盪歲月。她想起他們在結婚典禮那天所公開宣布，欲爲中國的團結和進步奮鬥的承諾。她爲自己丈夫和其他人所受到的毀謗而感到「懊喪」，且認爲那是共黨宣傳家矇騙世人的奸詐伎倆所造成。她聲稱已引用中國俗語暗自叮囑，「水落就會石出」，「沒有東西能永遠藏住。時間和上帝會證明他們是對的。」但她心裡充滿問號和懷疑。共產黨爲什麼會贏？她爲何未能弄到美援？如果重來，她能做得更多嗎？最後還有，「我現在能做什麼？」她突然領悟到，答案在精神上而非物質上；在這之前她一直在「用神，未曾容神用我」。她想到創辦一個祈禱會，但自覺到要「有所保留」，深怕她的朋友會像她當年認爲她母親那般，認會她太自以爲是，「過度虔誠」。

一月十三日，她來到臺灣，見到已睽違一年多的丈夫。她原以爲會是靜悄悄的夫妻團聚，沒料到下機時成群祝福者湧上來迎接她，把蔣介石都擠在外頭。他終於擠到她身旁時，他們只有僵硬的握手，微笑，因為中國人不興公開擁抱。離開機場前，他們一起停住片刻，靜靜望著西邊，好似想看看地平線另一頭的大陸。她認為，「我們要在這島上收拾殘局，重整旗鼓。」

重整旗鼓是一回事；原諒是另一回事。蔣氏夫婦覺得被西方拋棄、出賣。英國尤其令他們咬牙切齒。宋美齡提到倫敦承認北京政權時，口氣充滿無比憤恨的不屑，把此舉與一九三八年英國首相張伯倫在慕尼黑姑息希特勒之事相提並論。相對的，她丈夫深信英國的中國政策，乃是為了讓共產黨壯大，以讓對付共產主義的決戰發生在亞洲，而非歐洲。宋美齡小心壓下她對美國的怒火，因為她仍希望最後由華府出手相救。

北京叫囂著要「解放」臺灣，使島上人民更為憂心共軍即將侵臺。一月，北京試圖將臺北趕出聯合國安理會，不滿該組織「不合道理」的拖延，未立即著手驅逐國民政府。美國國務院陷入尷尬的處境：高層官員絲毫不想幫助國民黨，但又很怕讓外界認為美國在共軍如預期的渡海攻臺時落井下石，給予國民黨在臺的反抗最後一擊。

對美國人來說，一九五〇年初期是全國人民反省暨痛切領悟美國並非萬能的時期。仍未從「失去」中國的震撼中甦醒過來的美國人，為接二連三激發民眾對共產主義產生集體歇斯底里情緒的抨擊而感到惶惶不安。宋美齡抵臺前一晚，連載專欄作家暨陳納德將軍的戰時助理約瑟夫．艾索普，在具影響力的《週六晚報》上刊出文章，以尖銳批評回應中國白皮書。艾索普質疑白皮書中認為蔣介石是自食惡果這一基本結論：「如果曾朝著快溺死的朋友猛踢其臉部第二次、第三次，事後就不能說他泳技太差因此難逃一死。」他在這篇充滿煽動性的文章中指控，外事部門裡的中國通，把中國像「大淺盤上一隻緊緊捆住翅膀和腳以便烘烤的鳥」奉送給共產黨。

然後，一月二十一日，曾隨羅斯福參加雅爾達會議、曾是國務院高層官員而涉嫌替蘇聯蒐集情報的阿爾傑·希斯，因爲否認曾將文件交給蘇聯，在聯邦大陪審團面前遭判決犯了僞證罪。他的朋友艾契遜向新聞界說了著名的一句話：「我不想背棄阿爾傑·希斯。」希斯被判有罪，乃是衆院非美活動調查委員會（國會裡獵殺共產黨人的專門小組）的一大勝利。二月三日，曾協助研發原子彈的德裔物理學家克勞斯·富克斯，坦承曾將重要情報交予蘇聯。靠富克斯的協助，蘇聯於一九四九年夏成功引爆他們的第一顆原子彈，打破美國人的核子獨霸地位。

二月九日，宋美齡離美將近一個月後，來自威斯康辛州的資淺共和黨參議員約瑟夫·麥卡錫公開指控國務院裡窩藏了兩百零五名共黨分子。他宣稱手上握有名單，且說國務卿知道有共黨人士潛藏，形同指控艾契遜叛國。麥卡錫的指控轟動全國，引發使無數人受到迫害的可惡「獵巫」行動，其中有些人犯行明確，有些人純粹是天眞，有許多人是無辜。惡名昭彰的麥卡錫時代，美國史上最黑暗的時期之一，就此揭開序幕。

中國遊說團爲這位參議員的指控協助打下基礎，若沒有中國遊說團，麥卡錫主義不可能聲勢這麼浩大。柯伯見了麥卡錫，迅即網羅他加入中國遊說團的計畫。這是再理想不過的搭配：一邊是想要有個奮鬥目標的煽動家，另一邊是有了目標，但缺人幫忙不擇手段煽動生事。

在恐懼、痛惡共產主義心態的推波助瀾下，中國遊說團很快即得到全美各地的廣泛支持。這個遊說團的主要宗旨——只要美國政府給予蔣介石必要的支持，他就能打回大陸，遏制共產主義在亞洲的擴散——在許多地方成爲衆所接受的至理名言。堅定支持蔣介石的加州共和黨參議員威廉·諾蘭——人稱「來自福爾摩沙的參議員」——表達了許多人共有的憂心。他認爲如果臺灣和南韓落入共黨之手，日本和菲律賓會跟著淪陷，美國的防衛圈可能會被拉回加州沿岸。中國遊說團許多追隨者雖受誤導，但動機純正，不過不容否認的，他們手上也沾了血，因爲柯伯、陳之邁之類工作人員與麥卡錫、麥卡錫的助手密切合作，提供謠言、半眞半假的消息、小道消息、扭曲不實的說法給這位惡名昭彰的參議員，而他則在未經證實下用這些東西譴責、毀掉他人。有位採訪者在《紐約郵報》寫道，柯伯很喜歡自己所扮演的「煽動者、預言家、卡珊德拉」角色[27]，「他不只樂在其中，還……以致命的本事扮演（這個角色）。」這段話用在宋美齡身上，或許也貼切。

中國遊說團在美國政界的勢力，大到凡是對國民政府有一丁點批評，都迅即被扣上共產黨人或共黨同路人的帽子。中國遊說團的手法是恐嚇、影射、毀謗。曾在羅斯福政府裡位居高位的三人，勞克林・居里、哈利・懷特、阿爾傑・希斯，都已在一九四八年眾院非美活動調查委員會的聽證會上被控犯了間諜活動罪，而蔣介石的黨徒就利用他們的案子，指控他們暗中破壞國民政府。有關當局調查發現，他們三人的確是蘇聯特務。但從一九五〇年三月的歐文・拉鐵摩爾起（拉鐵摩爾是備受敬重的亞洲學者，一九四〇年代初期擔任羅斯福派駐國民政府的代表），有一整代備受敬重的中國通，遭以沒有根據、不正當的方式告發爲共產黨員，其中許多人任職於美國外事部門，許多人是宋美齡所認識，有些人是宋美齡所熟識；除了拉鐵摩爾，還包括謝偉思、范宣德、一九五一年受到嚴密審查的戴維思。

娛樂業也有許多人中箭落馬。麥卡錫時代，許多前途看好者因此毀了一生，許多無辜受害者被迫流亡，乃至自殺。接下來將近二十年期間，中國遊說團將對美國對華政策發揮呼風喚雨的影響力，藉由迫使潛在的批評者受到「精神上的預防性拘留」，扼殺了學術自由，壓下了異議主張。美國人批評蔣介石，變成形同不忠，甚至叛國。除了這位臭名昭彰的參議員，柯伯爲麥卡錫時代所應負的責任可能大於其他任何人。宋美齡也絕非毫無責任。

受到猛烈抨擊但信心不減的蔣介石，在一九五〇年三月一日恢復總統之職，激使已於一九四九年十二月逃到紐約「治病」的前代理總統李宗仁斥責蔣爲獨裁者。蔣介石悍然誓言要帶領他的忠心追隨者，一身破爛的兩百萬難民，光復大陸故土。風雨飄搖的蔣委員長，誓言要在復興基地臺灣打造中國模範省和引領大陸同胞的自由、繁榮燈塔。這是很大膽的理想。美國人認爲國民黨欲「打回大陸」的想法是天方夜譚，但外交官小心翼翼不把這看法告訴蔣氏夫婦。這個想法雖然不切實際，卻大有助於提升蔣介石追隨者的士氣。

事實上，蔣介石、宋美齡和他們的追隨者熱切期盼守住臺灣，直到第三次世界大戰爆發、或美國人來救、或十足的奇蹟出現爲止。臺灣的面積只有大陸的兩百六十分之一，人口則不到百分之二。蔣氏夫婦深信，臺灣海峽是讓他們免於滅亡的唯一屏障。他們預期共軍會在颱風季到來前的初夏大舉攻臺。蔣經國替他父親安排好了一旦危急時可避難菲律賓的後路。

蔣介石任命受到中國人、美國人喜愛的前上海市長吳國楨爲臺灣省主席，任命美國維吉尼亞軍校畢業而與史迪威、宋子文過從甚密的孫立人將軍總綰臺灣兵符，任命畢業自美國阿默斯特學院和英國牛津大學的葉公超爲外長。宋美齡大力支持這些「美國派」成員，任命他們旨在討好華府。

一九五〇年四月，宋美齡建立中華婦女反共抗俄聯合會，以協助安頓占住廟宇、學校而身無分文的逃難軍人和其家眷。她籲請商界協助建造房舍供軍人棲身，召募島上商界領袖的妻子奉獻心力。婦聯會爲數萬軍人和其家眷建造了許多由簡陋住宅組成的「眷村」。許多派駐外島的軍人，其在臺家眷沒有謀生工具，於是宋美齡帶頭訓練女眷做家庭工作和手工藝。她派了數團婦女勞軍，帶去禮物和食物。她還發起其他許多計畫，包括教臺籍婦女學國語、提供急救課、探望醫院裡的病人和傷患。

宋美齡的衛斯理學院友人埃瑪・米爾斯，一九五〇年春來臺。她對宋美齡有條不紊因應危機重重的臺灣情勢印象深刻，並認爲那正展現了宋美齡受過的「衛斯理教育」。米爾斯參觀了婦聯會的幾處辦公室。在那些地方，宋美齡「要所有女人」在志工性質的「縫紉工廠」裡，用本色麥斯林紗爲軍人縫製百萬套內衣褲。他們透過特殊活動、戲劇演出、拍賣、舞蹈表演募款，以購買制服的原料。米爾斯發現政府高層官員和軍官的妻子，坐在二十八臺老舊日本縫紉機前埋頭苦幹。縫紉機不夠一人一臺，因此她們輪流用。宋美齡縫了一件T恤。

這兩位大學老友在山中的日本人別墅泡硫磺溫泉紓解身心壓力。宋美齡抱怨她丈夫的下屬，說孫立人將軍「越來越不聽話，被外界宣傳捧得太高」。宋美齡很可能知道華府高層官員正草擬計畫，打算趕走蔣介石，代之以孫立人或著名學者兼外交官胡適，然後讓臺灣成爲聯合國託管地。但她大概不知道，六月上旬孫立人寫了封密函給助理國務卿魯斯克，建議美國主導政變推翻蔣介石，並要求美國支持。至於吳國楨和其妻子黃卓群，米爾斯在日記裡寫道，「宋美齡妒忌這兩個人，認爲他很愛出風頭。」

回美後，米爾斯巡迴演講，鼓吹美國支持目前實際上流亡在外的臺北國民政府。前景看來黯淡。有份國務院備忘錄直截了當的說，「美國不認爲福爾摩沙的現有政權是最後解決辦法。」到了五月，情勢岌岌可危。大陸人與臺灣人互看不順眼；糧食、住宅供應短缺。美國情報機構報告，大批部隊、戰機、中式帆船正在中國東南沿海集結，準備渡海攻臺。國務院警告美國人離開，認爲臺灣幾個月內就會淪陷。美援已斷，部隊的給養是沉重的財政負擔。吳國楨說，「我們已無計可施。」

在這緊要關頭，美國連載專欄作家康士坦丁・布朗宣稱，孔祥熙和宋子文在美國存了十億美元，質問這些「思想崇高且愛國的中國公民」爲何不借三億美元給需錢孔急的國民政府；這「不會讓他們變窮」，又會立下「無私愛國」的榜樣，讓國會議員和美國人佩服。這時再度向美國求助，時機上幾可說是最不恰當，但蔣氏夫婦別無他法。他們派可靠的助理董顯光去探約翰·杜勒斯（國務卿艾契遜的顧問）的口風。

約翰·杜勒斯直言告訴董顯光，別冀望「談成」什麼。約翰·杜勒斯說，美國「對國民黨軍隊的戰鬥意志已完全失去信心」，還說國民黨軍隊如果想保住臺灣，臺灣有充足的資源供他們自保。他提到四處流傳的謠言：許多國民黨領袖，包括蔣介石，正打算離臺前往較安全的地方。他意有所指的提醒董顯光，一九四三年時蔣夫人曾告訴羅斯福，「上帝助自助者」。約翰·杜勒斯義正詞嚴的說，現在正是國民黨「認眞考慮那個」的絕佳時機。董顯光大概未把這最後一句譏刺轉告宋美齡。

但私底下約翰·杜勒斯認爲該防止共產黨攻占臺灣。他在五月十八日的備忘錄裡主張，爲維持美國在遠東的威信，美國應「採取引人注目的有力立場，表現我們的信心和決心」。臺灣有戰略優勢，而美國對臺灣本地人負有「道德責任」。他警告道，「我們如果做壁上觀，會被各地的人解讀爲我們不敢冒打仗的險，因此在做另一場撤退。」約翰·杜勒斯還以預言口吻說，這樣的解讀會促使其他地方的人跟進冒險。

宋美齡接著致函美國國防部長路易斯·強森，邀他訪臺。艾契遜將此想法斥爲「極不可取」。其他辦法都行不通後，宋美齡再度找上她的老朋友馬歇爾（她根據馬歇爾小時候的外號，叫他「佛利克將軍」）。馬歇爾已退休，這時主持美國紅十字會，但仍有影響力。她撇掉自尊，寫給他一封誠摯的長信，懇求他給予軍援，以抗衡在俄國支持下壯大的中共軍力，擊退山雨欲來的共軍攻擊。她以她最具說服力的筆法寫道，「毋庸置疑的，不久後我們就會遭遇毀滅性的空襲，……但在這個美麗的島嶼上……我們會繼續爲我們人民的自由而戰鬥……我們會竭盡全力，不惜任何犧牲。這座島……將騷擾俄國人，耗盡俄國國力，一如當年英倫三島耗盡希特勒的力量。」她極力保證，任何援助都將由美國人員支配。

這是最後關頭且成功機會渺茫的懇求。馬歇爾連回都沒回，或許因爲他才剛寫了封輕鬆愉快的信給她，詳述他與凱瑟琳的旅行點滴。六月二十三日，國務卿艾契遜公開重申美國政策依然沒變，美國不會介入臺灣之事。杜魯門不只駁回遠東區司令麥克阿瑟將軍要求軍援蔣介石的請求，也駁回孫立人將軍的政變提議，和魯斯克與其他決策者所提拉下蔣介石、讓臺灣受聯合國保護的計畫。

兩天後，一九五〇年六月二十五日拂曉，北韓共軍跨過北緯三十八度線入侵南韓。美國完全措手不及，不知道金日成已計畫這場攻擊數個月，且已得到史達林、毛澤東的同意。對臺北來說，這是期盼已久的天賜良機，雖然不是苦盼的第三次世界大戰，卻足以將國民政府從幾乎難逃覆滅的困境，提升到具有重要戰略價值的位置。美國自此不得不支持國民政府。美國人和臺北都不知道，毛澤東已將攻臺行動延到一九五一年夏，原因或許是事先知道金日成的計畫。

華府立即斷定，北韓南侵不只是朝鮮的內部事件，還是共產黨在亞洲更大攻勢的一部分。杜魯門派陸海空軍協助南韓，命第七艦隊巡弋臺灣海峽，使臺海「中立化」，迫使國共停火。第七艦隊擁有美國海軍最大的航空母艦，配備有當時最先進的武器——原子武器、制導飛彈、能摧毀中共空中武力的飛機。杜魯門宣布，臺灣若遭共軍占領，將「直接威脅」太平洋地區和該地區的美軍。

蔣介石、宋美齡、蔣經國迅即找來其他高層官員會商。蔣介石立即表示願派三萬三千名國軍赴朝鮮半島，與聯合國軍隊並肩作戰，但麥克阿瑟以這些國軍戰力不詳、會需要大規模援助、「會成爲我們數個月擺脫不掉的困擾」爲理由，予以婉拒。此外，將部分國軍調到朝鮮半島，會引來中共侵臺。

美國參謀長聯席會議要麥克阿瑟訪臺，查看如果要防止臺灣落入中共之手，軍事上有哪些需要補強。一九五〇年七月下旬，他不顧國務院反對來到臺灣。這位傑出且出名自負的將領欣賞蔣氏夫婦，而蔣氏夫婦也欣賞他。他不只認同宋美齡的政治觀點，也和她一樣喜愛看戲。他在攝影記者面前突然抓起她的手，給予戲劇性的一吻（絕對不符中國習俗的作爲），讓她大吃一驚，且登上美國各地報紙頭條。在照片中，她看來既驚且喜。後來麥克阿瑟說他很驚訝他的訪臺在美國新聞界造成「轟動」。八月一日，宋美齡寫了封八頁的信給馬歇爾，詳述麥克阿瑟的訪臺過程，信稿並由她用兩根手指親自打成，因爲她還未找到英文祕書。信中她略而不提這時已大爲轟動的吻手事件。

她告訴馬歇爾，麥克阿瑟帶了四十八人訪臺，而非本來預期的十二人，致使國民政府爲安排足夠的住宿設施而手忙腳亂。這時正値熱帶盛夏，麥克阿瑟在亮著白熱燈光而沒有空調的地圖室裡聽取了三個小時的簡報，然後和蔣介石、宋美齡單獨會面。他感謝蔣介石「慷慨」表示願派兵赴朝鮮半島，但說那會危及臺灣的防務。在防衛離島這問題上，麥克阿瑟的建議是「一吋土地都不要放掉」。

會議結束後，三人搭車出門，蔣氏夫婦送麥克阿瑟離臺。蔣介石告訴麥克阿瑟，多個部門的人，包括敵後游擊隊，要求任命宋美齡爲游擊隊長，統領國民黨在大陸的游擊行動。他問這位美國將領有何看法，麥克阿瑟似乎很認眞看待這詢問，答以就這任務的執行效果來說，他認爲這是不錯的安排，且說她的確是敵人最料想不到的人選，而在這方面出乎敵人意料，乃是游擊戰成敗的重要因素。但他提醒，凡是主持游擊戰的人都有很大風險，一旦被俘，會受到比死還難受的折磨。離臺前他告訴宋美齡，「我不希望你置身這樣的危險」。對此，她聲稱答以「我早將個人死生置之度外」，「我唯一的目標是竭盡所能報效國家」。她已挑了一群願意到大陸敵後從事破壞、爆破工作的人，不管是否由她主持游擊行動，她希望有一些專家來訓練他們。麥克阿瑟答應會將此事告知華府。

對於任命妻子爲敵後地下行動頭子一事，蔣介石有多認眞看待，不得而知。或許他想探探這位美國司令的意見，看美國人會不會支持這提議；也或者他心裡暗暗希望麥克阿瑟反對此議，以讓他妻子打消念頭。

宋美齡在寫給馬歇爾的信中，一反前述的英勇語調，透露她疲累不堪，受不了夏季的溼熱，搬到較高海拔的草山住所後，才有一夜好眠。她顯然很希望擺脫身為蔣介石夫人——已下臺之中國蔣委員長的妻子——所帶來無休無止的壓力。她憶起一年前他們到阿迪朗達克山脈的度假，寫道，「我常想起你和馬歇爾夫人，想起在拉基特湖畔悠閒舒服的生活、輕拍小舟船身的波浪，還有令人無比懷念的，在帶著涼意的夜裡，置身在起居室的熊熊火焰前，以及最令人懷念的，沒有那些『必須怎樣怎樣』，……不必見人，不必演講，不必在臉部肌肉痛時還要擺出笑臉，不必和時間賽跑。」

但在「鐵幕」東部邊陲這個偏遠的島嶼上，縈繞於她腦海的，不只是懷舊之情。她感到孤單。她以罕見的傷心口吻寫道，「我知道你一直很忙，但收到你的來信時，我覺得你和馬歇爾夫人似乎就在不遠處，……這座島有時讓人覺得很孤單，我在美國的所有友人中，你們兩位是極少數知道我在中國生活情形的人士之一，收到你們的消息時，我覺得你們似乎就在我近旁。」

馬歇爾回信時，毫不掩飾的表露他對宋美齡主持大陸敵後游擊運動的驚愕。他提醒道，「不管是從危險的角度，還是從你不穩定的健康狀況來考量，我認爲這對你來說，都會是個很艱難的職務，因爲從事這具有冒險性的工作期間，你的生活必會非常艱苦。」而她的健康狀況的確不理想。她寫信告訴埃瑪・米爾斯，晚夏時她得了久久不消的「溼疹」，得注射鈣和盤尼西林，還得每日服用甲狀腺素補充劑。

最後蔣介石指派兒子蔣經國主持敵後游擊工作，但宋美齡並未閒著。她不只保住身爲丈夫對美政治、外交關係主要顧問的職位，她非正式布達的職務，還擴及到包括美國情報機關與她丈夫在情報、半官方准軍事部隊方面的高階聯絡官角色；畢竟她的忠誠絕對可靠。不久，美國中情局開始支持國民黨在臺數個單位的特種部隊。這些部隊總數約一萬九千人，由蔣經國指揮，受訓執行祕密任務。有時宋美齡與蔣經國因情報、地下活動方面的政策歧異而起衝突，但未讓衝突檯面化，而是就有爭議的事項個別找蔣介石談。

韓戰爆發後，臺灣的法律地位仍未塵埃落定。美國國務院仍認爲國民黨只是「受託」掌管臺灣，共產黨即使以武力接收臺灣，仍只是取得同樣「不明確的所有權」。臺北的地位類似流亡政府，在這情況下，不承認北京政府就更站不住腳。美國政策本身充滿疑問。宣布第七艦隊將「阻止對福爾摩沙的任何攻擊」後，美國要負責到什麼程度？那表示美國會保衛臺灣，直到中國共產黨政權不再構成威脅爲止？那些大陸沿海的離島是否也該防衛？美國對內政，特別是對臺灣獨立運動和蔣介石治下的壓迫，該抱持何種立場？如果聯合國想讓臺灣託管，美國該如何因應？對臺軍援計畫應該只是個「不用輸血的結紮手術」，還是更大程度的介入？

國務院有些部門極爲懊惱蔣介石因爲外在情勢的變化而翻身。有份日期註明爲一九五〇年八月十日的備忘錄，以辛辣但貼切的口吻寫道，「凡是與蔣介石有關的事，其背後都藏有大元帥欲讓事事都有助於實現其個人目的的念頭，而其個人目的，一言以蔽之，就是『權力』。」「儘管他此前或許有些沉潛，但第七艦隊的導入該地區，加上麥克阿瑟將軍的訪問福爾摩沙……已明顯……（有助於）讓他重拾他本身永不犯錯的根深柢固信念。即使認定在他獨裁的心坎裡那信念已不復以往堅定，如今可以合理的確信，蔣介石（這時）深信緊跟在糖大叔[28]後面，他就有全新的機會返回大陸，只要最好能讓美國與蘇聯打起來，或最不濟，與中共打起來的話。」

杜魯門也對蔣介石懷有「強烈的敵意」（麥克阿瑟語）。八月二十五日，他寫信告訴聯合國祕書長特里格夫・賴伊，說美國在臺灣的任何行動，「都不會影響日後對這座島之地位的政治解決。」他還說美國歡迎聯合國思考臺灣問題。但美國國防部無意讓杜魯門將臺灣交給聯合國，因爲這舉動形同將這座島奉送給中共。參謀長聯席會議警告，戰略上的後果將「嚴重不利」美國安全，因此臺灣的未來不能交給聯合國決定。這時是戰時，軍方的意見占了上風。

到了夏季晚期，美國在韓戰戰場上似乎已是勝券在握。九月十五日，在麥克阿瑟指揮下，聯軍在仁川完成漂亮但極危險的兩棲登陸（他赫赫軍事生涯裡最耀眼的成就）。戰線拉得太長的北韓軍隊潰敗。感恩節那天，麥克阿瑟說美軍會返鄉過聖誕節。但三天後，美國大吃一驚：三十萬中國人民「志願軍」越過中國、北朝鮮邊界的鴨綠江，攻擊美軍。中國加入韓戰。杜魯門下令將臺灣海峽中立化的舉動，使中共得以放心將軍隊調到東北，美軍不久即節節敗退。

麥克阿瑟在怒氣沖沖的中國遊說團人士支持下，要求與「赤色中國」攤牌，換言之，打第三次世界大戰。先前拒絕國民黨派兵相助的他，這時改變心意，而當參謀長聯席會議拒絕他讓國民黨軍隊參戰的要求，他滿腹牢騷。杜魯門堅決反對升高為全面戰爭，且從原來統一朝鮮半島的目標退卻，將美軍的作戰目的降為維持戰前的狀況。擔任杜魯門參謀長的歐瑪爾．布雷德利將軍說，「那將是場在不對的地方，在不對的時機，對付錯誤之敵人的錯誤戰爭。」

韓戰情勢的升高，使蔣介石的地位跟著上漲，做為受美國保護者，他的用處大增。先前在華府懸而未決的想法——除掉蔣介石、或將臺灣交給聯合國、或與北京修好——一夜之間一掃而空。在東亞，像蔣介石這樣堅決反共的盟友是鳳毛麟角，他是該地區反共的活象徵。

「不沉的航空母艦」迅即成為美國中情局「不沉的工作站」。韓戰爆發後的二十年間，臺灣是蒐集中共情報和對中共展開祕密作戰的主要基地。中情局提供國民政府大量資金、武器、軍需，替國府訓練游擊隊。中情局在臺的工作站很快就擴大為擁有六百名職員，還有數千名中、美人士從事情報蒐集。

陳納德在一九四六年創立的航空公司「民用航空運輸隊」，乃是共軍席捲大陸後唯一未投靠共產黨的中國航空公司。一九五〇年，中情局偷偷買下該公司，供執行祕密任務。有趣的是，「民營」的民用航空運輸隊還身兼中華民國的國家航空公司多年。對外，該公司仍以陳納德爲老闆，並經營定期的客、貨航運，在韓戰和中南半島的戰場上提供空中支援。該公司還執行祕密作戰和偵察敵境的任務，支援在大陸的游擊隊員（蔣介石聲稱有一百六十萬人）。後來，越戰期間，這家航空公司以美國航空之名爲人所知。

一九五〇年，宋子文送給妹妹宋美齡一具除溼機當聖誕節禮物，以因應仍讓她皮膚不適的臺灣潮溼天氣。宋美齡寫信答謝，說「眞希望你在這裡」，還以責備口吻說，「我一再請你回來，你都不回來，實在不應該。改天，你又有回來的機會時，就該回來，因爲中國畢竟是我們的國家，我們得讓它擺脫鐵幕。」她似乎忘記她哥哥在臺灣不受歡迎，但他很清楚。宋美齡叫他回來他卻未回來，原因不詳，但顯然他和國府已可說是撕破臉，因爲在他拒絕返臺後，臺北於一九五〇年六月上旬宣布宋子文「退出」國民黨。《紐約時報》報導這新聞時，稱他是「世上最有錢的人之一」。

有位在一九五一年初期拜訪蔣氏夫婦的美國官員，說他們心裡存有「空白」，而宋美齡似乎不願承認她哥哥與國民政府間存有嫌隙一事，就可說明這所謂的「空白」。他聽到宋美齡不露情感表示，國民政府「明年」就會回大陸時，感到驚訝。更令他困惑不解的，乃是她透露她和她丈夫正在勸孔祥熙來臺灣當財政部長。她以「高度肯定的口吻」，談到對日抗戰期間孔祥熙主持中國財政所展現的「過人長才」，似乎完全不知道若讓孔祥熙歸隊，會在美國和臺灣產生什麼惡劣的影響。

在一九五一年的新年演說中，蔣介石稱大陸淪陷於共黨之手，乃是「我個人的恥辱和我人生深深的遺憾」。但他的妻子已恢復以往的自信滿滿。就在聯合國軍隊於朝鮮半島蒙受重大損失時，宋美齡未想過隱藏她對亞洲情勢轉變的得意。她在寫給埃瑪・米爾斯的信中，以沾沾自喜的口吻說，「美國民衆顯然已漸漸了解狀況，而由最近的跡象，我要說國務院也漸漸得到了教訓」，「我的預測這麼快就應驗，實在令人遺憾。」她告訴米爾斯，她未能在一九四八至一九四九年說服美國援助國民政府後，曾有美國友人想安慰她，但她回應道，她是來「告訴你們人民……中國那時所遭受的，最終會是美國所不得不面對的命運」，「我按照自己的良心行事，不爲中國或自己感到難過，我只是爲美國和那些對我所指出的置若罔聞的美國友人感到難過。」但那都過去了，如今該「全力以赴……靠自己的力量擺脫這困境和泥淖」。

韓戰爆發時，美國國會通過四千萬美元援臺案。援助終於一點一滴進來時，乃是透過大宗貨物來援臺。與蔣氏夫婦非常友好的美國新任駐臺北大使藍欽，一九五一年初準備返回華府述職時，和蔣氏夫婦見了面。蔣介石強調臺灣亟需戰機和軍事裝備時，宋美齡插話道：「他希望你賺錢回來。」藍欽回以就連麥克阿瑟將軍都沒辦法實現蔣介石的要求。這時蔣介石很難得的展露幽默，反駁道麥克阿瑟未留下妻子當人質。從接下來的事態發展來看，這一笑話是惡意多過有趣。

在這同時，宋美齡信教更爲虔誠，開始公開傳播福音。一九五一年時，蔣氏夫婦已一改早期低調宣說自己信仰的做法，開始公開頌揚基督教生活的好處。他們的宗教活動和言論，得到國營新聞媒體的大肆報導，但臺灣境內只有極少部分居民是基督徒。宋美齡邀來美國傳教士，請他們在她那些替軍人縫製衣服的婦女十分鐘休息期間，「把福音帶給她們」。傳教士感覺她們不信這套，只能希望已「播下種籽」。

一九五一年受難節（復活節前的星期五），蔣介石與宋美齡帶領做禮拜，並向全島實況廣播。他們各就耶穌受難之事講道，他以國語講，她以英語講，一年一度的傳統就此展開。她自己寫講詞，並替他編講詞。她寫道，「受難前夕，主耶穌接受上帝的旨意時，主的心中湧動著何等劇烈的掙扎」，言談中強烈暗示她心裡掛念的是她丈夫和失去大陸，而非《聖經》中這段事蹟。「我大膽認爲，祂在那一刻的精神痛苦，甚至超過受釘刑的苦痛……祂來到世界拯救世人……因此，祂覺得祂的使命尚未完成，有何奇怪？祂懇求再給祂時間，再一點時間。但上帝申明祂的命令時，主無比順服的低頭接受。」把耶穌與蔣介石做如此牽強的類比，顯示她和蔣介石正欲以這位國民黨領袖爲中心，打造類似耶穌的崇拜。

蔣介石並非遠東地區唯一在培養上帝情結的軍事領袖。[29]麥克阿瑟將軍仍在鼓吹對中國全面開戰。他想往中國大陸丟原子彈，呼籲以海軍封鎖大陸沿海，要求大規模增兵。杜魯門和已被叫回來擔任國防部長的馬歇爾，堅決反對擴大衝突。杜魯門認爲若照麥克阿瑟的提議攻擊中國，會中了俄國人所設的「大圈套」。一九五一年四月十一日，杜魯門終於忍無可忍，拔掉麥克阿瑟的兵權。麥克阿瑟兵權被拔，引發軒然大波，令中國遊說團怒不可遏。

中國遊說團一直是杜魯門的背上刺。如今，那遊說團的門神大將既已除掉，杜魯門即下令對該組織的交易展開跨部會的聯合調查。聯邦調查局追查涉嫌的人員，國內稅收局則查他們的帳。據稱，有大筆給予國民政府的美援資金轉回美國，用於賄賂、宣傳、政治獻金，以影響美國政策。有人告訴調查員，一九四九年宋美齡訪美期間，有人從中國銀行提出大筆錢轉交給蔣夫人，投入這些用途。參議員韋恩・莫爾斯於一九五一年六月宣布，「在某些人看來，這代表了一個閉合的美元迴路，美元從國會流向國民黨，再透過遊說活動流回美國，而那些遊說活動又爲蔣爭取更多錢。」

持續有報導指出，臺北自一九四九年起一直在捐錢給美國國會兩黨議員，以換取支持臺灣。據說這些錢取自國庫，交由信使送出，其中有些信使是蔣夫人的親戚。專欄作家德魯・皮爾森告訴繼杜魯門之後當上總統的艾森豪，前國防部長路易斯・強森曾表示，只要他在專欄文章裡爲孔祥熙說好話，就給他一萬美元。據說這是中國遊說團的典型手法。

「關於搜查上述中國遊說團」，全面調查後所獲「甚微」，但財政部的報告說明了戰時和戰後國民政府的貪汙受賄情事。國民政府支持者和美國政治人物間的「直接金錢往來」，「有跡象但無明確證據」。調查員也未能證明貪汙來的錢和靠美國援助資金獲取的暴利，透過現金支付、宣傳、政治影響的方式回流美國。有份報告斷言，由國會調查「上述中國遊說團，很有可能無功而返」，但認爲孔家是中國遊說團的幕後金主之一，且據財政部的說法，孔家的財產有一部分得自戰時的投機倒把。宋美齡外甥孔令傑充當他父親在政界的中間人，據說是「處理華府金錢往來的關鍵人士之一」。

一九五二年四月，華府半月刊《報告者》刊出名爲〈華府最黑暗祕密〉的長文，揭露中國遊說團的內幕。雜誌封面是一條虎視眈眈的龍。該雜誌稱中國遊說團是「恐懼、野心、貪婪」的合夥組織，是「利用職業特工的本事和好心業餘人士的善意來行事，而難以形容的有觸角東西」。這遊說團利用美國人民對「失去」中國的困惑心理來遂行自己的目的，對美國政策「不斷」施壓。該雜誌詳述了人脈關係、賄賂、貪汙，並道出少數幾個消息來源。

一如過去幾年，宋美齡外甥孔令傑、孔令侃處於爭議的核心。一九五一年中國遊說團開始受到嚴密調查時，宋美齡主導讓孔令傑出任國民政府駐華府大使館的參事，一如此前她安排讓抗戰以來未當過一天軍人的他，從國軍少校晉升爲上校。有這外交職銜在身，他可以說就有了護身符，不必擔心美國調查員上門。孔令侃則捲入德魯・皮爾森在其具影響力之〈華府旋轉木馬〉專欄中披露的醜聞，據稱他把一百二十三噸的錫非法賣給中共。皮爾森還指控宋美齡弟弟宋子良在中國揮軍進入北韓前夕，買進大量大豆，藉此壟斷大豆市場，而「讓美國民衆受害」。隨後大豆價格上漲，宋家據稱脫手後獲利三千萬美元。

但宋美齡毫髮無傷度過這場風暴。調查報告偶爾提到她的名字——有份報告指陳她於一九四三年在美國時，從銀行帳戶提出約六十萬美元的現金——但無法對她施以具體的指控。後來國會議員周以德否認她如外界所指控那樣「主持」中國遊說團。他寫道，「沒有人比我更努力讓中國脫離共產黨的魔掌，而如果她眞的在運作這組織，我好希望能看到更多這方面的證據，特別是看到對我們之活動的金錢支持。」事後來看，這番話顯得言不由衷。

一九五一年九月，馬歇爾辭去國防部長職。有人拿百萬美元請他寫回憶錄，他不肯。後來馬歇爾以他崇隆的聲望加持百萬人委員會，那是中國遊說團的前線組織，創立於一九五三年，擁有浩浩蕩蕩一大群支持者，旨在阻止中共進入聯合國。宋美齡送他數幅親筆畫，感謝這位老友；他將這些畫掛在多多納莊園主宅邸裡。

宋美齡在臺灣不如在大陸時那麼頻於拋頭露面，在政界她沒以往那麼活躍，至少公開場合是如此。過去在大陸時，她以行徑如王族、讓人等候或賣弄派頭（特別是在外國人面前）而著稱，完全不知道這所帶來的負面觀感。但國民政府敗退臺灣後，她變得較低調，很少搶她丈夫的風頭。她對丈夫的影響力已不如從前，但權力仍不小，只是那權力不盡然是說了算的大權。他當然有自己強烈信持的觀點，因此夫妻兩人有時意見不和。在外事領域，特別是外交部、外交使團的人事任命上，她仍很有影響力。她還插手軍方將領的人事，在軍中培養親信，並常安排軍中親信轉入外交部門。

在公開場合，蔣介石以雍然大度的聖賢形象露臉，但私底下，他脾氣「極壞」，與美國要員開會而得不到想要的東西，就把氣發洩在幕僚身上。他的下屬均對「老先生」既敬且畏。蔣介石發火時，不願思考等著他裁決的事，重大決定因此延擱。黨政要員只得靠蔣夫人帶他到花園裡走走，消消氣，心情變好，才能找他商談國家大事。

宋美齡對蔣介石仍有很大用處，特別是在招待據認易被「女色接待」打動，且夠資格接受這類接待的許多外國友人和要人時。為款待外國軍官而舉行的軍事演習非常頻繁，因而有人開玩笑說，花在表演上的彈藥，比共軍來犯時會用到的彈藥還要多。這種給予外賓的高規格接待，人稱「中國式接待」，執行時配合不同的外賓而有多樣的變化，而會見蔣夫人通常是其中重要的一項。

或許為展示自己已退出政壇，甚至被趕出政壇，一九五一年春，宋美齡跟著當時的流行，開始學畫。邱吉爾、艾森豪、克萊兒・魯斯都在中年時拾起畫筆。宋美齡師從兩位繪畫名師，一位是擅畫花卉的鄭曼青，一位是以山水畫知名的黃君璧，每個星期上三堂課，每堂從下午兩點至六點。蔣介石不相信學得成。他告訴她，「你要是有畫畫天分，以前早該發現，……現在這把年紀，你絕不可能學得好。」但宋美齡學習能力強。不久，就有賓客看到畫後，不敢相信那眞是她畫的，外面開始謠傳那是她老師畫的。為廓除猜疑，她老師建議她邀二十位著名畫家到她家做客。餐後，她和一位老師一起畫了一幅大畫。她先動筆，畫了一株高松。賓客驚訝、佩服，但蔣介石仍認為他們欣賞那幅畫，完全是因為那出自她之手。他說：「我覺得你沒那麼厲害。」

在此起彼落的讚美聲中，他顯然是唯一心存懷疑者。學了五個月後，宋美齡就在信中告訴埃瑪・米爾斯，中國畫的畫家和鑑賞家告訴她，她有「成為大藝術家的潛力……說不定會是最偉大的在世藝術家」。這番話讓她覺得「震驚」但「很開心」。她替自己的畫拍照，寄去給大姊宋靄齡，請她去問問大都會藝術館專家的意見。她在信中告訴米爾斯，「我的畫作似乎很出色」，而且對布局的和諧、比例、透視感，天生善於掌握。「你也知道，我對寫作和音樂稍有涉獵，但覺得作畫是自己絕對學不來的。如今，我覺得那似乎是我最拿手的。」她承認這麼說太自大，但她相信中國專家的話，因爲，說來奇怪，她畫起畫「毫不費勁」。她寫道，「作畫是我這輩子所做過最吸引人的消遣，……作畫時我忘掉一切世事，眞希望可以什麼事都不做，就只有作畫、作畫。」

一九五一年晚夏，宋美齡表示她說不定會放掉其他活動，專心作畫。她在作畫中找到慰藉，特別是夜裡難以成眠時。有位來訪的美國官員問她是否讀過邱吉爾的名著《作畫消遣》時，她答以未讀過，並語帶尖刻的說她覺得作畫不是「消遣」。看過她作畫之後，這位官員深信她「很有天分」，向亨利．魯斯建議道，以跨頁篇幅刊出她的畫作，將會是「《生活》雜誌上及時、很上相、又會吸引許多人的專題報導」。魯斯同意，於是在一九五二年十月十三日出刊的該雜誌上，刊出她數幅畫作。有幅畫的圖說以誇大口吻表達讚佩之意，「一如大部分中國畫家，她筆下的松樹逼眞到幾乎讓人聽到樹枝間的風聲。」宋美齡訂了五百冊重印本，致贈友人和熟識。

雖然受到種種恭維，蔣夫人終究無法躋身中國大畫家之林。但她成爲極出色的業餘畫家，且展露個人畫風。她曾說：「大部分中國畫不會告訴你什麼意思。」她用她的畫表達了一個想法，西方人的想法。

不管先前的婚姻有哪些風風雨雨，到一九五〇年代初期時，宋美齡、蔣介石似乎已言歸於好，至少在公開場合是如此。他們互稱 Dar（Darling 的簡稱），同房而睡，但兩床用簾子隔開。他們幾乎每天一起在官邸花園散步，身邊有侍衛隨行，並有一套鈴聲用來通知侍衛出勤——一聲鈴聲表示蔣介石要人服侍，兩聲鈴聲表示蔣夫人要人服侍，三聲鈴聲表示兩人要人服侍。他們常一起到島上十餘處總統行館度假。

但宋美齡和她丈夫在生活上仍大有不同。她喜歡吃西餐，他愛中餐。她喜歡吹冷氣，他用電風扇。他不菸不酒，但她抽薄荷菸。他早上六點起床，早早就寢。她起來跟他做晨課，然後睡回籠覺，睡到中午，因爲她喜歡熬夜看電影、讀書、寫東西或作畫。她回去睡回籠覺後，蔣介石會上到二樓陽臺，拿起他那已翻舊的《聖經》出聲讀，轉向東方鞠個躬。然後他會讀中文版的宗教書籍《荒漠甘泉》，畫出他喜歡的段落，在頁緣寫下眉批。

來臺後不久，宋美齡就湊到一群密友，一起「按著上帝的旨意爲中國的前途和世界和平祈禱」。她母親和大姊宋靄齡都有帶領祈禱會，這種做法在美國很常見，但在臺灣沒人聽過。宋美齡引用英語諺語「一起禱告的家庭不會散」，問道：「同理，一起禱告的國家不也不會散？」每個星期四下午，官夫人群聚士林官邸一起禱告，成爲延續數十年的傳統。那是個跨教派的團體，成員大部分是軍政高官的妻子，且幾乎全是大陸人。

其中許多人無疑是眞心信教，但有些人加入，乃是想與蔣夫人拉近關係，或希望此舉有助於自己丈夫的仕途。應邀加入蔣氏夫婦的核心圈子，乃是令人豔羡的殊榮，少有人能拒絕，但有位三星陸軍上將的妻子讓宋美齡碰了釘子。宋美齡邀她參加星期四的祈禱會，祈禱後一起喝茶、吃糕點，結果這位將軍太太說她有糖尿病，不能吃甜食，宋美齡即回以「我的狗有糖尿病」。將軍太太大爲不悅，被拒於祈禱會外。

蔣氏夫婦在士林官邸院區裡建了名叫凱歌堂的小禮拜堂。這座禮拜堂非一般人能進入，許多人因爲蔣氏夫婦在那裡做禮拜而到那裡做禮拜。偶爾有外國大使和其他外賓也去做禮拜；艾森豪總統就曾去凱歌堂做過週日禮拜。

宋美齡的信仰由兩股大相逕庭的信念組成，一個是知性、重分析、源自她衛斯理學校教育的信念，另一個是她母親那種狂熱、散發近乎領袖魅力的信念。來臺後，宋美齡改變他人信仰的傾向越來越鮮明。聖誕夜時，她拿捏好晚餐的開始時間，以便餐宴正好在晚間禮拜儀式前一刻結束，她可順理成章告訴所有賓客：

「上教堂去！」少帥張學良是她最看重——也最令人跌破眼鏡——的皈依者之一。張學良於一九四六年晚期被移到臺灣後，仍受監禁，以讀明史和種蘭花消磨時光。他的紅粉知己趙一荻獲准來臺陪他。最初他被軟禁在新竹五峰鄉，後來移到臺北近郊北投。他顯然很沮喪，因爲一九五〇年五月，宋美齡告訴埃瑪・米爾斯，她要去看他，「讓他振作點」。他的童年好友暨財經顧問，這時住在美國的愛爾賓，偶爾獲准前去探望他。

少帥曾說，他與蔣介石的關係是「關懷之殷，情同骨肉，政見之爭，宛若仇讎」。如果說蔣介石於他如父，宋美齡就如母。她無法給他自由；如果她有權力放他，是否會這麼做，如今也難知曉，但她確曾向跟張學良很熟的馬歇爾將軍提及此事。馬歇爾未回覆。後來他說，「這個傢伙抓過（蔣介石），我想我不該淌這渾水。」

蔣夫人用心保護張學良。有次他告訴她，他在讀佛經，她聽了嘆口氣，沒有說話，最後說：「漢卿，你又走錯路了。」她遞上蔣介石最愛看的書《荒漠甘泉》，派董顯光去教他基督教義。張學良把她送他的某本論基督教的英文書譯成中文，藉此磨練英文。他雖受軟禁，宋美齡卻常帶他到凱歌堂。由於她的努力，他終於成爲虔誠基督徒。在蔣夫人的鼓勵和協助下，因她皈依基督的少帥和也已成爲基督徒的趙一荻，在一起三十年後，終於在一九六四年七月正式結爲夫婦。雖然如此，傳說蔣經國仍有時帶少帥出去深夜社交，喝酒且有女人陪。

她的友人暨《自由》雜誌主編富爾頓・烏爾斯勒的遺孀葛蕾絲・烏爾斯勒寫道，就在蔣夫人努力說服別人信教時，她自己卻「受苦」於「驚人」的信仰疑問。文明何時才會找到解決戰爭的「新辦法」？「好基督徒」何時該戰鬥？姑息到什麼程度就該收手？基督會如何打擊共產主義？曾有正當有理的戰爭嗎？人原諒他人所犯的錯和自己對他人所犯的錯，還算是個好基督徒嗎？宋美齡告訴烏爾斯勒在臺灣發生的一則爭議，爭議起因於她認爲人不該在公領域遵照一套準則，在私生活遵照另一套（「卑鄙且邪惡的」）準則，因此她要求拔除一位這樣的政府官員。在世界陷入危機的這個時期，禱告不是「和彈藥一樣」不可或缺，「精神紀律」不是和軍事訓練一樣迫切需要？她不甘於只是提出疑問，在後來某次訪美期間，她還請一群宗教領袖到她下榻之處，向他們請教。烏爾斯勒寫道，「我覺得這些是眞正信教者個人奮鬥的一部分，我不知道她想找出一個極盡可能權威性的答案。」

宋美齡寫道，創立祈禱會後，上帝於她仍是個「不具人格」的力量，她「不想碰」任何玄祕的東西。但有一天，她經受了她所謂的「舊式改變信仰」之事。她聲稱她讀著《聖經》中已思索過許多次的耶穌受難故事時，突然首次了悟耶穌的受難是爲了她。她寫道：「我竟然哭了。那天，我第一次悟到祂是爲我受了這些傷痛。我哭了又哭，深深覺到自己的卑微不配。那是一種很奇特的感覺，是極大的憂傷與極大的舒暢同時交匯。我本來很少哭，因爲我們從小就學習不流露自己的情感。但是那一次眼淚竟然如潮水一般的流出，使我無法抑制。同時，我心中感到輕快、如釋重負，覺得我的罪已被淚水沖洗淨盡了。」她宣稱，自那之後，「我就不單從頭腦中相信，而是個人親自與我的主連結。」新的宗教熱情充塞於心中，她從《聖經》的角度看待她自己的磨難和國民政府的磨難，從中找到安慰：她在一九五二年的復活節廣播中告訴國民黨追隨者，「在這國難而且的確是世界危機的時間，我們用不著別人提醒關於復活對於我們每一個人以及對於各國的重要性。」

第二十章 冷戰與白色恐怖

君王為惡必不可免，但為惡時應將責任全諉於他人。

——戰國策

街道未鋪柏油，市區裡只有一盞紅綠燈，臺北表面上一派平靜，背後卻隱伏著恐懼與猜疑的氣氛，因爲一九五〇年代的臺灣陷入冷戰與「白色恐怖」的魔掌之中。

一九五〇年三月復行視事後，蔣介石把一群忠心耿耿的追隨者擺進掌有大權的中央改造委員會，而宋美齡被排除在該委員會之外，意義鮮明。紅紅火火的集體反省時期就此展開。蔣介石和改造委員會悄悄舉行了一連串嚴肅的會議，檢討失去大陸的原因和可從這場恥辱得到的教訓。事實證明，國民黨真的從歷史中學到一些教訓。改造委員會建議全面改革國民黨，肅清貪汙、無能的黨員和變節倒向共黨陣營者。在華府明確的鼓舞下，臺北的領導階層決心施行他們在大陸時就已承諾但從未落實的全面土地改革。國民黨在大陸時期的貪汙、投機倒把、任人唯親歪風（理論上）不容再現——無論如何，沒有大陸時期嚴重。私人企業將受鼓勵而非抑制。幾十年後證明，這些早期決定對臺灣的壯大功不可沒。

從一開始就很清楚，宋美齡的親戚在臺不受歡迎。宋家和孔家這時不只名聲掃地，還幾乎遭到人人的辱罵。宋美齡因干預國政而受到嚴厲批評，對這類指控變得極敏感。她不得不從大陸時期與丈夫共同治理國家的風光角色改弦更張，回復較傳統的妻子角色，至少在表面上得如此。但這樣的轉變背後有另一個原因。

一九四八年晚期到一九五〇年初期宋美齡在美期間，蔣經國取代她，成爲與蔣介石長相左右之人。慢慢的，蔣經國贏得父親完全的信任，到了這時，對蔣介石影響力之大，更是與他的繼母不相上下。

表面上宋美齡與其繼子關係和睦，實際上「勢如水火」。可能會有人認爲，他們相互敵視的根本原因，乃是政治信念上的衝突，其實不然。兩人都想成爲日益老去的蔣介石最親近之人，才是原因。蔣經國的影響力越來越大，宋美齡的影響力則相應式微。宋美齡從未能完全取回過去的地位，但這一爭鬥數十年未歇。晚至一九六〇年代中期，蔣經國仍向某位談不上交情的熟人抱怨，他多年來的努力一直受到「蔣夫人反對」的掣肘，自一九三〇年代晚期他從俄國回來，蔣夫人「就一直想讓總統與他反目」。

蔣經國的思想受到人生閱歷的左右，而在人生閱歷上，他與宋美齡大不相同。兩人的交集，就只有蔣介石和在塑造性格的年輕時期同樣曾長期旅居國外。但宋美齡在美國天之驕子般的生活，與蔣經國在俄國的生活南轅北轍。他與家人斷了聯繫，形同人質，一九二七年四月後，在礦場、工廠、勞動營工作過。一九三〇年代中期史達林的大整肅運動席捲俄羅斯時，蔣經國只要出門，每走一步都要擔心會被捕。有一天他眞的被捕，他以爲自己完了。但他未入獄，反倒被送到莫斯科，得到史達林的接見，史達林告訴他可以回國了。蔣經國離開時，極欣賞俄國生活的某些方面，對於自己能透過辛苦幹活和教育往上爬升這段經歷，尤其銘記在心。在俄國，蔣經國用雙手幹活，與一般老百姓一起工作。這段經歷給了他父親、繼母、他們身邊那些上層人士所完全沒有的東西，即同情老百姓，能與老百姓打成一片。這段經歷也賦予他人人平等的觀念，使他厭惡浮華和派頭。

蔣經國的性格與他那拘謹、刻苦自持的父親大不相同。他比父親更外向、不拘小節。只要有蔣委員長在，現場就是恭恭敬敬、鴉雀無聲，而在蔣經國身邊，絕對看不到這景象。早年在臺灣，他還不是很出名時，常一個人在島上各地走動。有一次，他開吉普車走在東海岸時，還讓兩位軍官搭便車到臺北。他們未認出他，送上二十元新臺幣致謝，他收下，因爲「若讓他們知道我是誰，他們會不好意思」。

爬上高位之前，他喜歡參加聚會、喝酒。他是划酒拳的高手。划拳輸者得罰酒，蔣經國划拳太厲害，因而有時還故意輸，以保住對方的「面子」。診斷出有糖尿病後，醫生囑咐他勿喝酒，他於是要幕僚代他喝。他在社交場合上的親和、平實作風，讓批評者都甘拜下風。有位美國前情報官員憶道，「一對一時，他可是很有魅力。」

但儘管善於與人打成一片，蔣經國其實是隻「孤狼」。他的地位很穩固，因此不必像父親那樣靠打手來支撐。一如他的父親，他挑選下屬時把忠心、服從看得比學歷、專才重要，但他不靠他們保住權位，因此，撤換或調走他們，他一點也不會過意不去。他的性格非常「史達林」；如果有人擋到他，他很快就會將其除掉。他也很孝順，父親說的，他都照辦。二二八事件後，蔣介石體認到他得牢牢掌控臺灣。政府已用軍隊占領臺灣，但仍受到共產主義、臺灣獨立運動的威脅。這正是蔣經國的經驗可派上用場的地方，於是蔣介石派他掌管軍事情報。他的官職是中將和國防部總政戰部主任，但他實際擁有的權力遠超過他的官職，因爲他掌控了大部分情治系統。蔣經國從身家背景、經歷、可如何操控的角度，考核島上重要人士。就這點來看，他「比共產黨還共產黨」。

從一九四九年掌控島上的情治系統起，蔣經國就展開形同恐怖統治的活動。接下來幾十年裡，島上有數萬人遭關押、殺害或離奇失蹤。最初，壓迫的對象鎖定共產黨員，但韓戰爆發後，矛頭轉向臺獨支持者，乃至外國人。在臺灣美國新聞處任職的大衛·奧斯本發現，他家裡的傭人竟向國民黨報告他的動向，甚至向中國遊說團的柯伯報告。奧斯本多位臺灣友人被捕，被控爲臺獨分子。

蔣經國的手法使人想起蘇俄——挨家挨戶的搜查、未有逮捕令即逮人、未經審判即拘留、反覆查核官員和其他人的忠誠、時時監視每個人的日常活動（連最偏遠村落的村民都不放過）、洗腦、午夜敲門。他那有數十萬成員的中國青年反共救國團（大陸時期三民主義青年團在臺的翻版），紀律嚴格，受高度洗腦，即使未控制島上大部分高中生、大學生，也影響了他們。蔣經國用這一組織監視煽動性活動，爲國民黨和政府吸收人才。在群衆大會上，蔣經國能使這個希特勒式的團體變成「一群尖叫的崇拜者」。但就在島上警察「無所不在且有時手段嚴酷」時，英國外交官報告，臺灣政府在新聞媒體和私人談話中都受到出乎意料的嚴厲批評。

被指爲共黨分子者和其他政治犯中，約有百分之十五遭處決。未處決者，則關進蔣經國在綠島所蓋防守嚴密的政治犯監獄。在這個美其名爲「新生營」的監獄裡，「學員」沒有確定的刑期，根據思想改造的進度來決定是否釋放，而思想改造常以折磨爲工具。蔣經國很自豪於這座「新生營」，帶美國訪客參觀綠島時曾得意向他們說，九成五的「學員」在經過三民主義再教育後送回臺灣。訪客客氣詢問剩下的百分之五怎麼處置。蔣經國開心回答，「哦，我們不傷害他們，……給他們小船、食物、無線電，送他們回中國大陸。三四天後，我們開始發無線電給他們，問『你們什麼時候要回報？』然後共產黨解決掉他們。」

一九五〇年，蔣經國在國防部內設置政治部，並擔任政治部主任，以將政治訓練、心理訓練導入軍中。各級部隊的正規軍官旁，安置「政工」輔佐，以確保部隊忠誠。蔣經國也主導成立公營的軍妓院（俗稱八三一、軍中樂園）。或許爲減輕這一新政工制度對軍中士氣的破壞，他的政治部設立並經營了三十七間軍中「特約茶室」，有「女侍」將近一千人。這些招募來的「女侍」派到前線外島服務，一期六個月。即使宋美齡知道此事，她也並未公開指責。

相較於宋美齡與蔣經國的關係緊繃，她與丈夫收養的二兒子蔣緯國很親。蔣緯國少將爲人海派，西式作風，與他哥哥不一樣，且雖是正規軍校出身，他情感外放。他參加了說英語的臺北扶輪社之類團體。蔣經國會說俄語，但英語不好。蔣緯國英語流利，且因在納粹德國待過幾年，德語口語很溜。他甚至會說一些臺灣方言。他沒蔣經國那麼有野心，且與惡名昭彰的情治系統沒有淵源，因而沒有情報頭子的汙名。或許是在宋美齡的強烈要求下，蔣介石把裝甲部隊交由蔣緯國全權指揮，以制衡陸軍總司令孫立人的勢力。

蔣介石也運用妻子執行討人厭的任務，做法和他運用蔣經國的方式差不多。她常在他的授意下，以親自出面或透過蔣介石下屬妻子的方式，擔任蔣介石與其下屬之間的傳話人或調解人。在她繼子與臺灣省主席吳國楨進行權力鬥爭時，她也甘於扮演這一獨特的角色。

國民政府敗退臺灣後不久，吳國楨開始招到蔣介石嫉妒，漸漸失去信任。宋美齡於一九五〇年一月自美返國後，安排了大批美國記者來臺，是失去大陸後第一次有如此大陣仗的外國訪問團。蔣介石和其他官員舉行了記者會，但記者把焦點放在這位具有領袖魅力且善於表達的省主席上。功高震主當然不是蔣介石所樂見。吳國楨推動民主改革，令蔣介石更爲惱火。蔣介石在不情不願下同意舉行地方自治選舉。吳國楨私下促請蔣介石允許反對黨存在，並主張國民黨的運作不應靠國庫，而應靠黨員出錢。蔣介石說會考慮這些提議。《時代》雜誌把吳國楨放上一九五〇年八月七日出刊的封面，並刊出一篇讚揚他的文章，使情況雪上加霜。

在這期間，吳國楨和其妻子黃卓群與蔣氏夫婦走得很近，一個星期共同用餐數次。但到了一九五〇年秋，吳國楨已與掌有實權的蔣介石大兒子起了衝突。吳國楨極力阻止非法拘留，但仍有多起逮人事件發生。後來吳國楨得知蔣經國祕密掌控檯面上和檯面下各種警察機關，且祕密警察的某些部門奉命定期向蔣介石的下屬報告。吳國楨發現自己手下監視他的一舉一動向上回報後，曾在一九五二年初有意辭職。他告訴蔣介石，「如鈞座厚愛經國兄，則不應讓他主持特務，……蓋無論其是否仗勢越權，必將成爲人民仇恨的焦點。」蔣介石回以頭痛，不想再聽。不久後，農曆年大年初一，蔣介石和宋美齡突然連袂出現在吳家門口，說要來向他父母拜年。這可是少有的殊榮。一番客套之後，蔣介石告訴吳國楨，他所提的軍事法庭改革意見，即未經吳國楨直接管轄的省警務處發予逮捕令，不得逮捕平民一事，會得到採納。隔天，蔣介石退回吳的辭呈。

一九五二年夏天，吳國楨大女兒要嫁到美國。宋美齡得知此事後，極力建議黃卓群赴美參加婚禮，並把兩個兒子一起帶去，讓他們在美國就學，但吳國楨夫婦擔心花費問題。隔天，宋美齡來找吳太太，告訴她蔣介石願給他們一萬美元的禮金。吳國楨說「這種好意」不能收，因爲那錢會來自國庫，一旦被發現會招來非議。吳太太把他的意見轉告宋美齡，宋美齡堅稱錢是她自己拿出來，但未再逼他們接受。吳國楨決定讓長子跟他妻子一起赴美，但讓二兒子留在臺灣唸完高中。婚禮後，蔣介石的前私人祕書暨蔣夫人的人馬俞國華，來黃卓群下榻的紐約飯店找她。俞想交給吳太太一萬美元，但吳太太不肯收，最後俞丟下錢走人。

來臺之後，宋美齡就斷斷續續受苦於神經性皮膚炎，但一九五一年晚期皮膚病惡化。醫生開了當時新問世的「靈藥」促腎上腺皮質激素。兩天後皮膚病一掃而空，但她夜裡只能睡上兩三小時。一個星期後，疹子又起，她又服了一劑。她寫信告訴友人埃瑪．米爾斯，「由於這裡的艱苦生活，還有因此而起的緊張、焦慮，若沒有這藥給予額外的提振，我的身體應付不來。」

她的焦慮有可能至少一部分肇因於她內心的掙扎，掙扎於該如何讓她所宣揚的民主、基督教價值觀，和她過去在大陸、現在在臺灣所協助維繫的高壓政權並行不悖。她常以口頭和文字高調暢談民主原則，但她效忠的首要對象，其實不是那些崇高的理想，而是她的丈夫，因此，他的原則變成她的原則。她似乎無法面對她所宣揚的價值觀和她所扮演這一格格不入之角色間的錯亂，且爲這錯亂付出精神受損的代價。爲維持門面，她承受了無休無止的壓力，而這可能是她皮膚炎、神經衰弱、長期失眠，還有如她私下向米爾斯透露的、倚賴藥物的原因。

一樁令她難堪的轟動醜聞，使她的神經問題更爲惡化。話說中華民國駐華府空軍辦事處副主任暨宋美齡人馬毛邦初將軍，指控臺灣政府在採購業務上貪汙，蔣介石隨即在一九五一年八月命令毛邦初返國。毛拒不從命，且挾帶七百萬美元的國民政府公款逃至墨西哥。這個案子令臺北極爲難堪，特別是因爲毛邦初對中國遊說團不堪曝光的活動細節知之甚詳。

促腎上腺皮質激素使她「浮腫得可怕」，但接下來的一年裡，她還是繼續服用。此藥的副作用很可怕，到了一九五二年六月，她的情況嚴重到她想要醫生從紐約飛來臺北治她。八月，她不得不赴美就醫。她想包機，但吳國楨提醒她，在臺灣如此亟需美援的時刻，這麼做不妥。他建議搭泛美航空的民用航班前往，她採納。八月九日，宋美齡要求不准拍照，搭機前往檀香山。她希望在那裡就治好，然後返臺，最後不得不繼續飛到舊金山，八月十七日住進舊金山的富蘭克林醫院。病情最嚴重時，她臉、身體都發腫，皮膚變黑。醫生嚴格管制飲食，不准她吃蛋、乳製品、其他幾種食物，還要她避免直接日晒。

一個月後，美國駐臺北大使藍欽和妻子寶琳前來醫院探望，發覺她氣色稍好，急著想返臺，但仍很「緊張」，幾乎什麼來客都拒見。她繼續服用促腎上腺皮質激素，而醫生告訴她，要醫好，就得延長在美居留時間。在富蘭克林醫院住了兩個月後，她於十月中旬飛到紐約，與姊姊宋靄齡同住。不久前，宋靄齡在長島的拉丁頓買了名叫「山頂」的莊園。宋美齡開始整治牙齒，接受皮膚科醫生施予 X 光治療。

一九五二年十月，國民黨在臺北舉行第六次全國代表大會，宋美齡因病在美，未能參加。國府中受過西式教育而正與「獨裁者」（即蔣經國）鬥爭的「開明」官員——吳國楨、葉公超、孫立人——把她的缺席視爲壞消息。宋美齡在黨內選舉時被趕出黨的中央委員會，表明她的政治地位已大不如前。在一九四五年上一次全國黨代表大會時還不成氣候的蔣經國，拿下第二高票，反映了他大漲的政治實力。吳國楨的排名從四十九跳升到第七。

一九五二年的美國總統大選，共和黨候選人艾森豪打敗民主黨的阿德萊·史蒂文森。宋美齡致函祝賀這位戰功彪炳的二次大戰將領，「你大概也料得到，我們非常高興。」知道艾森豪打算於就任前訪問南韓，她就順道訪問臺灣一事探他的口風。她大膽提議，「我們的設施很簡陋，生活很清苦，但我們會竭盡所能讓你賓至如歸，……如果這一邀請不致讓你覺得爲難，我們會立即發出邀請。」艾森豪委婉拒絕。她想返國，但快到聖誕節時，她的皮膚病再發。

新任美國總統對國民政府的態度，比杜魯門友善得多。一九五三年二月，艾森豪上任後不久，撤銷杜魯門阻止國民政府對大陸用兵的命令，「放出」蔣介石。然後，他親筆函邀宋美齡於三月上旬「順道到」白宮喝茶。他寫道，「我知道我們所共同且迫切想做的事，都可透過正常管道來完成，但艾森豪太太和我仍很高興」見你。已接替艾契遜出任國務卿的約翰·杜勒斯和其妻子不在華府，因此由國務次卿沃特·史密斯和其妻子參加這場聚會，中華民國大使顧維鈞和夫婦也出席。宋美齡還會晤了馬歇爾，馬歇爾告訴她，他和每個求見他的中國人見面，希望他們之中有人提出務實可行的計畫協助「自由中國」臺灣。

在臺灣，人民自由持續下滑，蔣經國的特務機關展開大規模逮捕。吳國楨驚愕發現，省警務處竟發出空白的逮捕令。他本人仍遭祕密警察監視；他的傭人向情治機關回報他的動向，他的電話遭監聽。一九五三年初期，吳國楨又想辭職，但蔣介石退回他的辭呈。吳國楨於是「請病假」，和妻子一起到日月潭，聲稱不讓他辭，他就不回去，也不見客。

一九五三年三月吳國楨把自己關在日月潭時，宋美齡與同學一起去了母校衛斯理。這趟訪美七個月期間，她就只在這裡公開露面，就臺灣的經濟發展發表了演說。她告訴一群美國學生要好好享受大學生活，但勸一名拿宋美齡獎學金的日本學生「用功讀書，因為我們東方女人未來的路較艱難」。隨後，她不顧醫生意見，立即返臺。她甚至未告訴友人埃瑪・米爾斯為何離開得如此突然。在機場，她告訴記者，她「得回國」，因為「我有一些事要辦」。

吳國楨知道宋美齡為何這麼急著回臺。如果他辭職獲准，蔣經國權力會更大，她的地位會更低。吳國楨進退兩難。如果為顧及禮儀而下山接機，他會讓人覺得意志不堅；如果不去接機，會被視為失禮。因此，他做了在這情況下他唯一可做的事，即派妻子前去接機。

黃卓群從日月潭搭了五個小時的車到機場。宋美齡下飛機，與蔣介石打過招呼後，執起黃卓群的手，悄聲對她說，「我是因為國楨才回來的，……能不能請國楨立即從日月潭下來？」還說，「我很驚訝他沒來接我。」黃卓群說他不會下山，宋美齡回以隔天要和黃卓群一起回日月潭。黃卓群心知電話遭監聽，與外人的交談會立即被回報小蔣和老蔣，於是從臺北的家打電話給丈夫，轉告宋美齡的話。吳國楨說如果蔣夫人想來看他，沒問題，但他不會下山。

隔天，宋美齡請黃卓群過去。黃卓群來訪期間，宋美齡告訴她，「你一定要叫國楨下來，立刻接掌省主席的職務，……我原想跟你一起上日月潭見國楨，但這時候委員長對國楨很火大，不准我去。因此你最好叫他下來這裡。」黃卓群說她丈夫很固執，但會再打電話給他。吳國楨的回應乃是他想辭職，如果蔣介石很生氣，可以繼續生氣，同意他辭職，但他不會下山。黃卓群把交談內容轉告宋美齡。

幾小時後，宋美齡派她的孫姓私人祕書去黃卓群家。孫祕書說，委員長現在很生氣，除非吳國楨立刻下山重拾省主席職務，他不准宋美齡跟黃卓群講話。黃卓群回以她和蔣夫人私交甚久，但如果夫人不想再來看她，她也不想去見她。孫祕書急急回去向宋美齡報告。不久後，他打電話給黃卓群，說宋美齡想在她的婦聯會辦公室見她，而非官邸。兩人見面時，宋美齡說：「如果國楨不想下來回辦公室，可以在不讓外界知道下，下山親自見我嗎？」吳國楨最終基於禮儀而讓步。

吳國楨深知得小心行事。他知道宋美齡已看出問題出在蔣經國，但他不能把此事講開。他知道宋美齡做事不夠謹慎；而且她沒有實權決定，說不定還會把事情弄得更僵。他想起國營臺灣火柴公司某位高階主管遭逮捕，遭誣指為共產黨之事。事後不久，蔣氏夫婦和吳國楨夫婦一同用午餐。蔣介石來之前，宋美齡隨意問吳是否和蔣經國的祕密警察不和。吳提到那位火柴公司主管的事，宋美齡火氣上來。她丈夫一進房間，她就站起來質問，「你知道你兒子在幹什麼嗎？」（他當然知道。）蔣介石臉上一貫的勉強笑容消失。吳國楨夫婦很不好意思。為打圓場，吳國楨建議開始用餐，宋美齡卻一把分別抓住吳和他太太的手，丟下一句話「我們走」，就大步走出去，留下「老先生」一人。自此之後，吳國楨不再向她透露心事。

吳國楨從日月潭下來，趁蔣介石外出時，在總統官邸與宋美齡見面。她牽起他的手，帶他到陽臺一角講話，說其他地方到處安有隱藏式麥克風。她問他為什麼想辭時，吳國楨含糊提到「一些難題」，說他「累了」。她答以聽說他厭煩於蔣介石的領導。吳國楨否認，說如果委員長很希望他當他的祕書，他很樂意，但不願回去接省主席之位。

然後宋美齡再度派孫祕書去見吳國楨的妻子。孫祕書問，如果癥結在蔣經國，吳國楨何不和蔣夫人、行政院長陳誠合作拉下蔣經國？吳國楨知道權力全在蔣氏父子手上，他還覺得宋美齡的提議可能是陷阱，因此回話時引用了俗語：關係不夠親，就不該想要站在兩個很親的人之間。

吳國楨夫婦於一九五三年復活節那天返回日月潭，途中因車開起來怪怪的，司機檢查了車子，發現轉向機構遭人動過手腳。若未察覺，車子開在危險的山路上很容易失控，使乘客車禍身亡。吳國楨大為驚恐。

宋美齡不死心，派吳國楨的某位姻親去日月潭催吳回臺北。但吳國楨認定有人想要他死，並想查明蔣介石知不知道此事。他寫了封信給蔣介石，信中提到中國古籍裡的一則故事。他引用某位因遭誣陷而即將被大王處死的忠臣之言，寫道：他罪該萬死，但陛下永遠英明。他在信的末尾求見蔣介石，心知如果蔣介石知道這暗殺之事，就不會見他。結果沒有回音。

吳國楨深信自己有生命危險，思索數日，終於想出對策。他打電話給正要返美的美聯社記者亞瑟·古爾。由於電話遭監聽，他知道這事逃不過蔣經國的耳朵。他前往古爾的臺北住所，要他按著《聖經》發誓會遵照他的指示。古爾問，「省主席，你幹嘛這麼誇張？」吳國楨把車子被動手腳的事告訴他，並遞上一些介紹信，要求他必要時拿著信去見吳國楨在美國的一些有力友人，包括魏德邁將軍、出版人羅伊·霍華德、《芝加哥論壇報》的羅伯特·麥科米克中校。吳國楨如有什麼不測，古爾就得把來龍去脈全盤告訴他們。

隔天，蔣夫人突然叫人請古爾過去，他覺得奇怪，因為他與她沒有私交。她邀古爾當她的祕書，為期六個月，報酬一萬美元。他懷疑她是想把他留在臺灣，因此婉拒。

吳國楨親自為自己、妻子、兒子三人申請護照。他直接寫信給蔣介石告知此事，護照仍無下文，而外長葉公超也幫不上忙，於是吳國楨親自函請蔣夫人出面為他說情。他告訴宋美齡，他已接到數個請他去美國開會的邀請，如果護照不發下來，他就不得不寫信告訴他的美國友人，臺灣不發給他護照。宋美齡採取行動，不久，她告知葉公超，委員長已同意發護照給吳國楨夫婦，但不給他們的兒子。吳國楨堅持非得發給他兒子護照不可，但葉公超告訴他，蔣介石清楚指示不發給他兒子。發下護照後不久，宋美齡去找黃卓群，問他們打算在美國待多久，黃卓群答「不確定」。宋美齡露出不可置信的表情，但顯然是裝出來的，因為她說美國生活的苦不是黃卓群所能想像，她和吳國禎肯定三個月內就會受不了而回來。

吳國楨請求在五月二十四日離臺前面見蔣介石，向他告別，但沒有回音。於是黃卓群寫信給蔣夫人，說如果她有空，他們想在離開前拜訪她，結果幾天都沒回音。離臺前夕，蔣夫人用軍中電話打電話給吳國楨，說他們在山上度假，無法親自前去送行，但會派孫祕書代她送行，蔣介石則會派蔣經國去。她停下來，轉與她丈夫交談，然後對著話筒說，委員長要她轉個口信，希望他帶著中山先生全部著作，在飛往美國途中閱讀。吳國楨怒不可遏，但心平氣和的請夫人代為感謝她丈夫的建議，然後請她告訴蔣介石，他已把中山先生的著作看得很徹底，請蔣介石也照做。

到一九五三年中期，由於吳國楨不再出現於公開場合，加上越來越多有關蔣經國醜惡行徑的報導，臺北的美國「友人」開始憂心。在某封寫給「我親愛的美齡」的信中，羅伊．霍華德表達了他的憂慮：憂慮「自由中國」漸漸失去吳國楨當省主席時所擁有的那種好名聲。霍華德警告，那些「在美國一直很活躍的（國民政府）敵人」，「極盡所能利用」有關蔣經國活動的報導來壯大自己的勢力。宋美齡於回信中刻意不談霍華德憂心之事，但無疑已把他的意見轉告丈夫。

為讓蔣經國暫時避避風頭，一九五三年九月他以美國國防部國賓的身分奉派訪美三個月。這是他第一次出訪蘇聯以外的國家，美國國防部和國務院都希望這能增長他的「見識」，讓他認識美國民主並從中獲益。他參觀了多處的軍營和設施，會晤了艾森豪、中情局長艾倫．杜勒斯、他哥哥約翰．杜勒斯。約翰．杜勒斯斥責他處理國家安全事務手法「粗糙」，他只以低不可聞的細語回應。

趁著蔣經國不在，宋美齡立即抓住機會大展身手。他出國後不久，她就利用個人影響力，撤銷不得在軍隊和軍醫院裡傳播基督教的禁令，因爲蔣經國施行的這項禁令干預了「上帝的工作」。她和她的祈禱會資助二十五位牧師，到軍醫院、軍方監獄、軍隊裡執行牧師職務。

蔣經國在美巡迴參觀時，有位堅定支持臺北的美國友人首度訪臺。一九五三年夏，艾森豪派副總統尼克森做巡迴亞洲的親善之旅（這種蜻蜓點水式的大排場訪問當時很受看重）。他風塵僕僕連訪十九個國家，抵臺時是十一月上旬。尼克森是中國遊說團的堅定支持者，擔任參議員時曾主導調查阿爾傑・希斯，抨擊艾契遜該爲「失去」中國負責。他在臺灣與蔣介石晤談了八個小時，其他與會者只有蔣夫人和通譯。談到希望在自己領導下光復大陸、重新一統中國，蔣介石談興大發，但尼克森傳達了艾森豪的明確訊息，即蔣介石別指望他反攻大陸時能得到軍援。

不久尼克森就發現宋美齡遠不只是她丈夫的通譯。後來他寫道，「我認爲以蔣夫人的才智、說服力、道德力量，若給予機會，會成爲舉足輕重的領袖。」她和這位副總統都喜歡搞神祕，這由他們讓駐臺北大使藍欽過目經宋美齡修潤過的會談備忘錄，卻不讓他保有複本，就可看出。有趣的是，尼克森就在這次巡迴訪問時初次表露他中國政策的彈性；他在新加坡告訴某英國官員，他雖然在一九五〇和一九五二年的競選演說中不假辭色批評共產主義，但如果北京變得較「通情達理」，他仍願意考慮讓北京進入聯合國。

一九五三年十二月，蔣經國返臺，聲稱對美國人民的「內在力量」印象深刻。他指出，俄國的社會秩序是靠恐怖來促成，而在美國，人民「自動自發注重秩序」。他還說美國雖有許多富人，卻看不出貧富之別。這趟訪問顯然提升了蔣經國在國內的地位，因爲他接替宋美齡，成爲臺灣與美國中情局、美國軍事情報機構的高層聯絡人。中情局要分站站長把與蔣介石大兒子建立密切關係當做首要任務。

自願流亡美國的吳國楨夫婦下榻於伊利諾州埃文斯頓的小旅館，焦急的觀望、等待。離臺後六個月內，他們寫了三次信給蔣夫人，請她幫忙替他們的十四歲兒子吳修潢弄到護照，以便他來美與家人團聚。蔣夫人兩次回信表示無能為力。因此，十一月下旬某日，他們接到蔣夫人外甥孔令傑來電時，以為她已替兒子弄到護照。但孔令傑親手遞上蔣夫人的來信，信中只說她丈夫希望吳國楨回臺接任總統府祕書長。吳國楨徵詢魏德邁意見，魏德邁建議他回信時強調民主改革刻不容緩。

隨著一九五三年接近尾聲，吳國楨夫婦越來越急於將小兒子弄出臺灣。自一九五三年五月抵美之後，吳國楨一直閉口不談他與蔣介石政權的恩怨，私底下只將來龍去脈全盤告訴羅伊・霍華德和時為《瞧一瞧》雜誌發行人的加納・考爾斯。蔣介石顯然是拿吳國楨兒子當人質，脅迫吳閉嘴。

一九五四年初期，吳國楨終於公開露臉。在寫給臺北國民大會的某封公開信（日期註明為二月二十七日）中，他指控蔣介石政府和國民黨以共產黨為師，統治一個不民主的警察國家，「一心只想著永遠掌權」。他抨擊蔣經國在軍中設置的政工制度，說那已摧毀軍隊士氣。他寫道，「以此檢閱實習於平時，或可欺人；以此恢復大陸於戰時，則竊不寒而慄。」吳國楨指控「由於特務之橫行，臺灣實已成為警察國家」，無數無辜者遭非法逮捕、拘留、拷打或勒索，「每念及此，輒為痛心。」他批評救國團是仿照希特勒青年團、共青團的組織，抨擊新聞自由受限、記者遭逮捕。

蔣介石政府以「唾沫四濺的憤怒」回應（《時代》雜誌語）。它不讓吳的公開信公布，發動一連串官方宣傳，指控吳失職、貪汙、叛國，稱他的指控「居心惡毒」，指他「援助、支持」共產黨。國民黨開除吳國楨黨籍，吳則在美公開發表其信，並一連寫了數封直言無隱的信給蔣介石。在日期註明為一九五四年四月三日而批評特別尖銳的信中，吳寫道：「鈞座之病，則在自私……愛權勝於愛國。」吳批評蔣經國不懂民主，是政治進步的大障礙，並呼籲蔣介石將蔣經國送出臺灣，直到光復大陸為止。吳寫道，如此一來，蔣介石或許就可排除外界對他懷有欲建立王朝之潛在居心的任何指控。

中國遊說團的柯伯把吳國楨指控蔣介石意圖殺害他一事稱為「錯覺」，但吳的批評登上全美各大報的頭條，傷害了蔣介石政府僅剩的些許威信。這場風波之後，吳國楨的兒子終於拿到護照，獲准赴美與家人團聚。華府深知欲讓美國人民支持國民政府，臺灣得推行民主改革，但並未大力促成這方面的變革。

宋美齡為自己丈夫和自己長期照顧的後進撕破臉公開叫陣，感到沮喪且難堪，皮膚毛病再度發作，且很快就惡化到讓她再度得依賴藥物才能入睡。她得回美治療，但以她的病況，她不敢出這遠門，擔心記者和華僑湧至，讓她招架不住，擔心若不理他們會惹惱他們。蔣介石請美國駐華大使藍欽的妻子寶琳，在宋美齡出國前去探望她。寶琳發現她「明顯很沮喪，暗示吳國楨最近的作為乃是她這次發病的原因」。宋美齡搭中華民國空軍飛機匆匆赴美，一九五四年四月二十九日抵達舊金山，立即住進富蘭克林醫院。

一個月後，她在加州鄉下休養。她寫信告訴顧維鈞，「進展有點慢，但我認為宜人的加州天氣和醫療終會治好病。」她的醫生懷疑皮膚病是某種過敏造成，說皮膚好得差不多時，他們會做過敏檢測。她到紐約接受進一步治療，美國友人桃樂西・湯瑪斯到醫院看她。宋美齡病情仍嚴重，皮膚不能碰任何東西。院方已為她造了一個竹籠，在其上鋪上床單。

一九五四年夏，金門、馬祖兩外島引爆危機。國共雙方以火炮猛烈互轟，在韓戰停戰協定簽訂才一年後，便引發遠東再啓戰事的憂慮。八月下旬，宋美齡復原得差不多，成為第一位在美國退伍軍人協會年度餐會上發表主演說的女性。上臺致詞者還有總統艾森豪、參謀長聯席會議主席亞瑟・雷福德、紐約具影響力的樞機主教法蘭西斯・史貝爾曼。她告訴聽眾，只要臺灣「腳凳」仍不受共產黨控制，中國人就有獲取自由的避難之所。「我們中國人當奴隸不會太久。我向你們保證。」

她回舊金山的富蘭克林醫院檢查，希望只待幾天就可以返臺，不料甫抵達就蕁麻疹復發。最後查出禍首是醫生所開的某種新維生素 B 丸。她寫信告訴友人，「我們發現那不只含有肝，還有魚肝，而我對魚和肝都敏感，會有什麼作用，不難想像。」一九五四年十月下旬，她終於回到臺北。

在外島小衝突不斷，而美國考慮有所回應時，美國《生活》雜誌亞洲記者約翰・奧斯本，一九五五年一月上旬有次與蔣氏夫婦喝下午茶時，有了一段他所謂「很有意思」的經歷。奧斯本寫信給亨利・魯斯的副手 C. D. 傑克遜，說：「她和大元帥招待我一場激烈的爭辯，大元帥主張長期來看美國可以信賴，她則主張美國一刻都不可信賴，……兩人都要我支持他們的論點，夫人向我講述了民主黨的前科，大元帥則考驗我對美國之長期明智與正直表現的信心。好傢伙，我夠辛苦吧！」去年奧斯本就聽說，宋美齡「對所有美國事物」，懷有「難以抹除的不信任和厭惡」，而喝完這個下午茶，他深信傳言不假。

就在她對美國的信心陡落時，支持臺北的美國人正爲改善臺灣受損的國際形象打一場苦戰。英國指責美國不願正視中共政權的存在。美國國務卿杜勒斯反駁道，美國很清楚北京政權存在，且語帶譏刺的說，「但承認惡事的存在是一回事，接納惡事，並把惡事稱爲好事，是另一回事。」邱吉爾拿讓臺灣成爲聯合國託管地的老主張——仍有一些美國國會議員支持的主張——遊說亨利・魯斯時，魯斯非常不高興。魯斯寫信給約翰・奧斯本，以悲嘆語氣說，「美國的輿論一面倒支持不讓『共產黨』進入聯合國，但對福爾摩沙的支持卻沒這麼強烈，……就連那些（大體上）支持福爾摩沙者，都對此深感抱歉，對蔣更感到過意不去——即使他們完全支持他。」邱吉爾坦承美國有「道義責任」阻止臺灣落入共黨之手，得保護臺灣居民，使他們不致走上與中國大陸上遭共產黨整肅殺害的據稱兩百萬中國人一樣的命運，但他在意美國人到底是把蔣介石視爲臺灣的房客還是房東。

臺灣的法律地位模糊，但這時候美國已把該島視爲美援成果的櫥窗來發展。臺灣與日本一起成爲美國新認定之「自由」亞洲的基本組成分子，至少在經濟上是如此。正與蘇聯一較高下的美國，急切想見到被稱爲「自由中國」的臺灣繁榮壯大，成爲「自由」的典範，讓中華人民共和國相形見絀。華府以經濟援助來威逼利誘，引導臺灣走向工業化、現代化之路。總而言之，美國希望透過援助讓臺灣自給自足，以爲接受美援的其他國家樹立榜樣。

在這期間，中國遊說團的施壓，加上國共雙方爲大陸沿海島嶼持續爆發衝突，間接推動華府與臺北談成中美共同防禦條約，並於一九五四年十二月二日簽署。對於早就希望與美國簽訂這項條約的臺灣來說，這條約給了定心丸，但也拿走某些自主權：該條約言明美國決心保衛臺灣、澎湖，使不受共產黨攻擊，但也再度拴住蔣介石，不讓他對大陸發動任何攻擊。這個條約正式確立臺灣做爲西太平洋「島鏈」上嚴防固守的一個環節，做爲美國對共黨侵略所施行的「圍堵」策略不可或缺的一部分，藉此平息了中國遊說團的不滿。臺灣的地位更爲穩固，美國進一步捲入臺灣事務。

美國國務卿杜勒斯於一九五五年三月上旬訪問臺北，讓共同防禦條約正式生效。就在這幾個禮拜前，中共迫使國民政府撤離大陳島，但只猛轟金門、馬祖，未予以拿下。美國第七艦隊協助撤離大陳島一萬八千名平民和一萬五千名部隊，數天後共軍拿下大陳。這起事件令臺北領導階層不安，杜勒斯支持蔣介石的觀點：國共雙方在金、馬正式停火，將必然導致臺灣的民心士氣瓦解。高層外賓訪臺時，宋美齡每次都與會，這次會晤也不例外，但她沒講什麼話。

杜勒斯返回華府後，艾森豪派羅伊・霍華德於三月下旬來臺北，試探蔣介石對守不守外島這個爭議的看法。艾森豪希望說服蔣介石放棄金馬，但在蔣介石心中，金馬的象徵意義遠大於爲守住它們所必須顧及的現實考量。金馬在行政上屬福建省管轄，幅員雖小，卻爲他聲稱統治全中國的主張提供了再怎麼薄弱、終究不容否認的一點點正統性。霍華德出國前赴白宮見了總統。他在日記裡寫道，「他贊同我的看法，並補充了他自己的一些看法，並說他希望我把那些看法當做我記者的觀點，而非他的看法來傳達。」

霍華德和其妻子馬格麗特在日月潭會見蔣氏夫婦。雙方談了數小時，由宋美齡充當通譯，中間曾中斷會談，在數船安全人員陪同下搭小船遊湖。霍華德寫道，「我開始認爲，蔣打算如果得獨立防守金馬，他會這麼做，……他的理由在於，如果他不這麼做，他一定會完蛋。」蔣介石的立論依據乃是他經得住失敗，但經不住撤退，因爲那會導致他的軍隊「全面瓦解」。後來艾森豪告訴霍華德，他「非常欽佩」蔣氏夫婦，但認爲他們「把情勢弄得沒必要的複雜」，因爲不管對中共或國民黨，金馬的軍事價值都不大。

宋美齡利用霍華德來訪的機會，向他說明她不久前舉辦的時裝展上發生的事。蔣經國的打手（大概是他的救國團成員），在這場時裝展上發動暴力「示威」。他們以正值戰時，公開譴責此活動鋪張浪費，不顧有外交使節團受邀參加，干擾活動進行，甚至推倒外交官的車子。霍華德憂心於蔣經國日益高漲的權力，擔心蔣介石如果突然死掉，宋美齡性命堪慮，於是擬了詳細計畫，以便一旦有事時立即將她送出臺灣。霍華德建議蔣介石將蔣經國送到美國深造一兩年，以趁他還未造成更多傷害時將他拔離臺灣，並灌輸他民主觀念。霍華德離臺時深信，小蔣「狡詐」，「需要提防」。

如果說宋美齡的政治影響力在下降，她對財經的影響力則在上升。一九五五年，財政拮据期間，蔣介石（大概在他妻子的促請下）下令財政部對進口貨課徵特別稅。這一新稅，美其名爲「勞軍捐」，其實把所有進口貨都納入課徵。課稅所得不供國防使用，而交給婦聯會，因此，進口商被迫向該組織的財庫做不樂之捐。針對電影票也課徵了性質類似的「娛樂捐」，且所得同樣撥交婦聯會。藉此，蔣夫人掌握了源源不斷的財源，且這財源最初不起眼，但隨著臺灣經濟成長，後來變成很可觀。婦聯會的財務未受審查，甚至不受會員審查，蔣夫人因此得以隨心所欲運用這些錢，不必向任何人報告其流向。

一九五五年金馬危機尚未解除之際，臺灣發生了一樁惡名遠播且令人困惑的政治事件。原在東京任美國遠東指揮部司令的麥斯威爾・泰勒將軍，在一九五五年五月返回華府接掌陸軍參謀長之職途中，順道訪問臺灣。他與蔣氏夫婦、軍方與外交使節團的其他成員一起在屏東參觀軍事演習，情況看來非常順利。然後，蔣氏夫婦邀大使藍欽和其妻子搭他們的座機返回臺北。藍欽夫婦與宋美齡聊天，蔣介石休息，讀中國古籍。看來沒有什麼不對勁。

後來卻「發現」國軍有群陸軍軍官利用泰勒來訪的機會，在演習期間向蔣介石提出某些要求和其他事。一九五四年從陸軍總司令調任總統府參軍長的孫立人將軍被認為是主謀，軍事生涯因為這場被稱做共產黨鼓動之「政變陰謀」的事件而突然告終。這場據稱欲陰謀不利於蔣委員長的事件，約有三百人遭牽連，一百多名軍官被捕、起訴。有些人關進惡名昭彰的綠島監獄，其他人被視為共產黨員執行處決。

這起「兵變事件」引發軒然大波。孫立人將軍很受美國軍方高層賞識，因戰功彪炳，中國人稱他「常勝將軍」。對此案的關切，傳到華府最高層，美國高階軍官大為震驚。海軍上將雷福德宣稱，有來自這麼多不同單位的軍官加入這場據稱的兵變，中國軍隊內部「必然有很糟糕的地方」。由於蔣經國主導的政工制度，軍中關係的確很緊繃。孔令傑告訴霍華德，孫立人被拉下臺乃是蔣經國的「傑作」。詳細情形至今仍諱莫如深，但如今普遍接受這整件事是蔣經國所炮製，用以構陷他的對手孫立人，將其除掉，同時乘機整肅軍隊。

一九五五年八月二十日，國民政府公開宣布，孫立人坦承自己在這場據稱的兵變陰謀和軍中匪諜集團事件中有失職守，已經「辭職」。霍華德寄給宋美齡一封措詞嚴厲的信（日期註明爲八月二十二日），反對將孫立人革職，稱那是「愚蠢之舉」。他極力建議國民政府，「爲了自由中國與現今美國政府」，最好還孫立人「清白」——話語中明顯暗示艾森豪也不高興。宋美齡未回覆霍華德的勸誡。孫立人遭指控督導下屬不力，遭到軟禁。後來，美國大使藍欽到臺灣中部孫立人家拜訪，看到他與家人「自在生活」，「享受他的玫瑰花園」。

此後，在蔣介石統治下，孫立人的名字成爲禁忌，不得提起。國民政府有計畫的毀掉他，禁止介紹他戰功的書籍出版，把他的人像從照片上修掉，把他的名字從古蹟上拿掉。

除掉吳國楨和孫立人後，與蔣經國競逐權力的「美國派」對手已清除殆盡。美國派即國民政府內與美國有淵源的一派，以宋美齡爲精神領袖。由於韓戰和一九五四年的中美共同防禦條約，美國對臺的支持已成定局，他們對國民政府也就失去了用處。宋美齡被視爲「太美國化」，而孫立人事件突顯出他的地位自中日戰爭時期的最高峰滑落，如今已大不如前。這時蔣經國對國政的掌理已到了每日爲之的程度，而他六十八歲的父親則扮演起他較中意的老政治家角色。日益老去的蔣介石孤處在象牙塔裡，研讀儒家經典、《聖經》、《荒漠甘泉》，做重大決定，而把見不得人的髒工作交給他兒子做。蔣經國僅剩的對手是副總統陳誠，兩人權力鬥爭，直到十年後陳誠去世方休。

一九五五年晚期，宋美齡再度赴美，似乎是爲了遊說艾森豪政府履行對臺的防衛承諾。一年後的一九五六年十二月一日，她和蔣介石慶祝結婚三十週年，遺憾他們結婚時就全心投入的「國民革命」至這時仍未完成。蔣介石虔誠寫道，「內人和我都爲了未能達到我們母親所灌輸的崇高理想，而有強烈的失敗之感，……她們所不斷抱持且看重的期望，就是要我們讓人民擺脫邪惡與苦難以回報國家。」他們承諾再度全心全意投入「我們受召執行的崇高任務」。

對於美國人在臺的角色，臺灣人民是喜惡交織。美國軍方在臺的官方角色是顧問，而非如北京所指控的占領軍。但美國勢力的明顯可見——例如寫著「自由村」、宣告美國軍事區所在的臺北大告示板——有時觸痛敏感的民族主義神經，導致摩擦。一九五七年五月二十四日，暴民洗劫美國駐臺北大使館，使臺灣與其大主子的關係受到嚴厲考驗。事件爆發於有位婦人抱著小女兒，在美國大使館前聲淚俱下抗議之時。她抗議美軍上士雷諾槍殺她丈夫劉自然，美國軍事法庭卻判決雷諾無罪。雷諾聲稱劉自然偷窺他妻子更衣，才導致他開槍。大使館官員想以金錢賠償加上含糊承諾調查此事打發這位婦人，但不久群眾開始聚集。很快的，就從幾位好奇的圍觀者暴增爲萬名的憤怒民眾。民眾搗毀大使館建築，傷害數名職員。劫掠者把公文櫃、家具散落於街道，搗毀大使館車子。暴民降下美國國旗，升上中華民國國旗。警方姍姍來遲，卻袖手旁觀，幾未出手制止。暴動持續了那個下午大部分時間。

在場目擊的美國人稱混亂中見到大批救國團成員，但事後蔣經國詭辯他們「只是碰巧到那裡」。臺灣當局未調軍隊前來鎮壓，聲稱他們正在參加防空演習，無法調來。蔣經國因未制止暴動而遭美國官員嚴厲批評，但美國政府不想因此毀掉投注這麼多心血與臺北建立的關係，因此艾森豪雖有不滿，仍決定以溫和抗議和極度關切做爲回應。

這場衆說紛紜的事件，有些人懷疑是有人蓄意設計以獲取公文櫃裡的美國文件，或純粹只爲給美國一個教訓。無論如何，這起事件絲毫無助於改善小蔣在華府已然敗壞的名聲，華府某些人仍不信任他，認爲他是有朝一日可能將臺灣送給共產黨的壞蛋。不久後，美國政府的退伍軍人事務部發函邀請蔣經國赴美考察退伍軍人設施時，數位共和黨資深參議員（其中包括一些堅定支持蔣介石者）強烈抗議，該部不得不撤回邀請。

這時候蔣經國私底下已厭倦於充當他父親的「跟班」（外長葉公超向新任駐華大使莊萊德語）。蔣經國被迫奉父親的指示執行許多「吃力不討好的任務」，並承擔因此而來的咎責，但已開始不滿於蔣介石的「鐵腕控制」，希望放掉軍職，改任經濟方面的職務。

臺灣的經濟前景這時看來的確很黯淡，絕望、恥辱、不確定的氣氛籠罩全島。官方對所有難題的回應，似乎都是躲在幻想世界裡，等待「返回大陸」這一天到來。痛斥萬惡共匪和宣揚「反攻大陸」的口號無所不在，張貼在牆上、透過電臺宣傳，甚至印在火柴盒上。軍營遍布全島，防空演習頻仍，軍人常可見到，時時可聽到或看到要人小心匪諜的話語。儉樸是主流，政府大部分經費投入國防，而經費有很大比例是美國所提供。一九五〇、六〇年代，據估計臺灣有六十萬現役士兵，占總人口百分之五，比例之高居世界之冠。

當時的經濟學家遠較看好菲律賓的經濟前景。臺灣人口以千分之四十的年增率激增，為餵飽人口不得不進口食物。人民穿著破爛，大部分穿木屐。年輕媽媽挺著大肚子、背上揹著嬰兒、雙手各牽著一名學步小孩的景象，到處可見。大城市裡充斥著大陸難民棲身的簡陋小屋。首府臺北街頭上的車輛，大部分是靠人力驅動——腳踏車、人力三輪車、人拉車——且只有一盞紅綠燈管制交通；最高的建築只有四層樓。失業率高，工作機會稀少，通膨吃掉薪水。撇開農業，經濟活動大部分局限於小零售業。國民政府說得出的主要經濟革新乃是土地改革。在大陸時，蔣介石擔心權力基礎垮掉，不願土改，到了臺灣，輕鬆就落實，因為地主是政治上無權無勢的臺灣人。政治氣氛不利投資，臺灣似乎注定只能是日漸沒落的農業經濟體，無法翻身。當時的大陸被普遍描寫為正在大步邁進，臺灣則被視為沉浸在白日夢和裝模作樣中。

追隨蔣介石來臺者內心不斷在掙扎，到底該相信不久後就會回「家」的信念，還是面對這一夢想會遙遙無期的痛苦現實。連闢個菜園這種小事，都教他們難以決定。有位難民問，「該種這些番茄嗎？」「如果種下樹，是不是表示死心絕望，承認我會永遠在這裡住下？」

在這期間，在他們家鄉，政治、經濟情勢更為惡化。先是鎮壓反革命運動和饑荒，繼之以鼓勵抒發不同政治見解而以悲劇收場的「百花齊放、百家爭鳴」運動。然後，一九五七年，毛澤東突然在反右運動中整肅這些表達意見者，把約三十萬知識分子送進勞改營或送上黃泉路。為害最大的莫過於一九五八年展開的「大躍進」。當時，國家主席毛澤東推動一個異想天開的現代化政策，欲讓中國的科技和經濟在幾乎一夜之間提升到西方工業化國家的水平。為此，鄉村居民被迫交出家中任何鐵器，以送進全國數千座小冶鐵爐中煉鋼。在這場狂熱運動中，農民把犁送去熔掉，任由莊稼在田裡爛掉，加速大規模饑荒。

宋美齡和其二姊宋慶齡因意識形態和海峽的區隔，自一九四〇年代末期以迄這時一直未有聯繫。在公開場合，宋慶齡追隨黨的路線，抨擊西方，頌揚共產主義下的生活。韓戰期間和戰後，她頻頻抨擊美國。「孩童該知道毛主席和共產黨是民族的救星，美國帝國主義和反動派是大惡棍」之類句子，常見於她發表的文章中。一九五一年，她獲頒史達林和平獎。她允許共產國際組織借用她的名義，以中華人民共和國大使的身分派到「友」邦。國民黨認為她若不是對政治太天眞，就是個任由自己被共產黨利用的叛徒。

但根據私人報告，宋慶齡的生活過得並不盡如意。一九五二年春，曾與宋美齡為友的尼赫魯妹妹南・潘迪特訪問中國。她在上海與宋慶齡兩次會晤，驚訝發現她形同隱居，出奇不愛說話，對世事顯得「憤恨」，不願用英語交談。宋慶齡身邊時時跟著幾個人，一舉一動和對外聯繫明顯受到監視。以美國為對象的「仇恨運動」正如火如荼。潘迪特帶了埃莉諾・羅斯福寫給宋慶齡的信來，信中懇請她運用其影響力援助中國境內遭拘禁或軟禁的外國人。但衡量眼前情勢，潘迪特認為不宜將這封信送出。誠如她向某位美國外交官所說的，她斷定宋慶齡「過著退休生活，享有共產黨頒予她的聖人光環，但被趕出中國政壇」。

一九五五年十二月應尼赫魯之邀訪印時，宋慶齡公開抨擊美國「占領」臺灣，「干預」中國對金馬離島的「解放」。但有位賓客說，在為她舉辦的國宴上，她似乎「不自在」，在中國隨員環繞下幾乎不開口說話。有人問她是否是共產黨員時，她答否。問到是否肯定臺灣的蔣介石政權時，她答以否定，因為她已故丈夫的革命理想和蔣介石的革命理想有多處差異。但問到她是否仍和她妹妹一樣是個基督徒時，她答是。由宋慶齡的表現，這位賓客覺得她並不贊同中共政權。

第二十一章　回大陸

信就是所望之事的實底，是未見之事的確據。

——《聖經》〈希伯來書〉第十一章第一節

一九五〇年代中期，蔣介石和宋美齡將心思轉向寫書，似乎是爲了挽救他們在美國大衆心目中受損的形象和自尊。宋美齡的著作與她日益虔誠的宗教信仰大有關係。她的友人暨教友葛蕾絲．烏爾斯勒於一九五五年初來臺北，與她一起花了十八個日夜撰寫《必勝》一書。兩人共同的失眠毛病，有助於這本書的迅速完成。這本書是「不計物質報酬、志願投入的成果」，表面上是一份精神宣言，實則宋美齡利用此書替她自己、她丈夫、他們在中國內戰中的角色辯護。

她們兩人是知交，宋美齡向她吐露不爲人知的祕密。回美國後，烏爾斯勒懇請宋美齡同意她寫篇文章，以反制她所謂他們的「敵人」針對宋美齡和她丈夫所創造的「敵視氛圍」。烏爾斯勒悲嘆，自臺灣返國後，已被人問過四次她在臺灣有沒有睡在絲質床單上。在日期註明爲一九五五年四月的信中，烏爾斯勒告訴宋美齡，「我多希望可以提及你在艱困環境下流產的事，特別是由於艾米莉．漢恩那本新書的問世。她不斷在強調你和大元帥沒有子女的事。」信中提到的書，指的是不久前所出版而未經傳主授權的蔣介石傳。「換句話說，好朋友，我覺得我身爲愛你的人，卻無法爲你說出你理所當然不願親口說出的事，實在丟臉。」烏爾斯勒隨信附上一篇名叫〈她是什麼樣的人〉的初稿，供宋美齡過目，若宋美齡同意，即刊出此文做爲回應。

宋美齡大爲驚駭，寫了封信給烏爾斯勒，不留情面叱責她。她回道，首先，她厭惡「出風頭」；其次，這篇文章「充斥」不實之言；第三，她丈夫堅持「不讓公衆入侵我們家」，因此她從未同意戲劇、電影或電視刻劃她。宋美齡很生氣烏爾斯勒在這篇文章中斷言她習慣於極富裕的生活。她反駁道，「我習慣於舒適生活，從未嘗過貧窮滋味，這是沒錯，但我從未習慣於極富裕的生活」，口吻相當天眞。「你對我的愛護之情和你想寫文章反駁惡意宣傳的心意，我銘感五內，無比感激。但在政治界打滾這麼久，我已體認到在政界遭人中傷無可避免，且敵人沒東西可供批評時，通常就捏造實事。我還了解到人永遠追不上形諸文字的謊言，人越是在後面緊追不捨，就越助長敵人氣焰，讓敵人更爲稱心；因此，最妥當的辦法就是超脫它，不讓它干擾心情。久了自會眞相大白。」蕭伯納在其壁爐架刻了這麼一行字：「他們說，說什麼？就讓他們去說！」宋美齡說她深有同感。

在這同時，美國的哈潑兄弟公司不願出版《必勝》。有位編輯論道，草稿內容「感人」，但缺點是「流露自大心態、有些許宗教信仰上的傲慢、『基督教』部落心態」。特別有問題的是以下這一句：「我到底哪裡失敗，連大陸都丟掉？」這位編輯尖刻的指出，「文中不自覺流露的專橫心態，令人很難接受。這位夫人把自己看得很重……『我即中國』的筆法，即使有其根據，在這本書裡並不恰當。」靠烏爾斯勒用心的牽引，《讀者文摘》於一九五五年八月號刊了精簡版，後來出版公司佛萊明出版了該書。

一九五六年，蔣介石提出一份手稿，內容大部分是文膽代筆。他在此手稿中闡述他與共產主義拚鬥的經歷，部分是史實，部分是自辯，部分是答辯，部分是懺悔。亨利・魯斯催促蔣介石出版此一「極重要」著作已多年，承諾在《生活》雜誌上分期連載。這位出版人寫信告訴蔣介石，「本書開始刊載之後，你的思想將傳達給美國許多人。」

一九五五至一九五六年訪美期間，宋美齡獲引薦與法拉．史特勞斯與考代出版公司的老闆羅傑．史特勞斯認識。史特勞斯對她大為傾倒。他後來說，「她雖已是成熟女人，仍很漂亮——她那時已上了年紀——且顯然很聰明，……她很傑出……穿著考究，首飾很搭，儀態不凡。她很孤傲，很冷漠，但我覺得她非常迷人。」

蔣介石的著作「不符」法拉出版社的出版方向，史特勞斯「思索」要不要接下此書。他認為銷量會不佳，但覺得那是理該公諸於世的歷史文獻。不過他決定出版該書的眞正原因，乃是因為蔣夫人告訴他，她正在寫自傳，「而我很想（搶下這自傳），因為我一直（認為）……從書籍出版商的角度來看，她遠比她丈夫有趣得多。」宋美齡已讓史特勞斯相信，她手上有許多筆記和日記可用來寫自傳，且他深信那會是本「引人入勝」的書。她已讓他以為她不急於出版，乃是因為她和蔣介石關係不睦，書中內容會有許多地方得不到蔣介石的認可。這看來頗為合理，因為那時她已在美國一段時間，且有傳言說她和丈夫已經分居。後來史特勞斯為蔣介石的著作開出「大數目、漂亮」的價錢。他說，「這其實是我的計謀，意在拿到她的著作。」

蔣夫人仔細督導、編輯她丈夫著作的英文翻譯，中文版則已於一九五六年在臺出版，不久就成為國民黨員、政府官員、學生的必讀讀物。在她的堅持下，書中仇外意識較強烈的語句，在英文版中刪除。她要求該書的校樣送交她審閱後才能出版，結果出版社未照做，令她大為生氣。此書英文版於一九五七年問世，書名《蘇俄在中國》，但蔣介石不願為宣傳此書召開記者會，甚至不願接受採訪，令出版人大為失望。但此書出乎意料的暢銷，不久就重印。

宋美齡堅持擱置第三刷的出版，以便修改內文，且再度要求看校樣。史特勞斯寫道，修訂版的印刷成本「極」高，這樣的事「在平常情況下根本不需考慮」。但蔣夫人想做的，史特勞斯無法拒絕，最後修訂了內文，加上新設計的封面、新的書衣、新增一幅地圖。到一九五七年十二月，在美國已售出一萬七千五百冊。一九五八年中期邁入第四刷。後來史特勞斯發現中情局廣爲發送此書，難怪賣得這麼好。

後來，史特勞斯惦記著她當年賣弄風騷下隨意許下的承諾，努力誘引宋美齡寫下一本「過去幾年我們所非常關心」的書。他說會有「很多人有興趣……聽你直接講述……最近那些動蕩的歲月裡……所有的考驗和苦難，還有勝利和成就……我們確信你有許多事可說，且深信（那）不只在此時對英語系世界無比重要，對歷史紀錄來說……亦然。」宋美齡冷淡回應，「目前」她沒考慮出版自傳。恐怕她從沒有出版自傳的念頭。

蔣介石於一九五八年受難節講道時宣布，共產主義的「邪惡」已使世界一分爲二，並創造了新的「黑暗時代」。蔣夫人則在講道時指出東歐和中國境內的反共暴動，頌揚那些寧死也不願「與敵基督妥協」的人。最後她引用《聖經》裡的句子：「信就是所望之事的實底，是未見之事的確據。」

他們所盼望的當然是回大陸。但光有信念似乎不足以成事。美國相助不可或缺。種種跡象顯示美國不可能相助，他們仍始終不死心。儘管已失敗過幾次，宋美齡仍策畫以勝利之姿再度成爲美國人的目光焦點。赴美前夕，她的老友，這時已是右翼連載專欄作家的喬治・索科爾斯基，提醒她，「（美國）人民對紅色中國深懷敵意，但對福爾摩沙則幾乎已經遺忘。」爲說服她在美國時改採平實用語，揚棄她那以過度雕琢、晦澀而臭名遠播的演說風格，他附上一份蓋茲堡演說文，藉以提醒：「林肯的過人之處在於他知道英語是簡潔的語言，富含簡明易懂的詞語，且只有易懂才有意義。」

宋美齡於一九五八年五月下旬抵達紐約，會晤了羅伊・霍華德，霍華德極力建議她用一場主要演說專門說明臺灣對民主世界的價值，「別談回大陸的事」。但她不予理會，反倒接受國務卿杜勒斯的建議，一有機會就大談「共產主義的邪惡」。她再度肩負起國民政府反共復國大業最搶眼、最生動宣傳家的角色，密集發表了數場演說，一夜之間成爲美國最紅的演說家之一。爭議和民衆立場的轉移，已使她的魅力不如從前，但《時代週刊》不帶偏見的論道，「歲月只讓她的異國之美出現老態，絲毫無損於她的個人魅力、見識敏銳、或演說熱情。」

宋美齡接受訪問時說全球共產主義「正在進攻」，誓言國民黨會光復大陸——如果迫不得已，會獨力光復大陸。「我們自己的仗會自己打……事實上，我們不要你們替我們打仗。如果你們這麼做，共產黨會大做文章，說『看，他們有外國勢力幫忙』。」她堅稱這次來美並非官方任務，但承認「我是我丈夫的妻子」。不管是不是官方任務，她的表現大異平常。索科爾斯基所點出的蓋茲堡演說的優點遭拋諸腦後。七月上旬接受密西根大學榮譽學位時，她抨擊那些以遭共產主義支配總比遭核子毀滅來得好爲理由主張裁武的「知識分子」，說他們是「自我催眠」、「邏輯推理」的受害者，「把和平需求與不計代價保住性命混爲一談」。

七月中旬，宋美齡在白宮與艾森豪總統夫婦共進午餐。這場餐會猶如她最親密美國盟友組成的戰爭委員會，包括了政治、軍事、宗教界的領袖。艾森豪當政期間，這是第二次且是最後一次使用金質餐具。七月十七日，她向華府的全國新聞記者俱樂部演說，並事先寄了草稿給索科爾斯基。他建議她降低對美國政策那種「一針見血的批評」，提醒她會因爲試圖「挑起戰爭氣氛」而受到批評。結果她批評那些支持承認中共者。該俱樂部成立五十年來，她是應邀向這個具有聲望的組織演說的第四位女性。她在該俱樂部演講時，組織成員仍是清一色男性；女人不能參加這盛宴，得隔離在陽臺。

蔣夫人遊說美國時，她的老朋友陳納德死於肺癌。陳納德與陳香梅生了兩個女兒，以蔣夫人做爲他們女兒的教母。陳香梅是年輕的中國新聞記者，在陳納德於一九四六年與第一任妻子離婚後嫁給他，陳納德與前妻生了八個小孩。陳納德生病期間，宋美齡去華府和紐奧良探望過數次。陳納德在紐奧良時，接受艾爾頓·

奧克斯納治療，而奧克斯納是最早闡述抽菸壞處的醫生之一。諷刺的是，這位二戰英雄（暨老菸槍）才在不久前出現於香菸廣告上。宋美齡讚揚這位老飛虎隊員「高昂的鬥志」和他在她最消沉時期對中國抗戰大業的貢獻。他死於一九五八年七月二十七日，葬在阿靈頓國家公墓。

一九五八年八月二十三日中共對金門發動新一波炮擊，蔣夫人巡迴演講所提出的主張隨之變成不容延擱的課題。這場炮擊的目的，似乎是心理上更重於軍事上，中共想讓金門得不到補給，或許想將國民黨趕離外島，但主要是想打垮臺灣的民心士氣。美國同樣決定不採取軍事行動，反映了長期以來所抱持這些偏遠的彈丸之地不值得美國犧牲自家子弟性命的想法。但對蔣介石來說，前線外島仍極重要，因爲它們代表國民政府在大陸僅存的據點。

一九五八年臺海危機爆發後數日，蔣夫人在美國律師協會第八十一屆年度餐會上講話，是第一位在該年會上發表基調演說的女性。她批評華府在金門危機中袖手旁觀：「我們自稱文明，主張以道德力量制裁國際上的惡事」，「但一出現暴力……的跡象，我們就放棄自己的原則和可痛斥惡事與做惡者的道德權力。這樣能……帶來世界和平？」她以慕尼黑、雅爾達、朝鮮半島爲例，說明政治上失策的後果。向美國退伍軍人協會婦女會演說時，她譴責她所謂「不計代價包容」、「狡猾」共產黨的心態。她譴責那些「聽信安撫謬論」——認爲該與「紅色」中國共存、貿易、文化交流——的人，譴責「兩個中國迷思」。她引用戲劇《莉西翠妲》中的話，呼籲「女合唱隊」爲讓世人自由而奮鬥。

她煽動性的演說，引來華府的關切。美國《新聞週刊》寫道，華府擔心她在「搗外交部的亂」。「飼老鼠咬布袋」或許是更爲貼切的比喻。上美國國家廣播公司的新聞訪談節目「與媒體見面」時，她告訴美國全國電視觀衆，大陸人民正在問臺灣爲何不用核武對付共產政權。她斷言國民政府反攻大陸之日越來越近，

「因爲我們在回應（那裡）受折磨、壓迫人民的苦難呼聲」。並非人人同意她的「激烈」論點，但大部分美國人，就連批評她者，都「不由得喜歡這位嬌小、勇敢女人直截了當揮拳攻擊的作風」（《新聞週刊》語）。

八二三炮戰爆發六個星期後，北京暫停炮轟，接著宣布以後只會在奇數日轟擊。杜勒斯指斥這一奇怪聲明爲「荒唐」。他認爲中共想把金門當做「某種『挨鞭伴讀郎』，每次美國『入侵』或國民政府不知『悔改』而有所行動，就朝它鞭打出氣」。他譴責這「完全是施虐狂式的恐怖主義」。

一九五八年十月杜勒斯訪臺，中共大爲不悅，杜勒斯來臺途中，中共炮轟金門。在臺灣，他針對國民政府的使命推銷他所謂的「新觀念」。他要求蔣介石公開聲明放棄使用武力光復大陸，將臺灣擺上與西德、南韓、南越同樣的位置，藉此強化國民黨的道德地位。蔣介石拒絕，但最終同意國民政府欲完成其光復故土的使命，主要將藉由讓中國人民信奉三民主義，而非藉由武力。但杜勒斯未能讓蔣介石相信「將他的復國大業與（金馬）這兩塊地方掛鉤、混爲一談實屬不智，在現今不穩定的世局裡，要不顧任何情勢的發展永遠守住這兩塊地方，或許沒辦法」。一返美，杜勒斯和其妻子即致電人在紐約的蔣夫人，向她報告此次訪臺之行和對她丈夫的看法。訪臺之後，杜勒斯寫信告訴約翰・洛吉，說：「我們不認爲現在的中共政權永遠不會變，……多久之後會變，我不知道，但我確信它會變。」

蔣夫人在美國各地走動，再度享受衆人矚目的風光時，蔣介石休掉的前妻陳潔如正悄悄在撰寫回憶錄，以說明她與這位國府領袖的關係史。自一九二七年八月離華後，據說她在大學讀了幾年書，然後於五十五歲時返回香港。後來她搬回大陸，過著平靜生活，甚至中共建政後仍留在大陸，一九五〇年代末期才逃到香港。蔣經國曾偷偷送錢給陳潔如多年，同情她的處境或許是原因之一，但主要是爲了封她的嘴。但由於女兒生病，醫藥費高昂，收入有限的陳潔如不得不另闢財源。她欲出版回憶錄一事，未逃過蔣經國特務網的注意。臺灣方面請曾是蔣介石得力助手、一九四〇年代末期起一直「退隱」美國的陳立夫出面，勸陳潔如打消念頭。陳潔如於一九二〇年代廣州國民政府時期就認識陳立夫。陳立夫寫信告訴陳潔如，語帶恐嚇說她如果靠賣回憶錄來籌醫藥費，那就是爲了救某人而毀掉另一人，還說她養女的病不可能治好。她可能認爲那是迷信，但這事有因果關係在其中，由不得她。

陳立夫在一九五九年四月再度寫信給陳潔如，警告道：「知聞君復受人慫恿，擬出版某種書物，立夫爲君著想，實爲不智……對君本身而言，則有百害而無一利……希望君一如往昔，保持個人偉大人格，重（與蔣介石的）友誼而輕物資，不爲歹人所利用。」最後，陳潔如似乎擱下回憶錄的出版。至於是否有人將此事告知蔣夫人，似乎不大可能。

宋美齡於參加國務卿杜勒斯的葬禮後不久，一九五九年初夏返臺，葬禮時坐在教堂裡的第一排長椅。她的訪美受到新聞媒體顯著報導，但未在美國人心裡留下什麼印象。一九六〇年六月，艾森豪帶著兒子約翰和媳婦訪問臺北。抵臺前夕，中共重新炮轟金門，被他斥爲「令人憎惡的侵略行徑」。美國希望藉艾森豪的訪問鼓舞臺灣這個「堅定但沮喪的盟友」，化解美軍大量駐臺引發的「敏感」。此行意在「重申我們既不把亞洲友邦視爲乞丐，也不視之爲反共的馬前卒」，而是視爲對抗共產主義的重要盟友。宋美齡列席會議，發言不多，但艾森豪行前的簡報資料對她著墨甚多，介紹她的篇幅多於介紹她丈夫的部分，簡報資料提醒這位美國總統：「她在公開場合迷人、優雅，但個性容易激動，據說私底下偶爾大發脾氣。」

蔣介石告訴艾森豪，他的來訪帶來「鼓舞和勇氣」。艾森豪表示看到街頭人民的健康、快樂、穿著考究很是驚訝，而臺灣經濟的確正小幅在成長。他說，中國女孩的「甜美可愛外表」，特別令他印象深刻。蔣介石得意表示，臺灣沒有乞丐，然後駁斥外界有關莫斯科與北京決裂的說法。他說共產黨是亞洲幾乎所有問題的根源，欲維持這地區的穩定，關鍵在於推翻中共政權，而推翻不能靠動武，要靠挑起人民起義。艾森豪表示同意，但提醒得小心行事，以免重蹈匈牙利抗暴失敗的慘劇。蔣介石懇請美國支持「天馬」計畫，那是欲透過游擊隊在大陸各地引發暴動、進而「顚覆」北京政權的計畫。他堅稱美國只需提供飛機和通信裝備即可。艾森豪則只承諾回去會研究。

這位美國總統與蔣氏夫婦一起到士林官邸的凱歌堂做星期日禮拜。他一離臺就寫信給蔣介石說，「看到你在相當短的時間內就在這裡建立繁榮的經濟，我心裡的感佩是言語所無法形容。」後來他送給宋美齡一幅他所畫的風景畫，她則致贈艾森豪兒子約翰一幅她的竹子畫。

一九六〇年的美國總統大選選戰激烈，在十月十三日與尼克森展開的一場關鍵性電視辯論中，參議員約翰．甘迺迪主張國民政府控制的金馬外島「守不住」，「不值得美軍爲它們葬送性命」。據說尼克森輸掉十一月的選舉時，臺灣失望萬分。甘迺迪雖於競選時主張放棄金馬，選上後卻未逼臺北這麼做。就任後不久，他就派副總統詹森展開環球之旅。詹森夫婦在臺北最初受到冷遇。蔣介石款待詹森時，蔣夫人負責帶伯德夫人四處參觀，但據隨詹森來臺的記者莎拉．麥克倫登回憶，「她對伯德夫人很冷淡、怠慢，……她走過來，對我們說，『哈囉，這就是那個學校，想看看孩子嗎？我有政府公事要辦』，迅即丟下她。」蔣介石冷待詹森，不願舉行聯合記者會，似乎因爲認定詹森是奉派前來教訓他。

麥克倫登很不高興，因爲她和記者同僚顯然別想得到一丁點新聞，於是她告訴國民政府新聞局官員，回華府後她會告訴蔣介石夫婦的友人，新罕布夏州的共和黨參議員史戴爾斯．布里吉斯，說蔣介石不願見詹森，不願透露任何消息。不到一小時，新聞局即電邀詹森到花園與蔣介石夫婦召開記者會。詹森仍然不知這其中的轉折。他代表甘迺迪向蔣氏夫婦保證，美國「今天、明天、未來每一天」都支持他們。

儘管有這保證，臺北在國際上卻日益孤立。美國的氣氛已變，眼前不再擔心爆發第三次世界大戰，關注焦點已從亞洲移到其他有麻煩的地方。羅伊·霍華德提醒宋美齡，美國人對於「紅色」中國進入聯合國一事越來越不在意。英國人長久以來抱持的觀點——不能無限期漠視六億人的存在——越來越多人接受。

一九六一年蒙古申請加入聯合國，引發一場風暴。蔣介石簽署了明定蒙古獨立的一九四五年雅爾達條約，但後來宣布該條約無效。臺北聲稱主權及於它所謂的「外蒙古」，蔣介石稱一定會否決蒙古入會。但蒙古入會與一群支持國民政府的非洲國家的入會納入包裹表決，否決蒙古就會得罪那些非洲國家。美國外交官勸蔣介石，這麼做不明智。蔣介石高層幕僚張群悍然回應：「聯合國沒那麼重要，……如果被踢出去，光復大陸時就可以再進去。反正如果沒光復大陸，我們也完了。」

羅伊·霍華德力勸宋美齡，不讓中國入會才是最重要的，為此，應該支持蒙古入會。他在九月九日寫道，「我確信你很清楚，在聯合國打輸這一仗，不只會重傷自由中國，也會重創美國在聯合國和世界的威信。」他懇請她說服蔣介石棄權，不要否決蒙古入會，因為後者會引發反彈，進而導致臺北失去聯合國安理會席位，由北京取而代之。最後蔣介石勉強棄權，蒙古入會。

這時候蔣介石的心情是不耐且絕望的。過了這麼多年，他所念茲在茲的光復大陸理想，離實現之日依然那麼遙遠。日益老去的蔣介石，不由得讓人拿來和十七世紀的鄭成功相提並論。鄭成功和其部眾在臺灣落腳，未再回到大陸，而他們痛恨的敵人清朝最終吞併了臺灣。現年七十四歲的蔣介石看著自己的身體一年不如一年，擔心將老死臺灣，回不了大陸。他告訴身邊的人，他絕不要葬在臺灣。他只能隔海看著大躍進殘害同胞，最終使約三千萬中國人死於可能是史上最嚴重的饑荒，而完全使不上力。他不只擔心在臺的追隨者不再尊崇他，也擔心大陸民心背向他。他認為大陸同胞引頸期盼他前去解救，且認為在有生之年解救受奴役的同胞，恢復自己的聲望，不只是他的責任，也是他應完成的天命。

蔣介石年復一年呼籲大陸同胞起義反抗中共政權，年復一年承諾會親自帶兵上戰場解救他們。但久而久之，除了提高聲調，越來越難讓人民相信這一直未落實的承諾。一九六二年三月，「回大陸」的口號喊得震天響，某些地方為期盼的「反攻」（蔣介石所謂的「神聖使命」）而議論紛紛。但這一次，不只是喊口號，還有了實質行動。蔣介石深信，經過多場劇烈的政治運動和造成生靈塗炭的大躍進，中國陷入混亂，大陸人民已深深不滿於中共政權，起義抗暴的時機已經成熟。他開始偷偷準備反攻。中共得到消息，增調空軍部隊到臺灣海峽沿海地區。蔣介石未將其計畫告知美國，但終究逃不過美國的法眼。

憂心忡忡的甘迺迪總統派主管遠東事務的助理國務卿艾福瑞·哈里曼到臺北。哈里曼在開羅見過蔣氏夫婦，稱自那之後就對宋美齡「很有好感」。蔣介石說他需要美國援助飛機，空降人員到中國大陸，以組織起義。他深信中共政權就要崩潰。他告訴這位特使，起義反抗這「受人民痛恨的政權」，會得到中國人民一面倒的支持，堅稱「眼前的機會不是人所促成，而是上帝所賜」，讓大陸人民恢復自由，乃是在「履行上帝的意旨，且上帝在我們這邊」。他希望甘迺迪總統成為「林肯第二」，解放受奴役的中國大陸人民。蔣介石的論點，不管是情還是理，都未能感動哈里曼；哈里曼深信蔣介石想把美國拉進更大規模的對大陸空投和情報蒐集計畫，藉此誘使美國和中共開戰。這位特使告訴蔣氏夫婦，國民政府所提議的任何行動，都應徹底徵詢美方意見，並得到美方完全同意，才可施行。甘迺迪心動於地下行動構想，但哈里曼勸他勿接受。

不死心的蔣介石，在哈里曼訪臺幾個星期後，發出激動的青年節聲明，說中國當前的氣氛與一九一一年革命前類似。他宣稱「反共革命」隨時會爆發，他將從臺灣帶領一支「神聖遠征軍」。他鼓勵軍中的年輕弟兄「爲革命聖戰犧牲奉獻」。臺北方面如此慷慨激昂的宣說又幾個月後，甘迺迪終於在一九六二年六月發出強有力的公開聲明，進一步重申美國長久以來所抱持不會支持臺灣對大陸軍事冒進的立場。

蔣介石的衝勁隨之冷卻了一陣子，但這或許主要是他攝護腺毛病復發所致，而非因爲甘迺迪的聲明。一九六二年七月，宋美齡促請人在紐約的宋子文，幫忙替她丈夫物色一位美國名醫。她告訴哥哥，問題出在先前蔣介石不聽她的勸，讓軍醫動手術。她告訴蔣介石，除了戰時，不會有一流醫生待在軍中。她怪自己未「力排眾議按照自己的判斷行事」，如果發生在她「較年輕、較衝動」時，就不會這樣。結果她丈夫得再動一次腫瘤手術。她寫道，「我怕受那種苦，因爲上一次我陪這個病人到醫院時得了急性皮膚炎，劇癢了兩個月，才剛好。」她請宋子文打電話給大姊宋靄齡，祝她生日快樂，「因爲年紀越大越相信『血濃於水』這句話的深意。」

宋子文在短時間內就找到一位美國專科醫生治蔣介石的病。他顯然已和大姊重修舊好，因爲他後來去洛杉磯看了她。他寫信告訴宋美齡，提及一九六二年十月的古巴飛彈危機，說「甘迺迪正面對抗赫魯雪夫，讓我們很振奮」。他還樂觀且令人難以理解的說，「這是歷史新頁的開始，讓人重燃返回故鄉的希望。」

八月，《時代》與《生活》雜誌的 C. D. 傑克遜訪臺。宋美齡親自安排，讓他去了一趟令人豔羨的金門行。她讓他搭總統專機，指派一名海軍上將陪同，希望他能反制那些指斥金門島爲一塊「無價值之地」者的「胡言亂語」。傑克遜被這奉若上賓的接待打動，金門所見令他印象深刻，蔣夫人更令他難忘。他在蔣氏夫婦位於陽明山上的避暑官邸訪問他們，這可是一般外賓無緣享有的殊榮。他報導道，蔣夫人看來「非常非常漂亮，比據說的六十出頭還要年輕許多歲」。他欣賞牆上的畫，驚訝得知出自她之手。她打算將它們拍賣，爲她特別重視的慈善組織募款。

從攝護腺手術復原的蔣介石，看來蒼白、削瘦。但話題一轉到最近中國大陸發生的暴動，他就很有精神的向傑克遜說：「告訴你的同胞，注意接下來冬天、春天會有的不尋常發展。大事就要發生。」傑克遜問蔣介石，如果大陸發生動亂，當地人民懇求軍援，他會不會不經美國同意就援助他們。他還未開口回答，宋美齡即插話，「在這樣的情況下，你想甘迺迪總統會做壁上觀，什麼都不做？」

蔣介石含糊回答，儘管有「戰事升高」的可能，但他覺得盡力而爲是他身爲中國人的責任。宋美齡再度逼問傑克遜：「但你認爲美國人會怎麼想？」傑克遜答以如果起義一開始成功，個個會想「跟著靠過來」。他指出東德蓋起柏林圍牆時，美國於徵詢意見七十二小時後才回應，但這不表示美國總統「什麼都沒做」。蔣介石回答，「嗯，金門就是我們的柏林。」傑克遜離開時，徹底相信金門是「自由世界最重要的外圍堡壘」之一。

不久後有美國某艦隊副司令來訪，發現蔣介石爲華沙會談而猜疑、發火。華沙會談始於一九五五年，是中共、美國間斷斷續續舉行的一連串非正式談判，是沒有外交關係的這兩國間僅有的直接接觸。這位副司令未被奉若上賓，反倒迎來蔣介石怒不可遏的冗長批評，並有宋美齡在場旁觀。蔣介石譴責美國與中共「握手」，忿忿說美國政府似乎「分不清敵友」。

外界的任何變化，似乎都無法澆息蔣介石的反攻大陸熱情。一九六三年初，他承諾親自帶兵反攻，但說會在大陸人民起義後才出擊。他說，「我們不能永遠待在這島上」。他未請求美國出兵援助，但仍希望美國給予後勤、精神、道義上的支持。宋美齡似乎也昧於現實。她寄給宋子文數份她的演講集，特別要他注意其中一篇。她在那篇演講中主張，傳統武器，而非核武，「最終將決定第三次世界大戰的勝敗」。她的語氣讓人覺得這場大戰必會到來。宋子文回以美國軍方領袖深信蔣介石本人知道，若沒有美國支持，他攻打大陸的計畫無法施行。宋子文並覺得蔣介石「滔滔不絕大談」反攻，是爲了維持民心士氣於不墜。

宋子文還提醒宋美齡愼重考慮她外甥孔令侃所已知悉，甘迺迪政府打算向她提出的正式訪美邀請。他說，美國的不介入政策依然沒變，且有數位「我們的友人」，包括魯斯、霍華德、麥克阿瑟，證實此事。麥克阿瑟並向宋子文指出，甘迺迪連出兵攻打距美國陸地約一百五十公里的豬玀灣都不願支持，怎能指望他會支持臺灣反攻大陸。宋子文寫道，「這應可以視作是對臺灣重要人士的警告，他們可能被……臺灣與美國關係更爲密切的跡象沖昏了頭，因而夢想美國會支持臺灣反攻。……如果有人要你接受這邀請，心裡認爲你可爲馬上就要展開的反攻爭取到美國的支持，屆時你會大失所望。你的出訪是我們最後一張牌，絕不可輕率用掉……切記，你如果來，經不起失敗。」結果，並沒有邀訪之事。

蔣介石繼續推銷在大陸打游擊的構想。一九六三年九月，他派蔣經國到華府，爲游擊行動尋求支持。美方的反應，照某前外交官的說法，甚本上「丟一些麵包屑，表現我們支持的樣子，但除此之外沒什麼動作。」

一九六三年晚期，陳潔如出回憶錄的事再度浮上檯面。她正與澳洲籍華人李蔭生、李時敏合作，由這對李氏兄弟出面找美國出版商出版此書。這時候陳潔如已六十歲，仍住在香港。美國主編羅倫斯・希爾拿著這本足以震撼政壇的書四處物色出版商，最後獲知雙日出版社對此有意思。希爾找上蔣介石的前得力助手陳立夫時，陳立夫說他在一九二〇年代當蔣介石祕書時，陳潔如以「情婦」身分和蔣住在一塊。他並否認曾寫過那些威脅她的信。

隨後，臺灣派人告訴陳潔如，只要不出此書，願給她十萬美元。這本書的內容若公諸於世，不只會令美國政府很難堪，也會令蔣介石夫婦極難堪。希爾的辦公室遭小偷光顧，翻箱倒櫃；有人打恐嚇電話騷擾他；

他遭到聯邦調查局調查。有天夜裡，他遭一群不認識的惡漢攻擊、打昏。雙日公司打消出版念頭；其他出版商沒一家敢碰這書。後來希爾聽說陳潔如已收了臺灣的封口費，並交出手稿做爲回報。

宋美齡專注照料她生病的丈夫而無法分身，於是在一九六二年十一月說服她最寵愛的外甥女孔令偉自美飛來臺灣，代她掌理許多慈善活動和其他業務。孔令偉粗魯、男人樣、蠻橫、唯蔣夫人是從，聰明且能幹，但常觸怒他人。她似乎到處惹人厭，脾氣出名的壞。但孔令偉在宋美齡眼中很有分量，宋美齡漸漸非常倚賴她。

蔣夫人小時候穿她哥哥宋子文穿不下的舊衣服。因此，孔令偉小時，宋美齡曾建議她穿長袖男童裝，以幫忙治好一晒太陽就發作而老是治不好的皮膚病。但她那頑固的外甥女很喜歡男孩打扮，因此從那之後就不肯穿裙子，而她父母也順著她。長大後，孔令偉穿中國男人穿的及地深色長袍或穿西裝、打領帶，且留著男式頭髮。據說她隨身帶槍，而在臺灣，帶槍違法。她一輩子未婚，謠傳有一女性愛人。在傳統中國社會，這些作爲無一不會引來他人的側目或不以爲然。宋美齡很愧疚，因爲她怪自己毀了外甥女的結婚機會。她甚至曾介紹孔令偉認識一位很受看好的結婚對象，一個軍人，但似乎除了這個好心的阿姨，每個人都看出兩人不會有結果。

蔣介石與蔣經國父子容忍孔令偉，全因爲宋美齡寵她。由於寵得離譜，一直有傳言說她其實是宋美齡的親生女兒。這不大可能是眞的，但兩人的親密關係，連蔣家的親近心腹都無法理解。

宋美齡讓孔令偉掌管圓山大飯店、華興院校，乃至婦聯會。此後，所有人（甚至包括蔣介石），都叫她總經理。一如在大陸時，宋美齡在臺創辦了兼具學校性質的華興育幼院，經費來自臺灣、海外的民間捐款和政府資金。一九五〇年代晚期，澳洲華僑雷歡好留下大筆遺產給華興育幼院，遺產掛於「重慶蔣夫人」名下。北京政府想拿下這筆錢，於是對簿公堂，最後臺北勝訴。

華興院校由育幼院、幼稚園、中小學組成，供不同年齡孩童就讀。宋美齡每週來華興院校視察至少數次，且常帶外賓來參觀。她對每個小地方都不放過。曾任華興校長的林建業說，她檢查孩子的衣服，以了解他們穿得夠不夠暖；親自嘗食物，以了解煮得好不好吃。她特別在意用餐禮儀和衛生，教孩童怎麼拿好筷子、喝湯不出聲。她教學童如何做個堂堂正正的人，鼓勵他們工作、讀書都要認真。學生得每週上一堂《聖經》研習課，用餐前得禱告，星期日得做禮拜，但不用皈依基督教。學生都叫她「媽媽」。對許多人來說，她是他們這輩子唯一知道的母親，畢業許久以後對她的崇敬絲毫不減。

節日時，許多孩童不是沒家可回，就是出不起回家的車錢，於是宋美齡邀他們到官邸一起用餐過節。她總是讓最小的孩童坐她身邊，替他們切食物。她對某些學生特別關心，包括名叫郭源治的原住民小孩。一九六九年金龍少棒隊爲臺灣贏得第一個威廉波特世界少棒賽冠軍（但有人指控臺灣球隊作弊），郭源治就是該隊隊員之一。在這支得冠球隊行將解散時，她指示華興中學照顧這些球員，讓他們入校就讀。郭源治讀了一學期後回鄉下老家過長假，卻因爲家裡買不起火車票而無法返校。宋美齡得知後，不只要人幫他出火車票錢，後來還幫忙出郭源治就讀輔仁大學的學費。郭源治成爲臺灣最優秀的職棒球員之一，到日本打球。

一九六〇年代初期，宋美齡爲小兒痲痺症孩童創建了振興復健醫學中心，可容納四百名病人，而等著進該醫院的病人有八百人。她還督導建造了宏偉的圓山大飯店，飯店矗立在可俯瞰臺北市的高地上，採精細複雜的中國傳統建築風格。當時臺北沒有五星級飯店，而來訪外國要人需要適當的下榻之處。蔣氏夫婦一個禮拜前來視察工地數次，從裝潢、管理階層人選到菜單，事事由宋美齡決定。有幾十年時間，圓山大飯店是臺北唯一有游泳池的地方。

宋美齡弟弟宋子安的兩個兒子，自一九五〇年代晚期起，每乎每個夏天都來與她同住。她找來幾個軍政高官的兒子當她外甥的玩伴，包括海軍總司令黎玉璽的兒子黎昌意。她把他們都當孫子看待，讓他們看她作畫，吃完晚飯放電影給他們看。兩個外甥回美國上學後，宋美齡仍要黎昌意和其他男孩每個星期天她做完禮拜後與她一起用午餐。她要他們上讀經班，一九六三年要他們在聖誕夜深夜到教堂受洗，但他們說隔天要上學，不行。苦惱的宋美齡要教育部長宣布聖誕節學校放假，但他以如此一來佛陀誕辰也要定爲國定假日爲由拒絕。她不死心。在她力促之下，一九六三年，蔣介石的內閣明定十二月二十五日行憲紀念日（一九四六年立法院通過第一部憲法的日子）爲國定假日。黎昌意和另外五名孩童在那年聖誕夜受洗。

宋美齡的皮膚毛病已有改善，但一九六三年夏，她開始受苦於一再復發的膽結石。最後，一九六四年一月下旬，她在臺北動手術，由兩名美籍醫生、三名中國醫生組成的團隊操刀。她動手術時，法國宣布與北京建交。蔣介石擔心他國政府跟進，稱此舉爲「生死攸關之事」。宋美齡則在復原期間譴責此舉是「機會主義、有失道德原則」。她在寫給克萊兒．魯斯的信中忿忿說道，那是「戴高樂派特有之爭取半球領導權、造就偉大法國的情感主義所催生出的反抗」模式的一部分。臺北單方面宣布與法國斷交。

一九六四年十月十六日，美國總統大選前不久，中國試爆其第一顆原子彈。激動的蔣介石告訴來訪的美國國務院官員，美國防衛臺灣的保證不足以平息恐懼。他說如果美國眞是朋友，就該有更多作爲。事實上，臺灣人民覺得他們的美國友人「要他們等死」。

一九六五年五月，中國首次完成原子彈空投試驗，從而使原子彈眞正武器化。蔣夫人準備再次訪美。有篇文章吹捧道，雖然已約六十七歲，當了曾祖母，她看來仍像是四十出頭歲的女人，體型仍很「優美」。蓋洛普的年度十大世界「最受崇敬女人」名單，她與甘迺迪遺孀賈桂琳同樣上榜。一九六五年八月下旬，她飛抵睽違五年多的美國，展開公開巡迴演講（她最後一次的公開巡迴演講）。一抵達舊金山，她即召開記者會，宣布讓「紅色中國」進入聯合國違反原則，堅持不能有兩個中國。不久後抵達紐約，下機時她激動懇請美國立即攻擊、摧毀中國大陸的原子設施。左肩上別著她的銀質空軍雙翼徽章，她說，「我們該在癌細胞擴散前就動手切除」，她堅稱北京擁有原子彈將使世界陷入危險。

九月七日的《紐約時報》刊出某位臺獨運動人士的投書，指控她爲了滿足一小撮國民黨領袖的野心，做出「戰爭販子的行徑」。投書者主張光復大陸乃是「敗局已定之事」。大部分臺灣居民——和占國民黨軍隊兵員七成的臺灣人——未和他們一樣渴望「回去他們從未生活過的土地」。他主張，臺灣要有光明未來，就得成爲獨立國家，讓其上的一千萬臺灣人和兩百萬中國人可和睦相處。宋美齡公開回應，稱該信「奇怪、偏頗」，說她希望該投書者「改正錯誤」。她還說：「福爾摩沙是中國一省，福爾摩沙人是中國人，一如我們都是中國人。」

接著她立即前往華府，在聯合車站受到國務卿迪恩・魯斯克的夫人和數百位民衆歡迎。有位記者問她此次爲何來美，她反問對方是否看過報紙，語帶譏刺的說，「連續幾天都有報導，……我是受許多友人之邀前來。他們想看我，我想看看他們。」她未排定會晤詹森總統的行程，但排定於九月十四日與詹森總統夫人茶會，他可望順道光臨。

亨利・魯斯在某備忘錄裡寫道，對蔣夫人的新聞報導，語氣普遍「不友善」。他寫道，「『它們』無法將她與吳廷琰夫人相提並論，但極盡所能做這種比附。」吳廷琰夫人是南越前第一夫人，被西方人稱爲「龍夫人」。在魯斯眼中，宋美齡是「非常迷人、有見識、優雅的人。她的確抱持有非常強烈的信念，且我覺得她表達那些信念的方式溫和有度」。她的繼子，時任國防部長的蔣經國，也在同時代表父親來華府訪問，但顯然不如她受矚目。宋美齡下榻秀兒翰飯店的總統套房，蔣經國每天恭恭敬敬前去探望。

蔣經國向美國國防部長羅伯特·麥納馬拉當面闡述了謀奪中國西南五省的計畫，推銷這個計畫正是他此次訪美的目的。派蔣經國前來華府的蔣介石堅稱，不解決中共這個問題，就不可能解決越南的問題。他主張這個計畫將切斷中共對東南亞紛擾地區的支持。他告訴美國大使館官員，「處理亞洲問題時，貴國應比目前更多傾聽亞洲人的意見。」蔣經國口頭上大力推崇他父親一心欲回大陸的精神，私底下卻告訴某位沒有深交的熟人，只有透過大陸境內的反共革命，這心願才可能實現，而他認為反共革命不可能出現。

被問及如果北京進入聯合國，國民政府會不會退出時，蔣夫人不願回答。她說她無法想像中共在這世界性組織裡的情景，就像她無法想像自己「不用飛機在飛翔空中」的情景。就是這種機智的回答，使某位作家稱她是目前為止最有邱吉爾風範的女性。「她擁有那種讓人精神為之一振的鬥牛犬力量，精於遣詞用字，對於自己的目標有令人難以理解的堅信。」這位記者還說，她還「有點葛理翰的性格」，[30]說話時眼睛「常盯著天花板，類似福音佈道者」。

宋美齡受到美國政府禮貌的接待，但她的觀點顯然未得到多大的採信。在白宮接受茶會款待時，她和詹森總統夫人在黃橢圓室會面，與會者還有國務卿魯斯克的夫人、已故國務卿杜勒斯的遺孀、蔣夫人的一名外甥。總統夫人談起她與丈夫二十二小時訪臺期間搭人力三輪車的難忘回憶，那次訪臺，他們匆匆看了青蛙腿生產業，得知他們所看到的稻田灌溉溝渠還兼做青蛙養殖池。然後，詹森總統進來，親自帶蔣夫人參觀了具有歷史意義的白宮房間。

國務卿魯斯克辦了晚宴款待她，出席者除了臺北駐華府大使和兩名參議員，還有國防部長麥納瑪拉。餐桌上有熱烈的討論。宋美齡對中共最近試爆核彈表示憂心，主張中共行事不理性，「手握大權而瘋狂」，為達目的不擇手段。她堅稱美國唯一明智的因應之道乃是動用傳統武器除掉中共的核子設施，趁其核武尚未達到危險程度前予以毀掉。國防部長麥納瑪拉反駁稱，如此做法會引來中共「粗暴」回應，而由於中共人力龐大，屆時美國說不定得訴諸核武，遭世人譴責。宋美齡不同意，稱屆時不必用到核武，但麥納瑪拉回以在人力大不如人的情況下，美國不可能在亞洲投入兵力。宋美齡回道，希望美國充分理解，中華民國未提議動用美軍。

一九六五年十月，宋美齡搭美國空軍軍機到喬治亞州梅肯的衛理學院，展開感性之旅。這是一九四三年離開後，她首次返回這所母校。眾多要人、校友、理事會成員為這場盛會來到梅肯。她事先即要求鳴警笛為她的車隊開道，車隊行進時她搖下車窗聽。她向數千名學生和外賓說她很高興再度回家，校歌響起時她淚水奪眶而出。告誡在座觀眾「淑女要有淑女樣」後，她勸學生：「工作……更勤奮工作，絕不絕望。」她忍不住還是觸及政治，譴責「軟性思維」會要國家的「命」。許多人聽得感動落淚。

美國境內當然不乏詆毀宋美齡之人，但從全美各地許多單位邀她前去演講、上電視來看，她受眾多美國人歡迎的程度幾可說未受那些詆毀影響。但她似乎與時代脫節了。她的外觀和風格強烈讓人想起她戰時的訪美，而非二十年後的這時。《時代週刊》寫道，她似乎「和幾十年前那個鎮定自若、穿著令人驚豔、不認輸的人沒什麼兩樣。……世局已變，但大元帥夫人沒變。」有人請她釐清有關她年齡的不一致報導時，她短暫失態，說道：「我六十四歲或六十七歲或其他歲數，有什麼重要？……判斷人的年齡不是看日曆，而是看人的性格和貢獻世人的意願。」

九月返回紐約後，她在唐人街試圖為丈夫的政府喚回搖搖欲墜的支持。在那裡，她坐在有透明防彈圓罩的大禮車裡走過莫特街，向歡呼群眾揮舞白色蕾絲手帕，禮車前是演奏〈紐約人行道〉、〈聖者進行曲〉的華校軍樂隊。便衣警察簇擁著將她推進莫特街六十二號的紐約中華公所，她在那裡以中國話向約五百名華僑講話。僑民多是廣東人，她的話得靠人轉成粵語。

她常為演講稿的撰寫花上一兩個月時間。她曾要她的新聞祕書，哥倫比亞大學新聞研究所畢業的陸以正，幫忙擬稿；但他不願意，因為他不認同她的寫作風格或不認同她使用他所謂「那些六萬四千美元的字」。十二月上旬，她拜訪衛斯理學院，與同窗老友會面，向一千六百多名擠得水泄不通的學生、教職員、校友講話。高調批評「矛盾想法」（她所謂讓共產帝國主義壯大的原因）之後，她受到全場起立鼓掌肯定。

一九六六年三月，宋美齡造訪紐約的國際花卉展，欣賞了馬蹄蓮花。她說她曾從美國進口馬蹄蓮，種在她的臺北花園裡，可惜未能種成；這時有人告訴她，馬蹄蓮是美國專家從比利時引進來的。在這期間，她的教子烏利克．蓋吉來紐約看她。蓋吉驚訝發現她在讀《毛主席思想》，問其原因。她答：「我為何不該讀？我想知己知彼。」

那個月，她再度赴華府的全國新聞記者俱樂部演說。這場演講只受到少數報紙注意，但《紐約客》雜誌嘲笑她那晦澀難懂的措詞。迎接她演講的是大舞廳裡四處可見的「掉下的下巴和瞪大的眼睛」，聽眾絞盡腦汁想弄懂她以下句子的意思：「正反合『黑格爾三段式』，乃是黑格爾先驗圖式思想之必然演進過程的主要部分。《資本論》只盜用『黑格爾三段式』，將其運用在社會弊病與不公義上，同時捨棄將希臘本體論與康德心理學調和的黑格爾先驗圖式和『眞存在』的概念，藉此，《資本論》在馬克思主義內部建構了特有的局限，使其『合』無法永遠健全。」紆尊降貴以征服人心，從來不是她的專長，這時候她也不打算這麼做。

到一九六六年四月，她這次的「非官方」訪問，已發表了七場演說，召開過兩場記者會，上了電視一次。她的訪美行程跨進第七個月，訪美的目的引來新聞界的揣測。她的演說和活動這時被貶到報紙的社會版和漫談版，而非新聞版。批評者說她想說服美國政府支持國民黨出兵中國大陸，做為升高越戰行動的一部分。在這同時，她已成為紐約最難以捉摸、最孤傲的名人之一。她從位於第五大道、可看到中央公園的宋子文寓所，搬到孔令侃所購買格雷西豪宅附近、可看到東河的豪華合作公寓。

這時，臺北的聯合國席位已岌岌可危。從韓戰到金門危機到越戰，一連串意料之外的事件，給了國民政府暫時保命的機會，得以守住中國唯一合法政府這個背離現實的身分。一九五〇年代和六〇年代初期，冷戰高峰時，中共遭到許多人敵視。約五萬四千名美國人死於朝鮮半島。在中南半島和東南亞，有北京在背後支持的共黨運動。一九五六年蘇聯領袖赫魯雪夫演出那著名的一幕——在聯合國抓起鞋子敲打桌子，然後對美國代表大喊「我們會埋了你們！」——時，反共情緒更為高漲。宋美齡這次訪美之前，美國人一直深信北京想掌控亞洲，北京是莫斯科的代理人，奉莫斯科之命想掌控世界。少數人主張美國應改變其對華政策，主張承認臺北是不切實際，但受到嚴厲批評。

但到了一九六六年，對中共的敵意已開始降低。讓「紅色」中國進入聯合國，已成為廣泛爭辯的議題。美國正努力湊集足夠的票數，以保住中華民國在安理會的席位。一九六六年參院召開了一場以對華政策為題的聽證會，有著名中國學者費正清和鮑大可在會上作證。鮑大可造出「不孤立的圍堵」一詞，後來，這成為美國政策微妙轉變的基礎。美國官員想讓蔣氏夫婦對局勢可能的發展有心理準備，試圖說服他們接受如果情況惡化，讓北京取得安理會席會，臺北保住聯合國大會席位的退而求其次安排。但蔣氏夫婦嚴詞拒絕，不接受「兩個中國」。

為維持與臺北外交關係而犧牲與北京建立關係，美國付出沉重代價，且這代價越來越難以承受。要求改變的壓力，從四面八方湧來。美國駐東京大使賴世和，在一九六六年八月十一日呈給國務卿魯斯克的報告中寫道，「我們不顧現實，認定臺灣的一千兩百萬人，而非中國大陸的七億人，代表中國這個歷史悠久的重要政治實體，認定中共政權不該留在中國大陸，幾乎隨時會遭臺灣的（國民黨）趕走，……我覺得這樣不顧現實的認定，對我們自己和我們的政策傷害都很大。這讓美國人民困惑，使包括日本在內，我們的所有重要盟邦，幾乎個個感到苦惱，使許多較低度開發的國家憤怒。這些國家有時把我們對北京表面看來的輕蔑，看做對所有較低度開發國家更大範圍的輕蔑。」他主張，設法促成與中共「和平共處」，乃是「唯一切合現實的目標」，且是欲在國際上找出圍堵中共擴張主義之辦法的唯一途徑。「我們似乎讓自己的基本政策交由臺灣之類小國家所特別敏感的東西來左右，實在有失顏面。」

這時候已有許多人抱持與賴世和一樣的觀點，但宋美齡仍然不惜一戰。一九六六年八月，她重申她的政府會「解救（大陸）同胞」的老調，告訴美國媒體「不可能（和中共）共存」。她表示將不會動用武力來解放，但又自相矛盾表示，「我們會回去取回理該屬於我們的東西，但我們得動用武力。」被逼問「解救」何時會發生時，她指出會在「我們有生之年」。她堅稱：「絕不可能有兩個中國。世上只有一個中國，我無法想像大陸紅色政權獲准進入（聯合國）的情景。」

但到了一九六六年中期，中國大陸的文化大革命啓動。十年的動亂揭開序幕，紅衛兵無法無天施暴、迫害的消息傳到國外。在這期間，華府與北京仍然不和。北京有位高層官員稱美國是「十足野蠻的國家」。認爲北京不理性、不妥協的國務卿魯斯克，將毛澤東和蔣介石都斥爲「急躁的老頭子」。中國的政治動亂，加上越南境內對表面上受北京支持的胡志明與北越未宣而戰的戰事日益升高，使與中共改善關係一事，在可預見的未來，成了不可能之事。拜又一場出乎意料的事態發展之賜，本已難逃處決的臺北再度暫時保住性命。

一九六六年夏、秋，文化大革命席捲中國之時，蔣夫人繼續演說。文革越演越烈，造成中國大亂。紅衛兵挖掘、洗劫宋家在上海的墳墓，周恩來收到宋慶齡來信抱怨後，出面訓斥紅衛兵。宋美齡斥責文革是脫下「毛澤東主義之華麗裝飾」的集體迫害行動，旨在讓中共永遠執政。這時候，據美國外交官的報告，臺灣對於美國的對臺政策，信心「低落得可憐」。蔣介石和其兒子「意志消沉而沮喪」。由於宋美齡長期留在國外，臺灣有傳言蔣、宋夫婦失和。美國國務院判定她在美鼓動美國人的作爲，「影響甚微」，不利於她展開進一步的宣傳。

但到了一九六六年十月，她仍未返國，甚至錯過一年一度的雙十國慶。外界對她越來越無法容忍。參議院外交關係委員會主委 J. W. 傅爾布萊特抱怨，她在發表呼籲美國「動用武力推翻紅色中國」的演說。關於她滯美不歸，猜測與流言紛起。有位屬於夫人派的臺灣外交部官員堅稱，她待在美國這麼久，純粹只是因爲她喜歡美國，且非常需要換個生活環境。一九六六年底，在美國待了十五個月後，她終於回臺。在拉瓜底亞機場，她的飛機滑向跑道，就要起飛時，突然停住，駛回登機門。她忘了感謝此次訪美期間負責她安全的特勤人員。其中有些人感動落淚。

據某人的說法，返臺後不久，宋美齡即去陽明山上檢視蔣介石爲他們兩人蓋的新居。這是座具有中國古典建築元素的精緻建築（即中山樓），耗資兩百萬美元。她指示建造者改變浴室窗戶的位置，他們照辦。幾天後，蔣介石視察工地，要他們再改回來，他們照辦。蔣夫人再來，看到那窗戶後，向她丈夫揚言如果不改回她要的位置，她絕不會住進去。

返臺後，宋美齡繼續鼓吹美國援助國民政府推翻北京政權，似乎渾然不覺這個構想根本不可行。一九六七年三月，參議員小哈利．伯德訪臺期間，宋美齡針對希望美國支持國民政府返回大陸一事，提出令人心痛且看來十足誠摯的懇求。她表示，國府只需要後勤援助，不會讓美國子弟喪命。伯德明確告訴她，美國人民絕不願冒這樣的險，特別是在投入越戰越來越尾大不掉之後。

四月訪臺的前副總統尼克森，強調了伯德的主張。他在石門水庫旁的蔣介石行館與蔣氏夫婦見面。蔣氏夫婦想讓尼克森相信，鑑於文革造成的動亂，「反攻」的時機已經成熟。尼克森表示理解，但告訴他們，美國為國民政府出兵大陸的事背書，乃是「不可思議」之事。後勤支援可能會不足，美國可能會陷入一場曠日廢時而分不出勝負的戰爭，而美國人民不會支持政府冒這樣的險。

協助塑造美國與中國關係的新聞界大亨亨利·魯斯，一九六七年初去世，標誌著一個時代的結束。宋美齡寫信告訴魯斯遺孀，「我們的確失去一位真正的友人，每當我們國家得穿越暴風雨行經的路線，這位友人都不離不棄站在我們身旁，……此外，他還是人類良心的喉舌，在當世所有道德議題上，展現準確無誤的判斷和大無畏的勇氣。」八月，孔祥熙突然去世，享年八十六。宋美齡急急返美，參加在紐約市大理石教堂舉行的追悼儀式。前來追悼者包括尼克森、樞機主教史貝爾曼。孔祥熙的遺體葬於紐約州韋斯特切斯特郡芬克利夫公墓的家族陵墓暫厝，等光復大陸之後歸葬中國大陸。

在這期間，臺灣正從低度開發的落後國家，快速轉型為自給自足的經濟體。耕者有其田政策大為成功，撐起臺灣的中產階級，為工業化鋪路。從一九五一年開始美援至一九六五年美援中止，美國援臺超過十四億美元。一九六五年時，臺灣八成五的農地由自耕農耕種，使農產量大增。經濟仍以農業為基礎，一九六五年時臺灣是世上最大的香蕉輸出國，第二大蔗糖輸出國。但隨著反攻大陸或中共侵臺似乎越來越不可能，外國投資開始少量投入臺灣。製造業和貿易起飛。西方電子公司在臺設廠，臺灣製造業者壯大，為臺灣日後蓬勃且跌破眾人眼鏡的經濟奠下基礎。

蔣介石從未放棄光復大陸的夢想，但最終死了反攻的念頭。念茲在茲的夢想無緣實現之後，他似乎開始追求起原被他擺在次要的目標——建設繁榮富裕的臺灣。一九六七年九月下旬，與美國國會議員周以德和其他美國訪客輕鬆愉快共進晚餐時，蔣介石看開了。他說，丟掉大陸大概是「天意」。在臺灣二十年，未有衝突、動亂干擾，給了他機會向世人證明他的能耐，他還說他不可能在大陸達成在臺灣這種長足的進步，因爲在大陸時，他時時受到共黨威脅的壓迫。他說，許多在臺灣做得如此成功的計畫，在中國辦不成，乃是因爲顛覆活動阻撓，因爲內戰使政府無法全心全力施爲。他舉杯敬酒，誓言在大陸度過他的九十大壽。蔣介石說，毛澤東的所作所爲正不知不覺在替國民政府早日返回大陸鋪路，最妥當的辦法就是靜觀其變。然後他唸了四句俗語：

蜜蜂偷採花蜜，卻替另一朵花授了粉；
神要毀了人，先讓那人發瘋；
命運之磨磨得特別慢，但特別細；
星星露臉前總是最暗的。

蔣介石料不到夜色就要變得更暗。在他講這些話時，他的老友尼克森已準備在具影響力的刊物，一九六七年十月號的《外交事務》，發表一篇關鍵性的文章。這位二十年來抨擊「紅色」中國的反共健將，這時主張中國人口占全球四分之一，美國絕不能再忽視這個全球最多人口的國家。尼克森寫道，「美國任何亞洲政策都必須認眞而迫切的思考並開始處理中國存在的事實，……這不表示要趕快承認北京……但我們絕不該讓中國永遠被拒於國際大家庭之外，讓中國在外頭滋長幻想，懷抱仇恨，威脅鄰國。」

第二十二章 救星齎志以歿

如果我死時還是個獨裁者，我肯定會和所有獨裁者一樣遭人遺忘。另一方面，我如果為民主政府建立真正穩定的基礎，我會永遠活在中國家家戶戶心中。

——蔣介石

一九六〇年代接近尾聲時，蔣夫人似乎越來越希望維持現狀。但一九六八年十一月，尼克森以前所未見的東山再起之姿選上總統時，風向開始轉變。美國外交部門試圖讓臺北爲華府與北京的關係緩和有心理準備，他們不知道那一天何時會到來，屆時會是什麼情景，但他們知道眼前的情勢不可能永遠不變。但蔣氏夫婦和他們的許多追隨者仍忿忿不願承認地緣政治現實。

自一九五三年十一月首度訪問臺北後，多年來尼克森一直與蔣氏夫婦保持聯繫，頻頻訪臺，誠如他後來所寫道，與他們締結了「我所非常看重的個人友誼」。事實上，他幾次訪臺期間下榻蔣氏夫婦的外賓接待所，蔣氏夫婦的侍從說，尼克森與他們非常親近，他們簡直把他當兒子一般。一九六二年輸掉加州州長選舉後，尼克森加入紐約的馬吉羅斯法律事務所。下野那幾年，他感受到蔣介石對一介平民的他親切周到，在他努力爲客戶百事可樂談成一樁有利可圖的特許經銷權時，他感受到蔣介石在商業上的樂於通融。尼克森家擺設了蔣夫人送的幾塊東方小地毯、李承晚送的一盞大枝形吊燈、伊朗國王送的一塊波斯小地毯。據蔣氏夫婦侍從所述，一九六八年秋某日，蔣介石官邸出現一只又大又重的皮箱。他們得悉這神祕皮箱裝滿蔣介石命人從中央銀行領出來的美鈔，要在一九六八年十一月美國選舉前捐給共和黨。

尼克森於一九六九年初入主白宮後不久，就致力於和蒙古建交。蔣介石得知後，對於他寄予厚望的友人尼克森竟有如此舉動，感到震驚、失望。蔣介石告訴美國駐中華民國大使馬康衛，「如果美國『今天』能承認蒙古，沒理由美國『明天』不能跟進承認北京，『後天』放棄臺灣。」得知蔣介石的激烈反應後，尼克森立即要國務院擱置承認計畫。國家安全顧問季辛吉寫道，「由於蔣介石反對，他覺得這一步不值得下。」

一九六九年二月下旬，宋美齡的么弟宋子安在前往香港出差時死於心臟病。宋美齡得到這消息時，她的老友魏德邁夫婦正在臺北訪問；後來她爲他們來訪期間「無法善盡地主之誼」而抱歉。她在嚴密安全防護下從臺北飛到美國西岸，參加在舊金山（宋子安生前居住的地方）的追悼儀式。這趟行程本該完全保密，但在飛機出乎意料降落威克島、被報導失蹤後，消息走漏。宋美齡含著淚，只願向記者說這是趟私人旅行。宋慶齡以外的宋家兄弟姊妹全到場，宋美齡寫信告訴魏德邁，「很難過的一次團聚，但親密的手足關係使我們堅強。」

喪禮後，宋子文寫信給她，信中不同意她所提出外甥孔令傑「不是很穩」的看法。他深有所感寫道：

> 我們剛失去一位弟弟。我覺得如果不講出我對路易斯（孔令傑英語名）的看法，上帝會懲罰我。一如世上每個人，路易斯有其缺點，但他懂得懷抱夢想。尼克森敗於一九六〇年總統大選，大敗於加州州長選舉時，他自己都認定政治生涯完了，且這麼表示。路易斯是極少數幾位堅信尼克森靠著個人特質有朝一日會登上總統之位的人之一。路易斯支持尼克森，鼓勵他不要絕望。他在一九六八年大選時所扮演的角色，你想必已清楚。他和尼克森間的緊密關係，乃是我們最寶貴的資產，不該浪費掉……秋天很快就到，屆時中國的聯

合國席位將受到激烈爭奪。時間越來越少。

宋美齡昧於臺北做爲「中國首都」已經來日無多的事實，但宋子文沒有。他在這封信中還說，「親共左派、知識分子、大部分公衆人物，全支持中共，沒有人提出異議」，建議宋美齡請蔣介石將孔令傑拉進來，爲臺北在美國奔走，並提及孔令傑在「所謂『中國遊說團』」中扮演的「有力」角色。結果未有下文。

總統府幕僚早就認爲陽明山官邸風水不好。宋美齡據說不相信風水，但不管怎樣，她不喜歡住在那裡。一九六九年九月十六日，她和蔣介石搭豪華座車走蜿蜒山路上陽明山時，一輛下山的軍用吉普車高速過彎，迫使總統車隊的前導車緊急煞車。蔣氏夫婦的禮車往前導車車尾猛力撞上去，將司機與後乘客座隔開的厚防彈玻璃碎裂，落在他們大腿上。蔣介石撞掉假牙，受輕傷，但宋美齡頸椎遭嚴重過度屈伸損傷，雙臂雙腿都受重傷。兩人被送到醫院。

這場車禍未對外洩漏。十一月中旬尼克森得知此事後，表達關切，並表示願派一位紐約的整骨名醫赴臺幫他們治療，遭婉拒。這時宋美齡手臂已恢復部分活動能力，但仍不能行走。她復原緩慢，車禍四個月後右手仍不夠靈活，無法簽字。車禍幾個月後她再度接見訪客，但自車禍後一直未公開露面。她寫信告訴魏德邁夫婦，「每天……進入書房，以渴望的眼神看著我最近一幅未完成的畫，（我就很希望）自己能拿起畫筆，完成最後幾筆。」

逼近一九七〇年代時，臺北的領導階層處於守勢。國民政府名義上支持孫中山的政治哲學，而這政治哲學主張國家在國民黨主政下完成一段政治指導期之後得施行民主憲政，因此，國民政府不得不承認最終的目標是民主——與未有這一目標的北京不同。因而，從某個角度來看，反對蔣介石政權的政治勢力（主要是臺獨支持者和不滿蔣氏政權的外省人），並非國民黨當局所能完全壓制。

立法院和國民大會是橡皮圖章，成員幾乎清一色是外省人，且由於蔣介石暫停立法委員和國大代表改選，直到光復大陸爲止，他們等於是領乾薪，做閒差。數十年來國民政府都以國家處於戰爭狀態爲藉口，不予施行完全民主，但蔣介石的確允許臺灣地方議會和縣市長改選。候選人不准批評蔣介石的領導，不得提起反攻大陸之類敏感議題。基本上，雖有這類選舉，但臺灣的民主幾無異於權力分贓和做給外國人看的樣板，欲藉此表明臺灣並非全由外省人統治。反對派候選人獲准以無黨無派的身分競選，但臺灣是一黨專政的國家。臺灣人高玉樹以無黨無派身分出馬競選，一九五〇年代兩度選上臺北市長。這讓國民黨極爲難堪，於是蔣介石決定臺北市長改由官派，然後他很高明的指派高玉樹出任此職，因此高玉樹又當了幾任市長。

反對派在政壇有了立足之地，但臺灣仍是極高壓的警察國家。學生要受軍訓、線民無所不在、媒體遭緊箝制，思想和藝術停滯不前。不滿於政治現狀者不只臺灣人，許多外省人也心懷不滿，且不只不滿於政治壓迫和民主停滯不前，還不滿於政府的貪汙、無能。越來越多人覺得領導階層與時代脫節。

二十年來，美國對於推動臺灣民主，即使稱不上是毫無作爲，也可說是出力甚微，但這是改變的開端。此前，雷震案爆發時，國際抗議聲浪紛至沓來，但華府一直未表示任何意見。雷震是前國民黨官員，其創辦的《自由中國》雜誌成爲自由派批評國民黨政權的象徵。他糾集臺灣本土政治人物，試圖組織反對黨，結果在一九六〇年九月遭以煽動叛亂罪名關押入獄。雷震犯了「雙重異端」，即質疑返回大陸這迷思、要求讓臺灣自治。

表面上，美國一九五〇、六〇年代的政策只管經濟層面，而未逼國民政府接受美國的政治理想。但事實上，美國在一九六五年之前，一直在軍事上和財政上維持國民政府於不墜，因此華府實質上是蔣介石政治高壓警察國家的幫凶。最能說明國民黨如何利用美援壓制政治反對勢力、鞏固蔣介石政權，說明國民黨在臺統治遠比在大陸統治高壓的例子，或許是一九四九至一九五三年的土地改革計畫。

土地改革計畫由農復會擬定並執行，農復會是美國出資成立的雙邊組織，由中、美雙方專家組成。在臺施行土改，有一部分是爲了彌補在大陸時未能施行土改的缺憾。在大陸時，鄉紳是國民黨的支持基礎，而施行土改會得罪鄉紳。土地改革使農產量大增，同時，可想而知的，拔掉了地主階級（唯一有力量在政治上與國民黨相抗衡的本土群體）的經濟基礎，稍稍平息了臺灣人因二二八事件、政治壓迫、強制徵兵心生的不滿。最後，臺灣的土地改革採取類似戰後日本土地改革的辦法，從根本上改造了臺灣社會結構，創造出一大批小地主，實質上讓財富更爲公平的重新分配。

華府曾在某不光彩的事件中，公然逾越其被一般認定的不插手政策，與國民黨政權合作，而且是在美國土地上。一九六〇年，研究亞洲的學者羅斯·庫恩試圖出版名爲《美國政治裡的中國遊說團》一書，美國政府迫於臺北和中國遊說團的壓力，禁止該書出版。出版商被迫銷毀已印成的四千冊，已在外流通的八百冊裡，則有許多冊若非遭國民黨人或中國遊說團代理人從圖書館裡偷走，換成《紅色中國遊說團》，就是被全美各地大學圖書館藏起來、鎖住。爲了保住華盛頓遠東盟友的形象，美國所看重的出版自由似乎被擱到一旁。

但華府雖直到一九七〇年代才開始施壓臺北施行政治改革，然而美國的立場在此之前已隱約出現改變。一九六四年五月，國務院法律顧問李奧納德·米克爾擬了一份祕密意見書，主張美國「很關心」如何透過宣揚臺灣與中國互不相干（臺灣獨立或自治）的觀念，來保住臺灣自決。蔣介石死後「防止國民黨（與北京）和解」的最佳辦法，乃是促進經濟發展，推動最終使本土臺灣人當家做主的政治演變。

臺灣大學政治系系主任暨地下臺獨運動領袖彭明敏，因發表「臺灣人民自救運動宣言」而於一九六四年被捕，並受軍法審判，引來季辛吉（曾教過彭明敏的教授）和哈佛大學中國研究學者費正清之類人士的國際抗議。彭明敏在軍事監獄裡待了十四個月，然後蔣介石屈服於壓力，將其八年徒刑改為終身軟禁。彭明敏於一九七〇年一月逃離監禁後，蔣介石指控美國中情局協助彭逃亡。彭明敏獲得瑞典庇護，兩年後定居美國。

著名作家暨詩人柏楊因將一幅大力水手漫畫譯成中文而獲罪，引發另一樁著名的「白色恐怖」迫害事件。在這幅漫畫裡，大力水手抱著養子小豆子在小船上，指著遠方的島說道，「我會成為那島的國王，而你會是我的寶貝王子。」蔣介石認為漫畫在影射他培植蔣經國當他的王位接班人（但那的確是事實），非常火大，於是在一九六八年，未經審判，即將柏楊關到綠島。柏楊差點被處死，一九七七年在美國和國際人權團體施壓下，終於獲釋。

蔣經國於一九六九年出任行政院副院長，一九七〇年四月下旬訪問華府，四月二十四日在下榻飯店遭兩名臺獨人士暗殺未遂。兩人開了一槍，即遭逮捕。蔣經國未受傷，未把這意外放在心上，一派冷靜繼續既定行程，同一天與尼克森會晤、共進晚餐。後來與國務卿威廉·羅吉斯談話時，蔣經國將在臺久為禁忌話題的獨立運動，斥為在臺沒有人支持。他宣稱那是「一小撮心懷不滿或有狂妄野心者」在海外製造出來的。

報導蔣經國遇刺未遂事件的那期《時代》雜誌在臺遭禁，原因不在這事件本身，而在報導裡寫道臺灣島上對蔣家統治的不滿日益高漲，臺灣人民擔心蔣經國有一天會將臺灣交給中共。隨後蔣介石打破數十年來官方對這問題沉默以對的立場，譴責臺獨運動是「共黨陰謀」（令人難以置信的指控）。

國民黨政權和宋美齡本人在一九七一年遭遇一連串打擊。宋美齡右腿在車禍一年半後仍未復原，於是在三月動了手術，然後，在手術後的康復期間，傳來北京突然邀請美國桌球隊訪問中國的消息。從四月十一日到十七日，美國桌球隊和五位美國記者遊長城、與中國老百姓閒話家常，獲周恩來告以他們已為中美關係打開了「新頁」。在這期間，美國人欣然關注他們在大陸的一連串活動。這場「乒乓外交」，代表自一九四九年以來，除埃德加．斯諾和其他幾位支持中共的美國人外，首次有美國人獲准踏上中國大陸土地。不久後，尼克森會見陳香梅。陳香梅是二戰英雄陳納德的遺孀，這時是共和黨的募款人，有錢，且由於活躍於華府社交界，而有「華府女主人」的稱號，此前多年來一直與中國遊說團過從甚密。她以她最新的表面身分——臺北、華府、北京間的非官方特使——告訴尼克森，蔣介石憂心美國桌球隊訪問大陸之事。尼克森含糊回以華府與臺北的關係正「進入需要兩國更充分磋商、理解的新階段」，並重申美國對在臺中華民國的友誼和承諾。

收到這依然讓人放不了心的訊息之後不久，傳來宋子文在舊金山突然去世（享年七十七）的消息。宋美齡打算赴美奔喪，但意識形態壓過家族親情，在新聞報導她久無往來的二姊宋慶齡可能也會參加喪禮之後，她在最後一刻打消此計畫。當時她已在飛行途中，但唯恐掉入北京所設的「統戰陷阱」，她斷然命令飛機掉頭，折返臺灣。蔣經國告訴美國駐臺北大使馬康衛，如果宋慶齡可能出現，國民政府不能冒讓蔣夫人參加喪禮的「難堪」風險。結果，宋美齡未參加。

宋美齡的突然掉頭，突顯了蔣介石拒絕受美國施壓，與北京就臺灣未來地位直接談判。所有籲請臺北採取更有彈性大陸政策的建言，都遭蔣介石忿忿駁回。蔣介石堅決反對與北京增加接觸，於是下令臺灣各駐外領事館，凡護照持有人去過大陸，即撤銷其臺灣簽證。

根據宋子文遺囑，他死時的資產少得不可思議，只有一千零五十萬美元。扣掉稅、雜支、還給債權人的錢，剩下的資產據說只值約兩百七十萬美元。如果宋子文眞曾名列世上首富，他的數十億美元資產早已轉存他處。幾乎可以確信的，他在生前就已將大批資產存放在無法查到的國外，或轉到他小孩或家族其他成員名下，然後他們很可能也將那些錢存在海外帳戶。

宋子文遺孀張樂怡將宋子文收藏的一批中國繪畫送給宋美齡，宋美齡回信致謝，並在信中抱怨一九七一年夏天「日子難過又熱」。自她結婚起一直跟著她的那位女僕已經去世，她和蔣介石都得了亞洲流感。但宋美齡並未提到那年夏天最棘手的事。

經過數個月的祕密接觸，七月上旬，尼克森派季辛吉赴北京執行一項超級祕密任務：為美國和中華人民共和國的建交鋪路。行前討論時，季辛吉向尼克森鄭重宣告，北京「別想騙我們拋棄臺灣」。七月九日至十一日會談時，周恩來、季辛吉討論了尼克森日後的訪華之行，但周恩來強調，首先得獲致以下非正式協議：臺灣屬於中國（他稱臺灣是中美關係中最「緊要的議題」）。周恩來說，「那個地方對你們沒多大用處，對我們是一大傷口。」季辛吉向談判對手保證，美國未提議「兩個中國」或「一中一臺」，美國也不會鼓勵臺獨運動。但對於周恩來一再要求華府同意臺灣屬於中國，季辛吉答以這問題最終會「自己解決」而避開。

就在這祕密外交即將曝光時，尼克森（或許因為突然覺得愧疚）派其老朋友，百事可樂董事長唐・肯達爾訪臺。他要肯達爾親自帶口信給尚不知情的蔣介石：「不管未來如何，我永遠不會忘記我的老朋友。」肯達爾丈二金剛，不懂這句話的意思。收到這口信後，蔣介石嚴肅點了頭，不發一語。

尼克森於七月十五日在電視上宣布與中國和解，打算訪問北京；臺北的領導階層，正如美國大使馬康衛在寫給國務卿的報告中所說，「大吃一驚」。國民黨政權最初的反應是震驚、憤怒、怨恨美國，但很快就理解到情緒性反應只會讓親者痛仇者快，於是強做鎮定，自信以對。臺灣人的感受則較矛盾，既憤怒美國，又怕美國拋棄臺灣，臺灣遭中共接收，但又爲蔣介石政府的挫敗感到些許高興，認爲臺灣由臺灣人而非外省人當家做主的日子更近了。臺灣人也深刻體認到，他們有更強烈的理由要維持臺灣的穩定和繁榮。

尼克森後來寫道，他非常看重其與蔣介石的友誼，聲稱與北京和解是「令人深深難過的個人經驗」。他的不安清楚流露於他爲向蔣介石解釋其作爲而寫的電報草稿中。他寫道，「我深感遺憾未能將我七月十五日聲明的內容提早告知你，……我所建議的措施付諸實行，乃是因爲我深信在這時代，打破多年來所滋長而會威脅世界和平的敵意、猜忌障礙，已是不得不爲之事。美國與中華人民共和國的緊張關係降低後，第一個受惠者應會是亞洲自由國家的人民。」在更早的一篇草稿中，他還說，「我很抱歉我們的作爲令中華民國這麼不安。」但道歉的句子後來遭刪掉，改成「我承認這些作爲令中華民國不安」。接著尼克森向蔣介石保證，美國人會繼續「珍惜他們（與臺灣）的友誼」，會信守對臺的防衛承諾。最後他表示他「驕傲」於自己與蔣介石有長久的私交。

尼克森的信絲毫未能平息蔣氏夫婦與國民黨核心集團的怒氣，他們表面上處變不驚，冷淡以對，私底下大發其火，以「忘恩負義」或更不堪的字眼怒罵這位美國總統。先是季辛吉密訪北京的驚人消息揭露，接著八月上旬，華府宣布美國政府將支持北京進入聯合國，但不支持將臺灣趕出聯合國。得知這一消息後，驚慌失措的國府統治階層立即展開激烈辯論，而蔣夫人是辯論會上的核心。她在外交事務上，特別是重大外交決策上，仍扮演舉足輕重的角色，因而有人稱她是國府的實質外交部長。蔣經國已在政府許多部門牢牢建立自己的勢力，但外交部仍是宋美齡的禁臠，外人難以插足，外交部高層官員和大使由她挑選。

蔣夫人的外甥孔令侃從紐約飛來臺灣。孔令侃與其美齡阿姨關係深厚，爲她執行敏感的政治任務，因而有國府駐美「地下大使」的稱號。他於一九五四年完成名叫〈對暴君誅戮理論在西方之沿革的某些說明〉的論文，但未拿到哈佛博士學位，不過仍冠上「博士」頭銜。孔令侃未婚，行事低調，專注於處理孔家投資，並奉他阿姨指示執行中國遊說團的任務。此前，在蔣夫人的堅持下，蔣介石已不顧蔣經國的反對，任命他爲國策顧問。這一次，孔令侃想說服蔣介石採行較有彈性的外交政策，主張即使北京接收安理會的席位，爲保住基本利益，臺北應努力保住在聯合國的代表權，應暫時採行東西德的模式，領土主權的問題則留待日後解決。退出聯合國將是自掘墳墓，危及中華民國本身的生存。但蔣介石和蔣經國仍激烈反對妥協，堅稱「中華民族不會遭二度出賣」。如果北京進入聯合國，臺北就會退出，此外的任何反應都無異於姑息，無異於「與虎謀皮」。

不久，總統官邸裡分成兩派，一派由孔令侃、孔令偉領軍，主張務實以對，另一派由蔣介石、蔣經國領軍，堅決主張「漢賊不兩立」。蔣夫人本人夾在這激烈對立的兩派之間，不知該支持哪一方。這個爭議令蔣介石極爲苦惱，致使心臟病在八月復發。孔令侃返回紐約，但爭議仍無定論。

尼克森派加州州長隆納德·雷根赴臺參加雙十國慶（中華民國建國六十週年）。臺北獲承認爲中國「合法」政府的一貫地位即將不保，甚至在聯合國的席位也即將失去，使國慶慶典罩上陰霾。在二十五萬多人參加的國慶大會上，蔣介石與宋美齡一如以往出現在總統府陽臺五分鐘。群衆剛唱完「偉大領袖」。八十四歲的蔣總統一身戎裝，以高亢、顫抖的語氣帶領群衆高喊「辛亥革命萬歲」、「中華民國萬歲」，群衆回應以「總統萬歲」。爲整齊高呼這一句，學生練了一個月。

美國承認中共，乃是美國外交政策二十多年來最劇烈的反轉，被蔣介石視爲一再遭出賣的中華民國又一次遭到出賣。雷根訪臺的眞正目的，當然是向蔣介石解釋這一轉變的原因。雷根私底下不贊成尼克森與北京關係正常化的舉動，但公開場合仍替這政策辯護。這次訪臺時，他還向蔣介石透露尼克森打算隔年二月訪問北京。蔣介石回應以他擔心尼克森會被中共的「背信棄義」弄得「很難堪」，堅稱臺北絕不承認北京政權對臺灣的任何領土主張。

外交部長周書楷和派赴聯合國的代表團啓程前往紐約，參加一九七一年秋天舉行的聯合國大會，行前他們與蔣介石會商，蔣夫人也出席。美國已言明會在聯合國該會期支持兩個決議案：即讓北京進入聯合國的重要問題變更案，以及讓臺灣和大陸並存於聯合國的複雜雙重代表權案。這兩個決議案旨在讓北京入會，同時保住身爲聯合國創始國的中華民國會籍。華府設想到投票結果可能使北京取代臺北的安理會席位，但希望爲臺北保住在聯合國大會的席位。這個方案將以類似於其他分裂國家（即東西德、南北韓）的方式來安排北京、臺北，讓相敵對的政府在聯合國都有代表權。已有大部分臺北友邦勸中華民國政府支持這兩個決議案。

與蔣介石會商時，周書楷和國家安全會議祕書長黃少谷主張應公開支持華府所提的兩個決議案。似乎沒人反對；蔣介石似乎也認命接受這個方針，打算結束會議。他開始爲會議做結時，一直未開口的蔣夫人突然發言，「人有人格，國有國格」。她的話刺激了蔣介石，動搖了與會衆人的想法。然後會議有了決定，不可公開支持這兩個決議案。

聯合國進行關鍵性投票時，季辛吉果然再度訪問北京，使情勢對臺北更爲不利。在即將遭趕出安理會時，臺北於一九七一年十月二十五日主動退出聯合國。即使中華民國代表團支持那兩個決議案，臺北能否糾集到足夠票數取得大會席位，仍是未定之天；而且即使取得，北京一旦在聯合國站穩，能取得撤銷聯合國成員會籍所需的三分之二多數，仍可能在幾年內將臺北趕出聯合國。鑑於這日後難逃的羞辱，蔣夫人主張絕不可同意這可能終歸徒勞的妥協。

保衛聯合國席位的壓力，損及八十四歲蔣介石的健康，不只造成他心臟病惡化，還造成嚴重便祕。退出聯合國幾個星期後，蔣介石解便不順，醫生又不在，於是叫一位副官替他通便。通便時，這個笨手笨腳的副官不小心戳破肛門，使蔣介石流了好多血。醫生查明事實後，蔣介石大怒，要人將那副官關起來。蔣經國要將他交付軍法審判時，侍衛長建議將這人暫時關在總統官邸的禁閉室裡，使這次意外不致爲外界所知。蔣介石一個多月後才康復。後來有人常聽到蔣夫人痛罵那副官，怪他使蔣介石的身體變得更差。她憤恨難消，因此，五年後，在其他人求情之後，她才放出那副官。

臺北在實質上遭逐出聯合國，使許多國家跟著與中華民國斷交，引發臺灣島上一波移出潮。了解政治情勢的臺灣人民，不管是臺灣人還是外省人，都認知到一連串的打擊，特別是聯合國不承認臺北代表中國，已嚴重削弱國民政府存在的法理性。在這同時，經歷過這些打擊而仍留下來的臺灣人民，不管是哪個族群，都更深刻意識到休戚與共的意義。

蔣氏夫婦遲遲不願接受現實。在一九七二年的總統元旦文告中，蔣介石稱最近的事件是通往光復大陸這「最終勝利」之路上「暫時的挫敗」，勉勵全國軍民面對「毀謗和侮辱」依然要「堅持理想，鐵立如山」。他宣布「我們和毛匪誓不兩立」，並信誓旦旦表示和中共的接觸只有「血與鋼」的接觸，以澄清國民黨與北京祕密接觸的謠言。一月七日宋美齡寫信給魏德邁太太，說「我們人民」的心情，用聖保羅的話可貼切道出：「我們四面受敵，卻不被困住；心裡作難，卻不致失望；遭逼迫，卻不被丟棄；打倒了，卻不致死亡。」令人不可置信的，她樂觀認爲不久後世人就會「認清眞正情勢」。

她的希望並未實現。尼克森一如計畫在一九七二年二月前往北京，下機後即與總理周恩來握手；想想多年前國務卿杜勒斯拒絕與周恩來握手，變化何等之大。毛澤東與蔣介石的差異之大，令這位美國總統印象深刻。「粗壯、樸實」的毛澤東，像「一袋馬鈴薯」懶懶坐在椅子裡，卻散發出「動物性魅力」；瘦削、自奉甚嚴的蔣介石坐得「直挺挺，彷彿脊梁是鋼做的」。毛澤東展露「輕鬆、狂放不羈」的幽默感，但尼克森從未見過蔣介石想表現幽默。蔣整整齊齊，毛不修邊幅、邋遢。

毛澤東提到，蔣介石在最近一場演講中把北京領導階層叫做「匪幫」。尼克森問他怎麼叫國民黨領導人，毛大笑。周恩來說他們叫他們「蔣介石集團」，有時叫蔣為「匪……總而言之，我們互相辱罵」。尼克森驚訝得知中共領導階層對被他們趕到海外孤島的前死對頭，看法竟好惡參半。尼克森說，「身為共產黨員，他們恨他；身為中國人，他們尊敬他，甚至敬佩他。我與蔣所有會談裡，他從未回報以同樣的敬意。」毛澤東告訴尼克森，「我們共同的老朋友蔣介石委員長不認同這個（指毛、尼會晤），……我們與他交好的時間，比你與他交好的時間，要久得多。」

至於毛澤東妻子江青，尼克森寫道，「我沒碰過這麼冷淡、粗野的人。」她與蔣夫人之間的差別，比她們丈夫之間的差別，更加鮮明。尼克森寫道，「蔣夫人斯文有禮，打扮漂亮，很有女人味，但也很強勢，……江青粗魯、沒幽默感、沒一絲女人味，是無性別意識、狂熱共黨女人的理想典範。」江青招待這位美國總統欣賞名劇《紅色娘子軍》，卻不樂見尼克森來訪，尖銳質問，「你為什麼這時候才來中國？」

尼克森在北京談判的重點，乃是就臺灣問題達成協議。會談結束，雙方發表名為「二二八上海公報」的聯合聲明。上海公報的主要句子：「美國認知到，在臺灣海峽兩邊的所有中國人都認為只有一個中國，臺灣是中國的一部分。美國政府對這一立場不提出異議。它重申它對由中國人自己和平解決臺灣問題的關心。」淋漓表現出外交言語的圓融。靠這個簡單得讓人起疑但精心擬製的方案，美國即使無法保住其與國民政府之關係的實質，但可保住這份關係的表象，同時滿足北京的要求。華府「認知到」「所有中國人」的看法，但未同意該立場，藉此巧妙避開了在這棘手問題上表態的麻煩。當然，這份公報完全未提及臺灣人民的願望。

這是尼克森從政生涯最風光的一刻。身爲世上最多人口國家和最強大國家歷史性和解的促成者，他在離華前舉杯向東道主致敬：「這是改變世界的一個星期！」

對國民黨來說，這是不幸的開始。在華府與臺北的正式外交關係行將步入歷史這期間，套句某美國外交官的話，華府展開「關懷安撫行動」，以使臺灣領導階層平順接受這不可避免的發展。美國顯然會與臺北斷交而與北京建交，只是沒人知道何時。美國國會和政界裡仍有不小的勢力反對此舉，蔣介石仍受到強烈支持。許多人也認知到，由於文革造成的政治動亂，中國大陸情況一團糟。這時，臺灣雖非民主價値觀的典範，但若有人還抱持著以前的看法，認爲共產中國是民主模範，肯定遭到嘲笑。儘管不急著轉換承認對象，但那終究是遲早的問題。

尼克森訪問北京後，蔣介石更不與外界往來，健康惡化。他天生喜歡在做重大決定之前獨自沉思，而非向衆顧問徵詢不同意見，遭遇尼克森震撼之後，這樣的傾向更爲明顯。能單獨見他者，差不多就只有負責他之醫療照護的宋美齡。這一唯她獨有的特權，使她對蔣介石有了超乎體制的影響，在某些人眼中則是有害的影響。有個高層官員向美國外交官抱怨，她從極保守的立場影響蔣介石，且抱著不惜任何代價保住個人支配地位的「自私」動機，絲毫未顧及需配合當前的緊迫情勢。總而言之，除了宋美齡，沒有人敢向蔣介石力陳不中聽的意見，就連蔣經國都不敢。唯一敢這麼做的，就只有他妻子，而她的看法比他的看法還要死硬、不懂通權達變。

面對臺灣日益孤立的外交情勢，宋美齡的心態是時而頑強不屈，時而淡然處之。一九七二年四月，她在婦聯會茶會上表示，世界各國領袖姑息中共，已在「今日世界」創造出「可恥、可悲的氛圍」。但六月上旬，她寫信告訴埃瑪・米爾斯，「重要的不是發生了什麼，而是我們如何回應已發生的事。如果每天豔陽高照而無霧無雨，人生還眞是單調。中國畫要畫得美，線條和留白同樣重要。」

但說到蔣介石的健康，蔣夫人似乎就忘了她那處變不驚的人生妙理。尼克森訪問北京後，蔣介石的健康迅速惡化。接下來幾年，她一心只想著保住丈夫的命，彷彿他有不死之身，爲此她不遺餘力，不惜任何開銷。已苦於心臟病折磨的蔣介石，一九七二年夏初染上肺炎。此後他只是名義上的總統，大部分時間困在床上，神智仍清醒，但身體非常虛弱。他最後一次公開露面是一九七二年七月十八日。美國大使館向華府報告，有一些外國貴賓，正常情況下應會得到他的接見，結果只由蔣夫人出面接待。外交圈因此認爲她丈夫頭腦越來越不清楚，她已成爲他的「發言人」。報告指出，一年一度的雙十國慶大會上，蔣介石和宋美齡都未照慣例出現在總統府陽臺。

事實上，蔣介石不只病重，而且已在七月二十二日陷入昏迷。他突然垮掉，使緊張不安的侍從陷入慌亂，但蔣夫人立即挺身而出，像戰場指揮官般指揮大局，發號施令，同時聽取醫療小組報告她丈夫的病情。她認爲丈夫的病情絕不可外洩，於是嚴令總統官邸的祕書、醫療人員全不准放假（週六日也不行），等進一步通知才可解禁，也禁止他們與自己家人聯絡。如果有他們的家人打電話來問，一律回以他們到南部出差公幹，任務結束時間未定。她強做鎭靜，爲最壞情況做準備，開始規劃後事。

焦急的等待由數小時變成數天，再拉長到數星期，但蔣介石仍沒有清醒的跡象。他的身體插了許多管子，在醫療小組努力維持他生命時，照顧他的人幾乎時時得替他換新衣、翻身、按摩。在孔令偉協助下，蔣夫人密切注意他治療時的大大小小事務，常與他的龐大醫療小組起衝突。

國政這時交由已在一九七二年五月出任行政院長的蔣經國掌理。他把心力由軍事轉到經濟發展，開啓十大建設。政府這項投資，正逢全球石油危機之時，促進了經濟，協助臺灣度過這場危機。政治反對勢力，一如以往被和叛國畫上等號；或許，自蔣經國在美遇刺未遂之後，反對勢力被扣的帽子還不止於此。

蔣經國出掌國政，卻仍是個謎樣的人物。他走文人政治家的路線，愛穿襯衫、風衣而不喜著軍裝，但對美式民主仍心存猜疑。他似乎不受任何意識形態的框限，作風雜糅了清教、列寧、儒家的思想，還隱隱散發出民粹主義的味道。他曾私下表示，「我得爲人民做點事」。國民黨的老臣阻止蔣經國將政府現代化，阻止他提拔更多臺灣人、年輕人，令他惱火。出任行政院長後，蔣經國迅即著手削弱、抑制他父親這些保守革命同志（包括軍方、國民大會、立法院成員）的勢力。他發動十項革新，致力於肅清他父親所長期容忍、忠心同志的貪汙腐敗行徑。在這儉樸運動下，官員不得大開宴席、剪綵，不得上夜總會、酒家，以降低貪汙腐化的機會。他也禁止在公家機關打麻將。

蔣經國還著手晉用臺灣人和技術官僚，提拔沒沒無聞的政治新人李登輝出任行政院政務委員。臺灣本地出生的李登輝是謙遜的學者型人物，虔誠的基督徒，擁有康乃爾大學農業經濟學博士學位。他沒有政治經驗，無權力基礎，因此未被納入政治前途看好的臺籍政治菁英之列。

一九七二年夏末秋初，蔣介石的健康沒有起色。這時他已被移到榮總醫院，他妻子和孔令偉分別住在他病房附近的房間，蔣經國則睡在附屬於父親病房的小房間裡。蔣夫人極盡所能不讓蔣介石的病情外洩，但謠言還是不可避免的傳開了。民眾明顯看出他生了重病，甚至說不定已死，但官方未說明他爲何久未公開露面。宋美齡暫時撇下照料丈夫的工作，發表了其對臺灣外交失敗受辱的看法。她發表一篇措詞強烈的短文，譴責過去一年裡轉而承認中華人民共和國的許多國家，「他們對著名的惡人該隱蓋下了認可之印，自貶身分去美化中國大陸人民受奴役的情況，彷彿賜福一般，……而他們竟把這叫做對七億中國人民的友誼！」

一九七三年一月，蔣介石在昏迷半年後清醒過來，他妻子、家人、侍從個個欣喜若狂。他從鬼門關奇蹟似回來一事，正可證明他在政治生命和個人生命上如九命怪貓的超凡韌性；這件事無疑鞏固了他身爲中國救世主的形象，至少在他核心集團裡那些傾向於將他的清醒視爲基督式「復活」的人眼中是如此。他的身體仍極虛弱，但神智出奇清醒，記憶似乎未受影響。不過無法四處走動使他很沮喪，動不動就向那些從未離開醫院、輪班照顧他的疲累侍從發火。天熱時他堅持要他們日夜用手替他搧風，因爲他對冷氣和電風扇都不喜歡。

恢復意識後，蔣介石身體復原不理想，仍有好多個月無法再度公開露面。一九七三年四月，宋美齡寫信給即將前來臺灣的魏德邁，說她丈夫得了嚴重「肺炎」，目前正在復原，他此次來訪，她丈夫無法見他。她還針對臺北多變的外交情勢說道，「會來的就讓它來，上帝的旨意都是好的。」並頑強表示：「總統和我今日的信心堅定，就和第二次世界大戰最晦暗的時期我們信心的堅定一樣。」蔣介石是否復原到能關心起地緣政治，已不得而知，但一九七三年中期，他已復原到能夠讓人從椅子裡扶起。蔣夫人抓住這機會，廓清有關他病情的流言。爲「證實」他不只活得好好的，還能主持國政，她安排蔣介石在孫子蔣孝勇婚禮時與孫子合照，並發布給新聞界。

一九七三年九月底，蔣夫人匆匆前往紐約，探望因不明疾病住院的宋靄齡。這一年的雙十國慶，蔣介石一如去年未按慣例出現在國慶大會。在美時，宋美齡被診斷出乳癌，但兩個星期後選擇返臺；她離開四天後，宋靄齡去世。回臺北後，宋美齡選擇做化療，而不動手術。她對自己的病嚴加保密，連她生病的丈夫都不知道。隔年她正在做乳房切除手術時，蔣介石納悶她爲何未和以往一樣一天來探望他兩次。有人告訴他，她已赴美，不久就會回來。

一九七四年初，美國大使馬康衛即將結束外交生涯返美。蔣夫人爲蔣介石是否該在這位大使離臺前接見他，苦惱了好一陣子。她擔心若不接見會有失禮數，可能傷害臺北與華府的脆弱關係。最後她決定，一九七四年三月二十五日，她和已經八十七歲的蔣介石爲這位離任大使舉辦歡送會。這將是自一九七二年七月以來，蔣介石第一次接見外賓。

但蔣介石的醫療小組極不放心，認爲他只能離開心臟監測器幾分鐘，全程參加晚宴根本不可行。畢竟此前他曾停止心跳，醫療小組救活過他好多次，而且每次救活後到再度停止心跳，時間越來越短。如果宴會時停止心跳，他們未必能救活他。蔣夫人堅持按照原議，主張爲了國家的前途，得冒這個險。

晚宴的每個細節都得經過精心安排。在指定的時刻，蔣介石由人從椅子裡扶起，等大使到來。醫療小組藏身在不遠的餐廳裡，備著供氧和急救設備。助理在附近焦急守候。晚宴時，蔣介石的臉部表情似乎不自然，說話含糊不清，邊說邊喘氣。蔣夫人向馬康衛「解釋」她丈夫想說的話，嫻熟的掩護他，但蔣總統病情的嚴重已是掩不住的事實。

尼克森得意出訪北京，乃是他政治生涯最風光的時期，但此後才幾個月，這位美國總統就捲入後來所謂的水門事件醜聞。水門事件一點一滴侵蝕掉他擔任總統的正當性，最後，在白宮橢圓形辦公室偷偷錄下的談話內容於一九七四年八月上旬公布，證明尼克森與掩蓋水門大廈民主黨辦公室盜竊之事有直接關係，給了尼克森致命一擊。眼看逃不過彈劾，他主動辭職。他在辭職演說中說，「我們已打開了將美國、中華人民共和國隔開二十五年的門，……接下來我們務必得讓住在中華人民共和國的世界四分之一人口與我們爲友而非爲敵，且永遠如此。」

蔣夫人立即予以申斥——不是因爲他在白宮裡的不當行徑，而是因爲他有關中國的主張。她在聲明中表示，「打開中國大陸的大門，如果是眞的，的確是件很好的事，……打開大門意味可自由進出。令人遺憾的是，我們的同胞沒有一個可離開那個國家，擺脫農奴處境。」

具影響力的新聞人德魯·皮爾森於一九六九年去世後，他的繼子已將他的日記集結成書，各大出版商爲搶下該書的出版權，競出高價。皮爾森當了幾十年的政治漫談專欄作家，成就非凡。他的全國連載專欄和電臺節目，措詞大膽直率，但眞正勁爆的故事，他只寫在日記裡。一九七四年霍特·林哈特·文斯頓公司出版該書。書中指稱蔣夫人與溫德爾·威爾基在一九四〇年代初期有婚外情；還說戰時曾有中國高階將領的女兒爲取得軍事機密而與美國軍官上床。蔣夫人大怒，要臺北的駐紐約新聞處狀告該出版社，求償數百萬美元。兩年後，案子和解，霍特出版公司道歉，並承諾日後再印時拿掉其中冒犯蔣夫人的部分。

一九七五年初期，蔣介石健康惡化，但這一次沒有逃出鬼門關。蔣介石生命垂危時，宋美齡發表一篇古怪、雜亂無章、語氣憤懣而用語古奧、晦澀的三十二頁文章，高調痛罵美國，聲稱美國受苦於「莫名的不安」和日益下跌的國際威信。一開始，她痛斥與北京和解的美國政策，但接著，令人費解的，猛烈抨擊起從美國年輕一代的吸大麻等毒品，到年輕人流行蓄長髮、波士頓種族緊張、社會福利弊案的美國各種現象。她痛批，「含有莊重、堅忍、機敏、寬厚、禮貌這些我小時候在美國備受推崇之屬性，經過歲月之淬煉而臻於完善的『大美國夢』，究竟怎麼了？……展現活力、愛國心、富感染性之熱情的一九四二、一九四三年美國，究竟怎麼了？」她似乎在責怪美國未在她丈夫有生之年助他實現成爲中國救世主的崇高理想。

據說，蔣介石臨終時叫妻子和長子到病床邊，要他們把手放在一起以示同心，要他們向他保證會和睦相處，以母子關係相待。一九七五年四月五日快午夜十二點時，蔣介石死於心臟病發，享年八十八歲。諷刺的是，那天是清明掃墓節。

臺北有位哀悼者告訴葛理翰牧師，這消息就像一個「情感大地震」襲擊全島。臺北的美國大使館人員曾隨興想到擬一個兩字電報，供大使簽核，以向華府回報這一惡耗：Peanut Planted（「花生種下了」）。最後斷定，即使是開玩笑，大使安克志都不會認可。

蔣介石在其遺囑裡寫道，他無時不以耶穌基督和總理孫中山的信徒自居（把耶穌基督擺在總理前面），他一生的奮鬥目標乃是實踐三民主義、光復大陸國土、復興民族文化、堅守民族陣容。遺囑上的連署人名單，宋美齡排首位，蔣經國排第三。

尼克森讚揚他的「友人」蔣介石是「智慮敏捷之人，大無畏之人，從始至終奉獻於他所虔誠信持之原則的人」，稱他是現代史上的「巨人」。宋美齡收到數百份弔唁函，包括亨利・福特二世（福特汽車公司董事長）、隆納德・雷根、葛理翰牧師、第一位華裔美國參議員鄺友良的弔唁函。

蔣介石死後數天，士林官邸的園藝主任方雲鶴，早上六點接到緊急來電。原來是蔣夫人找他。蔣介石長期臥病期間，總統府人員已請方雲鶴將士林官邸花園中的所有白花換成紅花，因中國人迷信白色與死有關，紅色則是吉祥顏色。蔣夫人告訴方雲鶴，幾天後會辦一場基督新教式的喪禮，得在喪禮前把所有花改成白花，以免外國人來看了難堪。方雲鶴憶道，她很煩惱，握著他的手說，她知道這很爲難他，但爲了國家的面子，得把花改掉。於是方雲鶴費了好大一番工夫，趕在喪禮之前，把所有紅花挖掉，換上白花。

五天時間裡，有超過兩百五十萬人魚貫走過以玻璃爲頂蓋的蔣介石靈柩旁，以行三鞠躬的方式致上最後的敬意。致祭者包括仍受軟禁的少帥張學良。蔣夫人帶他前來見關押他的委員長最後一面。

美國副總統尼爾森・洛克斐勒飛到臺北，代表美國政府出席蔣介石喪禮；美國是派出官方代表的唯一大國，但日本也派了兩位前首相來，令北京大爲憤怒。聯合國未派人來。美國政府原打算派較低層級的官員（農業部長），但在陳香梅介入後，於最後一刻決定派洛克斐勒。蔣夫人對此毫不知情。

四月十六日，在臺北的國父紀念館舉行國葬。外交使節團已事先排練過，以三人為一組依序走到臺座前，向蔣介石遺像行彎腰鞠躬禮三次致敬。蔣介石最愛的書，《聖經》、《三民主義》、《唐詩》、《荒漠甘泉》，擺在他靈柩中。封棺時，宋美齡強忍住淚水，蔣經國、蔣緯國分立兩側。她戴墨鏡，行三鞠躬禮時臉色蒼白，神情疲累。蔣經國崩潰大哭。靈柩四周擺了馬蹄蓮花，用菊花編成的一座白色十字架立在靈柩前。蔣氏夫婦的牧師周聯華讀了《聖經》〈詩篇〉中的第二十三篇，兒童唱詩班唱了〈與主更近〉。

覆蓋黃、白菊花的靈車駛往蔣介石生前的避暑勝地慈湖。全國默哀一分鐘。移靈車隊在溫暖潮濕的春日啟程，駛往約六十公里外的慈湖時，民眾下跪，樂團奏哀樂，穿插《驪歌》。路邊供桌上擺了符合中國傳統的焚香、水果、花、蠟燭。數百萬人立於移靈路線旁，在某些地方迎靈人群排了十層。後來蔣夫人向魏德邁夫婦寫到移靈慈湖這段行程，「即使處於震驚、哀痛的痲木狀態下，看到數百人或跪或匍伏在熱燙的柏油路上獻上最後的敬意，我開始意識到一股漸漸湧起的人性浪潮，……他們之中有許多人悲痛得不能自已，讓我動容。不知為什麼，我的悲傷變得微不足道，融入他們的悲痛之中。他們矢志繼續完成免於恐懼、免於匱乏、免於奴役的總統使命，而協助他們完成這使命一直是我堅定不移的信念。」蔣夫人為錯覺所蒙蔽，以為匍伏的數百萬人是為失去他們心愛的領袖而哀痛，其實這麼多人集體宣洩的情感，與其說是對這位受畏懼而未受喜愛的獨裁者離世感到哀痛，不如說是為長久抱持的返回大陸夢想破碎後感到的苦楚。

蔣介石遺體移厝「慈湖行館」。慈湖行館位在林木蓊鬱的山腰上，是仿四合院閩浙形式的磚造紅瓦平房。慈湖讓蔣介石想起浙江奉化的老家山水，因此生前在此建立行館。他暫厝慈湖，待他日光復大陸後，歸葬溪口老家。

在華府國家大教堂舉辦的蔣介石追悼儀式，有一千六百人前來悼念，擠滿教堂。葛理翰牧師推崇蔣介石是有著「坦然無愧」之信仰者，還說臺灣是說明他一生功績的「活紀念碑」。最後葛理翰引聖保羅被關於羅馬、行將就戮時所說的話做結：「那美好的仗我已經打過了，當跑的路我已經跑盡了，所信的道我已經守住了。」魏德邁將軍告訴聽衆，蔣介石曾寫道，「如果我死時還是個獨裁者，我肯定會和所有獨裁者一樣遭人遺忘。另一方面，我如果爲民主政府建立眞正穩定的基礎，我會永遠活在中國家家戶戶心中。」魏德邁說蔣介石未能在中國大陸這麼做，但在臺灣，他奠下了「自由的基石」，奠下讓後代子孫可信心昂揚在其上大展身手的基礎。

接下來幾個月期間，宋美齡難以接受丈夫離去之痛。她寫信告訴埃瑪．米爾斯，她覺得丈夫好像只是出遠門未歸，還說全國人民表露的哀痛仍令她動容。她開始計畫在臺北市中心區替故總統蓋巍峨的紀念園區；那將是對蔣介石崇拜之情最高的展現。這園區一旦完成，中央將立著五層樓高的混凝土建築群，建築外牆覆上一千多噸的白色佛蒙特大理石，飾以中國式裝飾，建築內擺放一尊兩層樓高的蔣介石坐像，坐姿一如華府林肯紀念堂裡的林肯坐像。蔣介石像的姿勢選擇類似林肯這位農奴解放者的雕像，其中當然有其深意。

一九七五年九月十七日，宋美齡離臺赴美，按官方說法是爲了接受「緊急醫療」。前往松山軍用機場送行者，有蔣經國和百位其他親友、官員，包括美國大使安克志。她帶了十七名隨員、大批行李，搭總統專機離開，離開前她發表一篇感性而雜亂無章的聲明。這篇聲明讀來比較像是告別演說，而不像是出國不久就要回來者的聲明。她寫道，在丈夫長期臥病期間和丈夫死後她「勉抑悲痛」期間，她「警覺確已罹疾」。她未透露患了什麼病，但海外報導她已在最近動了兩次乳癌手術。

她呼籲她丈夫的追隨者堅守信仰，並引中國俗語說，「不經霜雪無以知松柏之堅韌」。她說，「余與總統相守相勉……業已四十八個春秋……現在獨對一幀笑容滿面之遺照，閉目做靜禱時……余感覺伊仍健在，並覺隨時在我身邊。」

宋美齡出國不盡然是爲了治病。她和蔣經國恪守對蔣介石的承諾和睦相處，但兩人都是很有主見之人，且在許多事情上，特別是在與美國的關係上，看法大相逕庭。據說蔣介石死後，她曾試圖掌握大權，蔣經國則冷冷扮演他孝子的角色做爲回應——這實在令人啼笑皆非，因爲每個人都知道他和宋美齡多麼不對盤。她的孔家親戚鼓動她爭取國民黨領導權，但蔣介石葬禮兩個星期後，蔣經國獲選爲國民黨主席。最後她說，「還是不要去干擾你好，你可以放手去做你想做的。我會去美國。」

她在紐約治療六年前車禍所造成的頸部、左腿疼痛時，染上嚴重的帶狀泡疹。她不理會醫生的勸告，堅持於一九七六年四月返臺參加蔣介石逝世一週年紀念儀式。在臺北，她在浴室滑倒撞到頭。有好幾個月，她左手無法使用，走路靠枴杖。一九七六年八月，宋美齡飛回美國繼續接受醫療。她以化名住進巴爾的摩約翰·霍普金斯醫院十天，接著在九月中旬前往紐約，住進長島的孔家休養。住在這裡期間，她由她外甥孔令侃、外甥女孔令儀（宋靄齡大女兒），還有一名祕書和幾名護士照料。宋美齡告知其在臺北的親信，身體一好轉，「我就會回國，爲光復大陸的大計貢獻心力。」

蔣介石至死仍對其死對頭毛澤東深懷怨恨，但贏得內戰而有本錢展露寬大胸懷的毛澤東已開始將蔣介石稱做「老朋友」。兩人唯一共同的觀點，乃是認爲臺灣應回歸祖國的懷抱，但兩人都未能活著見到這一天。

毛澤東爲中共政權國際地位的大幅提升，爲他一輩子的對手受挫、去世，而歡欣鼓舞；但如此痛快的滋味，他沒多少時間品嘗。一九七六年是中華人民共和國厄運連連的一年。先是總理周恩來去世，接著是毛澤東的戰友朱德將軍步入黃泉。河北唐山遭遇大地震，死了二十四萬人。最後，一九七六年九月九日，秋收暴動週年紀念日（他宣稱是他走上革命之日），毛澤東去世。臨死時，他引中國俗語「蓋棺論定」，說：「我雖未蓋棺也快了，總可以論定了吧？」然後若有所思的說，「我一生幹了兩件事：一是與蔣介石鬥了那麼幾十年，把他趕到那麼幾個海島上去了……另一件事，你們都知道，就是發動文化大革命。」至於收復臺灣，他說，那會花些時間，需要靠下一代努力。

仍在美國的宋美齡，因爲帶狀泡疹和舊傷而幾乎終日纏綿病榻已經九個月，這時正不得不學習重新走路。她在一九七七年一月寫信告訴魏德邁，「靠著不斷的物理治療和練習，我進展很快。」至少，在精神上，她已復原。感謝他送了本書給她後，她談起她愛談的主題，主張世界在走出第二次世界大戰後變得比過去「還糟」。「在自由世界的幼稚心態下，它已帶給它所誇稱要拯救的人類更多暴行、更多不幸、更多束縛、更多劫難，……我知道會有人立即反駁我此刻所說的，但我認爲歷史會證明我的想法是對的，會證明那些想法和我一樣且有魄力說出這想法的那些人是對的。」

一九七七年初期，宋美齡覺得復原得不錯，可以出遠門去探望她外甥孔令傑。這時孔令傑已搬到休士頓，且已於一九六一年創立了西部石油開發公司。曾助尼克森競選的孔令傑，這時已是言行怪異的石油大亨，娶了好萊塢女星黛布拉·佩吉特。蔣夫人和其丈夫曾盼望第三次世界大戰爆發，而這位孔「少校」則不只認爲這戰爭會爆發，還爲這戰爭預做準備。他在德州的蒙哥馬利買下約六百公頃的地，在那裡蓋了一棟有精密保全系統和防彈玻璃而兼做他住所的辦公大樓。但穿過位於兩座塔式炮樓之間的大門進去，才是這棟大樓最令人矚目的地方：防核彈攻擊的大型地下避難所，比希特勒的地下避難所更大，設計更精細。這個避難所位於地下二十一公尺處，面積約三千七百平方公尺，有獨立的發電設施，依設計可容納多達一千五百人在共產黨核彈攻擊時在此生活九十天。這個避難所除了做爲生活場所、工廠、孔令傑員工的辦公室，還附設健身設施、三溫暖、拘留室、醫院、備有屍袋的停屍間。整個辦公大樓和地下避難所花了兩千四百萬美元建成。

在德州待了一段時間後，蔣夫人回孔家的長島莊園居住，在這裡過著幾乎不與外界往來的生活。她在孔家的「山頂」莊園有自己的一套房間，住在這裡時她未與當地居民往來，但在林木蓊鬱的莊園腹地裡散長長的步。一九七八年春，蔣經國就任總統大典，她未能返臺參加。拿騷郡警方爲這座位於拉丁頓的莊園提供額外的保護，她進紐約市看病時，有特勤人員隨侍守護。要出門做頭髮，即事先安排，以讓她做頭髮時店裡只有她一個客人。一九七〇年代晚期，蔣夫人搬進孔令侃買給她的占兩層樓的合作公寓。公寓位在曼哈頓上城東區，八十四街格雷西廣場十號，一棟有門禁的大樓裡，東河近在咫尺。這座建於戰前的豪華公寓有十八個房間，包括附有八間浴室的七間臥室、一部私人電梯、僕人居住區、幾個壁爐，還有東河景觀。在這裡，她看病訪友更近。

一九七八年十二月十五日，美國總統卡特突然發表電視演說，宣布華府將與北京建立全面外交關係，與臺北斷交。雖是早已預料中的事，斷交仍令臺灣震驚，且臺北的領導階層因應不佳。副國務卿克里斯多福率國務院代表團來臺，協商未來美國與臺北的關係。他們一抵臺，即碰上出乎意料的奇怪抗議場景，讓人不由得想起一九五七年的美國大使館暴動。

克里斯多福一行人降落時，松山機場出現大規模示威。他們想離開機場時，豪華座車被困在黑壓壓憤怒發狂的人潮中。美國大使安克志想走小路到他官邸，躲開示威活動，但司機不肯；他顯然奉命將這輛車和車上倒楣的乘客直直駛進「不折不扣的暴民活動現場」（安克志後來所述）。他們的車隊困在暴民之中，四周圍繞著停定的貨車，貨車頂上有國營電視臺的攝影機拍攝整個過程。暴民高喊反美口號、用棍子戳破汽車車窗、砍美國人的臉，致使他們受皮肉之傷，大量流血。誰主使這場抗議，從未查明，但以當時臺灣仍處於戒嚴來看，有關當局若有心，應可輕易防止其發生或至少在發生後予以壓制。這起事件很顯然是有人設計，以羞辱美國來使，雖然來使只是政策的傳話人，而非設計者。

一九七八年十二月三十一日，美國正式與臺北斷交，一天後承認北京。一月下旬，中國新總理鄧小平訪美。數個月後，拋棄朋友的氣氛正濃的美國國會通過臺灣關係法，使美國得以透過功能仿照大使館的非營利性民間機構，維持與臺北的非官方但實質的關係。

不久後，數年未公開發聲的蔣夫人打破沉默。一九七〇年代晚期，越南共產政府驅逐境內華人，引發一波逃離越南的「海上難民」。深爲憤慨的蔣夫人，買下一九七九年七月二十日《紐約時報》的半頁廣告，譴責越南當局。她以中、英文稱這個集體驅逐行動是「種族滅絕」和意在強取難民財產的「罪大惡極政策」。她懇請各大國接納這些大批外逃的難民，呼籲大眾譴責這種「恣意妄爲的不人道行徑，以免這類悲劇在地球其他地方重演」。《華盛頓郵報》和《洛杉磯時報》上也出現類似的廣告。每則廣告上都刊出一張蔣夫人較年輕時的照片。中文版的廣告似乎是她親筆書寫。

第二十三章　我將再起

在人類歷史中，全世界最大的謊言終於受到了挑戰。

——蔣夫人

一九八一年初期，宋慶齡因罹患白血病、心臟病而病危。鄧小平上臺兩年後，中國正開始為毛澤東時代療傷止痛，從文化大革命的滿目瘡痍中復原。鄧小平作風務實，主張不管黑貓白貓，只要會抓老鼠就是好貓。他主導下的經濟、農業改革已開始重新打造國家。

生命垂危時，宋慶齡要求見她妹妹一面。中國官方媒體發動攻勢，勸蔣夫人從美國返回故土，趁她久無往來的姊姊尚在人間時見她最後一面，如若不行，也應前來參加她的喪禮。蔣夫人沒有回應。臺北以北京會利用她出現於中國一事暗示兩岸政府達成低度和解為理由，否決這項邀請。臺北仍堅決維持其長久以來的三不政策，與中共不接觸、不談判、不妥協。

被尊為民族聖人的宋慶齡，在彌留之際，獲封為中華人民共和國名譽主席。她也獲准成為中國共產黨黨員。此前半個世紀多，她堅不肯加入共產黨，因此有人猜測這次的入黨舉動，她不知情或未徵得她同意。一九八一年五月二十九日，宋慶齡死於北京，享年九十。官方公告稱「宋慶齡同志的逝世，是我們國家和全國人民的巨大損失」，她是「我國愛國主義、民主主義、國際主義和共產主義的偉大戰士，傑出的國際政治活動家、卓越的國家領導人」。她去世那天，有五十多位黨、政領袖、朋友、海外親屬走過她病床旁，致上最後敬意。中共中央宣布開始全國哀悼期，在這期間，她的遺體隆重擺在天安門附近的人民大會堂裡三天。她獲得全規格的國葬，埋在上海她父母墓和她貼身僕人墓附近。

蔣夫人一直很勤於通信；隨著逐漸老去，她變得囉嗦，且她的看法未隨著歲月增長而成熟。她常寫冗長的嚴厲批評文章給有相同想法的友人，其中許多文章在談過去歷史，有一些和時事有關，而她都透過自己獨特的視角來看待時事。在寫給魏德邁的一封信中（日期註明爲一九八〇年七月二十六日），她稱美國人的感激是朵「嬌弱的花」，忿忿表示美國在中國困難之時「操縱、利用」中國。十二月，麥克阿瑟夫人收到宋美齡寄來生日賀詞和臺灣茉莉茶，躲過她的文字轟炸。有一年魏德邁收到宋美齡如下的新年賀詞，想必有點困惑：「願一九八一年這一年，在精神上和實質上都在衰落的萬惡共產主義，不管是俄羅斯熊或中國蛇的共產主義，都更好對付。」

周以德則獲得一封七頁長信的款待，信的日期註明爲一九八二年三月六日。信一開頭稱讚他最近在電視節目「第一線」上譴責共產主義，接著開始爲自己和丈夫激烈辯駁。她問，「美國從中國落入共產黨之手中究竟得到什麼好處？」並語帶憤懣的抱怨，「外界未給我們時間去證明我們是眞心誠意，證明我們知道如何實現我們對自己人民的目標。」她主張，經過七十年的實踐，共產主義在精神上和知識上都已明顯破產，在經濟上一敗塗地，並問怎麼還會有人繼續受它「迷惑」。她寫道，「每分鐘都有易受騙上當之人出生。」

一九八二年五月，她寫了內容雜亂無章的五頁信給雷根總統，稱讚他提醒美國大眾提防蘇聯的「危險」。他連看都沒看，只簽了由助理草擬的禮貌性回函。雷根同情臺灣，甚至有心保護臺灣，雷根當政期間比卡特當政期間更關注臺灣的利益。這期間的美國政府和國會裡，存在著美國有義務讓臺灣保有自衛能力的強烈想法。一九七九年與中華民國斷交後，兩國間不得再有「官方往來」，意即美國官員不得在辦公室裡會晤臺灣官員，反之亦然。因此雙方改在餐廳、飯店或家裡會面。其他國家如法炮製。

雷根於一九八四年四月訪問中國，當時他仍沿用舊稱，突兀的稱中國爲「紅色中國」。鄧小平告訴雷根，臺灣是「我們關係的癥結」。在這十多年前，季辛吉向毛澤東和周恩來保證，臺灣問題會「自己解決」，但這預言到這時仍未應驗。雷根照著國務院的劇本走，說美國會尊重既有的協議。至於臺灣未來，他給了不痛不癢的刻板回應：和平解決彼此歧異是中國和臺灣的事。

周恩來遺孀，本身就是備受敬重之共黨革命分子的鄧穎超，寫了封信給宋美齡，宋美齡將信轉給蔣經國。這封信未公布，但一九八四年二月，宋美齡發布了回應函，信中迂腐的大談起國共合作的曲折歷史。她哀嘆共產黨利用鄧穎超來做出「和平姿態」，使鄧穎超陷入尷尬處境。宋美齡憶起戰時在重慶與鄧穎超見面的事，寫道不解於鄧穎超「何必沉緬於被泰半理智之猶太人所不齒之德國猶太馬克思理論所蠱惑耶」？最後她說，「眞正之中國乃在臺灣。」

一九八四年四月，宋美齡寄給魏德邁一冊《與鮑羅廷談話的回憶》，這是她在一九七〇年代晚期就已根據早年筆記寫成的書，筆記最早可溯至一九二七年初她與這位俄國革命人士見面時。她寫信告訴魏德邁，二次大戰快結束時使用原子彈實爲「錯誤且沒必要」。杜魯門「衝動」的後果將久久纏擾美國。她若有所思的說，「我爲如此好心又如此天眞的美國感到難過」，還提出「中國不淪陷，就不會有今日困擾我們的許多問題」這個牽強的看法。一九八〇年代初期，她至少去魏德邁夫婦位於馬里蘭州博伊茲的莊園探望過他們一次。但一九八五年，她以年紀大爲由，請他們「改日再邀」。

蔣夫人雙腿仍未完全康復，但她不願用T字形枴杖。有人來她位於格雷西廣場的合作公寓拜訪時，她堅持親自下樓迎接。她每次見客都穿著乾乾淨淨的衣服、腦筋清楚、對華府與臺北的關係瞭若指掌。她爲復原身體所做的努力，令她的侍從吃驚。她得接受痛苦、困難的物理治療，但她從未向訪客透露那有多苦多難。她展現驚人毅力，復健量超過醫生所吩咐的。

不論過去有什麼不和，蔣夫人與其繼子在一九八〇年代期間往來密切。蔣經國要臺北駐美代表錢復向她報告他在美國的作爲（見了誰、說了什麼），甚至就錢復所認爲不該讓她知道的事報告。她在紐約時，她和蔣經國間幾乎每日有電報、傳眞往來。蔣經國用毛筆親自寫信，傳眞過去，似乎看重她的意見。

但蔣夫人身體日漸好轉時，老化和糖尿病卻漸漸奪走蔣經國的健康。他於一九五〇年代初期首次診斷出糖尿病時，宋美齡敦促他戒酒，他果眞戒了一陣子。老蔣對醫生囑咐言聽計從，蔣經國卻是個「不聽話的病人」。他堅持不讓外界知道他的病情，海外的華文媒體卻予以披露。一九八〇年代，新聞界開始揣測「大位接班」問題，但沒有跡象顯示他在培植兒子接班。一九八四年他選擇李登輝出任大體上有名無權的副總統。李登輝，不擺架子的農業專家，乃是第一位出任此職的臺灣本土官員。但這時候蔣經國已幾乎全盲，坐輪椅主持國政。

在這期間，國民政府受到來自美國政府和臺灣人民要求拆除臺灣警察國家體制、施行民主改革的壓力越來越大。自宋美齡於一九七六年離臺後，臺灣島上要求政治自由的呼聲越來越高，而政府的回應則是懷柔與殘酷雙管齊下。一九七九年，臺灣地下反對勢力上街頭示威，要求民主和臺灣獨立，結果多位反對勢力領袖遭逮捕、關押，釀成「美麗島事件」。替他們辯護的律師中，包括在此事件後投入反對勢力的年輕海事法律師陳水扁。

這起事件刺激了反對運動，最終使政府更難以抗拒人民的政治改革要求。但隨著臺北剩下的友邦迅速琵琶別抱，與北京建交，臺灣陷入外交困境。臺灣政治前途不確定，引發一波移民潮，許多臺灣居民對國家失去信心，對蔣家政權的不滿也日漸升高，決定到他地另起爐灶。

一九八〇年代初期，批評臺灣當局的大學教授陳文成，從大樓屋頂離奇「墜落」，死於臺大校園。反對派政治人物林義雄的母親和兩個女兒遭人殺害。兩椿命案都未破。警察國家的監控觸角，不只橫行於臺灣境內；留美學生和教授受到臺灣特務的監視，回國後受到訊問；臺灣記者劉宜良在美國寫了蔣經國傳，對蔣經國有負面陳述，一九八四年遭臺灣派去的殺手刺殺於加州。美國司法部接著派一調查小組到臺灣，對數名高階官員測謊，最後發現臺灣的軍情局請外省掛幫派竹聯幫「給他一個教訓」。蔣經國兒子蔣孝武捲入其中，而不管他懷著什麼樣的接班希望，都隨著劉宜良命案破滅。蔣孝武原任國營的中國廣播公司總經理，此命案發生後，他被調入外事部門，陸續擔任臺北駐新加坡、東京的代表。

同一年，《宋家王朝》一書在美國出版，躋身暢銷書排行榜。這本書控訴宋家與蔣介石在中國的統治，內容引人入勝。國民政府的回應，不只是禁止該書在臺流通，還在美國有計畫的抹黑該書和該書作者史德林·席格雷夫。國民政府找來美國友人和學者駁斥書中貪汙、無能、殘酷的指控，而據說蔣夫人是這些反擊行動的推手。

一九八五年十一月的地方選舉，反對派公開批評蔣家和國民黨。陳水扁競選臺南縣長失利後，和其妻子吳淑珍徒步掃街謝票，突然間一部貨車高速偏離車道，撞上吳淑珍，致使她下半身癱瘓。貨車司機說煞車失靈，但後來查明煞車正常。雖有這種種事件，蔣經國的民間聲望仍很高，很少因下屬的作爲受到責罵。

諷刺的是，至一九八〇年代中期，情勢已證明經濟方面的管理（國民政府在大陸垮臺的主要原因之一），乃是國民黨在臺統治最成功的地方。一九五〇年代美國的施壓，促使國民政府施行耕者有其田的土地改革，進而創造出臺灣龐大的中產階級；而一九八〇年代中期時，受惠於急速成長的經濟和股市、房市，龐大中產階級突然變得有錢。有錢之後，人民轉而更強烈要求政治自由。反對派政治人物敢於公開主張臺灣獨立。由於臺灣仍是一黨專政國家，這些反對分子不能組黨，只能以黨外自居，但在地方選舉攻城掠地，頗有斬獲。

隨著健康日益惡化，蔣經國把心思轉向身後名。他推斷如果開創民主時代，自己會有較正面的歷史評價。他注意到南韓日益升高的民主陣痛，而一九八六年二月菲律賓總統馬可士的倉皇出逃，則使改革更為刻不容緩。蔣經國認知到如果臺灣邁向民主，臺灣的安全和國際地位會提升。總而言之，這時候的情勢清楚告訴他，人民的自由化呼聲已是他擋不住的潮流，在適度管制下進行改革，將是防杜獨立運動壯大的法門。一九八六年九月，黨外人士違抗施行已久的組黨禁令，組成民主進步黨，並以臺灣獨立為其主要宗旨。諷刺的是，他們選擇組黨的地點，乃是蔣夫人所特別費心建造、彰顯帝制中國之堂皇氣派的圓山大飯店。

漫長旅美期間，蔣夫人常想起她與已故丈夫一同度過的將近五十年歲月。她在一九八六年的某篇文章中寫道，過去那些「非常緊張的時期、深深憂慮的日子、遭遇挫敗與克服困難的日子，……如同萬花筒似的在我心中閃過。」在這種種難關裡，「我們時時刻刻所關懷的是我們國家的理想之成就，我們如何地期望並祈求且努力著，國家的命運將會跟我們所做的努力是銖兩相稱的，而這些努力將會使我們的貢獻成為世界和平之不可或缺的安定力量。」

在美國待了十多年後，她於一九八六年十月返臺參加蔣介石百年誕辰紀念活動。她搭乘專為她和其隨員包下的中華航空班機抵臺，打算不久後就返回紐約。結果這一待就待了五年。

蔣夫人突然重新出現於臺灣，正逢政治敏感時期，使自覺受到重新抬頭之臺獨運動威脅，而對臺灣政局日益灰心的國民黨元老派士氣復振。她在國民黨內仍有兩個職位，一是中央評議委員會主席團主席（地位崇高但大抵無權的職位），一是中央婦女工作委員會指導會議指導長。她的返臺引發外界紛紛揣測，猜她是爲了干預她重病繼子蔣經國的接班問題而回來。這時候，蔣經國已開始主張解嚴，主張撤銷組黨禁令。他推動政治自由化，受到反對派和他支持者的歡迎，國民黨內較老一輩的保守派卻大爲不滿，而蔣夫人對這些保守人士仍很有影響力。

在蔣介石的百年誕辰紀念大會上，宋美齡告訴五萬聽衆，「我只希望讓三民主義的光輝普照大陸」。她的聲音很輕，麥克風得轉大聲，群衆才聽得到她講話，但她的臉上似乎生氣勃勃，與數十年前沒什麼改變。她不靠人扶，站著演說，但此外的大會時間，她都坐在輪椅裡。這場著名演說題爲「我將再起」，和她在抗戰時期所出版，集結一九三〇年代晚期她所寫一連串爭議性文章的書籍名稱一模一樣。她說，「美齡身在國外，但對國內戔戔憂喜休戚，實無不猶如親身經受之感。」她回來是爲了「與國人家人相見，目睹我復興基地建設之進步與社會之繁榮」。數家報紙刊出她的演講全文。

臺北迅即沸沸揚揚傳著她返臺意圖的揣測。有些人認爲她回臺純粹是因爲她想在中國人的土地上度過晚年。但許多人從字面上解讀「我將再起」，懷疑年老的她想奪權，想在她繼子死後當總統。外界普遍認爲，她至少想扶植蔣家第三代掌權，以延續蔣家王朝。

離開政壇十一年的蔣夫人，開始與一群她特別挑選的家人、朋友、官員、軍人，在她的士林官邸開會、辦茶會。她完全未透露她的意圖，但異議分子擔心她破壞蔣經國的政治改革計畫。有兩本異議雜誌暗示她想組織反改革勢力，迅即遭臺北衛戍司令部沒收。出版人未因此打退堂鼓，重印遭沒收的雜誌。書報攤偷偷販賣這些冒犯當道的雜誌，賣給上門詢問的客人。

雖已年近九十，蔣夫人仍對臺灣政壇有著令人不解的很大影響。她的支持者說她支持政治改革，而且她始終宣稱自己民主，但她的公開發言似乎有意引來截然相反的解讀。在一九八六年十二月上旬刊於臺灣報紙的長文中，她批評近來的地方選舉有著「村夫的粗俗，或未開化民族的缺乏禮貌」。她主張民主「不應對外國的方式照單全收。對我們來說，民主政治實應植基於 國父孫中山先生的三民主義」。她還說，「時下有『即溶咖啡』或『即飲茶』，然而只有矇騙才能提供立即的民主。」最後她說國家最凶險的敵人存在於內部，顯然在指臺獨運動人士。在向美國商會的演說中，她抨擊新聞媒體，且警告如果民主社會陷入混亂，共產主義可能獲勝。聽者認爲她在表示臺灣應慢慢步向民主，如果眞要步向民主的話。

蔣經國幾乎每日探望宋美齡以示尊敬，有時一同用早餐，有時只是去打聲招呼。在某官方活動場合，政府告訴報社要特別強調蔣夫人與她繼子「親密牽手」的事實，以廓除長期以來他們不和的謠言。據說蔣經國問過她接班的問題。她表示認可與她有同樣宗教信仰的李登輝。她告訴繼子，「這個人是基督徒，應該不會是壞人！」

蔣經國坐在輪椅上與立場強硬的反對派奮戰，急如星火般施行政、經改革。他知道自己在和時間賽跑，因爲糖尿病正摧殘他的身體。一九八七年七月十五日，他廢除戒嚴令和組黨禁令。他讓臺灣居民首度得以前往大陸探親，推動經濟改革，賦予島民更多政治權力，宣布他也是臺灣人。最後，一九八八年一月八日，躺在床上生命垂危之時，他廢除對新聞出版的管制（他推動政治改革的核心）。一月十三日去世，享年七十七。蔣家六十年政治王朝告終。

副總統李登輝在數小時後宣誓就任總統。他出現在電視上，以鋪張揚厲的言語呼籲統一國家、實現蔣經國未能完成的光復大陸大業，似乎欲藉此安撫黨內元老派。這意味著他不會放棄國民黨在臺統治的最高宗旨——最終與中國大陸再度統一的理想。這也意味著他不會往獨立的方向移動。有些本土臺灣人呼籲宣布臺灣獨立，但島上大部分人希望在現狀下自治、民主改革，而不願追求法理上的獨立。

與他父親死時大相逕庭的，蔣經國死時沒有全國人民如喪考妣的情景出現。除了一場平實的喪禮，生活作息一如往常（這正局部說明了他不願搞個人崇拜的作風）。蔣夫人未在喪禮上現身，但後來有人在他頭寮陵寢附近看到她坐在黑色大轎車裡。

繼任總統時，李登輝被視為是既無政治基礎、也沒有本事在冷酷無情之政壇裡打滾的溫和學者。黨、政、軍都落在掌有實權的外省人手裡。當時外界普遍認為，這位常把退休後要當傳教士的心願掛在嘴上的虔誠基督徒，只是個過渡性角色，將只是個有名無實的元首。後來的發展證明，大家都太低估他了。

據說，李登輝當上總統後不久，就偷偷與民進黨諸領袖會晤，後者要他帶領臺灣走上正式獨立，李登輝回以「給我時間」這句名言。這故事可能是杜撰，但在臺灣政治圈流傳甚廣，而隨著歲月推移，李登輝的實際作為證實這並非空穴來風。

蔣經國死後數天，蔣夫人寫了封信給國民黨領導階層，主張黨不該急於任命代理黨主席，黨主席之位應由黨的高階決策機構成員輪流擔任。但黨內領導階層已承諾立即決定此事，以免黨內群龍無首，接班問題久久懸而未決。當時國民黨主席的權力之大，絕不遜於總統，而黨主席一職應由新總統出任乃是共識。讓李登輝出任國家元首兼黨主席（一如此前老蔣、小蔣），被認為是維持臺灣政局穩定所不可或缺。雷根總統捎給李登輝的口信——表示美國支持李登輝按照憲法程序出任總統——使這一觀點得到更進一步的支持。

蔣夫人不為所動，繼續催黨內領導階層照她的意思行事。票選黨主席那場關鍵會議，由長期屬於夫人派的行政院長俞國華主持。他將此事排除於議程之外，拖延了兩個小時。最後，立場溫和的外省籍年輕黨員宋楚瑜突然起身，發言支持李登輝出任黨主席，建議立即投票表決此問題。宋楚瑜的發言不符正當程序，但俞國華沒辦法再拖，結果幾乎一致支持李登輝當主席。蔣夫人以書面回應，向黨內領導階層表示，她只是建議此事應按照黨的規則處理，沒有別的居心；她念茲在茲想著「忠黨愛國」。為排除外界對她別有居心的解讀，她說，「我當初支持他（李登輝），今天就不會反他。」

雖已沒什麼實權，蔣夫人仍有舉足輕重的影響力，仍受到行禮如儀的敬重。李登輝獲推舉為黨主席後，和宋楚瑜聯袂拜會蔣夫人向其致敬，但此舉有可能是為了不讓她有失「面子」，而非真心尊重她的觀點。不管真正目的為何，外界普遍認為她的信代表孔宋家族欲東山再起，以沒人樂見、沒必要的方式干預臺灣政局。在許多民眾心中引發的深深猜疑，加上她幕後陰謀行動的隱晦不明，引發大量不滿，使她在許多臺灣人民心中名聲徹底掃地。新聞報導質問她的種種作為是否出乎己意，質問她是否受到她家人不當的影響。還有說法指「保皇派」，亦即「宮廷派」成員，鼓勵她寫下那封引發爭議的信；宮廷派想把黨主席之位據為己有，或至少希望削弱李登輝這位臺灣人總統的權力。甫擺脫束縛的新聞媒體問，九十一高齡的蔣夫人能充分認識當前的政治氣氛？這一事件也讓國民黨內保守派元老日漸式微的影響力，難看的暴露於人民眼前——他們所曾擁有的影響力就此一去不復返。

蔣經國去世兩個星期後，內閣宣布釋放已經九十歲、已完全不「年少」、已監禁了半個世紀多的少帥張學良。遭軟禁三十三年的孫立人將軍也獲釋，兩年後去世。

一九八八年六月，蔣夫人出席婦聯會茶會，為去年十二月以來首次公開露面。她向觀眾講話，抨擊那些批評她、批評蔣家、批評她已故丈夫治國歷史者。她說用今日標準來評斷過去不公平，因為情況不同。建設性的批評是好事，但人可能因抹黑而在一夜之間身敗名裂。她提醒道，臺灣老一輩走過日據時代，但「我希望未經困苦的一般幸運者，慎防被少數野心人物或潛伏滲透者利用，影響社會安寧，礙及國家形象，損害全國軍民努力不易得來的成果」，話中暗暗提到在海外流亡多年而正返回臺灣的臺獨運動人士。「我們不要忘記有權利相對的必有義務。民主與自由都有它的規範，民主則是在法治下的民主，自由則不得侵犯他人自由。」

七月，國民黨召開第十三次全國黨代表大會，距上次召開已經七年。深居簡出的蔣夫人露面，以中央評議委員會主席團主席的身分出席，頌揚了國民黨的「光榮」歷史。她穿黑滾邊白色印花旗袍、黑背心，仍烏黑的頭髮往後拉、盤成髻，拄著枴杖蹣跚走過陽明山中山樓裡的舞臺，一千兩百位黨代表起立鼓掌歡迎。

身爲蔣介石遺孀、支配中國政治和歷史半個多世紀的蔣宋家族碩果僅存的老人，她仍是國民黨歷史的有力象徵和該黨元老派的大家長。她身後掛著巨幅金框孫中山像，前方是她已故丈夫的肖像。她繼子蔣經國的畫像掛在她右邊。她未直接認可推舉李登輝爲黨主席一事，但她的出席清楚表示默認。

她以微弱但堅定的語氣向全黨代表致意，說：「各位同志，大家好！」觀衆回以掌聲和一聲「好」。她的喉嚨不適，因此請黨祕書長李煥代爲宣讀她的十五分鐘演說文。謠傳此文是孔令侃捉刀寫成。文中她指出引發中日戰爭的盧溝橋事件發生於五十一年前，並回憶起一九二四年在廣州召開的第一屆全國黨代表大會。她說，那時「與會同志，朝氣蓬勃忠黨愛國之情溢於言表。余當時在座，曾親聆總理昭示，組織有力政黨，以黨改造國家」。她提醒與會者，她父親「爲總理密切夥伴，掩護同志籌助經費，余家爲祕密集會處所之一，因而遭致清室懸賞通緝，被迫舉家倉促逃避東瀛」。

她告訴黨代表，「眼前正値緊要關頭，老成引退，新血繼之……於今黨內白髮蒼蒼，步履蹣跚者，不乏當年馳騁疆場之鬥士或爲勞苦功高之重臣，其對黨國之貢獻，絲毫不容抹殺，當思前人種樹，後人乘涼。」她還說，黨「比如大樹雖新葉叢生，而卓然置基於地者，則賴老根老幹」。

她接著提醒黨要提防「個體求眩衆，標新立異，動搖國本」，暗指臺灣獨立觀念或「一中一臺」想法。她斥責媒體，說它們「對國事之批評與建言，應訴諸社論專欄，堂堂正正供大衆判讀」。她申言國父孫中山建黨，以創造五族共和的國家，「同爲漢族，自無所謂獨立之理。」她指出美國人爲維護統一，打了一場慘烈內戰。她呼籲全體黨代表「推行民主鞏固經濟，在黨主席領導下群策群力繼續發揚本黨輝煌歷史」。李總統與她握手，中山堂裡響起如雷掌聲。她揮舞白手帕，在黨代表又一次起立鼓掌下離開。

在這次大會上，李登輝受確認爲國民黨主席。他接掌此職，普被視爲強化民主改革之舉，因爲李登輝是臺灣本土出身，黨內許多權力仍落在外省人手中。許多人主張，若非受推舉爲黨主席，他可能會是個起不了作用的弱勢總統，因爲長久以來黨、政不分。但後來有些觀察家認爲，蔣夫人或許很有先見之明，若照她當初所主張，總統和國民黨主席分由不同人擔任，將黨政分離，或許更有助於促進民主。蔣家只有兩位成員出任黨內要職：已靠苦幹實幹爬上副外長之位的蔣經國私生子章孝嚴；主持數家黨營事業的蔣經國三子蔣孝勇。

一九八八年十一月，蔣夫人宣布她將於一九八九年初返美，她外甥孔令侃、外甥女孔令儀來臺協助他們妹妹孔令偉打理蔣夫人出國事宜。但卵巢腫瘤的發現，打亂蔣夫人的計畫。她的私人醫生由美飛來臺灣醫治她，一九八九年初割了右卵巢。

孔令偉堅持不讓外界知道她患此病，此舉自然而然導致新聞界對其眞正病因有失實的揣測。蔣夫人於一九七〇年代患乳癌時，孔令偉很憤怒於她的病情外洩，榮總一些傑出醫生因此被迫辭職。一九八九年二月，臺灣重要周刊《新新聞》報導，「爲什麼蔣家的親屬對老夫人的病情要這麼神祕呢？」該雜誌論道，她的官邸被搞成像個「封建王國」。她的身邊人宣稱是照她的意願行事，但他們其實正使這位前第一夫人的形象受到扭曲。她與家人、官邸人員以外的世界幾無接觸，或對那以外的世界幾乎一無所知，且臺灣人民對她的了解還更少。《新新聞》論道，她如此與世隔絕，已成爲自己土地上的外國人。

一九八九年四月報紙報導蔣夫人打算返美時，五十名老兵聚集於中正紀念堂外，籲請她不要拋棄他們。他們希望一九四九年退到臺灣後國民政府發給他們的戰士授田證能換成現金，並求她在此事上幫忙。領有戰士授田證者得以在光復大陸後配授大陸的土地。她尚在世的繼子蔣緯國向他們解釋，她動完手術，身體還未復原；她仍愛臺灣，沒打算出國。

一九八九年十一月，李總統前往士林官邸探望蔣夫人。兩人在下午會晤了兩個小時，談論即將進行的軍方人事改組等問題。已當了八年參謀總長、屬夫人派的郝柏村將軍，可望出任國防部長。他曾在蔣夫人推薦下擔任蔣介石的侍衛長（一九六五～一九七〇），此後仕途受到她的提拔。

蔣夫人似乎打算在島上度過餘生，但政治情勢瞬息萬變。她不滿於國民黨內和李登輝政府內的改變，特別是不滿於李登輝讓本土臺灣人取得更多要職的「本土化」政策。孔令偉決意在島上住下，蔣夫人不願離開她最寵愛的外甥女，於是再度延擱離臺日期。但有關她正試圖干預高層人事變動和國政的說法不斷傳出，令她很是痛恨。她的自尊受重創，她深信這些謠言意在傷害她，甚至要趕她走。這有一部分源於她難以適應開放報禁後，她和她家人遭肆無忌憚、衆聲喧嘩的新聞媒體公開批評的新情勢。有人聽到她說，「這裡是我的國家，我有權住在自己的土地上。」

一九八九年春，蔣夫人注意著中國大陸各地抗議者要求民主的情勢發展。一九八九年六月四日，坦克駛進天安門廣場，殺害不計其數的民主示威者，她迅即譴責北京的領導階層。在發給媒體的聲明中，她寫到自己聽聞中共政權用武裝部隊「濫殺」和平學生、工人時「不勝髮指」。「余祈盼此失去人心之政權勿繼續此慘絕人寰大肆殺戮無辜……學生們所要求僅爲與當局對話，渴求人類本性之民主及言論等自由，孰料竟因此遭受冷酷之屠殺。」她指示婦聯會捐五百萬新臺幣協助受到這場大屠殺影響的大陸同胞。

六四屠殺一個星期後，蔣夫人在波士頓大學建校一百五十週年紀念日那天，獲該校頒予榮譽法學博士學位。美國老布希總統、法國密特朗總統、約旦國王胡笙也領過這個學位，但只有她是在校外獲頒這學位。爲此事來臺的該大學校長約翰·席爾伯，稱讚蔣夫人是有著「不屈不撓精神和個人勇氣」的女性，仍是美國「眞正的、誠實的友人」。靠枴杖站著的她，一開始說道，她因對某種抗生素產生嚴重過敏反應，不得不在醫院住了數個月，目前正在復原當中，還說服藥使她「眩暈，心思遲緩」，請在座衆人發揮耐心聽她講話。然後她痛斥「畏怯的共產儒夫」在天安門廣場「發狂殺人」。她說，出現於大陸各地的示威和自發性的全面暴動顯示，中國人民在說：「我們不能再忍受了！……你們只不過是魔鬼般的屠夫！」最後她得意表示，「在人類歷史中，全世界最大的謊言終於受到了挑戰，……七十五年後的今天，共產主義終於破產了。」

第二十四章　日暮遲年的女主角

我們怎麼忘得了？

——鮑伯・杜爾

一九九〇年代展開時，蔣夫人仍留在臺灣，似乎尚未決定要不要回紐約。隨著進入遲暮之年（她這時已約九十三歲），她已不如過去那般飛揚跋扈，那麼令人害怕。她變得更爲內省，且和她母親一樣，變得更爲虔誠於宗教，花不少時間讀宗教書籍。她喜歡淡化自己在歷史上的角色，告訴友人她「只是個單純的基督徒」。她的身體還相當好，但本已不好的記性越來越差。不過她仍很警醒，頭腦仍很清楚。她常想起過去，鉅細靡遺的憶起幾十年前發生的事——她向丈夫說的話、他們兩人去的地方、他們如何因應某個難題。她仍很在意外表，仍做頭髮、化妝、戴首飾、穿優雅的絲質旗袍。唯一隨著歲月消逝的，乃是高跟鞋的高度。

但蔣夫人並未因年老而放掉對婦聯會的掌控（這時婦聯會的全稱已改爲中華民國婦女聯合會）。一九九〇年，她指派辜嚴倬雲接替她，擔任有二十萬會員的婦聯會祕書長，她自己仍任主委。辜嚴倬雲丈夫辜振甫是臺灣著名企業家，國民黨內大老。隨著臺灣經濟於一九七〇、八〇年代進入「奇蹟」階段，婦聯會透過對進口品收取「勞軍捐」徵收到的金額暴增。經企業協會抱怨後，一九八九年終於廢除「勞軍捐」，但蔣夫人仍掌控婦聯會的資產。婦聯會的帳目仍是高度機密，不受政府機關監督，甚至不受其會員監督，只有少數身居要職者知道資產多少，而據認該會的資產非常可觀。一九九〇年代晚期，傳說政府調查了婦聯會的財務，但就此沒有下文。

蔣夫人仍與老友有所聯繫，包括少帥張學良，她偶爾帶他一同前往圓山飯店用午餐。蔣經國死後，政府一再表示張學良已不受軟禁，但直到一九九○年六月，他過九十大壽時，才公開露面，是爲一九三六年來他第一次公開露面。過壽期間，他自稱是「罪人中之罪魁」。蔣夫人常告訴友人，「我們對不起漢卿！」話中的「我們」很可能包括她自己、她丈夫、她繼子蔣經國。她雖未能履行在西安的承諾讓張學良自由來去，但他深信多虧了她，他才不致遭她丈夫處死。由這點來看，宋美齡那句話就頗値深思。

蔣夫人偶爾仍公開露臉，她往往引發爭議的言談仍引人側目。在一九九一年四月對婦聯會的演說中，蔣夫人譴責臺灣當前鬧哄哄的立法院裡「盲目」的暴力和她所謂日趨邪惡、墮落的趨勢。立法院裡的辯論的確激烈，有時演成立法委員間拳腳相向的混戰。她說，人民的物質生活更爲富裕，帶來「奢靡不羈貪婪妄爲」，稱國會遭海外人士戲稱爲「馬戲團」實在「令人羞憤」。

七月，蔣夫人在故宮博物院舉辦的藝術研討會上講話。臺北故宮藏有北京皇宮收藏的大量中國古文物，係一九四○年代末期國民黨從大陸搬來臺灣。故宮博物館的成立（一九六五年），蔣夫人是一大推手，且她曾任故宮諮詢委員會主委。謠傳她曾透過故宮院長秦孝儀牢牢掌控該院，且常借出館藏供她在臺北、紐約家中自行欣賞。

在這場研討會上，她呼籲西方國家和日本歸還清末、抗戰時期掠奪的中國古文物。她說二次大戰期間遭竊的歐洲畫作正在物歸原主。她的呼籲引來廣泛討論，令外交部驚愕。官員警告洽談歸還文物之事，一開始就會很棘手，且因臺灣獨特的外交地位而更爲複雜難辦。鑑於擁有中國古文物的那些國家，承認中華人民共和國是中國唯一的合法政府，文物不可能歸還臺灣。

蔣夫人似乎原希望在臺度過晚年，但政治情勢丕變，她越來越不安。身爲舊體制的有力象徵，她成爲抗議對象，反國民黨分子在她士林官邸門外示威。反對黨民主進步黨勢力越來越大。政治人物肆無忌憚批評蔣家主政時代，抨擊蔣家人，主張她所萬萬無法忍受的臺獨。

一九九一年九月，消息傳出蔣夫人不久後會返美，代表蔣家在臺的影響力將就此告終。官方包了一架中華航空公司的班機，載送她、她的行李、大批隨員（包括私人醫療小組）。中華航空挑了最好、最有經驗的機師和空服員執行此次任務，並爲她將頭等艙改成臥艙。九月二十一日她搭機離臺，李登輝總統和其他高層官員、蔣家人「私下」前往送行，不准新聞媒體現場採訪。她再度定居於她的曼哈頓公寓。

她離臺幾個星期後，五位屬於反對黨民主進步黨的臺北市市議員來到她的士林官邸，試圖進入「丈量」這塊土地，聲稱這塊地屬於臺北市政府，三十公頃的地應由軍方轉交市府管理，開放大眾參觀。警方在大門口擋住他們。

然後蔣介石前任妻子陳潔如所撰寫的回憶錄，一九九二年在臺出版。這本回憶錄早就寫好，但長期遭封殺，無緣出版，後來有人在某檔案機構裡發現這份稿子，才得以重見天日。已退休而仍住在臺灣的蔣緯國，譴責此書的出版意在抹黑他的父親，「侮辱」他父親和陳潔如兩人。蔣緯國說，陳潔如是閨秀人家，不會寫這樣的東西。他憶起他六歲時第一次見到陳潔如，說那時他剛和父親去了一趟黃埔回來，發現有個少婦在我們廣州家裡，他父親忙於革命工作，因此他漸漸和陳潔如有了很密切的友誼……她是個溫柔、高雅的女人。她於一九二七年八月被送到美國後，他未再見到她，但他說後來他哥哥蔣經國安排送錢資助她生活。這本書的英文版於兩年後在美國問世，但受到家人和助理保護的蔣夫人，很可能從不知此書的出版。

一九九三年，張學良和其妻子獲准離臺前往夏威夷，並在夏威夷申請移民美國，後來拿到綠卡。這位中國現代史上最多采多姿、最受愛戴之一的人物，在夏威夷的金龍豪華大廈度過餘生，以和親戚相聚、上教堂、偶爾坐輪椅逛海邊消磨時間。中華人民共和國的官方部門，包括瀋陽市長，數次邀他回大陸定居。

隨著蔣家四十年獨裁統治所遺留的東西幾乎全遭抹除，蔣家所建構的體制在一九九〇年代徹底解體。這是段巨大的轉變時期，從早期試探性的頌揚結束軍事統治、一黨專政，到由反對勢力引領打造活力民主社會。數千政治犯獲釋；數百家新刊物問世；數千個原在戒嚴法下不得組成的草根協會、基金會、各種公民團體成立；反應熱烈的政治叩應節目在地下電臺大行其道；第四臺纜線穿梭於臺北大街小巷上頭，傳送仍屬非法的有線電視節目，提供比當時由國民黨控制的三家無線電視臺更吸引人的節目。一九九三年，最後一位被列爲黑名單的異議分子返臺，遭短暫逮捕，隨後獲釋。

諷刺的是，蔣夫人和其家人在臺灣失去恩寵時，中華人民共和國開始重新評價蔣家王朝在中國現代史上的角色。北京連番辱罵李登輝，稱他是決意追求臺灣獨立的「分裂主義者」時，也非正式的平反了國民黨前領袖的地位——這有一部分是因爲那些國民黨前領袖與中共領袖都堅決認爲臺灣是中國不可改變的一部分。對於蔣家身爲領袖的歷史功過，慢慢出現較持平的觀點，他們對中國的貢獻也慢慢得到肯定。他們的歷史名人身分和商業價值無疑是讓他們得到平反的原因，因爲財政拮据的地方政府想招攬觀光客。在南京，蔣介石故居得到修復，重現原來的光采。他們去做過禮拜的那座教堂，改名爲「美齡宮」。蔣介石的奉化老家得到保存，成爲中國觀光客喜愛的旅遊景點。文革時遭紅衛兵破壞的蔣家墓，這時得到修復，就連宋家在海南島的寒傖老家，也成爲古蹟受到保存。

一九九四年九月，蔣夫人返臺探視她所摯愛而因結腸癌性命垂危的外甥女孔令偉。她始終將孔令偉視如女兒，她自己生病期間很仰賴這外甥女的照顧。由於時間緊迫，她未包機，而訂下中華航空班機上的整個頭等艙。一九九一年她離臺時官方因給她特殊待遇而受到抨擊，因此這次外交部強迫她首次使用外交護照，而非她已使用多年的特殊通行證。一般來講，只有外交官和其偶配可取得外交護照，但外交部可在內閣同意下決定要發給誰。新護照匆匆發下，以便讓她趕得及回臺。她帶著兩名醫生從美國回來。

這將是她最後一次回臺灣。回臺後，現年九十七歲的蔣夫人再度受到短暫的矚目。雖經長途飛行，她下機時仍穿得整整齊齊，對相機露出燦爛的笑容。她在助理攙扶下走路，最寵愛的繼孫子蔣孝勇陪同在側。許多官員、親信、友人前來機場迎接，李登輝總統也在其中。他們避談政治，只談宗教之事。

她碰上一九九〇年代中期臺灣常見的抗議活動，遂被急急載出機場，以避開等著「歡迎」她的兩百名計程車抗議司機。現場部署了數百名鎮暴警察以防暴力出現。她去了中正紀念堂，然後去探望她外甥女。一星期後她返美，孔令偉於十一月八日去世，享年七十五。

蔣夫人與其最寵愛外甥女間的關係至今仍是個謎。她是宋美齡親生女兒的說法流傳許久，這時仍未消失。這說法不大可能是眞，但據某位友人所述，她們的關係非常深厚，每次蔣夫人看著孔令偉時，她都像是「失了神」。孔令偉說什麼，蔣夫人都毫不猶疑照辦。孔令偉遺體運到美國，葬於紐約州哈茨戴爾一地芬克利夫公墓的家族墓裡。蔣夫人要求留她一人在墓室裡，她待在外甥女棺木旁半個小時才離去。

一九九五年二月二十八日，在二二八事件受難者追悼儀式中，李登輝總統公開代表政府向二二八受難者致歉。但爲化解將近半世紀的怨恨跨出這第一步時，拆除蔣家崇拜遺風的行動也日益熱火，由反對黨掌控的地方政府開始拆除數百座蔣介石像。有位民進黨女立委大張旗鼓毀損蔣介石雕像，表示欲藉此鼓勵臺灣人民不要再盲目崇拜政治偶像。過去，在家中懸掛蔣介石像稀鬆平常，但這時候，只有極少數人這麼做。新當選的民進黨籍臺北市長陳水扁，宣布此後市政府機關和學校不再懸掛蔣介石父子肖像，只保留孫中山、李登輝總統玉照。

一九九五年六月，美國柯林頓政府終於屈服於國會鍥而不捨的壓力，同意李登輝回母校康乃爾大學訪問。這是有史以來第一位臺灣現任元首訪問美國。雖然宣稱是私人訪問，還是受到許多媒體關注，北京也清楚此行的政治意涵。惱火的中華人民共和國政府試圖阻止他訪美。中國官方媒體發動一連串激烈抨擊，指控李登輝使用「政治迷幻藥」來掩飾其追求臺灣獨立的作爲，稱他是利用詭計保住權位的獨裁者。但李登輝不爲所動。李登輝夫婦訪美期間，送了二十四朵玫瑰給蔣夫人。

翌月，美國國會爲蔣夫人舉辦了致敬酒會，以紀念第二次世界大戰結束五十週年。雖已高齡九十八，她仍是動見觀瞻。這場一九九五年七月的盛會，正值中美關係特別緊繃的時期，中美正爲中國被控傷害人權、李登輝訪美爭議、北京憤怒回應而陷入齟齬。衆議院議長金瑞契不久前主張外交承認臺北，但有人提醒他美國負有對北京的條約義務後，迅即改口。這場酒會在國會舉行的前夕，北京向臺灣附近海域試射兩枚飛彈，以表達其憤怒。諷刺的是，這場國會致敬酒會未招來北京的正式抗議，反倒引來臺灣民主進步黨的反對，該黨稱蔣夫人是「最好置之不理的過氣獨裁者」。臺獨運動支持者稱邀她至國會，乃是對死於二二八事件和蔣介石特務手中的無數臺灣人「甩了一個耳光」。

酒會的主辦人是伊利諾州民主黨籍議員保羅．賽門和堪薩斯州共和黨籍議員鮑伯．杜爾。杜爾時任參院多數黨領袖，共和黨的總統候選人。賽門在參議院裡爲通過支持臺灣進入聯合國決議案而大力奔走。受邀出席的三位前任總統都未現身。柯林頓政府官員也受邀，但唯恐觸怒北京，無一出席。參議院裡批評北京最力的議員，有一部分出席，包括北卡羅來納州共和黨議員暨參院對外關係委員會主席傑西．霍姆斯、南卡羅來納州共和黨議員暨參院軍事委員會主席史卓姆．瑟蒙、懷俄明州共和黨議員艾倫．辛普森。賽門是上海路德宗傳教士之子，他淡化酒會的政治意涵，而著墨於其歷史意義。他指出蔣夫人是唯一尚在人世的二戰時代重要人物，稱這場酒會是向中國人民發出的「友好動作」。有位出席的前飛虎隊員說，「我以為她死了」，稱她是「偉大女士」。

蔣夫人上次在華府公開露面，乃是一九六六年向全國新聞記者俱樂部演說。臺灣的電視臺現場直播這次酒會（臺灣時間凌晨四點三十分），並製播特別節目介紹她的一生。國會議員列隊與這位身材嬌小、頭髮烏黑、戴玉耳飾的九十八歲女性握手。她穿旗袍，打扮高雅，看起來有精神、身體很好。她坐在羅素參議院辦公大樓的大理石參議院黨員活動室裡，有蔣孝勇陪伴在側，以她一貫優美的英語、穩定且堅定的語調，宣讀她的演講稿。

她向三百多位賓客說，「我很高興各位還記得來自戰時盟友中國的一位老朋友」，還說她深信，「我們兩國共同的努力為第二次世界大戰的最後勝利奠下基礎」。她重提一九四三年她在美國國會說過的話，「我一直把美國當做我第二個家，很高興今天能夠回家。」

從不避談敏感話題的她還說，事後來看，孫中山的三民主義很清楚的已戰勝共產主義。她義正詞嚴的說，「中國人民思考自己國家的未來時，應知道該選民主，而非專制集權」，言談中完全忘記了蔣家政權，不管在大陸時，還是後來在臺灣時，都完全談不上民主。她回顧第二次世界大戰，說：「我不由得思索那場戰爭的悲慘和那些血淚交織的歲月，也無法忘記並肩作戰的中美兩國人民散發出的道德勇氣。今天我還要利用這機會向美國人民對我國家中華民國在精神上、物質上的支持，表示由衷的感謝。」最後她說，「願上帝保佑諸位！」

她與參議員瑟蒙聊天、大笑，瑟蒙是國會裡年紀最大的議員，只比她小五歲。已故總統尼克森的女兒，翠西亞．尼克森．卡克斯也在場。牆上掛著蔣介石夫婦、羅斯福夫婦、邱吉爾、陳納德、艾森豪、馬歇爾、其他戰時人物的黑白大照片。蔣孝勇說，「我祖母很高興，我很久沒看到她這麼開心。」他還說，看到華僑和美國國會議員仍記得他，景仰她，令她很感動。他說，「那是我祖母的光榮，中國人的光榮。」

一九九六年三月，她預覽了即將在紐約大都會美術館舉行的臺北故宮中國文物展。她向上前致意者微笑、握手，其中包括九十四歲的慈善家布魯克．亞斯特。她參觀了從故宮六十萬件藏品中挑出的四百五十件瓷器、繪畫、雕刻等文物，大部分坐輪椅參觀，但用走的穿過兩道展示廊。攝影師請她在十世紀的宋太祖肖像前拍照留影，她開玩笑道，「我會把你們的相機打壞！」有些在場者認爲她對自己的外貌沒有信心，但《紐約時報》將這句話惡意解讀爲，她揚言要破壞攝影器材，如果攝影師冒冒失失拍下她的話。大都會美術館館長腓力普．德．蒙特貝洛親自陪她，說：「她無疑是個備受尊敬的老婦人，鎮靜自若、平靜祥和的人物。」

蔣夫人掌握時事動態，但不願評論臺海兩岸的緊張關係，而當時的兩岸關係正緊繃到極點。臺灣第一場民主總統大選還有幾天就要舉行。現任總統李登輝與前政治犯彭明敏分別代表國民黨、民進黨出馬角逐。彭明敏結束流亡，返臺不久，被視爲臺獨運動的「教父」，以臺灣獨立爲政見。不滿李登輝的國民黨內政治人物脫黨擁護兩位獨立候選人參選，兩人都主張最終要和大陸統一。

北京文攻武嚇，發出威脅性的聲明，在臺灣附近海域試射飛彈，顯然欲影響大選結果。華府派來航空母艦獨立號穩定臺海局勢，做爲回應；不言可喻的象徵意涵，明眼人都很清楚。蔣夫人的確間接談到臺灣緊張。德．蒙特貝洛說，「她神態莊嚴的說到藝術在政治動亂時期歷久不消、統一人心的特質。」令北京大爲惱火的，李登輝輕鬆贏得一九九六年三月二十三日的歷史性大選，彭明敏得第二高票。

驚愕於大選結果的蔣緯國，請國民黨思索將其父親、哥哥埋葬大陸的可能性，因為擔心他們的遺體可能遭反對蔣家的政治人物毀損。反對黨執政的地方政府最近主導移除蔣介石雕像、肖像的行動，乃是促使他提出這個請求的原因之一。蔣緯國希望讓老蔣葬在南京，孫中山之側，希望讓小蔣葬在浙江溪口老家。

蔣緯國的陳情激起上萬民眾前去慈湖、頭寮的兩蔣陵寢謁陵。北京國臺辦官員表示，眼前並非讓蔣家兩位領袖遷葬大陸的適當時機，使這一議題遭到壓下。國民黨決定待臺灣與中國大陸和平統一後再遷葬。蔣孝勇得悉後，痛批執政黨拖延不辦。有人問遷葬大陸是否意味著將已故兩位領袖的遺體交給敵人？他忿忿表示，寧可讓兩蔣受到敵人「鞭屍」，也不願受「自己人鞭屍」。

一九九六年總統大選後幾個月，蔣夫人士林官邸的大花園闢為公園開放參觀，但官邸本身仍大門深鎖，受軍方保護。遊客悠閒走在占地數公頃的花園裡，走過花木扶疏的小徑、涼亭，欣賞蔣夫人的玫瑰園，參觀曾有艾森豪、尼克森等眾多外國要人下榻過的招待所。遊客一窺前第一夫婦與臺北上層人士一起做禮拜的那個小禮拜堂，參觀仍擺放了她所蒐集之眾多蘭花的溫室。

一九九七年三月二十日是蔣夫人百歲生日，臺北方面有一支代表團前來紐約向她祝壽，成員包括辜嚴倬雲、前行政院長郝柏村、蔣緯國、一群受蔣夫人照顧過的孤兒。數天後，香港曾陳胡律師行代宋家三姊妹匿名捐了六百萬美元給喬治亞州的衛理學院。衛理學院校長鮑伯・艾克曼最初以為那份傳眞（日期註明為一九九七年三月二十七日）是愚人節的惡作劇，不久後就發現這「玩笑」是該校所收過最大一筆遺贈。有人告訴他，這筆錢得在一九九七年七月一日香港移交中國之前移出香港。俄亥俄州的奧伯林學院收到同樣金額的遺贈，遺贈者是孔祥熙。

蔣夫人與蔣緯國向來關係很好，她在紐約時，他常去看她，兩人以母子相待。一九九七年十月，她最愛的繼子去世。不久後，有位臺灣學者宣布，蔣介石小時候被狗咬傷生殖器，無法生育。這位學者表示，蔣經國一如蔣緯國不是蔣的親生兒子，但不願透露消息來源。這個相當牽強的說法，眞實性可疑，但得到香港、臺灣報紙通欄大標題報導，引來多方評論。蔣夫人外甥女孔令儀出面駁斥，嚴批這些說法是傷人的「無稽之談」，她提出了一個不盡可信的故事反駁：一九三七年秋，蔣夫人懷了蔣介石的小孩，但發生車禍，因此流產。孔令儀表示，這是她阿姨最後一次懷孕，還說蔣夫人喜歡小孩，婚後一直希望有小孩，車禍後心情很差。

一九九七年十二月，南京大屠殺六十週年紀念日那天，蔣夫人嚴厲批評日本境內不願承擔戰爭罪行之責，甚至否認曾有戰爭罪行的「歷史修正論者」。中國那段苦難時期斷殺、破壞、不幸的情景，於她仍歷歷在目。她寫道，中國文化是「追求和平的力量」，最終會把共產主義掃進歷史垃圾堆。

一九九八年，她外甥女孔令儀告訴某新聞記者，蔣夫人心情很好，有著八十歲的人的身體。長期困擾她的蕁麻疹，一九九〇年代中期似已完全不再復發，也不再對食物過敏。但聽力變得很差，訪客得慢慢大聲講或利用備在近旁的大板子筆談。她數年前才戒掉塞勒姆牌薄荷菸。她仍相當警醒，但大部分時間坐輪椅；一九九〇年代晚期，她仍在下屬攙扶下，上下公寓樓梯健身。她作畫，寫書法，至少到一九九七年才停掉。她花許多時間讀《聖經》和《紐約時報》、禱告。一九九九年臺灣九二一大地震後，她指示婦聯會捐三百萬美元救濟，要她所創辦的華興院校收容因地震而失去父母的小孩。

隨著年歲漸高，蔣夫人與外界越來越無往來，只有大批隨從環繞身邊。一九九二年八月孔令侃去世後，他妹妹孔令儀接替其角色，當蔣夫人的主要陪伴者和看門人。數十位安全人員、醫護人員、家務料理人員，以一天三班制輪流工作，其中許多人從臺灣派來，爲期一年或兩年。蔣夫人會在隨從陪同下，坐輪椅「逛逛」薩克斯第五大街精品百貨公司，上餐廳吃飯，或在市區兜風，如此一週一或兩次。她喜歡去格蘭特墓，喜歡到無線電城音樂廳觀賞聖誕節表演。

這一家人愛保密、多疑的作風，未隨歲月而消退，反倒更爲明顯。蔣夫人前往紐約長老教會醫院檢查身體時，院方奉命清空樓層，以便讓她在安全人員護送下從後門快速入院。她養了三隻小狗，兩隻比熊，一隻約克夏。三隻狗未帶來什麼問題，但她的某些有錢鄰居一度陳情蟑螂猖獗。經過多次陳情，她終於允許害蟲撲殺人員進入她的寓所。後來，奉派前來確認惱人的蟑螂已經絕跡的檢查人員，不可思議的表示發現一櫃金條。

她每年生日時，都有家人、親信前來向她致意。臺灣的舊屬和親信會飛來紐約，家人則從遠處、近處來探望她。蔣夫人總是以無懈可擊的穿著、打扮，欣然迎接前來祝壽的老朋友，看起來至少比實際年齡少了二十歲。即使已是遲暮之年，她仍別著她心愛的空軍雙翼徽章。只有少數來自核心集團的人士，有幸受邀參加這一年一度的慶生會。她熱切期盼老友來訪，因而生日前後數天又會犯上失眠的老毛病。她很高興有人前來祝壽，事後卻要累上一個星期，令護士、助理大爲憂心。她喜歡玩牌，喜歡和賓客開玩笑，賓客來訪令她心情大好，勾起一幕幕往日的情景。

侍從把她當國寶一般細心保護、照顧，但偶爾她會對他們不耐煩。有一年，一群從她華興院校畢業的人士前來向她祝壽。他們帶著一個在店裡買的蛋糕進屋，喊她「蔣媽媽」，祝她生日快樂。她的護士事前已警告侍從人員勿讓她吃油膩的蛋糕，她的安全人員於是告訴訪客，蔣夫人不能吃沒經過安全檢查的食物。結果蔣夫人很罕見的表現出抗拒姿態，自行切下一塊蛋糕，趁安全人員還來不及阻止，就咬了一口，然後問：「有問題嗎？」

辜嚴倬雲說，她長壽的祕訣在於「堅定的信仰」，「她無憂無慮」。有次辜嚴倬雲來看她，她得了感冒，在咳嗽。辜嚴倬雲輕拍她的背，蔣夫人說，「沒事，主與我同在。」但有時，長壽於她想必是個負擔，而非福惠，因爲她的家人一個接一個比她早走掉。一九九八年，有人聽到她說，「上帝爲什麼要我活這麼久？」

孔令傑於一九九六年十一月死於癌症後，孔家晚輩只剩孔令儀一人尙在人間。蔣經國的長子蔣孝文已於一九八九年四月死於與糖尿病有關的併發症，享年五十三，他的二兒子蔣孝武則於一九九一年七月死於同樣病症，享年四十六。一九九三年二月，蔣經國五十一歲的私生子，時任東吳大學校長的章孝慈，訪問大陸時腦出血，返臺後去世。然後，蔣經國三子蔣孝勇於一九九六年十二月死於食道癌，享年四十八。蔣經國五個兒子，自此只剩下已當上臺北外交部長和國民黨祕書長的章孝嚴一人存世。

蔣家人接連去世，引來蔣家第三代受「詛咒」的說法，有人認爲那是老蔣、小蔣仍未照中國習俗入土爲安所致。章孝嚴早在一九九一年就要求認祖歸宗，正式成爲蔣家一員，但唯恐蔣經國遺孀，當時已八十多歲而身體不好的蔣方良不高興，此事未受到理會。一九九八年一月，章孝嚴訪問紐約時，想禮貌性拜訪蔣夫人，遭拒。

一九九八年，仍以蔣夫人爲名義會長的中華民國婦女聯合會，捐款一百七十五萬美元給衛斯理學院，在該校設立一場以中華文化爲題的講座。蔣夫人派辜嚴倬雲到上海的萬國公墓，代她到父母墳前獻花致意，她對中共政權的看法這時似乎已稍稍軟化。她告訴舊識，中國大陸已有進步，北京領導階層已有某些正面作爲。

一九九八年夏，孔家剩下的成員將一九一三年所建、孔祥熙夫婦在一九四九年買下的「山頂」豪宅，以據估兩百八十萬美元的價錢，賣給紐約房地產開發商厄文·史蒂爾曼。一九九八年十二月十日，長島蝗蟲谷刊出一則小廣告，宣布蔣夫人的長島故居將在十二月十二日開放，供人預先參觀將於隨後拍賣的屋內物品。上萬人湧入這個拉丁頓村子，以一睹蔣夫人住過的豪宅，其中大部分是美籍華人。他們使長島各方向的對外交通堵了數小時，每條路線上的車陣綿延數公里，令當地警察措手不及，大爲頭疼。警察設立路障，迫使大部分有意前來參觀者掉頭離去。

這棟房子遭誤標爲「蔣夫人」宅邸，屋內的物品遭誤標爲「她的東西」（很可能是出於行銷考量），其實，展示的畫作、家具、家用器皿、小擺設，只有極少數是她所有。後來有位家族成員抱怨，「夫人的」個人物品中，有許多是爲了這場拍賣從外頭帶進去。但這絲毫未擋住龐大的觀光人潮，他們從美國東海岸的南北各地前來，欲一睹即將拍賣的中國歷史，或許買下一件中國歷史文物。有幸來到這豪宅的遊客，大部分比較感興趣於在屋前或不同房間裡拍張來此一遊的照片，購買拍賣品反倒列爲其次。負責這場拍賣的康乃狄克州諾瓦克藝廊老闆蓋里·布雷斯威爾坦承，「我們完全低估了蔣介石夫人的重要性」。

有些華裔訪客覺得「夫人」的房子和私人物品賣給外國人很可惜。還有些華人得知中國皇族的家用物品相當平凡，很是吃驚。展示出來的東西，大部分和在一般人家的祖母閣樓裡會發現的沒有兩樣。最值錢的東西是要價六萬四千美元的一只自動式大教堂鐘、要價六萬兩千五百美元的一對法式枝形吊燈。有張據稱是蔣夫人睡過的床，要價八千美元。後來史蒂爾曼將這塊地產轉手賣掉，賣價幾乎是他買價的兩倍。

人生快到盡頭時，蔣夫人用心思索了死後長眠何處這個具爭議性的問題。她告訴親友，她想和丈夫一起歸葬南京的中山陵。如果蔣介石因政治因素無法葬在孫中山墓旁，她想和丈夫一起葬在他的浙江奉化老家。但她知道，因爲政治因素，她和蔣介石不可能葬在一塊，在這情況下，她希望葬在上海的家族墓，與父母、姊姊慶齡葬在一塊。

她的想法披露後，引來廣泛討論。臺灣的國民黨領導階層重申，蔣介石父子遺體要在中國大陸民主化後才能移回大陸。蔣夫人同意，但建議在這過渡期間，兩位前總統的遺體能正式安葬於五指山軍人公墓。那裡的風水公認較好（蔣夫人不相信風水，但其他人信）。此外，中國傳統認為人死應入土為安，因此兩蔣遺體暫厝是不吉的安排。蔣夫人知道自己死後大概得暫時葬在她在美國的家族墓裡，等日後歸葬大陸。不管是從蔣夫人本人或她家人口中，都未聽到她想葬在臺灣，此舉正坐實臺獨運動支持者說她完全不愛臺的指控。蔣經國生前表明，希望有朝一日能葬在家鄉的母墓旁，道出了蔣家人的心聲。

二〇〇〇年一月，蔣夫人繪畫、書法展在紐約市布魯克林區的華文報紙《世界日報》總部舉行，吸引了一萬三千多人參觀。她參加了開幕儀式，並坐輪椅參觀自己的作品。這場展覽正值臺灣第二次民主總統大選的投票日快到，而臺海兩岸和臺灣內部情勢都緊繃之時，但展覽本身呈現出為過去的時代歌頌的氣氛。最引人注目的展出作品，乃是呈現一枝荷花聳立於睡蓮之間的一幅水墨畫。畫名「荷花：花間君子」，畫本身不出色，但畫上的題字無價。蔣介石在畫上落款，並題字：「風清時覺香來遠，坐對渾忘暑氣侵。」對傳統中國人來說，公開表露如此私密的內心想法，乃是令人震驚的事。這次展覽還展出其他幾位華人藝術家的作品，由於大受歡迎，後來又移到舊金山的亞洲藝術館、洛杉磯博物館續展。

高齡約一百零二歲時，蔣夫人仍是國民黨中央評議委員會的榮譽委員。自蔣經國去世，欲主導政局卻鎩羽而歸之後，她即不再過問臺灣政事。但隨著二〇〇〇年三月總統大選投票日逼近，情勢顯示，國民黨將會失去在臺五十年的政權，由民主進步黨取而代之。在一封據稱是她口述、由他人代筆、並有她簽名的爭議性信件中，蔣夫人公開支持國民黨候選人連戰。信中呼籲那群死忠於她但人數不多的蔣夫人追隨者支持連戰，但其中已有許多人背離黨意，轉而支持很得民心的國民黨內異類宋楚瑜。宋楚瑜以無黨無派身分參選，瓜分掉大量國民黨票源，很可能使民進黨漁翁得利，贏得大選。

蔣夫人寫道，臺灣在這場關鍵選舉中面臨「痛苦抉擇」。信中警告，「走向民主的腳步，如果一旦跌倒，那將使國家民族萬劫不復」，並主張連戰會爲臺海兩岸關係開啓新局，引導國家走向民主。連戰感謝她的支持，承諾當選後會帶給國家穩定、繁榮。但宋楚瑜斥責對手，說：「國民黨能用這封信來騙誰？」就連屬於夫人派的前行政院長郝柏村都質疑此信的眞實性，說信中的簽名是數十年前那種堅定有力的筆跡，而非他最近幾年親眼見過的細長筆跡。即使此信眞出自蔣夫人之手，蔣夫人也極不可能完全且正確了解臺灣當時政局。

民進黨總統候選人陳水扁扳倒國民黨，贏得了這場歷史性選舉。宋楚瑜得票居次，連戰慘敗，得票率只有百分之二十三。三月十八日的歷史性投票後，立即有一支故舊代表團從臺灣飛往紐約爲蔣夫人祝壽，但沒人告訴她大選結果，怕她心情不好。幾個月後，新政府徵得她的同意，宣布將把士林官邸改闢爲研究蔣宋家族和中國現代史的研究中心。新政府還著手糾正國民黨統治下犯下的部分錯事。二月二十八日定爲國定假日，二〇〇一年一月，監察院平反已故的孫立人將軍，宣布「毫無證據」顯示孫立人曾參與一九五五年那場據稱欲推翻蔣介石的未遂政變。

據稱李登輝曾承諾會正式宣布臺灣獨立，但主政十二年期間並未走到這一步，不過他的確不顧北京的激烈反對，將臺灣帶到離正式獨立只咫尺之遙的境地。繼任的陳水扁淡化民進黨追求臺灣獨立的中心主張，表示臺灣的地位得由日後全民公投來決定。二〇〇一年三月六日，蔣夫人一百零四歲生日，接待了新總統陳水扁於政權易主後首度派來的特使團。李登輝下臺後開始公開鼓吹臺灣獨立、批評北京，坐實了過去批評他者心中最深的猜疑。

二〇〇一年十月，蔣夫人的老友暨因她而皈依基督教的少帥張學良，以百歲高齡去世。中國國家主席江澤民讚揚這位全世界關押最久的政治犯是偉大的愛國者。是否有人將他的死訊告知蔣夫人，如今已不得而知。

二〇〇二年一百零五歲生日時，蔣夫人穿深紫色織錦旗袍，戴玉項鍊、手環、耳飾現身，歡迎五十位家族成員和致意者。她身體健康，精神很好，人很警醒，向賓客微笑、揮手。她華興院校的學生從臺灣前來，表演中國傳統舞蹈給她看，她似乎很開心。表演過後，她甚至和賓客開玩笑道：「你們怎麼不拍手？」但國民黨官員遞上黨務報告時，她似乎顯得厭煩。她未如以往和祝壽團共進午餐，接待來客之後即上樓休息。

二〇〇三年三月，臺灣官員和友人聚集在她的曼哈頓宅邸爲她祝壽，但壽星第一次未現身。她剛出院，因爲感冒、咳嗽，她在醫院裡住了兩個星期。在紐約皇后區法拉盛（有衆多華僑居住的地區），有約兩百名老兵出席另一場祝壽活動，爲一生橫跨三個世紀的蔣夫人祝壽。一位打過國共內戰的老兵，激動談到從大陸撤到臺灣的過往：多麼期盼打回大陸；一九五〇年代生活多麼困苦，幾乎只有米和醬菜可吃，住在以金屬皮搭成的軍人眷村裡。他說，但比物質上的匱乏更令人難受的，乃是得承受他們生活中無日無之、難以估量的悲傷之情，以及夜裡從薄薄的眷村牆壁裡傳來的暗自哭泣聲。

得了感冒並露出肺炎跡象後，蔣夫人於二〇〇三年十月二十三日晚上十一點十七分安詳死於家中，帶走一個世紀的諸多祕密。她死時，有幾位至親在旁。紐約三家華文日報臨時抽換頭版，以在清晨告知讀者這項消息，比其他報紙都早了一天。

隔天早上，她的遺體從住所移上候著的靈車時，攝影師與紐約警察激烈爭執。原來蔣夫人的親屬請來警察，阻止他們拍攝她的遺容。臺灣總統陳水扁宣布，這位前第一夫人的追悼儀式和葬禮將視同國事，並下令全國降半旗。臺北中正紀念堂裡設了靈堂，有些前來哀悼者不能自已的啜泣，在人扶助下才得以離開。

美國小布希總統稱蔣夫人是美國的「密友」，特別是在上世紀「決定性的抗戰」期間，並向她家人表達了哀悼之意。他說：「世世代代的美國人會永遠記得並尊敬她的睿智和堅強性格。」喬治亞州梅肯的衛理學院響起喪鐘，並默哀致敬。

臺灣島上的民衆反應，兩極化且激情。普魯塔克的諺語「對於死者，只有好話」，不見於此時的臺灣。有些人把她尊爲聖人；有些人則斥責她是腐敗、詭詐、無情的現代慈禧太后。

南部有二十萬臺灣人上街，呼求臺灣正式獨立。在臺北，數千名抗議者示威反制，反對臺獨。副總統呂秀蓮告訴示威者，蔣夫人之死代表蔣家影響力的結束，新時代的開始。呂秀蓮是反蔣狂熱分子，蔣家統治期間曾淪爲政治犯，政治觀點與蔣夫人南轅北轍，卻出人意表的稱蔣夫人是「人間的瑰寶」，代表了女性特有的「慈悲、美麗、智能……她是跨世紀偉大的女性」。呂秀蓮還說，蔣家與中國之間的恩怨情仇，臺海兩岸的緊張、對立，自此必須結束。

並非每個人都如此寬厚。英文報紙《臺北時報》稱她是二十世紀「最邪惡的女人」，表達了許多人的心聲。有篇名叫「等了這麼久，終於走了」的社論，斷言：「（蔣夫人）只看重錢和權，試圖將臺灣牢牢掌控爲她可惡家庭的采邑，未能得手即忿忿離去。她爲臺灣做過的唯一好事，就是離開臺灣。如今這邪惡、腐敗的女人去了她該去的地方，地獄。」

她死後只兩天，前總統李登輝即公開表示，蔣夫人在美國的人氣和成就，不是靠外交手腕和魅力，而是靠賄賂。他說她曾以「中國料理」向羅斯福總統示好，以「中國料理」一詞指稱賄賂這個「中國人特有的古老、齷齪習性」。他說羅斯福一家與中國做生意，中國當然要給他們「好康」，但未對此指控提出消息來源。

諷刺的是，在中華人民共和國，她得到大異於以往的如潮好評。相較於北京對於與其爲敵者常祭以生動激烈的辱罵言語，這次，蔣夫人死時，北京卻把她當成像是離家已久而洗心革面返家的公主，而非一九四〇年代晚期共產黨扣在她頭上的頭號戰犯。中國領導階層稱她是「中國現代史上知名、具影響力的人物」，稱讚她的抗日、她的反對分裂主義、她的希望臺灣與祖國和平統一和民族繁榮昌盛。中國政府向她家人表達了「深深的哀悼」。北京甚至表示願派其駐美大使參加喪禮，引來驚慌。中國境內的網路聊天室，充斥著向蔣夫人表示崇敬之意的言語，其中有一則稱她是「中華民族的驕傲」。數家大報刊出對她漫長生涯的正面報導，特別著墨於她代表丈夫在國際上折衝的貢獻。

她生前充滿爭議，死後的治喪事宜自然躲不過政治的糾葛。無巧不巧，陳水扁總統已排定行程，蔣夫人喪禮期間，他正好在紐約領人權獎。蔣、宋、孔三個家族的遺屬，爭論該不該在陳水扁來訪期間舉行喪禮，以便由他將中華民國國旗蓋在蔣夫人棺木上。但有些親人以蔣夫人和陳水扁在意識形態上有無法妥協的歧異，反對這一想法。蔣孝勇遺孀方智怡說，蔣夫人「一生捍衛中華民國」，甚至爲此「可以和最心愛的姐姐不相往來，蔣夫人會希望一個不承認中華民國的總統爲她覆蓋國旗嗎？」有人則擔心陳水扁在公開場合展開國旗，可能會引發與北京沒必要的緊張，惹惱美國官員。最後決定讓陳水扁只在私下訪問時獻國旗給蔣夫人的遺屬，追悼儀式則延到他離去之後。

陳水扁總統一抵達紐約，立即前去向前第一夫人致哀。在格雷西廣場十號九樓的蔣夫人寓所裡，他向蔣夫人遺像鞠躬，將中華民國國旗交給蔣緯國兒子蔣孝剛。陳水扁不顧他政府官員的反對，代表政府發了褒揚令給她，指出她對國家的貢獻。他與遺屬握手。那場景何其突兀，又何其反諷——長久以來主張臺灣獨立，替蔣家統治期間受迫害的政治異議分子在法庭上辯護過的陳水扁，向被許多臺灣人視爲是壓迫、獨裁、腐敗殖民政權之政府的主要發言人致敬；而一度大權在握、三年前的總統大選時還與他壁壘分明的蔣家，接待這位對蔣夫人所代表的幾乎任何事物都持反對立場的政治人物。

二〇〇三年十一月五日，喪禮於曼哈頓中城區公園大街與第五十街轉角處的聖巴托羅繆教堂舉行。約一千五百人前來參加追思禮拜，擠滿整個教堂。耐人尋味的是，蔣夫人生前極注重安全和隱私，死後的追思禮拜卻似乎毫無安全措施。在那個昏暗、罩著薄霧的早晨，許多華文記者、電視臺人員候在教堂前的臺階上。前來追思者大部分是中年和更老一輩者，幾乎全是華人，其中有些人是受過她在大陸、臺灣所創辦之孤兒院救助過的「戰爭孤兒」。教堂內的中央走道兩側，立著兩排花束，有香檳酒色玫瑰、紫蘭花、白杜鵑。追思者獲告知她生前有兩個願望：中國得到自由；中國成爲基督教國家。衆人合唱了她生前極愛的讚美詩，中文版的「奇異恩典」。

曾任蔣介石助理和外交部長的錢復，稱她是蔣介石的「良伴」。他告訴與會者，「我們一致認爲她是傑出的對外關係專家」。前副總統連戰稱她是中美友誼的象徵。參議員鮑伯·杜爾說她的名字是現代中國多災多難歷史的同義詞，稱她是二十世紀最有影響力的女性之一。他說，「與她見一次面，一輩子忘不了她」，並描述了一九九五年國會致敬酒會時他見到她的情景，那時她身子看來很嬌弱，但精神仍是昂然不屈。杜爾憶起那時她說她很高興美國人還記得她這個老朋友，然後說道：「我們怎麼忘得了！」參議員保羅·賽門則講述了在那場酒會上，他介紹兒子馬克給她認識時，她問：「你乖不乖？」他紅了臉，支支吾吾回應。「她仍然很敏銳。」

長期擔任她牧師的周聯華說，她兼具了東西方最好的特質。中日戰爭時，她動員婦女照顧傷兵、喪失親人者、孤兒——那是得以中國方法來落實的西方觀念。他說她有時特別周到而寬厚。有次，她丈夫某政敵的妻子住院，蔣夫人派人到醫院量她身材，爲她製作棉襖、送花、代付醫藥費。那女人甚至不是那男子的合法妻子。周聯華牧師說，「我們都是上帝所造，但她是上帝的傑作」，還說她會永遠是「第一夫人中的第一夫人」。

比葬禮更易引發政治爭議的，乃是她葬於何處的問題。經過數天討論，遺屬決定將她的棺木「暫時」停放在紐約州哈茨戴爾一地芬克利夫公墓裡的家族墓，等中國統一之日再遷葬。芬克利夫公墓是多位名人的長眠之所，包括女演員朱迪·嘉蘭、美國民權運動重要人物麥爾坎 X。

經過十餘年的爭論，臺灣終於在五指山軍人公墓爲兩蔣建了墓園。二〇〇六年中期，終於決定將兩蔣遺體安葬於該處。蔣經國妻子，已在二〇〇四年十二月以八十八歲之齡去世的蔣方良，也將葬在這新墓裡，與蔣經國長相左右。但蔣夫人的遺體仍安放在紐約。

蔣夫人的舊對手邱吉爾曾說，「歷史會善待我，因爲我打算寫歷史。」據稱他還說過，人老了有個好處，即可對自己的敵人給予定論。邱吉爾活到九十一歲，著作甚豐。蔣夫人比她同時代的人都活得更久，但堅決不願寫自傳。歷史未必善待人，這或許是原因之一。

結語

我是萬王之王，奧茲曼斯迪亞斯，功業蓋物，強者折服！

——雪萊

雪萊筆下那位神話中的君王，只留下聳立於沙漠中的廢墟。蔣夫人留下的遺產，則遠更複雜得多。眼下要對蔣夫人蓋棺論定，或許太早了些，特別是因爲全世界華人對她的評價，仍然兩極化且變動不居。但這位不平凡的女人，在現代中國與西方（特別是與美國）起伏不定的關係史上，還有在她同胞和美國人的民間想法裡，都占了如此重大的分量，因而有必要在她錯綜複雜、多采多姿的一生中，找出具有意義的模式。

對她的評價，當然是因人的立場而異。

在臺灣，有一群死忠的追隨者，稱她是「中國永遠的第一夫人」，此尊稱暗示她遺留給後人的東西，不只持久不消，且永遠不朽，甚至如神一般崇高。事實上，若說不久之後，她的信徒將她拱上中國神祇、英雄之列，與觀世音菩薩和花木蘭並列，也不足爲奇。

蔣夫人一生擁有許多頭銜，但終究是靠蔣介石妻子這身分，才擁有權力和特權。諷刺的是，冠上中國第一夫人這頭銜，嚴格來講，不大站得住腳。與蔣介石結爲夫妻後，有二十年歲月，蔣介石不是國家元首，而是軍事獨裁者。蔣夫人正式成爲第一夫人，乃是一九四八年春國民大會選舉蔣爲國民政府總統時，而當時國民政府並未能掌控中國全境。不到一年後的一九四九年一月，他就辭職下臺。逃到臺灣後，他在一九五〇年三月一日恢復「中國」總統之職，但他政府的管轄範圍，不容否認的，只限於臺澎金馬，而他的第一夫人所轄的範圍，亦復如是。

蔣夫人地位背後的細微變化，正體現了在她一生所扮演的最重要角色（中國呈現給西方的公衆形象）裡，現實與虛構之間的拉鋸關係。她出身自十九世紀上海租界的華人基督徒聚居區，那是夾處在東西方之間而華洋文化交雜的小社會，如此出身的她，有何資格宣稱代表中國？蔣夫人之在國際上大放異彩，既迅如流星，又令人不可思議，而她後來之失去國際的寵愛，則既引入側目，又是預料中之事。

年輕時宋美齡所追求的，與其說是個丈夫，不如說是個終身奮鬥的事業，而她在蔣介石身上找到這樣的事業。在這一追求中，她追隨二姊宋慶齡的腳步，宋慶齡即是基於差不多一樣的理由嫁給孫中山。或許出於不管做什麼都要做到「最好」的心態，且在同樣程度上受到手足間競爭的驅使，蔣夫人開始和二姊宋慶齡爭勝，然後還決意要更勝二姊一籌。嫁給蔣介石後，她採納丈夫的許多價値觀、信念、態度，以致難以區分何者原是她所有，何者襲自她丈夫。擔任以中國耶穌基督自居之丈夫的妻子和得力助手，乃是宋美齡漸漸認定的自我角色，且可以說她把這角色，天命和後天教養要她擔任的角色，扮演得非常成功。因爲蔣介石雖不像她父親一樣是個牧師，她卻漸漸把她的軍人丈夫視爲上帝所命定的中國人民救星，而她丈夫本身也如此認定。那是個只想到自身能有何獲益的信念，且是個使任何目的都因此變得正當合理的信念。

有個問題特別令中國觀察家想弄清楚，那就是蔣宋婚姻是否是「政治聯姻」。世人提出這種問題時，心裡通常認定在婚姻裡野心和愛是彼此不能並存的東西，但至少在蔣宋婚姻上，並非如此。他們的婚姻，最重要的特點乃是，那是個懷有重大抱負的政治夥伴關係。這種夥伴關係史上少見，兩造各利用對方來進一步實現自己的崇高抱負。儘管如此，其中並非毫無愛，只是愛居於其次。

但那是建立在一種錯覺上的夥伴關係，那錯覺即是認爲蔣介石是中國的救世主。他無疑是照自己的方式來愛她；她對他的愛則摻雜了英雄崇拜的成分（至少開始時是如此），且似乎在接下來的幾十年裡愛意有起有落。不管對丈夫的愛意曾降到多低，她始終效忠身爲領袖的他，但或許這麼做既出於對他的愛，同時也爲保住她自己的形象。她強烈反對中國人愛「面子」的作風，實際上卻極在意保住自己的面子，且似乎對此矛盾習而不察。私底下她有時與丈夫衝突，但在公開場合，她盡可能保持家庭和諧的形象。根據中國「夫唱婦隨」的傳統觀念，若公開與丈夫唱反調，會很丟臉，很沒面子。她與丈夫觀念相左時，通常是相左於作風或性格而非原則。

一九三〇年代和一九四〇年代初期，蔣夫人成爲在許多方面令西方人大爲著迷的人物。西方視她爲亞洲「西化」女性的典範，是正往現代國家邁進之中國的正面表徵。在美國，她被視爲美國之文化善意在世上的活化身、受良好教育之現代女性的熠熠象徵、中國駐美大使兼美國駐中大使，而受到熱切的歡迎。她被譽爲在由男人支配的世界裡，在大部分女人被視爲較低一等者（即使在看來先進的西方諸國內亦然）時，受到平等對待（或幾乎平等對待）的女人。這些是她積極打造的形象，而且許多西方人（但非所有西方人）不加細思就接受這些形象。

相對的，蔣夫人被自己同胞尊崇爲在中國人於海內外、於法律上和社會上都受到歧視時，得到以白種人爲主的西方稱頌的中國人。有些中國人推崇她是爲中華民族爭取權利、地位的英勇鬥士。有些中國人基於民族驕傲而仍對蔣介石夫婦念念不忘，曾任蔣介石翻譯和飛機駕駛、國民政府外交官、屬於夫人派人馬的夏公權，就是其中的代表性人物。他慷慨激昂的表示，「在我眼中，委員長和蔣夫人拯救我們，使我們不再是受壓迫的國家。」在戰前的上海，「任何國家的水手都可以沒來由的踢我一腳，事後不會受罰。」外國船員常喝得醉醺醺亂吼亂叫，然後砸毀商店，攻擊中國人，卻不會受罰，因爲他們享有殖民地治外法權，幾乎是罰不及身。夏公權表示，「我這一代人認爲蔣氏夫婦是上天派來讓我們國家在世界上享有平等地位的一對夫妻。甚至今天的共產黨都還在受益於他們對中國的貢獻」，語調裡滿是憤懣。

國民政府的確在蔣介石統治大陸時，使國家由軍閥割據步上名義上的統一。國民政府且領導抗日。二次大戰期間，國民政府雖未被同盟國另外三強視爲平起平坐的夥伴，終究使用詭計讓中國躋身同盟國「四強」之列。蔣氏夫婦共同努力，使中國成爲不容輕忽的力量，使西方列強對中國的尊重遠非昔日可比擬。治外法權廢除；中華民國成爲聯合國創始國，取得聯合國安理會常任理事國的席位；中國境內公然的殖民行爲告終（但香港、澳門例外，兩者在一九九七、一九九九年之前仍分別是英國、葡萄牙的殖民地）。事實上，事後來看，這些成就的果實最後由共產黨收割，特別是在北京獲准進入聯合國，成爲安理會一員之後；而說到這些成就，蔣夫人的貢獻不可謂不大。

但蔣夫人在大陸的政治遺產雖有這種種正面之處，卻不幸遭到另一個遺產抵銷；所謂另一個遺產，一言以蔽之，就是老話「權力使人腐化」。這腐化不是賄賂這種狹義上的腐化，而是層面遠更廣泛、危害遠更大且難以察覺的那種腐化——充斥整個中國統治家族和國民政府的人格腐化或精神腐化。

美國愛上透過蔣夫人體現出來的中國假象。賽珍珠於一九四三年五月十日出刊的《生活》雜誌上寫道，美國人在蔣夫人身上看到「他們能夠理解的人，那不是彷彿從中國扇子上走出來的孤高、難理解的人物，而是個現代女人，在任何國家都感到自在的女人；透過她，中國在數百萬美國人眼中，突然變成現代國家」。

她令美國人著迷之處，因性別而異。可想而知，男人著迷於她苗條的身材、襯出身體曲線的穿著、異國的面孔。但更重要的是她打動了他們的俠義感和男子氣概，打動了他們遇上有麻煩之美麗姑娘出手拯救的民族使命感——以蔣夫人爲化身的中國，就是陷入這處境的美麗姑娘。對美國女人來說，她的迷人之處較爲複雜。一九四三年時，已有許多美國女人首度加入勞動大軍，其中許多人從事傳統上屬於「男性」的職業——當軍需品工廠的工人、當農場工人、服役、當戰區護士。美國女人的存在價值向來取決於是否扮演好賢妻良母，但在二戰期間，她們漸漸發現這場戰爭給了她們進入男人領域的機會，改變她們身爲女人之地位和自我形象的機會。她們內心存有未表露、未實現的願望，而蔣夫人利用那些願望打動了她們。

檯面上的蔣夫人，充滿女人味、上相、賢妻，雖沒有小孩，卻是中國數萬「戰爭孤兒」的義母。但她很聰明、坦率，不只是國民政府裡很有影響力的人物，也是國際性的女政治家，與世界舞臺上最難對付的男人相比毫不遜色。不管是愛她或恨她，她都是個不容小覷的女人，而且她的不容小覷，不只是因爲她的地位，還因爲她性格的強勢。與大部分政治人物妻子不同的，她不甘於待在丈夫的陰影裡，或者說不甘於像埃莉諾·羅斯福（可能最堪拿來與她相比擬的歷史人物）那樣局限於國內、社會問題。她毫無畏懼的處理起當時最大、最棘手的問題，即盟軍戰略、殖民主義、種族歧視、戰後地緣政治。

但越是令西方人目眩神迷，她與同胞就越疏遠。這是再怎麼強調也不爲過的事實，但一九三〇、四〇、五〇年代的大部分美國人未必看得出這點，更別提今日的美國人。蔣夫人與其家人所過的生活，在中國老百姓眼中是令人震驚的奢華鋪張，甚至墮落。當然，諷刺的是，她若未表現出見過世面的練達和風采，不可能吸引到那麼多美國人關注、敬佩、同情中國。爲達到這目標，她覺得她不只得照美國人的標準行事，還得表現得比美國人更美國人，甚至與美國第一夫人一較高下。但絕對不容否認的，中國第一夫人受過教育、西化、美麗動人的形象，的確大有助於廓除美國一般人認爲中國落後、後知的刻板印象，更別提廓除在美華人都從事洗衣業的刻板印象。

另一方面，在許多中國人眼中，她在美國受歡迎一事卻令人不安，甚至厭惡，她的所作所爲彷彿是在極盡所能討好美國人，爲了替嬌媚、柔弱的中國爭取到援助，出賣自己的色相，進而出賣中國的色相。許多中國人有意識的或自己未察覺到的覺得民族自尊受損，而這一心態有助於說明爲何有些中國人那麼強烈的鄙視她。她有意而爲的「賣弄」，不久在美國也招來反彈。最初那種狂熱著迷一褪去，即有許多美國人開始把宋美齡的魅力看成做作，且語帶尖刻的指出他們眼中她那種賣弄炫耀、如大明星的行爲，和廣大中國人民生活的貧困之間的天壤之別。這一日益滋長的認知引發反彈，且透過不由自主欲將她惡魔化的衝動表現出來。

相對的，蔣夫人似乎從未意識到她與四億五千萬同胞裡的大部分人在心理上和物質享受上的龐大差距。如果她真察覺到這差距，也只會強化她所根深柢固認爲那是她應得權利的觀念，而無助於喚醒她去注意中國人民的眞正需求、感受、渴望。總而言之，這一麻木心態——二姊宋慶齡之外的她家人和中國上流階層所共有的心態——和貪汙、壓迫、國民黨政權的其他任何弊病一樣，同樣是使蔣氏夫婦在大陸垮臺的禍因。

世人看待他人，特別是看待公衆人物時，常易將他們視爲一生未變的人物，認爲他們的性格、動機、心態始終沒變。有些人隨著歲月增長而變得圓融老練，蔣夫人卻反其道而行，這或許肇因於她越活越與現實疏離，以及她性格上的某些缺點在未受壓抑下更爲強化。她早年欲振興中華的希望和夢想，在熱切但天眞的理想主義支持下，似乎發自肺腑，但對她來說，一如對她當時的許多人來說，民主即使不是大大不如民族主義重要，在當時的情勢下，終究明顯不如民族主義重要。換句話說，她深信建造強大、獨立、繁榮的中國，優先於建造民主中國，西式民主在中國大概不可行。

但她似乎在某個時候，從理想主義、較好心之人，轉變成性情善變、觀念僵固、自以爲是、固執己見之人。這一轉變何時發生，難以斷定，可能是在她一九四三年訪美期間，或一九四五年後國共內戰期間。

一九四八年赴美爭取援助時，她無疑已對人性感到非常悲觀、不信任。

國民黨打輸共產黨，丟掉大陸，是她個人心理上的一大創痛，且那創痛從未復原。她深深感到個人的挫敗，而她與站在共產黨勝利一方的二姊宋慶齡之間的長久對立，可能更加深她的挫折感。回臺灣後，經過短暫的反省，她心裡頭似乎只有怨恨和自尊受傷之情。她的想法和觀點變成越來越僵固，早年那不時閃現的機智和煥發的幽默似乎消失無蹤，而爲浮誇言語和虔信基督教所取代。隨著年歲增長，她的自省能力似乎降到幾乎蕩然無存。她所呈現於外的形象是個沒有內涵而霸道、可怕的女人，是對她自己的反諷。

蔣夫人和中國辜負美國不切實際的期待，把中國「輸」給共產黨之後，外界的自然反應是對她大肆報復，其中有些報復是罪有應得，有些卻不是。她曾被吹捧到超凡入聖的地步，卻也在同一地方被批評得膚無完膚。一直以來，她若不是個該受尊敬的偶像，就是個該打破的偶像，從來不只是個凡人。但儘管她已失寵，從一九四八年蓋洛普組織做世上前十大最受敬佩的女人的民意調查以來，美國人票選她入榜多達十七次，說明蔣夫人在美國人心目中的舉足輕重久久未衰。

蔣介石夫人這名字爲何持續激起愛恨情仇，即使死時亦然？女人跨出傳統角色的框限，被視爲威脅乃至危險，這在中國和其他地方都是如此。活躍於政壇且有政治定見的領導人妻子，一般都扮演丈夫擋箭牌的角色，但與她們丈夫不同的，她們受到各式各樣的抨擊或推崇，主要往往不是因爲她們的所作所爲，而是因爲她們所象徵的事物。在蔣夫人身上就是如此。一如埃莉諾·羅斯福、埃薇塔·裴隆、希拉蕊·柯林頓之類人物，痛恨她們丈夫者，對她們的痛恨尤烈。

對中國人來說，她激起愛恨情仇，乃是因爲她是中國過去一世紀苦難歷史的象徵，那段歷史使中國人陷入水火不容的對立，其留下的傷口至今尚未癒合。在這場歷史大戲中，蔣夫人不可避免被拿來和聖人般的二姊宋慶齡相比較，且通常是相形失色的比較。有將近五十年歲月，兩姊妹各自站在二十世紀兩大意識形態的陣營裡，壁壘分明的鼓吹自己的政治信念。對某些美國人來說，她是二次大戰期間他們對抗法西斯侵略同盟國的精神象徵，冷戰期間對抗共產主義威脅擴散的「民主」陣線的象徵。對其他美國人來說，蔣夫人則將永遠被視為她丈夫之國民黨政權的弊病和她家族之腐敗的活生生表徵。

她漂亮、自負、機智、活潑、善變、權謀、自私、企圖心強烈。她傑出，但和小孩子一樣天眞，在她眼中，爲達目的可以不擇手段。她愛小題大作、浮誇，強烈認爲自己所享所爲是理所當然。對於利用詭計、欺詐、謀略來滿足自己的需求，她完全不覺有何內疚。她以貞潔賢妻、濟助弱勢的大善人、虔誠基督徒、民主價值觀的泉源諸形象示人。在她種種耀眼的成就背後，存在著許多不爲人知的悲哀。

可以斷定的是，她是個在政治上和個人性格上都有大缺陷的迷人女人，自認爲不只在領導中國或代表中國，還認爲自己（和她丈夫）就是中國。蔣氏夫婦深信自己任何作爲都是爲了中國好。因此，她常提到「我的人民」或「我們的人民」，那表露了人民是她所擁有之物的觀念，她與人民是主僕關係，是親子而非平等的關係。

她義正詞嚴表示爲了中國奮鬥，但其實在爲保住丈夫的獨裁地位和她自己的地位而奮鬥。她常常大談民主原則和理想，且曾欲以教訓、使感到羞恥的方式改造中國人（如一九三〇年代新生活運動和她的《我將再起》諸文章所表露的），但她絲毫未著手去改變她丈夫在大陸或臺灣統治的本質——名爲一黨專政，實爲一人獨裁——反倒不遺餘力去強化他在海內外的地位。她是他最忠心的親信和他政權對外最常曝光、最直言無隱的宣傳家。

蔣夫人從不認爲國民黨統治的高壓本質有何問題，因而似乎未能理解中國人民爲何棄她丈夫而投向共產陣營。她雖然留美，對美國社會有親身體驗，卻似乎無法或不願意完全欣賞民主政治制度的精神。她在大受吹捧的美國民主社會所看到的虛僞、腐化、不公不義現象，對她有多大程度的影響，使她順理成章包容自己的虛僞、腐化、不公不義，把壓迫合理化爲政治活動所不可或缺，這點我們難以知道。例如世人很容易忘記，蔣夫人從事一九四三年那趟著名的訪美之行時，身爲「有色」人種的她，若非頂著蔣介石夫人的頭銜，在美國許多地區很可能被拒於餐廳、飯店等公共場所之外。但她對此無疑是有深切的了解。美國式民主，當時一如今日，有其無法掩飾的缺點，而那大概會使她對人性變得不信任，但那無法解釋她爲何如此刻意且嚴重的扭曲民主的意義，以將民主套用在她丈夫的政權上。

那也無法解釋她爲何認爲必須想辦法賄賂美國民選議員，以不只替她丈夫的政府爭取到援助，且透過那些議員將那些基於正當理由反對支持國民政府的愛國美國人扣上共產黨人的帽子。她在麥卡錫時期（美國現代史上最可恥的時期之一）助紂爲虐到何種程度，如今仍不清楚，但她無疑爲她離美後將近一個月展開的麥卡錫獵巫行動，協助打下基礎。

有人主張，二次大戰期間和戰後冷戰時期，世界分裂爲兩個陣營時，如果某個政府與工業化西方站在同一陣營，反對共產主義，根據既有事實，那政府必然是民主政府。蔣夫人的民主立場若曾遭到質疑，很有可能拿這觀點來辯解。在戰爭的非常時期，蔣氏夫婦用這論點來合理化其遠遠談不上民主的政權，美國用這論點來支持這一政權，或許可以容忍，但在其他時期，就站不住腳。

諷刺的是，中國人雖然普遍深信蔣夫人完全「西化」，且常以這理由批評她或唾棄她，然而從最關鍵的層面來看，她的心態和行爲是全然「中國式」的。事實上她的「西方」特質，例如直言不諱、注重衛生，大體上是表象，她對中國文化傳統的執著遠更爲根深柢固，那文化傳統是她價値觀、動機、行爲的本源。

她的「中國」價值觀裡，最重要者是把家族和人格，而非原則，當成首要的絕對效忠對象。在中國人的傳統世界觀裡，對抽象原則、意識形態或偉大目標的任何服膺，都遠不如個人效忠來得重要。講人情是中國文化裡最看重的價值觀。這一價值觀主張，在現實生活裡，每個人都被一面關係網重重纏住，那關係網由人與人的互惠互助環環相扣拼組而成，關係網中的人若不願應家族或社會團體之成員的要求幫忙，不管那要求多不道德或多令人厭惡，都形同犯下會帶來嚴重後果的罪過。在數千年來對政治動亂、壓迫、戰爭、天災、饑荒、司法不彰司空見慣的社會裡，這套觀念發揮了重大作用；存亡取決於個人關係。

但在蔣氏夫婦於一九三〇年代期間所宣稱欲在中國大陸建造的現代社會裡，把人情放在法律與原則之上，卻是個不恰當的因應辦法，扭曲並阻礙了現代國家所賴以建立之制度的成長。遺憾的是，蔣夫人不只奉行這個普見於中國社會的傳統，還似乎對她作為的道德有虧渾然不覺，當然更未注意到她所作所為的後果。原則與家族對立時，她總是站在家族那一邊，如此一來，她不只對自己和她丈夫的公眾形象造成難以想像的傷害，還削弱了國民政府的基礎。在大部分人顯然都無力去打破中國傳統倫理規範和行為準則時，她無疑有這能力，而她未這麼做，不只是她個人的失敗，且更為重要的，為她丈夫的政府和最終為她多災多難的國家帶來許多麻煩。

蔣夫人表面上是個強勢而獨立的女人，實際上遠非如此。她不只從十幾歲返國起就倚賴大批僕人、祕書和其他侍從的服務，而且她表面上看來講話直率，卻也非常仰仗她家人和她丈夫的權威，甚至聽命於那權威。從美返國後幾年，她就放棄她的美國認同，重新融入極度講究身分地位而層級分明的中國社會。她缺乏自立能力，缺乏個人堅定的價值觀，反倒被那些她賴以取得地位和生計的人塑造她的人生。面對家人或社會加諸的壓力，她缺乏力量、見識、勇氣或意願去獨力實現自己的價值觀，或持續捍衛自己的價值觀，更別提完全抗拒那些壓力。

蔣夫人所公開宣稱的基督教信仰和她在夫丈高壓政權裡的助紂爲虐，兩者間的矛盾，必然是研究蔣夫人者必會碰上的課題。學者往往忽視蔣夫人與其丈夫的宗教信仰，或斥之爲不值得認眞探討的課題。但宗教信仰顯然有助於古今中外包括暴君、民主人士在內的領袖提出生動有力的政治信念，且被用來支持領袖的作爲。有人聽蔣夫人說過，如果每個人都信基督，世界會更美好。這說法讓人無法相信，特別是如果她意味著每個人都是像她和她家人那樣的基督徒的話。

不管蔣夫人的宗教信仰表面上看來多虔誠，宗教信仰無疑都發揮了宗教目的以外的現實效用。信仰讓她和她丈夫當仁不讓的深信，上帝選派他們來統治中國，換句話就是天命所歸。信仰使蔣氏夫婦更加深信自己的所爲所享是天經地義，深信自己高老百姓一等，與老百姓截然不同。蔣氏夫婦的宗教信仰還有助於誆騙西方人，特別是美國人，使他們誤以爲蔣氏夫婦與他們在文化和道德觀念上相同，誤以爲在蔣氏夫婦的領導下，中國正邁向西方式的民主。蔣氏夫婦的基督教信仰還有助於他們與「無神論」的共產黨隔開，從而使以基督教信仰爲主的美國更難拋棄國民政府。

諷刺的是，馬克思主義和法西斯主義都類似於基督教，因爲它們全是向信徒承諾會有一超驗新世界降臨的救世主式信仰體系。馬克思主義，從某個角度來看，乃是拿掉玄祕成分的宗教，而法西斯政權則常試圖拉攏宗教以遂行其目的。馬克思主義和法西斯主義都將宗教語言融入政治性的意識形態，以誘使信徒崇拜一凡人而非神。套句希特勒的副手赫爾曼·戈林的話，「上帝賜給日耳曼民族救世主，……我們相信，打從心底的堅信，他（希特勒）是上帝所派來拯救日耳曼者。」蔣介石試圖將基本上一模一樣的觀念灌輸到他的人民腦子裡，但沒那麼成功。他和宋美齡利用基督教來激發、合理化他的救世主情結，使該情結永存於人民心中。他試圖將自己塑造成中國傳統裡的聖賢，耶穌基督或甘地之類的偉大精神領袖，但他未像四世紀時羅馬帝國皇帝君士坦丁那樣，將基督教定爲中國國教；他也未像他妻子那般積極鼓吹他人皈依基督教。蔣介石的確成功打造了個人崇拜，而蔣夫人是他的首席侍僧，且她也靠自己的努力躋身爲次要神祇。

總而言之，我們無法斷定蔣夫人或其丈夫信教信得多虔誠。可以篤定的說，他們有許多作爲徹底違背了基督教的信條。腐敗、警察國家壓迫、「改造」營，還有以保護國家免遭共產主義入侵之名，使政治犯遭大規模逮捕、失蹤、拷打、處決的行爲，實在和蔣介石所宣稱他一生最大鼓舞來源的耶穌基督的教誨，難有一致之處。

蔣夫人日益濃烈的宗教情懷，或許是爲了掩飾或彌補她內心更深處的苦惱，或爲引開別人對那些苦惱的注意。她越是激切、頻繁抒發她的基督教信仰，就越讓人懷疑這位女士是否「反駁得太過火，以至於讓人覺得她所反駁的東西才是眞的」。她身體上一再復發的怪毛病是否是她內心衝突所致，或身體上的毛病是否間接塑造了她的個性，無法確知。她對自身健康的關注無疑到了超乎常情的地步，她漫長一生中出現的疾病、症狀多得教人眼花撩亂，爲此她看過無數醫生，試過無數療法和藥物。這不由得讓人覺得她恐怕得了時時懷疑自己有病的疑心病，但那大概是不實的揣測。她的身體毛病似乎是眞有其事；至於那些毛病是否有身心失調的成分，則見仁見智。

蔣夫人顯然得了標準的自戀症，出現許多典型的自戀症狀，包括高傲、浮誇、需要得到他人的欽敬和諂媚、自認所享所爲是天經地義、偏頗認爲自己應受優待、堅持他人應二話不說遵照她的要求、對一點點的批評都極爲敏感、動不動就以猛烈抨擊悍然反擊別人的批評。一如蔣夫人所展現的，自戀症者常極愛誘引、操縱他人，往往具有群衆魅力和迷人風采，且成就常優於身邊之人。

她似乎為國民政府的敗離大陸而感到懊悔，至少曾有短暫時間如此覺得，但她的浮誇作風和自認所享所為是天經地義的心態卻有增無減。由她自認是個大畫家，就可清楚看出這點。她在中年時開始作畫，靠著勤奮向學成為當之無愧的出色業餘畫家，但臺灣其他業餘畫家再怎麼有天分，都不可能像蔣夫人那樣有幸讓自己作品出現在郵票上。

蔣夫人的自戀是否和其他病有關係，或甚至是其他病所造成，不得而知。自戀常被認為與躁鬱症之類心理病有關（她就表現出躁鬱症的症狀），會因長期使用致癮藥物而起。她有許多症狀和毒癮的症狀相符。事實上，蔣夫人曾多次向友人透露，她不吃安眠藥無法入眠，而她數十年諸多慢性病中，失眠就是其一，而失眠往往是服用安眠藥過量產生耐藥性所造成。一九四二年十二月至一九四三年五月間，她在紐約接受藥物治療時，醫生開了多種需一天服用數次的藥，其中之一就是名叫氯醛合水的安眠藥（今日所謂的「約會強暴藥」）。這種藥極易致癮，有時也用來慢慢戒掉海洛因等毒品的癮性。但即使照正常劑量服用，都會造成胃腸不適（蔣夫人另一個慢性病）。十九世紀時有許多氯醛合水癮者，包括英格蘭詩人和畫家丹特．羅賽蒂，以及德國哲學家尼采。

似乎很有可能的，蔣夫人即使不是長期使用致癮藥物，也至少用過一段時間，若果如此，就有助於說明從一九三〇年代到進入一九五〇年代，她為何得多次神祕兮兮且時間長得出奇的住院和隔離治療。從潛伏美國之蘇聯特務的通訊內容，或許可找到另一個線索。根據一九四三年七月十九日送往莫斯科的蘇聯特務報告，蔣夫人被說成是個「麻醉劑癮者」。她從少女時代晚期起，就出現一段時期活潑好動、一段時期陷入抑鬱的交替現象，由此來看，蔣夫人一開始服藥時，有可能是欲藉由藥物來自行醫治心理問題（很可能是躁鬱症），結果用來治療的藥物反倒成為病因。

至於蔣夫人一再復發的起疹子毛病（被不同醫生診斷爲慢性或急性蕁麻疹），則是確有其事，且令患者身體變虛弱。蕁麻疹是最令人受不了的皮膚病之一，有可能是她所易於發作之憂鬱、焦慮毛病的病因之一。有人認爲緊張等心理因素也會反過頭來促發蕁麻疹。造成蕁麻疹的因素很多，包括感染、自身免疫病、抗生素、有殼水生動物，且病因有時無法確定；蕁麻疹是使用或濫用某些藥物產生的反應，特別是在較易過敏的人身上。某醫學雜誌有篇文章主張，就急性蕁麻疹來說，「藥物使用往往是元凶」。該文章還表示，麻醉劑「已被證明能引發或惡化蕁麻疹」。

蔣夫人還一再被診斷出神經方面的疾病，並接受相關的治療。不同醫生對她此病給了不同的名稱，或「神經疲勞」，或「神經瓦解」，或「神經崩潰」，或神經衰弱（十九世紀晚期流行的診斷結論，二十世紀中葉時仍有人在使用）。神經衰弱是前佛洛伊德心理學上的一個重要概念，曾被稱爲「富人病」。此病乃是建立在一個現已遭推翻的前提上，即靠電力驅動的神經系統是由神經能量來推動，而每個人身上都有固定數量的神經能量。神經系統瓦解的特徵是疲倦、虛弱、嗜眠、消化不良，得了之後難以治療。神經衰弱的今日稱呼是慢性疲勞症候群，慢性疲勞症候群有時被視爲心理病，常與抑鬱、躁鬱症或慢性感染有關。

由於看不到醫療紀錄，很難斷定蔣夫人究竟得了什麼病。即使能拿到醫療紀錄，仍可能無法確定她的毛病，因爲即使是她所問診過的那許多名醫，都無法徹底解決她多重的健康問題。從一九三〇年代到一九六〇年代，對心理病、癮性的理解與診斷，還處於萌芽時期，治療大部分是實驗性質，且往往使病情惡化。從她的長壽和強悍的表面形象來看，她似乎不可能是個在身體、心理、情感上都脆弱的女人，但這段探索最起碼表明，她其實是這樣的人。她雖然飽受令人變得虛弱的生理、心理疾病折磨，成就與貢獻卻驚人。在這方面，她可以視爲是個富同情心和人情味的人，甚至可因爲韌性和毅力而受到敬佩。對於那些患有心理病的人，她或許可以充當鼓舞打氣的榜樣，特別是對華人文化圈裡的這類患者來說。在華人文化圈，對於心理病和癮性的體認或理解不多，仍對這類病症扣以很大的汙名和恥辱。

如今，一如一個世紀前享有特權之中國學生，有一代中國留學生僑居美國。這些將在日後成為政界、商界、社會領袖的留學生，會帶回什麼樣的美國經驗回中國，他們會如何運用那經驗？十九世紀晚期、二十世紀初期留學歸國的中國學生，雖然在中國人口裡只占了極微不足道的比例，卻在中國大地促成極大的改變。今日在美的這一代中國留學生，會將什麼樣的價值觀、信念、理想、乃至敵意，灌入明日的中國？

當年許多分處在政治光譜不同位置的歸國留學生前輩，是五四運動的改革者、追隨孫中山的理想主義者、中國共產黨初創時期的浪漫主義者，對中國的未來懷有理想和希望，他們協助發動革命，努力欲使中國擺脫外國壓迫，欲使祖國步入現代，欲援助沒有聲音的廣大農民，而這一代歸國學生會抱有同樣的理想和希望嗎？

或者今日的留學生會走一九一一年辛亥革命後數十年裡，其他歸國留學生走過的路？他們會變成懷有階級偏見、家族利益掛帥、腐敗、不信任人性，一心只想著在具有中國特色之資本主義的新中國裡發財致富，只想著保住自己的地位和家族的地位？他們會以哈佛腔的英語大談民主高調，卻力行讓人不安想起國民黨統治的資本主義式一黨專政？他們會像蔣夫人所明顯表現出來的那樣，採取「我們都是中國人，但我們之中有些人比其他人更中國」的立場？

蔣夫人的一生可供中國人借鑑深省，對美國人來說，亦復如是。不管是當時還是現在，美國人都很容易被名人迷住，很容易被虛假的美式「友善」和膚淺小露幾句美國俚語、「美國價值觀」用語的行徑矇騙。美國人喜歡製造英雄，且在發現英雄也是人時，無不大失所望。對於蔣夫人，美國人無疑也是如此。

蔣夫人利用其對美國人的理解，協助保住臺灣做爲中美關係「癥結」的角色，這無疑是她所留下之歷史遺產裡重要的一筆。但她可能從未充分理解二十世紀下半葉美國在臺角色的曖昧。美國政府的確是蔣介石高壓政權的大共犯，特別是國民政府在臺的前幾十年期間；但華府也悄悄促進了臺灣島上的政治改革，且對臺灣向眞正民主的和平過渡，有某種程度的貢獻。一九五〇年起，臺灣從美援的樣板，漸漸轉變成彰顯美國人建造國家之本事的樣板，最後變成受美國催生之民主的樣板。在世上唯一超級強權和其主要的潛在挑戰者的關係中，臺灣無疑仍是「癥結」。

對女人來說，蔣夫人的遺產曖昧不明，具有既令人欽敬、又令人不安的特性。早在女性主義者一詞還未流行時，她就以女性主義者自稱。一九三七年，《時代》雜誌選出她和其丈夫爲「年度風雲夫婦」。自一九二七年該雜誌開始每年一次公布「年度風雲人物」起，只有四個女人得過這項殊榮，即溫莎公爵夫人華莉絲·辛普森、伊莉莎白女王二世、柯拉蓉·艾奎諾，以及蔣夫人。她是第二位在美國國會演說的女性，第一位有此殊榮的有色人種女性。

不管蔣夫人在個人性格或政治上有何缺點，鑑於古往今來的世界性女領袖如鳳毛麟角，女人不可避免會將她視爲榜樣（但並非毫無保留的推崇）。凡是歷史上克服萬難揚名國際的女人，都會被視爲開路先鋒和引爲鑑戒的例子。寥寥可數的世界性女領袖，幾乎全透過家世或婚姻取得自己的地位，蔣夫人也不例外。但與其他女領袖不同的是，她試圖在國際上發揮實際的影響力。人可能輕率低估了女人欲成爲世界性人物所需要的雄心、遠見、大膽精神，可能遽爾論斷當時中國所需要的乃是個駐西方的女大使。在這方面，她的成就其實是前無古人的。

蔣夫人無疑是個大有缺點的女英雄，但儘管她受到褒貶不一的歷史評價，她的勇氣、不屈不撓的精神、積極進取的人生觀、完全不受外在變化影響的堅持，仍令人敬佩。歷經數十年歲月和重重磨難，不管自己的某些信念受到如何的誤導，她仍堅決不改其所有信念。就這點來看，她是世間少有的人物。而且她所堅持的信念，至少在某一點上最終得到證實。痛批共產主義超過半個世紀後，她終於在有生之年見到柏林圍牆的倒塌和接下來蘇聯的瓦解。她看到中國揚棄社會主義，只留下社會主義的名字，看到共產主義如她長久以來所堅稱的被唾棄爲徹底失敗的意識形態。

蔣夫人的一生最終是悲劇收場，這不是因爲她被人從中國第一夫人的崇高寶座很不光采的拉下，不是因爲她的公衆形象裡有許多是虛僞作假，而是因爲她未能把握住她得到的難得機會改造她的國家。她以參與革除中國的弊病爲開始，遺憾的是最終自己卻成爲該解決之問題的一部分。

美國人見到她時，既未見到眞正的中國，也未見到眞正的蔣介石夫人，因此他們的認知必然充斥了謬見。她的一生最終成了中美之間長達一世紀之嚴重誤解的象徵，成爲仍存在於今日中美關係中之不安定曖昧狀態的表徵。

注釋

第二章　從啓示到革命

【1】譯按：認爲美國對外侵略擴張是天命所定的主張。

【2】譯按：十九世紀漫畫裡常見的華工人物，通常以蓄長辮、戴苦力帽的形象出現，成爲中國人的謔稱。

【3】譯按：Methodist Episcopal Church, South，即美南衛理公會。

【4】基督教青年會簡稱爲ＹＭＣＡ。

第五章　上海美女

【5】譯按：George Eliot，英國十九世紀女作家。

第六章　軍人蔣介石

【6】根據毛思誠所著《民國十五年以前之蔣介石先生》（爲原作者轉引自 Pichon Pei Yung Loh 所著之 *The early Chiang Kai-shek : a study of his personality and politics, 1887-1924* 中之引文來源，下屬毛著之材料皆同）。

【7】見毛著，第三冊，頁 18b。

【8】見毛著，第三冊，頁 44a。

【9】見毛著，第六冊，頁 35b-35a。

【10】見毛著，第三冊，頁 47b。

【11】見毛著，第三冊，頁101b-101a。
【12】此爲據《陳潔如回憶錄》英文原版意譯過來。
【13】見毛著，第五冊，頁80b-80a。
【14】譯按：Lafayette，華盛頓參謀，對美國獨立革命有莫大貢獻的法國人。
【15】此爲據陳進金所著之〈從「愛記」看蔣、宋情愛〉。
【16】此爲據陳進金所著之〈從「愛記」看蔣、宋情愛〉。

第九章　解救蔣委員長

【17】此爲據楊天石的《近代中國史事鉤沈——海外訪史錄》，頁四六六。

第十章　不宣而戰

【18】譯按：英語裡的「舔」兼有「擊敗」之意。

第十一章　重慶

【19】譯按：意同會吵的孩子有糖吃。

第十二章　小妹的情場俘虜

【20】譯按：舊時中國的洋行經理。

第十三章　返美

【21】在此爲「海上」與「美國海軍志願緊急服役婦女隊」的雙關語，前者爲waves，後者爲WAVEs。

第十四章　反制

【22】原文爲 high, wide, and handsome。

【23】譯按：霍伊爾福音（Gospel According to Hoyle）是本兼具基督教教義的紙牌遊戲書，爲傳播福音而寫。

【24】譯按：Dixie，南北戰爭時流行於美國南方的戰歌。

第十六章　風暴中心

【25】譯按：宋美齡和其手足對端納的暱稱。

第十八章　將軍夫人

【26】原文爲 Madamissimo。

第十九章　死裡逃生

【27】譯按：卡珊德拉是希臘神話中的人物，預言很準，但無人相信。

【28】譯按：美國政府的別稱。

【29】譯按：有上帝情結者，自認能完成非人所能完成的事，或認爲自己的看法優於他們所不認同的看法。

第二十一章　回大陸

【30】譯按：葛理翰是美國著名的基督教福音佈道者。

參考書目

手稿

AH　臺北，中央研究院

蔣中正總統檔案

家書

特交文卷

Archives Diplomatiques, Ministère des Affaires Étrangères, Paris

British Library　Oriental & India Office (OIO)

Diaries of Sir Alexander Frederick Whyte

Columbia　Butler Library, Columbia University

Oral History Research Office (OHRO)

Reminiscences of Marion Dickerman, Paul Frillmann, Frank Rounds, Sebie Biggs Smith, Roger W. Straus, Dorothy R. Thomas, Col. John M. Williams

Rare Book and Manuscript Library (RBML)

ABMAC Collection

Peter & Edith Chang Papers
Chinese Oral History Project (COHP)
Reminiscences of H. H. Kung,
Li Han-hun, Franklin L. Ho,
Tsiang T'ing-fu, Tso Shun-sheng,
K. C. Wu
Ginny Connor Papers
Harold K. Hochschild Papers
VK Wellington Koo Papers
Henry A. Wallace Diary

CHS — Connecticut Historical Society
Chinese Educational Mission Papers

Cornell — Rare & Manuscript Collections, Carl A. Kroch Library, Cornell University
James Marshall McHugh Papers
William Reginald Wheeler Papers

Duke — Rare Book, Manuscript, and Special Collections Library, Duke University
Charles Jones Soong Papers
Duke University Archives

	Charles Jones Soong Collection
Eisenhower	Dwight D. Eisenhower Library
	DDE: Papers as President of the U.S., 1953-1961 (Eisenhower Papers)
	White House Social Office, Records 1952-61
	John Foster Dulles Papers
	C. D. Jackson Papers
Emory	Special Collections, Robert W. Woodruff Library, Emory University
	Young John Allen Papers
	William B. Burke Papers
FDR	Franklin D. Roosevelt Memorial Library
	Anna Eleanor Roosevelt Papers
	Laughlin Currie Papers
Georgetown	Lauinger Library, Georgetown University
	Fulton Oursler Papers
	Grace Perkins Oursler (GPO) Papers
	Thomas Murray Wilson Papers
	Foreign Affairs Oral History Project (FAOHP): Oscar Armstrong, Arthur Hummel, Walter E. Jenkins, David L. Osborn
Harvard	Schlesinger Library, Radcliffe Institute, Harvard University

	Frances Fineman Gunther Papers
HKPRO	香港歷史檔案館（Hong Kong Public Records Office）
Hoover	Hoover Institution Archives, Stanford University
	Claire L. Chennault Papers
	Laughlin Currie Papers
	Walter H. Judd Papers
	Alfred Kohlberg Papers
	George E. Sokolsky Papers
	T. V. Soong Papers
	Nym Wales Papers
	Albert C. Wedemeyer Papers
Indiana	Manuscripts Department, Lilly Library, Indiana University
	Emily Hahn Papers
	Frank E. Taylor Papers
	Wendell Willkie Papers
	Weil Journalism Library, Indiana University
	Roy W. Howard Archive
KMT	臺北，國民黨黨史館
	蔣夫人一九四三年訪美行照片集
LOC	Manuscript Division, Library of Congress

	W. Averell Harriman Papers
	Roy W. Howard Papers
	Nelson T. Johnson Papers
	Owen Lattimore Papers
	Clare Boothe Luce Papers
	Henry Luce Papers
	NAACP Records
Marshall	George C. Marshall Foundation
	George C. Marshall Papers
	Frank Price Papers
Michigan	Bentley Historical Library, University of Michigan
	Clara Brucker Papers
NARA	National Archives and Records Administration
Nixon	Richard Nixon Library and Birthplace, Yorba Linda, California
NML	Nehru Memorial Library, New Delhi
	Jawaharlal Nehru Papers
NYPL	New York Public Library
	Farrar, Straus & Giroux (FSG) Papers
Piedmont	Piedmont College Archives
Princeton	Rare Books and Special Collections, Seeley G. Mudd Manuscript Library, Princeton University

Karl L. Rankin Papers

Reagan — Ronald Reagan Presidential Library, Simi Valley, California

SOAS — School of African & Oriental Studies, University of London

Southampton — Special Collections, Hartley Library, University of Southampton

Papers of Louis, Earl Mountbatten of Burma

TNA — Public Record Office, The National Archives of the United Kingdom

Cabinet Office Files (CAB)

Foreign Office Files (FO)

Prime Minister's Office Files (PREM)

War Office Files (WO)

Truman — Truman Library

President's Secretary's Files (PSF)

Truman Papers

John F. Melby Papers

Oral History Interviews: O. Edmund Clubb,

Edwin A. Locke, John F. Melby

UNC — University of North Carolina at Chapel Hill

Southern Historical Collection

Julian S. Carr Papers

Mena F. Webb Papers

WCA Wellesley College Archives, Wellesley College
Emma DeLong Mills [EDM] Papers
Hetty Shepard Papers
Class of 1917 Papers

Wesleyan Wesleyan College Archives
Soong Collection

訪談錄

陳香梅、錢復、Chang Chun-ting、秦孝儀、周聯華、Ralph Clough、David Dean、Anna Maria Domingos、方雲鶴、郝柏村、熊丸、Arthur Hummel、衣復恩、辜嚴倬雲、林建業、陸以正、陸鏗、Margaret Pei、Robert L. Scott、夏功權、William Wells。

紀錄片

《世紀行過——張學良傳》
郭冠英、周玉蔻訪談，大好傳播製作，喜瑪拉雅研究發展基金會發行。

《世紀宋美齡》
公共電視文化事業基金會製作、發行（約二〇〇三）

文章

Ainsworth, Mrs. W. N. "Mayling Soong as a Schoolgirl." Soong Collection, Wesleyan.

Alsop, Joseph. "Why We Lost China," Parts 1-3. *The Saturday Evening Post,* 7, 14, and 21 Jan 1950. 陳進金，〈從「愛記」看蔣、宋情愛〉，《近代中國婦女史研究》，十一期（二〇〇三年十二月），中研院近史所。

蔣宋美齡，〈我的宗教觀〉（What Religion Means to Me），《論壇》（Forum），一九三四年三月。

Dirlik, Arif. "The Ideological Foundations of the New Life Movement: A Study in Counterrevolution," *Journal of Asian Studies*, Aug 1975.

Harrington, Jean. "Madame Chiang Kai-shek (Mei-ling Soong), '17." *The Wellesley Magazine*, Feb 1938.

Mygatt, Emmie [Donner]. "Fellow Student recalls Early Days of Mei-ling Soong, Now Mme. Chiang Kai-shek." *Washington Post*, 6 Sept 1942.

Reinhardt, Grace K. "Knew Dictator's Wellesley Wife." *New York Sun*, 2 Jan 1937.

石之瑜，〈蔣夫人與中國的國家性質－後殖民父權文化的建構〉，《近代中國婦女史研究》第四期，一九九六年八月。

Sokolsky, George E., "The Soongs of China." *Atlantic Monthly*, Feb 1937, 185-88.

Thomson, Eunice. "Wesleyan and the Soong Sisters." *Chattanooga Sunday Times*, 13 Mar 1938.

Tuell, Annie K. "Recollections by Miss Tuell, Miss Mills," n.d. Class of 1917: MCKS, General: Biographical Information. WCA.

Xu Youwei, and Philip Billingsley. "Behind the Scenes of the Xi'an Incident: The Case of the Lixingshe," *China Quarterly*, Jun 1998.

其他來源

Congressional Record, U.S. Government Printing Office

Foreign Relations Foreign Relations of the United States, Department of State, Washington, D.C.

NYT *New York Times*

書籍

Abell, Tyler. *Drew Pearson Diaries 1949-59*. New York, Holt, Rinehart & Winston, 1974.

Abend, Hallett. *My Life in China: 1926-41*. New York, Harcourt Brace, 1943.

Acheson, Dean. *Sketches from Life of Men I Have Known*. New York, Harper, 1961.

——. *Present at the Creation: My Years in the State Department*. New York, Norton, 1969.

Aitken, Jonathan. *Nixon: A Life*. Washington, D.C., Regnery Publishing, 1993.

Alsop, Joseph W. *I've Seen the Best of It: Memoirs*. New York, W. W. Norton, 1992.

Ambrose, Stephen E. *Nixon*. New York, Simon & Schuster, 1987.

Auden, W. H., and Isherwood, Christopher. *Journey to a War*. London, Faber & Faber, 1973.

Ball, Terrence, and Dagger, Richard. *Political Ideologies and the Democratic Ideal*. New York, Longman, 1998.

Bays, Daniel H., ed. *Christianity in China: From the Eighteenth Century to the Present*. Palo Alto, California, Stanford University Press, 1996.

Beal, John Robinson. *Marshall in China*. *Garden City*, N.Y., Doubleday, 1970.

Belden, Jack. *China Shakes the World*. London, Victor Gollanz, 1951.

Bergère, Marie-Claire. *The Golden Age of the Chinese Bourgeoisie, 1911-1937.* Translated by Janet Lloyd. New York, Cambridge University Press, 1989.

——. *Sun Yat-sen*. [Paris], Fayard, 1994,

Berkov, Robert. *Strong Man of China: The Story of Chiang Kai-shek*. New York: Books for Libraries Press, 1970.

Bidault, Georges. *Resistance: The Political Antobiography of Georges Bidault* (translated from the French by Marianne Sinclair). New York, F. A. Praeger, 1967.

Bland, Larry I., ed. *George C. Marshall's Mediation Mission to China*. Lexington, Virginia, George C. Marshall Foundation, 1998.

Booker, Edna Lee. *Flight From China*. New York, Macmillan, 1945.

——. *News Is My Job: A Correspondent in War-Torn China*. New York, Macmillan, 1940.

Bright, J. *Madame Chiang Kai-shek*. Lahore, Hero Publications, 1943.

Buck, Pearl S. *China As I See It*. New York, John Day, 1970.

Burke, James. *My Father in China*. New York, Farrar & Rinehart, 1942.

Caniff, Milton. *Terry and the Pirates: China Journey*, New York, Nostalgia Press, 1977.

Cannon, Lou. *President Reagan: The Role of a Lifetime*. New York, Simon & Schuster, 1991.

Carlson, Evans F. *Twin Stars of China*. New York, Dodd, Mead & Company, 1940.

Chang, Iris. *Rape of Nanking*. New York, Basic Books, 1997.

Chang, Jung. *Mme Sun Yat-sen (Soong Ching-ling)*. England, Penguin, 1986.

Ch'en, Chieh-ju. *Chiang Kai-shek's Secret Past: The Memoir of His Second Wife, Chen Chieh-ju*. Lloyd E. Eastman, ed. Boulder, Colorado, Westview Press, 1993.

Chiang, Kai-shek. *All We Are and All We Have: Speeches and Messages Since Pearl Harbor. December 9, 1941-November 17, 1942*. New York, Chinese News Service, 1948.

Chiang, Kai-shek, and Chiang Kai-shek, Madame. *China at the Crossroads*. New York, Doubleday, Doran, 1937.

——. *China in Peace and War*. London, Hurst & Blackett, 1940.

——. *China Shall Rise Again*. London, Hurst & Blackett, 1941.

——. *Conversations with Mikhail Borodin*. [Taipei], World Anti-communist League, 1977.

——. *Leaves from a Book of Travels*. n.d.

——. *Madame Chiang Kai-shek: Selected Speeches 1943-1982*. No publisher listed.

——. *Madame Chiang Kai-shek: Selected Speeches 1958-1959*. No publisher listed.

——. *Selected Speeches*. Taipei, Government Information Office, 1957.

——. *The Sure Victory*. Westwood, New Jersey, Fleming H. Revell, 1955.

——. *This Is Our China*. New York and London, Harper & Brothers, 1940.

——. *War Messages and Other Selections*. Hankow, The China Information Committee, 1938.

——. *We Chinese Women: Speeches and Writings During the First United Nations Year (February 12, 1942-November 16, 1942)*. New York, Chinese News Service, n.d.

秦孝儀編，《中國現代史辭典》，臺北：近代中國出版社，一九八五。

Chow, Tse-tsung. *The May Fourth Movement: Intellectual Revolution in Modern China*. Cambridge, Harvard University Press, 1960.

Churchill, Winston S. *The Second World War*. Boston, Houghton Mifflin, 1950.

Clark, Elmer T. *The Chiangs of China*. New York, Abingdon-Cokesbury Press, ca. 1943.

Coble, Parks, Jr. *The Shanghai Capitalists and the Nationalist Government, 1927-1937*. Cambridge, Harvard University Press, 1980.

Confucius. *The Analects*. Translated by D. C. Lau. England, Penguin Books, 1979.

Converse, Florence. *The Story of Wellesley*. Boston, Little, Brown, 1915.

Couling, Samuel. *Encyclopaedia Sinica*. Hong Kong, Oxford University Press, 1983.

Cowles, Fleur. *She Made Friends and Kept Them: An Anecdotal Memoir*. New York, HarperCollins, 1996.

Cowles, Gardner. *Mike Looks Back: The Memoirs of Gardner Cowles, Founder of Look Magazine*. New York, 1985.

Cray, Ed. *General of the Army*. New York, W. W. Norton, 1990.

Crozier, Brian. *The Man Who Lost China: The First Full Biography of Chiang Kaishek*. New York, Charles Scribner's Sons, 1976.

Curtis, Richard. *Chiang Kai-shek*. New York, Hawthorn Books, 1969.

Davies, John Paton. *Dragon by the Tail*. New York, Norton, 1972.

Davis, Benjamin O. Jr. *Benjamin O. Davis Jr., American: An Autobiography*. Washington, Smithsonian Institution Press, 1991.

Dong, Stella. *Shanghai: The Rise and Fall of a Decadent City*. New York, William Morrow, 2000.

Dowd, Jerome. *The Life of Braxton Craven*. Duke University Press, 1939.

Dumas, Freda Payne. *A Guerry Genealogy: Ancestors and Some Descendants of William Barnett Guerry*. Ozark, Missouri, Dogwood Printing, 1994.

Eastman, Lloyd E. *The Abortive Revolution: China Under Nationalist Rule, 1927-1937*. Cambridge, Harvard University Press, 1990.

Eden, Anthony. *The Reckoning*. Boston, Houghton Mifflin, 1965.

Eisenhower, Dwight D. *Mandate for Change: 1953-56*. New York, Doubleday, 1963.

Epstein, Israel. *The Unfinished Revolution in China*. Boston, Little, Brown, 1947.

——. *Woman in World History: Life and Times of Soong Ching Ling (Mme. Sun Yat-sen)*. Beijing, New World Press, 1995.

Esherick, Joseph W., ed. *Lost Chance in China: The World War II Despatches of John S. Service*. New York, Random House, 1974.

Fairbank, John King. *China: A New History*. Cambridge, Mass.: Harvard University Press, 1992.

——. *The Missionary Enterprise in China and America*. Cambridge, Mass.: Harvard University Press, 1974.

Fenby, Jonathon. *Chiang Kai-shek: China's Generalissimo and the Nation He Lost*. New York, Carroll & Graf, 2003.

Furuya, Keiji. *Chiang Kai-shek: His Life and Times*. Abridged English edition by Chun-ming Chang. New York, St. John's University, 1981.

Gage, Berkeley. *It's Been a Marvelous Party!* 1989. Courtesy Gage family.

Gannett, Lewis S. *Young China*. New York, The Nation, 1927.

Gellhorn, Martha. *Travels With Myself and Another*. New York, Dodd Mead, 1978.

Gopal, S., ed. *Selected Works of Jawaharlal Nehru*. New Delhi, Orient Longman, 1972-82.

Gunther, John. *Inside Asia*. New York, Harper, 1939.

Hackett, Alice Payne. *Wellesley: Part of the American Story*. New York, E. P. Dutton, 1949.

Hahn, Emily. *Chiang Kai-shek: An Unauthorized Biography*. New York, Doubleday, 1955.

——. *China to Me*. New York, Doubleday, Doran, 1944.

——. *The Soong Sisters*. New York, Doubleday, Doran, 1943.

Han, Suyin. *Eldest Son*. New York, Kodansha International, 1994.

Haynes, John Earl, and Klehr, Harvey. *Venona: Decoding Soviet Espionage in America*. New Haven, Yale University Press, 1999.

Holloway, Betsy. *Heaven for Beginners: Recollections of a Southern Town*. Orlando, Florida, Persimmon Press, 1986.

Hook, Brian, ed. *The Cambridge Encyclopedia of China*. Cambridge, UK: Cambridge University Press, 1991.

Hsiung, S. I. *The Life of Chiang Kai-shek*. London, Peter Davies, 1948.

Jacobs, Dan N. *Borodin: Stalin's Man in China*. Cambridge, Mass.: Harvard University Press, 1981.

Jespersen, T. Christopher. *American Images of China: 1931-1949*. Palo Alto, Calif.: Stanford University Press, 1996.

Jordan, Donald A. *The Northern Expedition*. Honolulu, University Press of Hawaii, 1976.

Kerr, George. *Formosa Betrayed*. www.formosa.org/～taiwanpg/.

——. *Licensed Revolution and the Home Rule Movement 1895-1945*. Honolulu, University Press of Hawaii, 1974.

Kimball, Warren F., ed. *Churchill and Roosevelt: The Complete Correspondence*,Vol. 1. Princeton, Princeton University Press, 1984.

Koen, Ross Y. *The China Lobby in American Politics*. New York, Octagon, 1974.

Koo, Madame Wellington. *No Feast Lasts Forever*. New York, Quadrangle, 1975.

Lai, Tse-han, Myers, Ramon H., and Wu, Wei. *A Tragic Beginning: The Taiwan Uprising of February 28, 1947*. Stanford, Stanford University Press, 1991.

Lane, Mary C. *Centennial History of Piedmont College: 1897-1997*. Demorest, Georgia, Piedmont College, 1997.

Lattimore, Owen. *China Memoirs: Chiang Kai-shek and the War Against Japan*. Japan, University of Tokyo Press, 1990.

Leonard, Royal. *I Flew For China*. Garden City, Doubleday, Doran, 1942.

李敖，《蔣介石評傳》，臺北，一九九五。

林博文，《宋美齡：跨世紀第一夫人》，臺北：時報出版，二〇〇〇。

林詩鑾，《文昌縣志》，南京：方志出版社，二〇〇〇。

林蔭庭，《追隨半世紀—李煥與經國先生》，臺北：天下文化出版，一九九八。

劉家泉，《宋慶齡傳》，北京：中國文聯出版公司，一九九五。

Loh, Pinchon P. Y. *The Early Chiang Kai-shek: A Study of His Personality and Politics*. New York and London, Columbia University Press, 1971.

MacArthur, Douglas. *Reminiscences*. New York, McGraw-Hill, 1964.

Mancall, Mark, ed. *Formosa Today*. New York, Frederick A. Praeger, 1964.

Mansergh, Nicholas, ed. *The Transfer of Power, Vol. 1*. London, H.M.S.O., 1970.

Marshall, George C. *George C. Marshall: Interviews and Reminiscences for Forrest C. Pogue*. Lexington, Virginia, G. C. Marshall Research Foundation, 1991.

McClellan, Robert. *The Heathen Chinee: A Study of American Attitudes Toward China, 1890-1905*. Columbus, Ohio State University Press, 1971.

McCullough, David. *Truman*. New York, Simon & Schuster, 1992.

Merry, Robert W. *Taking on the World: Joseph and Stewart Alsop*. New York, Viking, 1996.

Miller, Richard Lawrence. *The Encyclopedia of Addictive Drugs*. Westport, Connecticut, Greenwood Press, 2002.

Mims, Edwin. *History of Vanderbilt University*. Nashville, Vanderbilt University, 1946.

Moran, Lord. *Winston Churchill: The Struggle for Survival, 1940-65*. London, Constable, 1966.

Neal, Steve. *Dark Horse*. Lawrence, Kansas, University of Kansas Press, 1989.

Nehru, Jawaharlal. *A Bunch of Old Letters*. New Delhi, Oxford University Press, 1988.

Neils, Patricia. *China Images in the Life and Times of Henry Luce*. Savage, Maryland, Rowman & Littlefield, 1990.

Nicolay, Helen. *China's First Lady*. New York and London, D. Appleton-Century, 1944.

Nixon, Richard. *In the Arena: A Memoir of Victory, Defeat, and Renewal*. New York, Simon & Schuster, 1990.

——. *Leaders*. New York, Warner Books, 1982.

Oursler, Fulton. *Behold This Dreamer!* Boston, Little, Brown, 1964.

Parks, Lillian Rogers. *My Thirty Years Backstairs at the White House*. New York, Fleet, 1961.

Pepper, Suzanne. *Civil War in China: The Political Struggle, 1945-1949*. Lanham, Maryland, Rowman & Littlefield, 1999.

Pickering, W. A. *Pioneering in Formosa*. Taipei, SMC Publishing, 1993.

Pogue, Forrest C. *George C. Marshall: Statesman 1945-1959*. New York, Viking, 1987.

Powell, William S., ed. *Dictionary of North Carolina Biography*. Chapel Hill, University of North Carolina Press, 1979.

Rand, Peter. *China Hands*. New York, Simon & Schuster, 1995.

Rankin, K. Lott. *China Assignment*. Seattle, University of Washington Press, 1964.

Roberts, Claudia P. et al. *The Durham Architectural and Historic Inventory*. Sponsored by the City of Durham and the Historic Preservation Society of Durham. Raleigh, North Carolina, Robert M. Leary and Associates, 1982.

Rollyson, Carl. *Nothing Ever Happens to the Brave*. New York, St. Martin's, 1990.

Roosevelt, Eleanor. *This I Remember*. New York, Harper, 1949.

Rubenstein, Murray A., ed. *Taiwan: A New History. Armonk*, New York, M. E. Sharpe, 1999.

Scott, Robert L. Jr. *God Is My Co-Pilot*. [Self-published], Reynoldsburg, Ohio, 1989.

Schiffrin, Harold Z. *Sun Yat-sen and the Origins of the Chinese Revolution*. Berkeley, University of California Press, 1968.

Seagrave, Sterling. *Dragon Lady: The Life and Legend of the Last Empress of China*. New York, Vintage Books, 1992.

——. *The Soong Dynasty*. New York, Harper & Row, 1985.

Selle, Earl Albert. *Donald of China*. New York and London, Harper & Brothers, 1948.

Shaw, Yu-ming. *An American Missionary in China: John Leighton Stuart and Chinese-American Relations*. Cambridge, Massachusetts, and London, Council on East Asian Studies, Harvard University, 1992.

Sherwood, Robert E. *Roosevelt & Hopkins: An Intimate History*. New York, Harper, 1948.

Smith, Jean Edward. *Lucius D. Clay: An American Life*. New York, Henry Holt, 1990.

Smith, Whitey, with C. L. McDermott. *I Didn't Make a Million*. Manila: Philippine Education Co., 1956.www.earnshaw.com/shanghai-ed-india/tales/t-wedding.

Snow, Edgar. *Journey to the Beginning*. New York, Random House, 1958.

——. *Red Star Over China*. New York, Grove Press, 1968.

宋慶齡，《爲新中國奮鬥》，北京：外語出版社，一九五三。

Spence, Jonathan D. *The Search for Modern China*. New York, W. W. Norton, 1990.

Steele, A. *T. The American People and China*. New York, McGraw-Hill, 1966.

Stilwell, Joseph W. (Theodore H. White, ed.) *The Stilwell Papers*. New York, 1948.

Stoler, Mark A. *George C. Marshall*. Boston, Twayne, 1989.

Stowe, Leland. *They Shall Not Sleep*. New York, Alfred A. Knopf, 1944.

Strong, Anna Louise. *China Fights for Freedom*. Great Britain, Lindsay Drummond, 1939.

Sues, Ilona Ralf. *Shark's Fins and Millet*. Boston, Little, Brown, 1944.

孫中山，《三民主義》，臺北：中國文化服務社，一九八一。

Terrill, Ross. *Mao: A Biography*. New York, Simon & Schuster, 1993.

Thomson, David. *Showman: The Life of David O. Selznick*. New York, Knopf, 1992.

Thomson, James C. Jr. *While China Faced West: American Reformers in Nationalist China, 1928-1937*. Cambridge, Harvard University Press, 1969.

Tong, Hollington K. *Dateline: China*. New York, Rockport Press, 1950.

Truman, Harry S. *Memoirs: Volume One*. New York, Doubleday, 1955.

——. *Memoirs: Volume Two*. New York, Doubleday, 1956.

Tuchman, Barbara W. *Stilwell and the American Experience in China*. New York, Macmillan, 1970.

Tully, Grace. *F.D.R., My Boss*. New York, Charles Scribner's, 1949.

Utley, Freda. *China at War*. New York, John Day, 1939.

——. *Last Chance in China*. New York, Bobbs-Merrill, 1947.

Varg, Paul A. *Missionaries, Chinese, and Diplomats: The American Protestant Missionary Movement in China, 1890-1952*. Princeton, Princeton University Press, 1958.

——. *The Making of a Myth: The United States and China 1897-1912*. East Lansing, Michigan State University Press, 1968.

Wakeman, Frederic Jr. *Spymaster: Dai Li and the Chinese Secret Service*. Berkeley, University of California Press, 2003.

王丰，《宋美齡：美麗與哀愁》，臺北：書華出版，一九九四。

——《我在蔣介石父子身邊的四十三年：翁元口述》，北京：華文出版社，二〇〇三。

Wang, Ke-wen. *Modern China: An Encyclopedia of History, Culture, and Nationalism*. New York and London, Garland Publishing, 1998.

王遂今編，《蔣介石家史》，香港：金時出版社，一九八九。

Webb, Mena. *Jule Carr: General Without an Army*. Chapel Hill, University of North Carolina Press, 1987.

White, Theodore H., and Jacoby, Annalee. *In Search of History*. New York, Harper & Row, 1978.

——. *Thunder Out of China*. New York, William Sloane, 1946.

Willkie, Wendell L. *One World*. New York, Limited Editions Club, 1944.

Wilson, James Harrison. *China: Travels and Investigations in the Middle Kingdom*. New York, D. Appleton, 1901.

Wu, Joseph Jaushieh. *Taiwan's Democratization: Forces Behind the New Momentum*. Hong Kong, Oxford University Press, 1995.

中英對照表

埃薇塔・裴隆　Evita Perón
華莉絲・辛普森　Wallis Simpson
丹特・羅賽蒂　Dante Gabriel Rossetti
厄文・史蒂爾曼　Irwin Stillman
奧伯林學院　Oberlin College
鮑伯・艾克曼　Bob Ackerman
腓力普・德・蒙特貝洛　Philippe de Montebello
布魯克・亞斯特　Brooke Astor
翠西亞・尼克森・卡克斯　Tricia Nixon Cox
史卓姆・瑟蒙　Strom Thurmond
艾倫・辛普森　Alan Simpson
傑西・霍姆斯　Jesse Holmes
保羅・賽門　Paul Simon
鮑伯・杜爾　Bob Dole
芬克利夫公墓　Ferncliff Cemetery
哈茨戴爾　Hartsdale
史德林・席格雷夫　Sterling Seagrave
格雷西廣場　Gracie Square
黛布拉・佩吉特　Debra Paget
西部石油開發公司　Westland Oil Development Corporation
安克志　Leonard Unger
葛理翰　Billy Graham
唐・肯達爾　Don Kendall
威廉・羅吉斯　William P. Rogers
李奧納德・米克爾　Leonard C. Meeker
羅斯・庫恩　Ross Y. Koen
《美國政治裡的中國遊說團》　*The China Lobby in American Politics*
馬康衛　Walter McConaughy
小哈利・伯德　Harry F. Byrd Jr.
鮑大可　A. Doak Barnett
烏利克・蓋吉　Ulick Gage
羅伯特・麥納馬拉　Robert McNamara
羅倫斯・希爾　Lawrence Hill
艾福瑞・哈里曼　Averell Harriman
莎拉・麥克倫登　Sarah McClendon
約翰・洛吉　John Cabot Lodge
美國律師協會　American Bar Association

艾爾頓・奧克斯納　Alton Ochsner
羅傑・史特勞斯　Roger Straus
艾米莉・漢恩　Emily Hahn
莊萊德　Everett Drumwright
麥斯威爾・泰勒　Maxwell D. Taylor
約翰・奧斯本　John Osborne
美國退伍軍人協會　American Legion，美國全國性退伍軍人組織
亞瑟・雷福德　Arthur W. Radford
法蘭西斯・史貝爾曼　Francis Joseph Spellman
桃樂西・湯瑪斯　Dorothy Thomas
埃文斯頓　Evanston
艾倫・杜勒斯　Allen Dulles
羅伯特・麥科米克　Robert McCormick
亞瑟・古爾　Arthur Goul
沃特・史密斯　Walter B. Smith
拉丁頓　Lattington
山頂　Hillcrest
美國新聞處　United States Information Service
大衛・奧斯本　David Osborn
韋恩・莫爾斯　Wayne Morse
民用航空運輸隊　Civil Air Transport
歐瑪爾・布雷德利　Omar Bradley
特里格夫・賴伊　Trygve Lie
路易斯・強森　Louis Johnson
康士坦丁・布朗　Constantine Brown
威廉・諾蘭　William Knowland
克勞斯・富克斯　Klaus Fuchs
阿爾傑・希斯　Alger Hiss
約瑟夫・艾索普　Joseph Alsop
《週六晚報》　*Saturday Evening Post*
全國新聞記者俱樂部　National Press Club
戴維思　John Paton Davies
季里諾　Elpidio Quirino
阿迪朗達克山脈　Adirondacks
拉基特湖　Raquette Lake
《洛杉磯每日新聞報》　*Los Angeles Daily News*
美國對華政策協會　American China Policy Association
《挑明說》　*Plain Talk*
阿佛烈・柯伯　Alfred Kohlberg
周以德　Walter H. Judd
史戴爾斯・布里吉斯　Styles Bridges

派特・麥卡蘭 Pat MaCarran
威廉・古德溫 William J. Goodwin
里佛代爾 Riverdale
布萊爾宅邸 Blair House
喬治・肯楠 George F. Kennan
湯姆・康內利 Tom Connally
威廉・馬丁 William MaChesney Martin
利斯堡 Leesburg
多多納莊園主宅邸 Dodona Manor
湯瑪斯・杜威 Thomas Dewey
《大美晚報》 *Shanghai Evening Post & Mercury*
高爾德 Randall Gould
大衛・巴爾 David Bar
艾契遜 Dean Acheson
《世界報導》 *World Report*
法蘭克・巒茲 Frank Rounds
賈安娜 Annalee Jacoby
《中國的驚雷》 *Thunder Out of China*
羅季翁・馬利諾夫斯基 Rodion Malinovsky
愛德溫・洛克 Edwin Locke
潘興 John Pershing

克拉布 O. Edmund Clubb
約翰・黑伊 John Hay
韋斯特費爾德州立農場 Westfield State Farm
貝德福希爾斯 Bedford Hills
畢範宇 Frank Price
里佛奧克斯 River Oaks
伯克利・蓋奇 Berkeley Gage
達納・艾契利 Dana Atchley
魏德邁 Albert C. Wedemeyer
布魯克斯・亞金森 Brooks Atkinson
白修德 Theodore White
赫爾利 Patrick J. Hurley
瓜納巴拉灣 Guanabara Bay
布羅科約島 Brocoio Island
迪克西使團 Dixie Mission
法蘭克・哈林頓 Frank Harrington
高思 Clarence E. Gauss
索羅門・艾德勒 Solomon Adler
《魚翅與小米》 *Shark's Fin and Millet*
亨利・摩根索 Henry Morgenthau
哈利・懷特 Harry Dexter White

法蘭克・道恩 Frank Dorn
艾梅里 L. S. Amery
歐尼斯特・金恩 Ernest J. King
凱瑟琳樹林區 Kasserine woods，開羅的富人住宅區
美納飯店 Mena House Hotel
艾德里安・卡頓・德・維亞爾 Adrian Carton de Wiart
約瑟夫・阿爾索普 Joseph Alsop
路易斯・蒙巴頓 Louis Mountbatten
太平洋學會 Institute of Pacific Relations
《遠東概覽》 *Far Eastern Survey*
納撒尼爾・佩佛 Nathaniel Peffer
韓森・鮑德溫 Hanson Baldwin
中國航空公司 China National Aviation Corporation
屋大維婭・多明格斯 Octavia “Tava” Domingos
周以德 Walter Judd
《國教教徒》 *Churchman*
莫蘭勳爵 Lord Moran
珍妮特・傑洛姆 Jeanette Jerome
哈利法克斯勳爵 Lord Halifax
太平洋戰爭委員會 Pacific War Council
亨利・阿諾德 Henry Arnold

三叉戟會議 Trident Conference
史賓塞・屈賽 Spencer Tracy
《一個世界》 *One World*
伊莉塔・范多倫 Irita Van Doren
瑪麗・皮克佛 Mary Pickford
大衛・塞茲尼克 David O. Selznick
前進，基督精兵 Onward Christian Soldiers
共和國戰歌 Battle Hymn of the Republic
「輕搖，可愛的馬車」 Swing Low Sweet Chariot
美國海軍學院軍歌「起錨」 Anchors Aweigh
海軍陸戰隊軍歌 海軍陸戰隊頌 Marine Hymn
美國援華聯合會 United China Relief
唐納斯格羅夫 Downers Grove
艾比蓋爾・奧爾森 Abigail Ann Oleson
《芝加哥防衛者報》 *Chicago Defender*
阿妮塔・布蘭 Anita McCormick Blaine
國際收割機公司 International Harvester Company
伊文思・卡爾遜 Evans Carlson
謝偉思 John S. Service
皇家外科學院 Royal College of Surgeons
伊莉莎白・曼沃林 Elizabeth Manwaring

三小鬼社 Tri-Puellates
米爾瑞德・麥卡菲 Mildred McAfee
卡爾・桑勃格 Carl Sandburg
泰・科布 Ty Cobb
費奧雷洛・拉瓜迪亞 Fiorello La Guardia
約瑟夫・巴恩斯 Joseph Barnes
葛蕾絲・塔利 Grace Tully
莉莉恩・羅傑斯・帕克斯 Lillian Rogers Parks
瑪姬・羅傑斯 Maggie Rogers
英美參謀長聯合會議 Combined Chiefs of Staff
伊迪絲・努爾斯・羅傑斯 Edith Nourse Rogers
勃靈頓 Burlington
法蘭克・麥諾頓 Frank McNaughton
山姆・雷伯恩 Sam Rayburn
傑克・班尼 Jack Benny
佛瑞德・艾倫 Fred Allen
米爾頓・卡尼夫 Milton Caniff
沃爾特・懷特 Walter White
安娜・羅斯福・博蒂格 Anna Roosevelt Boettiger
孔令侃 David Kung
《星時報》 *Star-Times*
埃莉諾・羅斯福 Eleanor Roosevelt
德魯・皮爾森 Drew Pearson
羅伯特・羅布 Robert Loeb
哈利・霍普金斯 Harry Hopkins
《上帝是我的副駕駛》 *God Is My Co-Pilot*
羅伯特・李・史考特 Robert Lee Scott
亨利・華萊士 Henry Wallace
伊莉塔・范多倫 Irita Van Doren
《瞧一瞧》 *Look*
加納・考爾斯 Gardner "Mike" Cowles
高思 Clarence Gauss
穆罕默德・札夫魯拉汗 Muhammad Zafrulla Khan
薛穆 Horace Seymour
沃爾塔 Wardha
南・潘迪特 Nan Pandit
林利思戈侯爵 Marquess of Linlithgow
阿奇伯爾德・韋威爾 Archibald Wavell
維克托・沙遜 Victor Sassoon
戴維思 John Paton Davies
瑪莎・蓋爾霍恩 Martha Gellhorn
不甘不願的伴侶 U. C.（Unwilling Companion）

歐內斯特・海明威　Ernest Hemingway
范宣德　John Carter Vincent
伊文斯・卡爾森　Evans F. Carlson
斯文・赫定　Sven Hedin
歐文・拉鐵摩爾　Owen Lattimore
卡爾　Archibald Clark Kerr
勞克林・居里　Lauchlin Currie
文森・席恩　Vincent Sheean
《紐約先驅論壇報》　*New York Herald Tribune*
佛莉妲・尤特利　Freda Utley
法蘭西絲・岡特　Frances Gunther
詹姆斯・麥休　James M. McHugh
美籍志願大隊　American Volunteer Group
保羅・佛里爾曼　Paul Frillmann
華爾道夫飯店　Waldorf Astoria Hotel
「飯碗」（Bowl of Rice）餐會
溫德爾・威爾基　Wendell Willkie
羅伊・霍華德　Roy Howard
吉米・愛爾賓　Jimmy Elder
戰爭高等學校　Kriegshochschule
斯佛羅夫斯克　Sverdlovsk

奧斯卡・特勞特曼　Oskar Trautmann
伯克利・蓋奇　Berkeley Gage
約翰・岡特　John Gunther
克里斯朵夫・衣修午德　Christopher Isherwood
奧登　W. H. Auden
約翰・拉貝　John Rabe
伊洛娜・拉爾夫・蘇伊斯　Ilona Ralf Sues
大來洋行　Dollar Line
羅伊爾・倫納德　Royal Leonard
派特森　A. L. Patterson
迦內・馬利　Garnet Malley
德國國防軍　Reichswehr
漢斯・馮・塞克特　Hans von Seeckt
葛蕾絲・烏爾斯勒斯　Grace Oursler
亞歷山大・馮・法爾肯豪森　Alexander von Falkenhausen
瓦爾特・史滕內斯　Walther Stennes
外號「麥克」的比利・麥唐納　Billy "Mac" McDonald
塞比・史密斯　Sebie Biggs Smith
小米勒　D. W. Miller Jr.
端納　William Henry Donald
懷德　Alexander Frederick Whyte

小亨利・摩根索　Henry Morgenthau Jr.
重建金融公司　Reconstruction Finance Corporation
亞歷山大・漢彌爾頓　Alexander Hamilton
尼爾森・詹森　Nelson T. Johnson
富爾頓・烏爾斯勒　Fulton Oursler
吳德施　Logan H. Roots
阿克倫　Akron
嗜酒者互戒學會　Alcoholics Anonymous
道德重新武裝運動　Moral Re-Armament Movement
牛津團契　Oxford Group
法蘭克・布赫曼　Frank Buchman
文幼章　James G. Endicott
舍伍德・艾迪　Sherwood Eddy
美國國外宣教會　American Board of Foreign Missions
牧波恩　George W. Shepherd
江長川　Z. T. Kaung
林樂知紀念堂　Young J. Allen Memorial Church
藍浦生　Miles Lampson
烏爾比安　Ulpian
希特勒青年團　Hitler Jugend
法西斯青年團　Fascist Youth
孔令傑　Louis Kung
孔令偉　Jeanette
江長川　Z. T. Kaung
余日章　David Yui
埃德嘉・斯諾　Edgar Snow
《三藩市紀事報》　*San Francisco Chronicle*
《消息報》　*Izvestia*
俄亞銀行　Russo-Asiatic Bank
克萊兒・謝里丹　Claire Sheridan
伊莎多拉・鄧肯　Isodora Duncan
法妮婭　Fanya
加倫　本名 Vasily Blyukher
鮑羅廷　Mikhail Borodin
拉斐德　Lafayette，美國華盛頓總統的傑出法國顧問
俄羅斯沙皇在西俄羅斯指定的猶太人居住區　Pale
米哈伊爾・馬爾科維奇・格魯申貝格　Mikhail Markovich Gruzenberg
上海時報　shanghai gazette
莫里哀路　Rue Molière
留美大學生會　American College Club
婦孺醫院　Margaret Williamson Hospital

孔令俊，英文名珍娜・梅　Jeanette May
上海留美女大學生會　American College Women's Club of Shanghai
宋靄齡中西女塾婦女聯誼會　McTyeire Sorority
使徒信心會　Apostolic Mission Faith
喬治・索科爾斯基　George Sokolsky
嘉道利　Kadoories
沙遜　Sassoons
哈同　Hardoons
阿爾・喬森　Al Jolson
厄文・柏林　Erving Berlin
埃瑪・米爾斯　Emma DeLong Mills
安妮・圖爾　Anne Kimball Tuell
衛斯理學院　Wellesley College
比利烏鴉　Billy Crows
大學丘藥房　College Hill Pharmay，簡稱 Pharm
瑪喬麗・古格爾　Marjorie Gugel
埃勒維茲　Eloise
威廉・恩斯沃思　William Ainsworth
吉納維芙・費雪　Genevieve Fisher
皮德蒙特學院　Piedmont College
德摩雷斯特　Demorest
布蘭琦・莫斯　Blanche Moss
威廉・謝爾曼　William Tecumseh Sherman
法蘭西絲・穆爾頓　Frances Moulton
梅勒迪斯　Meredith
溫尼珀索基湖　Lake Winnipesaukee
桃樂西・耶格斯　Dorothy Jaegels
樂士文　Rosamonde
克萊拉・巴爾頓・帕特溫　Clara Barton Potwin
桑米特　Summit
狄龐・蓋里　Dupont Guerry
梅肯　Macon
衛理女子學院　Wesleyan Female College
威廉・勃克　Willliam Burke
史蒂芬・福斯特　Stephen Foster
沐恩堂　Moore Memorial Church
迪克西　Dixie
衛理公會　Methodist Church
凡德比大學　Vanderbilt University
哈特佛　Hartford
約瑟夫・推切爾　Joseph Twichell

亞伯特・加勒廷號 Albert Gallatin
艾瑞克・加布里爾森 Eric Gabrielson
南塔基特 Nantucket
斯凱勒・科爾法克斯號 Schuyler Colfax
威爾明頓 Wilmington
湯瑪斯・里科 Thomas Ricaud
布拉克斯頓・克雷芬 Braxton Craven
達勒姆 Durham
查珀希爾 Chapel Hill
雪伍德・艾迪 Sherwood Eddy
納什維爾 Nashville
監理會 Methodist Episcopal Church
荷蘭德・馬克諦耶 Holland N. McTyeire
雙日出版社 Doubleday
《時尚雜誌》 *Vogue*
海・亞當斯飯店 Hay-Adams
第五大道百貨 Saks Fifth Avenue
柏格朵夫 Bergdorf
麥考橙 McCutcheon
《竭盡所能，竭盡所有》 *All We Are and All We Have*
《我們中國女人》 *We Chinese Women*
《大美晚報》 *Shanghai Evering Post & Mercury*
哈潑兄弟公司 Harper & Brothers
佛萊明出版公司 Fleming Revell
法拉・史特勞斯與考代出版公司 Farrar, Straus, and Cudahy
秀兒翰飯店 Shoreham
霍特・林哈特・文斯頓公司 Holt, Rinehart & Winston
塞勒姆薄荷菸 Salem

宋美齡

Madame Chiang Kai-shek: China's Eternal First Lady

作　　者　李台珊
譯　　者　黃中憲
發 行 人　楊榮川
總 經 理　楊士清
編　　輯　陳姿穎　吳如惠
封面設計　井十二設計研究室
出 版 者　五南圖書出版股份有限公司
地　　址　106 台北市大安區和平東路二段 339 號 4 樓
電　　話　(02)2705-5066
傳　　真　(02)2706-6100
劃撥帳號　01068953
戶　　名　五南圖書出版股份有限公司
網　　址　http://www.wunan.com.tw
電子郵件　wunan@wunan.com.tw
法律顧問　林勝安律師事務所 林勝安律師
出版日期　2010 年 12 月初版一刷
　　　　　2015 年 6 月初版八刷
　　　　　2019 年 4 月二版一刷
定　　價　新臺幣 550 元

國家圖書館出版品預行編目資料

宋美齡 : 走在蔣介石前頭的女人 / 李台珊 (Laura Tyson Li) 著 ; 黃中憲譯 . -- 二版 . -- 臺北市 : 五南 , 2019.04
　面 ; 公分 . -- (風雲人物 ; 3)
譯自 : Madame Chiang Kai-Shek : China's eternal first lady
ISBN 978-957-763-317-0(平裝)

1. 宋美齡 2. 傳記

782.886　　108002855